Deep Learning
and the Game of Go

딥러닝과 바둑

알파고를 능가하는 바둑봇을
만들며 익히는 딥러닝, 강화학습

딥러닝과 바둑

알파고를 능가하는 바둑봇을 만들며 익히는 딥러닝, 강화학습

초판 1쇄 발행 2020년 6월 1일

지은이 막스 펌펄라, 케빈 퍼거슨 / **옮긴이** 권정민 / **펴낸이** 김태헌
펴낸곳 한빛미디어(주) / **주소** 서울시 서대문구 연희로2길 62 한빛미디어(주) IT출판부
전화 02-325-5544 / **팩스** 02-336-7124
등록 1999년 6월 24일 제25100-2017-000058호 / **ISBN** 979-11-6224-315-2 93000

총괄 전정아 / **책임편집** 홍성신 / **기획** 최현우 / **교정·조판** 김철수
디자인 표지 최연희 내지 김연정
영업 김형진, 김진불, 조유미 / **마케팅** 박상용, 송경석, 조수현, 이행은, 홍혜은 / **제작** 박성우, 김정우

이 책에 대한 의견이나 오탈자 및 잘못된 내용에 대한 수정 정보는 한빛미디어(주)의 홈페이지나 아래 이메일로
알려주십시오. 잘못된 책은 구입하신 서점에서 교환해드립니다. 책값은 뒤표지에 표시되어 있습니다.

한빛미디어 홈페이지 www.hanbit.co.kr / 이메일 ask@hanbit.co.kr

지금 하지 않으면 할 수 없는 일이 있습니다.
책으로 펴내고 싶은 아이디어나 원고를 메일(writer@hanbit.co.kr)로 보내주세요.
한빛미디어(주)는 여러분의 소중한 경험과 지식을 기다리고 있습니다.

Deep Learning
and the Game of Go

딥러닝과 바둑

알파고를 능가하는 바둑봇을
만들며 익히는 딥러닝, 강화학습

MANNING   한빛미디어 Hanbit Media, Inc.

앤에게, 이 모든 것이 당신 거야
_막스

이안에게
_케빈

책 표지에 대하여

『딥러닝과 바둑』의 표지 그림은 850년부터 858년까지 일본을 지배한 몬토쿠Montoko 일왕이다. 이 초상화는 작자 미상으로 비단에 수채화로 그려졌다. 2006년 일본 역사 저널인『별책역사독본別冊歷史読本』의 '과거의 왕과 왕비' 장의 일부로 다시 그려졌다.

이런 그림은 먼 옛날에는 각 마을과 지역이 얼마나 선명하게 달랐는지 새삼 깨닫게 해준다. 겨우 몇십 마일 떨어진 지역에서도 의상으로 각 지역의 사람을 구분할 수 있었다.

이후 의상 문화는 변했고, 지역별 다양성은 사라졌다. 이제는 의상만 보고는 한 대륙의 사람을 다른 대륙의 사람과 구별하기도 어렵다. 아마도 우리는 문화적, 시각적 다양성을 보다 다양한 개인적인 삶, 즉 보다 다양하고 흥미로운 지적, 기술적 삶과 교환했는지도 모른다. 매닝 출판사의 사람들은 수 세기 전의 지역적 다양성에 바탕을 둔 책 표지로 컴퓨터 분야의 창의성, 진취성, 재미를 되새기고 있다.

지은이 · 옮긴이 소개

지은이 **막스 펌펄라** Max Pumperla

인공지능 관련 회사 skymind.ai의 데이터 과학자이자 딥러닝 전문 엔지니어다. 딥러닝 플랫폼 aetros.com의 공동 창업자기도 하다.

지은이 **케빈 퍼거슨** Kevin Ferguson

분산 시스템 및 데이터 과학 분야 경력 18년차다. 아너 Honor 의 데이터 과학자며, 구글 Google 및 미보 Meebo 에서 일했다. 막스와 케빈은 파이썬으로 개발된 몇 안 되는 오픈소스 바둑봇 중 하나인 베타고를 개발했다.

옮긴이 **권정민** cojette@gmail.com

세상은 데이터로 이뤄져 있다고 생각하며, 이를 잘 활용하고자 하는 목표를 가지고 다양한 산업 전반에서 데이터 분석 및 활용 방안을 만들고 연구하는 것을 업으로 한다. 카이스트 및 포항공과대학교에서 산업공학과 전산학을 전공했다. 『빅데이터 분석 도구 R 프로그래밍』, 『The R Book(Second Edition) 한국어판』, 『파이썬을 활용한 베이지안 통계』 등을 옮겼으며 『딥 러닝 레볼루션』, 『인터넷, 알고는 사용하니?』 등을 감수했다.

알파고^{AlphaGo} 팀원들에게 있어서 알파고 이야기는 인생 최고의 모험담이었다. 많은 위대한 모험담과 마찬가지로 알파고 이야기는 훌륭한 선수들이 두었던 바둑 기록을 사용하여 단순한 합성곱 신경망^{convolutional neural network}을 훈련하는 작은 발걸음으로 시작했다.

이 발걸음은 최근 머신러닝의 발전에 핵심 돌파구가 되었을 뿐 아니라 훌륭한 바둑기사인 판후이, 이세돌, 커제와의 경기 같은 잊을 수 없는 사건으로 이어졌다. 우리는 전 세계적으로 바둑 경기가 이루어지는 방식뿐만 아니라 더 많은 사람이 인공지능 분야를 인지하고 관심을 갖게 된 것을 자랑스럽게 생각한다.

하지만 아마도 여러분은 왜 우리가 게임에 관심을 가지는지 궁금할 것이다. 이는 아이들이 게임을 통해 세상의 단면을 익히는 것처럼 머신러닝 연구자들도 게임을 활용해 인공지능 에이전트를 훈련시키는 것이다. 이런 맥락에서 알파고 프로젝트는 게임을 실세계의 시뮬레이션된 소우주로 사용하는 딥마인드의 전략 일부다. 이를 통해 우리는 언젠가는 세상에서 가장 복잡한 문제를 풀 수 있는 일반적인 목적의 학습 시스템을 만들겠다는 목표를 가지고 인공지능을 익히고 학습 에이전트를 훈련시키고 있다.

알파고는 노벨 경제학상 수상자인 대니얼 카너먼이 인간의 인지에 대해 다룬 책인 『생각에 관한 생각』(김영사, 2012)[1]에 제시한 두 가지 사고방식과 유사한 형태로 작동한다. 알파고의 경우 느리게 사고하는 부분은 몬테카를로 트리 검색 방식으로 불리는 계획 알고리즘으로부터 도출된다. 이는 주어진 위치에서 가능한 다음 수와 상대방 수를 표현하는 게임 트리를 확장하는 방식이다. 하지만 약 10^{170}(1 뒤에 0이 170개 붙는다)가지의 많은 바둑 기보를 생각해볼 때 게임의 모든 단계를 탐색한다는 것은 불가능한 것으로 나타났다. 따라서 이를 탐색하면서도 탐색 공간 크기를 줄이기 위해 우리는 몬테카를로 트리 검색에 딥러닝 요소를 접목했다. 두 신경망을 훈련시켜서 어떤 쪽이 이길 가능성이 큰지, 이 경우 어떤 수를 놓게 되는지 추정했다.

---

1 옮긴이_ 영어 원제의 경우 『Thinking Fast and Slow』로, 이후 '빠르게' 사고하는 것과 '느리게' 사고하는 것에 대한 비유가 등장하나, 국내 번역서가 있으므로 본문에서는 국내 번역서 기준으로 사용했다.

다음 버전인 알파고 제로$^{\text{AlphaGo Zero}}$에서는 강화학습의 개념을 사용해서 사람의 훈련 데이터를 전혀 사용하지 않고 바둑 한판 전체를 두도록 한다. 알파고 제로는 (체스나 쇼기[2]와 마찬가지로) 바둑의 기본적인 내용을 학습하고, 수백 년간 사람이 사용한 다양한 전략을 탐색하는(차후 필요 없는 부분은 버린다) 방식을 사용해 알파고 제로만의 여러 전략을 만들어낸다.

막스 펌펄라와 케빈 퍼거슨은 이 책의 여러 장을 넘나들며 알파고부터 이후의 확장에 이르는 매혹적인 여행으로 여러분을 이끈다. 이 책을 덮을 때쯤 알파고 형태의 바둑 엔진이 어떻게 구현되었는지 이해하게 될 뿐만 아니라 몬테카를로 트리 탐색, 딥러닝, 강화학습 같은 현대 AI 알고리즘의 매우 중요한 구성 요소를 매우 실질적으로 이해할 수 있게 될 것이다. 저자는 흥미롭고 실제로 돌려볼 수 있는 바둑 예제를 사용해서 이런 주제를 조심스럽게 연결해두었다. 그 외에도 세상에서 지금까지 발명된 게임 중 가장 아름답고 도전적인 게임의 기초 지식을 배우게 될 것이다.

또한 책 전반에서 다루고 있는 것처럼 완전히 임의로 움직이는 자가 학습이 가능한 바둑봇을 만들고 싶을 것이다. 저자는 실제로 작동하는 파이썬 코드도 제시하고, 이에 내재된 개념 설명도 훌륭하게 해주고 있어 바둑봇 구현을 직접 할 수 있도록 한다. 이 책에서는 실제로 바둑봇이 작동하는 데 필요한 데이터 포맷, 배포, 클라우드 컴퓨팅 같은 주제도 자세히 설명하고 있다.

한 마디로 이 책은 현대 인공지능과 머신러닝에 대한 매우 읽기 쉽고 매력적인 안내서다. 인공지능 분야에서 가장 흥미로운 이정표 중 하나를 소개하고 이를 즐겁게 시작할 수 있도록 하는 데 성공했다. 이 과정을 따라오는 독자는 '빠른' 패턴 매칭과 '느린' 계획의 조합이 필요한 모든 상황에서 가능한 구현 방법을 익힘으로써 현대 AI 시스템을 이해하고 만들 만반의 준비를 갖추게 될 것이다. 이것이 기본 인지 과정에 필요한 빠르고 느린 사고방식이다.

_소레이 그리펠
딥마인드 연구과학자, 딥마인드 알파고팀 대표

---

2 옮긴이_ 일본에서 주로 하는 보드게임의 일종으로 장기와 유사한 점이 많다.

지은이의 말

알파고 관련 뉴스가 2016년 초반을 뜨겁게 달구었을 때 우리는 컴퓨터 바둑의 신기원을 이루었다는 사실에 매우 고무되어 있었다. 그때까지는 전반적으로 바둑 인공지능이 인간 수준에 도달하려면 최소 10년은 걸릴 것이라고 추정하고 있었다. 우리는 알파고의 경기를 철저히 검토하고 바둑 중계를 보기 위해 아침 일찍 일어나거나 혹은 늦게 잠자리에 들곤 했다. 실제로 전세계 수백만 명의 사람이 판후이, 이세돌, 그리고 나중에 커제 등과의 경기에 사로잡혔다.

알파고가 등장한 뒤 얼마 되지 않아 우리는 알파고를 실행하는 핵심 기술을 구현할 수 있는지 확인하기 위해 베타고[1]라는 작은 오픈소스 라이브러리를 만들었다. 베타고를 만든 목적은 관심 있는 개발자들에게 알파고의 숨겨진 기술을 보여주기 위해서였다. 딥마인드의 놀라운 성과에 도전하기에는 현실적으로 우리 자원(시간, 컴퓨팅 자원, 지식)이 충분하지 못하다는 것은 알고 있지만 우리만의 바둑봇을 직접 만드는 것은 굉장히 재미있는 일이었다.

이 이후 컴퓨터 바둑에 대해서 이야기할 수 있는 꽤 많은 기회를 얻었다. 우리는 오랫동안 바둑을 좋아했고 머신러닝을 사용해서 그렇게 가까이에서 지켜본 사건에서 일반 대중이 이에 대해서 거의 이해하지 못한다는 점을 종종 잊곤 한다. 사실 수백만이 그 경기를 봤지만 서양에서의 관점으로는 관중들은 다음과 같이 두 그룹으로 나뉘는 것 같다.

- 바둑을 이해하고 사랑하지만 머신러닝은 거의 모르는 사람
- 머신러닝을 이해하고 흥미를 갖고 있지만 바둑 규칙은 거의 모르는 사람

직접 관련이 없는 사람들에게는 두 분야 모두 접근하기 어렵고, 복잡하며, 이해하기 어려울 수 있다. 최근 몇 년간 점점 더 많은 소프트웨어 개발자가 머신러닝, 특히 딥러닝을 사용하기 시작했지만 바둑은 여전히 서구의 많은 사람에게 거의 알려져 있지 않다. 우리는 이를 매우 안타깝게 생각하며 이 책을 통해 위 두 그룹의 사람들이 보다 가까워지기 진심으로 희망한다.

우리는 알파고의 기반 원리에 대해서는 일반적인 소프트웨어 엔지니어링 관련 사람들이 실제로 돌려보면서 익힐 수 있을 것이라 믿어 의심치 않는다. 바둑경기를 해보고 이런저런 실험을

---

1 github.com/maxpumperla/betago

해봐야 즐기고 이해할 수 있다. 이는 머신러닝이나 그 외의 다른 분야에서도 마찬가지라고 할 수 있다.

만약 책을 덮으면서 우리의 바둑이나 머신러닝(두 가지 다면 더욱 좋다!)에 대한 열망을 느끼게 된다면 우리는 할 일을 다 한 것이다. 또한 바둑봇을 빌드하고 가져와서 여러분만의 실험을 하는 방법을 알게 되었다면 다른 여러 흥미로운 인공지능 프로그램도 만들 수 있게 될 것이다. 즐거운 여행이 되길!

이 책에 대하여

이 책은 바둑을 두는 AI라는 재미있는 예제를 실제로 구현하면서 현대 머신러닝을 익힐 수 있도록 만들었다. 3장을 마치면 아직 터무니없이 부족하긴 하지만 어쨌든 실제로 움직이는 바둑 프로그램을 만들 수 있다. 4장부터는 바둑봇의 AI를 향상시킬 수 있는 방법을 소개한다. 각 방법을 실제로 구현해보면서 각 기법의 장점과 한계점을 익힐 수 있다. 마지막 장에서는 알파고와 알파고 제로가 이런 기법들을 어떻게 통합해서 그런 강력한 AI를 만들게 되었는지 소개하면서 마무리한다.

이 책의 대상 독자

이 책은 머신러닝을 처음 시작하면서 수학적인 접근법보다는 실제로 만들어보는 것을 선호하는 소프트웨어 개발자를 대상으로 하여 쓰였다. 이 책의 독자는 비록 현대 프로그래밍 언어로 동일한 알고리즘을 구현할 수 있다 하더라도 파이썬에 대한 실질적인 지식을 가지고 있을 것이라고 가정했다. 독자들이 바둑에 대해 알고 있을 것이라고 생각하지는 않았다. 만약 체스나 유사한 게임을 더 좋아한다면 이 책의 내용을 그 게임에 적용해볼 수도 있을 것이다. 만약 이 책의 독자 중 바둑을 둘 줄 아는 사람이 있다면 봇이 바둑을 배우는 것을 보고 굉장히 놀랄 것이다. 우리는 확실히 해냈다!

이 책의 구성

이 책은 3개 부에 14개 장이 들어 있고 거기에 5개 부록이 추가되어 있다.

1부 기초

책의 나머지 부분에서 다루는 주요 개념을 소개한다.

1장 딥러닝을 향해 - 머신러닝 기초

인공지능, 머신러닝, 딥러닝의 고차원적인 개요를 가볍게 제시한다. 이들이 어떻게 서로 연관되어 있는지, 그리고 이 분야의 기술로 할 수 있는 것과 없는 것을 설명한다.

2장 머신러닝 문제로서의 바둑

바둑의 규칙을 소개하고 컴퓨터에 게임을 가르칠 때 무엇을 해야 하는지 설명한다.

3장 첫 번째 바둑봇 만들기

바둑판을 만들고, 그 위에 바둑돌을 놓고, 풀게임을 하는 부분까지 파이썬으로 구현한다. 이 장을 마치면 가장 단순한 바둑 AI가 실제로 작동하게 만들 수 있다.

2부 머신러닝과 게임 AI

강력한 바둑 AI를 만들 수 있는 기술적, 이론적 기반을 설명한다. 특히 알파고에서 매우 효과적으로 사용한 트리 탐색, 신경망, 강화학습의 세 가지 기법을 소개한다.

트리 탐색

4장 트리 탐색을 통한 경기

경기의 각 차례에서 탐색과 평가를 하는 알고리즘을 전반적으로 설명한다. 단순한 무작위 대입 미니맥스 탐색 방식을 만드는 것부터 시작해서 알파-베타 가지치기, 몬테카를로 탐색 같은 고급 알고리즘까지 만들어본다.

신경망

5장 신경망 시작하기

인공 신경망을 실질적으로 소개한다. 손으로 쓴 숫자를 맞추는 신경망을 파이썬으로 처음부터 구현해볼 것이다.

6장 바둑 데이터용 신경망 설계

바둑 데이터가 이미지 데이터와 어떤 유사한 특징을 가지고 있는지 설명하고 수 예측을 위한 합성곱 신경망을 소개한다. 이 장에서는 모델을 만드는 데 유용한 딥러닝 라이브러리인 케라스를 사용한다.

7장 데이터로부터 학습하기 : 딥러닝 봇

앞의 두 장에서 얻은 지식을 사용해서 심층 신경망 바둑봇을 만든다. 아마추어 게임에서 가져온 실제 경기 데이터로 봇을 훈련시키고 이 방법의 한계를 지적한다.

8장 맨땅에 봇 배포하기

봇을 외부에 제공해서 사용자 인터페이스를 통해 사람이 봇과 경기를 할 수 있도록 할 것이다. 이때 봇이 로컬과 바둑 서버 두 곳에서 다른 봇과 어떻게 경기를 하게 만드는지도 배울 것이다.

강화학습

9장 체험을 통한 학습 : 강화학습

강화학습 기초와 이를 바둑에서 혼자 경기를 하는 데 어떻게 사용할 수 있는지 알아본다.

10장 정책 경사를 사용하는 강화학습

7장의 수 예측을 개선하는 데 필수적인 방법인 정책 경사$^{policy\ gradients}$를 차근차근 소개한다.

11장 가치 기법을 사용하는 강화학습

4장의 트리 탐색과 결합했을 때 매우 강력해지는 수단인 가치 기법$^{value\ method}$을 사용해서 바둑판에서의 위치에 값을 매기는 방법을 살펴본다.

12장 행위자-비평가 방식 강화학습

바둑판에서의 위치와 다음 수가 주어졌을 때의 장기적인 가치를 예측함으로써 다음 수를 효과적으로 고를 수 있도록 하는 기법을 소개한다.

3부 전체는 부분의 합보다 크다

앞서 개발한 모든 구성 요소를 알파고처럼 애플리케이션으로 합치면 그 성능이 최고에 달한다. 알파고와 알파고 제로를 설명한다.

13장 알파고 : 모든 AI 기법의 합작품

기술적 및 수학적으로 이 책의 최고점이라고 할 수 있다. 이 장에서는 처음에는 신경망으로 바둑 데이터를 훈련하고(5~7장) 이를 통해 혼자 경기를 치르게 하고(8~11장) 여기에 똑똑한 트리 탐색 방식(4장)을 결합하여 초인 수준의 바둑봇을 만드는 방법을 논의한다.

14장 알파고 제로 : 강화학습과 트리 탐색의 결합

이 책의 마지막 장으로, 보드게임 AI의 현재 최신 동향을 다룬다. 알파고 제로의 동력인 트리 탐색과 강화학습의 혁신적인 조합을 자세히 살펴볼 것이다.

부록에서는 다음 주제를 다룬다.

부록 A 수학 기초

선형대수학과 미적분학의 기초를 되짚어보고, 파이썬 라이브러리인 NumPy로 몇 가지 선형대수를 나타내는 방법을 보여준다.

부록 B 역전파 알고리즘

5장에서 사용했던 다수의 신경망에서의 학습 과정을 보다 수학적으로 자세히 설명한다.

부록 C 바둑 프로그램 및 서버

바둑을 더 알고자 하는 독자를 위한 추가 자료를 제공한다.

부록 D 아마존 웹서비스를 사용한 봇 훈련 및 배포

봇을 아마존 클라우드 서버에서 동작하게 하기 위한 내용을 안내한다.

부록 E 온라인 바둑 서버에 봇 등록하기

우리가 만든 봇을 전 세계의 바둑 선수들이 시험해볼 수 있도록 유명한 바둑 서버에 연결하는 방법을 설명한다.

각 장의 의존 구조

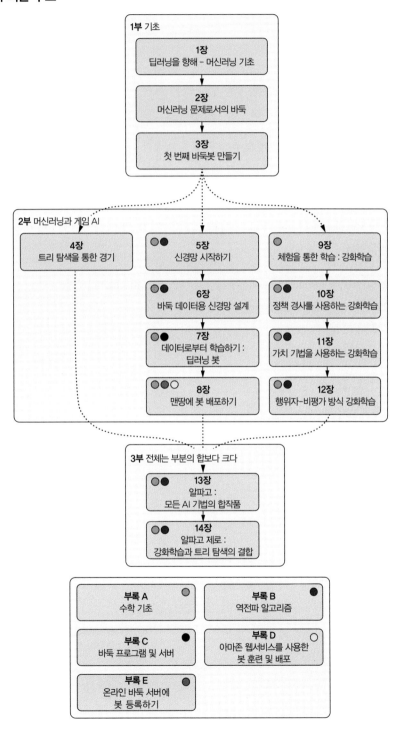

1부 기초

1장
딥러닝을 향해 – 머신러닝 기초

2장
머신러닝 문제로서의 바둑

3장
첫 번째 바둑봇 만들기

2부 머신러닝과 게임 AI

4장
트리 탐색을 통한 경기

5장
신경망 시작하기

6장
바둑 데이터용 신경망 설계

7장
데이터로부터 학습하기 :
딥러닝 봇

8장
맨땅에 봇 배포하기

9장
체험을 통한 학습 : 강화학습

10장
정책 경사를 사용하는 강화학습

11장
가치 기법을 사용하는 강화학습

12장
행위자-비평가 방식 강화학습

3부 전체는 부분의 합보다 크다

13장
알파고 :
모든 AI 기법의 합작품

14장
알파고 제로 :
강화학습과 트리 탐색의 결합

부록 A
수학 기초

부록 B
역전파 알고리즘

부록 C
바둑 프로그램 및 서버

부록 D
아마존 웹서비스를 사용한
봇 훈련 및 배포

부록 E
온라인 바둑 서버에
봇 등록하기

15

코드 예제

이 책에는 번호가 매겨진 소스 코드와 본문 안에 많은 소스 코드가 포함되어 있다. 소스 코드는 본문 내용과 구분하기 위해 고정폭 폰트를 사용했다.

원래 소스 코드의 포맷을 책의 폭에 맞추기 위해 줄 바꿈과 들여쓰기를 임의로 조절했다. 소스 코드의 주석은 본문에서 이미 설명한 경우 빠졌을 수 있다. 코드 주석은 중요한 개념을 강조하는 용도로 사용했다.

몇 가지 추가 코드를 포함한 모든 코드 예제는 이 책의 깃허브 페이지와 한빛미디어 웹페이지에서 확인할 수 있다.

- **깃허브 :** github.com/maxpumperla/deep_learning_and_the_game_of_go
- **한빛미디어 :** www.hanbit.co.kr/src/10315

감사의 글

이 책을 출간하는 데 도움을 준 매닝 출판사 팀 모두에게 감사드린다. 특히 지칠 줄 모르던 편집자 두 분, 우리 여정의 처음 80%에 도달하게 해준 마리나 마이클스^{Marina Michaels}와 두 번째 80% 지점을 통과하게 해준 제니 스타우트^{Jenny Stout}에게 감사한다. 또한 모든 코드를 책에 엮어준 기술 편집자 찰스 퍼듀크^{Charles Feduke}와 기술 교정자 타냐 월크^{Tanya Wilke}에게도 감사의 말을 전한다.

좋은 피드백을 준 리뷰어 알렉산더 에로퍼브^{Aleksandr Erofeev}, 알레산드로 푸지엘리^{Alessandro Puzielli}, 알렉스 올란디^{Alex Orlandi}, 버크 후프내걸^{Burk Hufnagel}, 크레이그 S. 코넬^{Craig S. Connell}, 다니엘 뷰렉^{Daniel Berecz}, 데니스 크리스^{Denis Kreis}, 도밍고 살라자르^{Domingo Salazar}, 헬무트 하우쉴드^{Helmut Hauschild}, 제임스 A. 후드^{James A. Hood}, 쟈스바 심슨^{Jasba Simpson}, 장 라자후^{Jean Lazarou}, 마르탱 뮐러 스카비닉스 페드르손^{Martin Møller Skarbiniks Pedersen}, 마티아스 폴리그켓^{Mathias Polligkeit}, 냇 렁나르미차이^{Nat Luengnaruemitchai}, 피에루지 리티^{Pierluigi Riti}, 삼 더 코스터^{Sam De Coster}, 숀 린제이^{Sean Lindsay}, 타일러 코왈리스^{Tyler Kowallis}, 어신 스타우스^{Ursin Stauss}에게 감사드린다.

또한 베타고 프로젝트를 사용해보았거나 프로젝트에 기여한 모든 분, 특히 엘리엇 저작^{Elliot Gerchak}과 크리스토퍼 마론^{Christopher Malon}에게 감사한다.

마지막으로 컴퓨터로 바둑을 가르치고 그에 대한 연구를 공유해준 모든 분께 감사한다.

물심양면으로 지지해준 칼리^{Carly}, 어떻게 글을 써야 할 지 알려준 아버지와 질리안^{Gillian}에게 감사드린다.

_케빈 퍼거슨

글 쓰는 일에 전념할 수 있게 해준 케빈^{Kevin}, 여러 충실한 토론을 해준 안드레아스^{Andreas}, 꾸준히 지지해준 앤^{Anne}에게 특히 감사드린다.

_막스 펌펄라

CONTENTS

책 표지에 대하여 ·· **5**

지은이·옮긴이 소개 ·· **6**

추천의 글 ··· **7**

지은이의 말 ·· **9**

이 책에 대하여 ··· **11**

각 장의 의존구조 ·· **15**

코드 예제 ·· **16**

감사의 글 ·· **17**

Part 1 기초

CHAPTER 1 딥러닝을 향해 – 머신러닝 기초

1.1 머신러닝이란 무엇인가 ·· **30**

   1.1.1 머신러닝은 AI와 어떤 연관성이 있는가 ······················ **33**

   1.1.2 머신러닝으로 할 수 있는 것과 할 수 없는 것 ··············· **33**

1.2 사례로 보는 머신러닝 ·· **34**

   1.2.1 애플리케이션에서 머신러닝 사용 ······························· **38**

   1.2.2 지도학습 ··· **39**

   1.2.3 비지도학습 ·· **41**

   1.2.4 강화학습 ··· **42**

1.3 딥러닝 ··· **42**

1.4 이 책에서 학습할 내용 ··· **44**

1.5 요약 ··· **45**

CHAPTER 2 머신러닝 문제로서의 바둑

2.1 왜 게임인가 ··· **47**

2.2 간단한 바둑 소개 ··· **48**

    2.2.1 바둑판 이해하기 ··· **49**

    2.2.2 돌 놓기와 잡기 ·· **50**

    2.2.3 경기 종료 및 점수 계산 ······································ **51**

    2.2.4 패 이해하기 ··· **53**

2.3 접바둑 ··· **54**

2.4 추가 학습 자료 ·· **54**

2.5 머신에 무엇을 가르칠 수 있을까 ······································ **55**

    2.5.1 포석 두기 ··· **55**

    2.5.2 다음 수 찾기 ·· **55**

    2.5.3 고려할 수 줄이기 ··· **56**

    2.5.4 게임 현황 평가하기 ··· **57**

2.6 바둑 AI가 얼마나 강력한지 측정하는 방법 ··························· **58**

    2.6.1 일반 바둑 등급 ··· **58**

    2.6.2 바둑 AI 벤치마킹 ··· **59**

2.7 요약 ··· **59**

CHAPTER 3 첫 번째 바둑봇 만들기

3.1 파이썬으로 바둑 나타내기 ·· **62**

    3.1.1 바둑판 구현하기 ·· **65**

    3.1.2 바둑에서 연결 추적하기 : 이음 ······························ **65**

    3.1.3 바둑판에 돌 놓기와 따내기 ··································· **67**

3.2 대국 현황 기록과 반칙수 확인 ·· **70**

    3.2.1 자충수 ··· **71**

CONTENTS

3.2.2 패 ·· 73

3.3 게임 종료 ·· 75

3.4 첫 번째 봇 만들기 : 상상 가능한 최약체 바둑 AI ·· 78

3.5 조브리스트 해싱을 사용한 대국 속도 향상 ·· 82

3.6 봇과 대국하기 ·· 88

3.7 요약 ·· 90

Part 2 머신러닝과 게임 AI

CHAPTER **4** 트리 탐색을 통한 경기

4.1 게임 분류 ·· 96

4.2 미니맥스 탐색을 사용한 상대 수 예측 ·· 98

4.3 틱택토 풀기 : 미니맥스 예제 ·· 102

4.4 가지치기를 통한 탐색 공간 축소 ·· 105

    4.4.1 위치 평가를 통한 탐색 깊이 축소 ·· 107

    4.4.2 알파-베타 가지치기를 사용해서 탐색 폭 줄이기 ·· 111

4.5 몬테카를로 트리 탐색을 이용한 경기 상태 평가 ·· 115

    4.5.1 파이썬으로 몬테카를로 트리 탐색 구현하기 ·· 119

    4.5.2 탐색할 가지 선택법 ·· 123

    4.5.3 바둑에 몬테카를로 트리 탐색 적용하기 ·· 126

4.6 요약 ·· 128

CHAPTER **5** 신경망 시작하기

5.1 간단한 사례 : 손글씨 숫자 분류 ·· 132

    5.1.1 MNIST 숫자 손글씨 데이터셋 ·· 133

5.1.2   MNIST 데이터 처리 ·· **134**

5.2   신경망 기초 ·· **141**

5.2.1   단순한 인공 신경망으로의 로지스틱 회귀 ······················· **142**

5.2.2   1차원 이상의 결과를 갖는 신경망 ··································· **142**

5.3   순방향 신경망 ·· **143**

5.4   우리 예측은 얼마나 훌륭한가 : 손실 함수와 최적화 ············ **146**

5.4.1   손실 함수란 무엇인가 ··· **147**

5.4.2   평균제곱오차 ·· **147**

5.4.3   손실 함수에서의 최솟값 찾기 ··· **148**

5.4.4   최솟값을 찾는 경사하강법 ·· **149**

5.4.5   손실 함수에서의 확률적 경사하강법 ······························ **151**

5.4.6   신경망에 기울기를 역으로 전파하기 ······························ **153**

5.5   파이썬을 활용한 단계별 신경망 훈련 ·································· **155**

5.5.1   파이썬에서의 신경망층 ··· **156**

5.5.2   신경망에서의 활성화층 ··· **158**

5.5.3   순방향 신경망의 구성 요소로서의 파이썬에서의 밀집층 ··· **159**

5.5.4   파이썬으로 순차 신경망 만들기 ····································· **161**

5.5.5   신경망으로 손글씨 숫자 분류하기 ································· **164**

5.6   요약 ·· **166**

CHAPTER 6 바둑 데이터용 신경망 설계

6.1   신경망용 바둑경기 변환 ·· **169**

6.2   트리 탐색 게임을 신경망 훈련 데이터로 만들기 ·············· **172**

6.3   케라스 딥러닝 라이브러리 사용하기 ······························ **175**

6.3.1   케라스 디자인 원리 이해 ·· **176**

6.3.2   케라스 딥러닝 라이브러리 설치 ······································ **176**

6.3.3   케라스로 익숙한 첫 번째 문제 실행해보기 ···················· **177**

CONTENTS

6.3.4 케라스에서 순방향 신경망을 사용한 바둑 수 예측 ················· **180**

6.4 합성곱 신경망으로 공간 분석하기 ························· **184**

6.4.1 합성곱 역할에 대한 직관적 이해 ····················· **185**

6.4.2 케라스로 합성곱 신경망 만들기 ····················· **189**

6.4.3 풀링층을 사용한 공간 감소 ························ **190**

6.5 바둑 수 확률 예측하기 ····························· **192**

6.5.1 마지막 층에서 소프트맥스 활성화 함수 사용 ············· **192**

6.5.2 분류 문제에서의 교차 엔트로피 손실 ················· **193**

6.6 드롭아웃과 정류 선형 유닛을 사용해 더 깊은 신경망 구성 ········· **195**

6.6.1 표준화를 위해 일부 뉴런 제거하기 ·················· **196**

6.6.2 ReLU 활성화 함수 ·························· **197**

6.7 기능 결합을 통해 더 강력한 바둑 수 예측 신경망 만들기 ········· **198**

6.8 요약 ·································· **202**

CHAPTER **7** 데이터로부터 학습하기 : 딥러닝 봇

7.1 바둑 대국 기록 가져오기 ··························· **204**

7.1.1 SGF 파일 포맷 ···························· **205**

7.1.2 KGS에서 바둑 대국 기록을 다운로드해서 재현하기 ·········· **206**

7.2 딥러닝용 바둑 데이터 준비 ························· **208**

7.2.1 SGF 기록을 사용해서 바둑 대국 재현하기 ·············· **208**

7.2.2 바둑 데이터 전처리기 만들기 ····················· **210**

7.2.3 데이터를 효율적으로 불러오는 바둑 데이터 생성기 만들기 ······· **218**

7.2.4 바둑 데이터 처리 및 생성기의 병렬 실행 ··············· **221**

7.3 인간의 대국 기록으로 딥러닝 모델 훈련하기 ··············· **222**

7.4 더 실질적인 바둑 데이터 변환기 만들기 ················· **227**

7.5 적응 경사법을 사용해서 효율적으로 훈련하기 ··············· **230**

7.5.1 SGD에서의 붕괴와 모멘텀 ······················ **230**

7.5.2　에이다그래드로 신경망 최적화하기 ·························· **232**

7.5.3　에이다델타로 적응 경사법 조정하기 ····················· **233**

7.6　직접 실험하고 성능 평가하기 ··································· **234**

7.6.1　모델 구조 및 하이퍼파라미터 검정 지침 ················ **235**

7.6.2　훈련 및 검정 데이터로 성능 지표 평가하기 ············ **236**

7.7　요약 ·· **238**

CHAPTER 8 맨땅에 봇 배포하기

8.1　심층 신경망으로 수 예측 에이전트 만들기 ················ **240**

8.2　바둑봇을 웹 프론트엔드로 제공하기 ························· **243**

8.2.1　바둑봇 예제 처음부터 끝까지 다루기 ··················· **246**

8.3　클라우드에서 바둑봇 훈련 후 배포하기 ···················· **248**

8.4　다른 봇과의 대화에 사용할 바둑 텍스트 프로토콜 ········ **249**

8.5　로컬에서 다른 봇과 대결하기 ································· **252**

8.5.1　봇이 차례를 넘기거나 기권해야 할 때 ················· **252**

8.5.2　봇과 다른 바둑 프로그램 간 대국 두기 ················ **254**

8.6　바둑봇을 온라인 바둑 서버에 배포하기 ···················· **260**

8.6.1　온라인 바둑 서버에 봇 등록하기 ······················· **264**

8.7　요약 ·· **264**

CHAPTER 9 체험을 통한 학습 : 강화학습

9.1　강화학습 주기 ·· **268**

9.2　경험을 통해 어떻게 달라질까 ································· **270**

9.3　학습 가능한 에이전트 만들기 ································· **274**

9.3.1　확률분포에 따른 샘플링 ·································· **275**

CONTENTS

9.3.2 확률분포 제한 ·· **277**

9.3.3 에이전트 초기화 ··· **277**

9.3.4 물리 장치로부터 에이전트 불러오고 저장하기 ··················· **278**

9.3.5 수 선택 구현 ·· **280**

9.4 자체 대국 : 컴퓨터 프로그램이 연습하는 방법 ························ **281**

9.4.1 경험 데이터 나타내기 ·· **282**

9.4.2 대국 시뮬레이션 ·· **285**

9.5 요약 ··· **287**

CHAPTER 10 정책 경사를 사용하는 강화학습

10.1 임의의 경기에서 좋은 결정을 정의하는 방법 ······················ **290**

10.2 경사하강법을 사용해서 신경망 정책 수정하기 ····················· **294**

10.3 자체 대국 훈련 팁 ··· **299**

10.3.1 성능 향상 평가하기 ··· **299**

10.3.2 작은 성능 차이 측정하기 ··· **300**

10.3.3 확률적 경사하강(SGD) 최적화기 ······································· **301**

10.4 요약 ··· **306**

CHAPTER 11 가치 기법을 사용하는 강화학습

11.1 Q-학습을 사용한 대국 ··· **308**

11.2 케라스로 Q-학습 만들기 ·· **312**

11.2.1 케라스로 입력값이 둘인 신경망 만들기 ····························· **312**

11.2.2 케라스로 ε-탐욕 정책 구현하기 ····································· **318**

11.2.3 행동-가치 함수 훈련 ·· **321**

11.3 요약 ··· **322**

CHAPTER 12 행위자-비평가 방식 강화학습

12.1 어느 결정이 중요한지는 어드밴티지가 알려준다 ···································· 324

    12.1.1   어드밴티지란 무엇인가 ··· 324

    12.1.2   자체 대국 중에 어드밴티지 구하기 ····································· 327

12.2 행위자-비평가 학습용 신경망 설계 ··· 329

12.3 행위자-비평가 에이전트를 사용한 대국 ······································ 332

12.4 경험 데이터로 행위자-비평가 에이전트 훈련하기 ························· 333

12.5 요약 ··· 340

Part 3   전체는 부분의 합보다 크다

CHAPTER 13 알파고 : 모든 AI 기법의 합작품

13.1 알파고의 신경망 훈련 ··· 346

    13.1.1   알파고의 신경망 구조 ·· 346

    13.1.2   알파고 바둑판 변환기 ·· 349

    13.1.3   알파고 스타일의 정책 신경망 훈련하기 ····························· 351

13.2 정책 신경망으로 자체 대국 부트스트래핑 ··································· 354

13.3 자체 대국 데이터로 가치 신경망 도출하기 ·································· 355

13.4 정책 신경망과 가치 신경망을 사용한 탐색 개선 ·························· 357

    13.4.1   신경망으로 몬테카를로 롤아웃 개선하기 ··························· 357

    13.4.2   결합 가치 함수를 사용한 트리 탐색 ································· 358

    13.4.3   알파고의 탐색 알고리즘 구현 ·· 362

13.5 각자의 알파고를 훈련할 때 실제로 고민해야 할 부분 ·················· 368

13.6 요약 ··· 369

CONTENTS

CHAPTER **14 알파고 제로 : 강화학습과 트리 탐색의 결합**

14.1 트리 탐색용 신경망 만들기 ································· 372

14.2 신경망으로 트리 탐색 안내하기 ··························· 375

    14.2.1   트리 따라 내려가기 ······························· 378

    14.2.2   트리 확장 ······································· 381

    14.2.3   수 선택 ··· 384

14.3 훈련 ··· 386

14.4 디리클레 잡음을 사용한 탐색 향상 ························· 390

14.5 더 깊은 신경망을 만드는 현대적 기법 ······················ 392

    14.5.1   배치 정규화 ····································· 392

    14.5.2   잔차 신경망 ····································· 393

14.6 추가 참고 자료 ··· 394

14.7 정리 ··· 395

14.8 요약 ··· 396

부록 A 수학 기초 ·· 397

부록 B 역전파 알고리즘 ·· 407

부록 C 바둑 프로그램 및 서버 ··································· 413

부록 D 아마존 웹서비스를 사용한 봇 훈련 및 배포 ················· 417

부록 E 온라인 바둑 서버에 봇 등록하기 ··························· 429

찾아보기 ··· 437

기초

머신러닝이란 무엇인가? 바둑은 무엇이고, 왜 바둑이 게임 AI에서 중요한 이정표라고 불릴까? 컴퓨터가 바둑을 두는 것이 체스나 체커를 두는 것과 다른 점은 무엇일까?

1부에서는 이 모든 질문에 대답하고, 책의 나머지 부분에서 다룰 내용의 토대가 되는 유연성 있는 바둑 논리 라이브러리를 만들 것이다.

Part I

기초

1장 딥러닝을 향해 – 머신러닝 기초

2장 머신러닝 문제로서의 바둑

3장 첫 번째 바둑봇 만들기

딥러닝을 향해 – 머신러닝 기초

이 장에서 다루는 내용

- 머신러닝과 기존 프로그래밍과의 차이점
- 머신러닝으로 풀 수 있는 문제와 풀 수 없는 문제
- 머신러닝과 인공지능의 관계
- 머신러닝 시스템 구조
- 머신러닝의 원칙

컴퓨터가 존재한 때부터 프로그래머들은 컴퓨터가 인간처럼 행동하도록 만드는 **인공지능** Artificial Intelligence, AI에 관심을 가져왔다. 게임은 오래전부터 AI 연구자들에게 유명한 주제였고, 개인컴퓨터 시대로 접어든 이래 체커Checker**1**, 백개먼Backgammon**2**, 체스 등 대부분의 고전 보드게임에서 AI가 사람을 이겼다. 하지만 고대로부터 내려온 전략게임인 바둑은 수 세기 동안 컴퓨터가 정복할 수 없는 위치로 단단히 자리 잡고 있었다. 그러다 2016년 구글의 딥마인드에서 만든 알파고 AI가 세계챔피언 14회를 따낸 프로바둑기사 이세돌을 5판 4승으로 이기며 승리를 거뒀다. 또한 알파고의 다음 수정 버전은 모든 유명 바둑기사를 제치고 60판을 연속으로 이겼다. 어떤 인간도 닿을 수 없는 위치가 된 것이다.

알파고의 전략은 고전 AI 알고리즘에 머신러닝을 추가해서 강화시킨 것이었다. 더 자세히 말하면 알파고는 원래의 데이터를 여러 유용한 추상화된 층으로 배열하는 알고리즘인 **딥러닝**이라고 알려진 현대적 기법을 사용했다. 이 기법은 게임에만 적용할 수 있는 것은 아니다. 영상 판별,

---

1 옮긴이_ 체스판에 15개의 둥근 말을 올려놓고 서로 말을 따내는 보드게임
2 옮긴이_ 주사위와 15개의 둥근 말을 이용해 보드 주위로 말을 움직이는 전략게임

음성 인식, 자연어 번역, 로봇 행동 처리 등의 애플리케이션에서도 딥러닝을 찾아볼 수 있다. 딥러닝의 기초를 이해하면 이 애플리케이션들이 어떤 식으로 작동하는지도 이해할 수 있게 될 것이다.

왜 컴퓨터 바둑에 대한 내용으로 책 한 권을 채웠을까? 어쩌면 저자들이 엄청난 바둑 팬이라 그랬을 거라고 생각할지도 모른다. 맞다, 양심에 찔리지만 사실 그렇다. 하지만 체스나 백개먼이 아닌 바둑을 연구한 실제 이유는 강력한 바둑 AI를 만드는 데 딥러닝이 필요하기 때문이다. 스톡피시^{Stockfish}3 같은 최고 수준의 체스 엔진은 체스에 특화된 논리들로 이루어져 있고, 이런 식으로 게임 AI를 만들려면 그 게임에 대해 많이 알고 있어야 한다. 하지만 딥러닝을 사용하면 컴퓨터가 훌륭한 바둑기사를 따라하도록 가르칠 수 있다. 비록 그들이 무엇을 하고 있는지 이해하지 못하더라도 말이다. 그리고 이 기법은 게임이나 현실에서 모든 종류의 애플리케이션에 적용할 수 있는 매우 강력한 기술이다.

체스와 체커 AI는 사람이 할 수 있는 것보다 더 정확하게 게임을 읽는 것을 목표로 한다. 이 기법을 바둑에 적용하는 데는 두 가지 문제가 있다. 첫째, 바둑에는 고려해야 할 수가 너무 많아서 멀리 앞을 내다보기 어렵다. 둘째, 만약 멀리 앞을 내다볼 수 있다 하더라도 그 결과가 좋은지 평가할 수 있는 방법이 없다. 딥러닝은 이 두 가지 문제를 해결하는 열쇠로 밝혀졌다.

이 책에서는 알파고에 들어간 기술을 다루면서 딥러닝을 실질적으로 설명한다. 그렇다고 책 내용을 익히기 위해 바둑을 너무 깊이 공부할 필요는 없다. 바둑에 대한 깊은 공부 대신 기계(머신)가 어떻게 학습을 하는지에 대한 일반적인 이론을 살펴볼 것이다. 이 장에서는 머신러닝과 머신러닝이 해결할 수 있는(그리고 해결할 수 없는) 문제의 종류를 소개한다. 머신러닝의 주요 내용을 소개하는 예제를 학습하면서 딥러닝이 머신러닝을 어떻게 새로운 분야로 이끌었는지 살펴보게 될 것이다.

1.1 머신러닝이란 무엇인가

친구가 나온 사진을 구분하는 일을 생각해보자. 사진이 어둡거나, 머리를 짧게 깎았거나, 새로운 옷을 입었다 해도 대부분의 사람에게 사진 구분은 그다지 어려운 일이 아니다. 하지만 똑같

---

3 옮긴이_ 가장 유명한 무료 오픈소스 체스 엔진 중 하나. 2008년에 만들어졌으며 현재까지도 지속적으로 업데이트되며 체스 엔진 성능 순위에서 상위권을 유지하고 있다. stockfishchess.org

은 일을 하는 컴퓨터 프로그램을 짠다고 가정하자. 이 경우 과연 어디서부터 시작해야 할까? 이런 문제는 머신러닝으로 해결할 수 있다.

전통적으로 컴퓨터 프로그래밍은 구조화된 데이터에 명확한 규칙을 적용하는 것이다. [그림 1-1]과 같이 개발자는 특정 데이터에 대한 일련의 명령을 실행하기 위해 프로그래밍하고 원하는 결과를 얻는다. 세금신고서를 떠올려보자. 모든 칸은 명확히 정의되어 있고, 그 칸에 세부 규칙을 적용해서 여러 계산을 할 수 있다. 어느 나라든 세법은 복잡하고 어렵기 마련이다. 사람이 이런 계산을 직접 하다보면 실수하기 쉽지만 엑셀 같은 컴퓨터 프로그램이 하기엔 매우 적합한 일이다.

그림 1-1 대부분의 소프트웨어 개발자에게 친숙한 표준 프로그래밍 패러다임. 개발자는 알고리즘을 정의하고 코드를 구현하며, 사용자는 데이터를 제공한다.

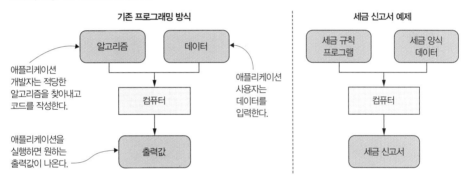

기존 프로그래밍 패러다임과 달리 **머신러닝**은 규칙을 직접 구현하는 대신 예제 데이터를 사용해서 프로그램이나 알고리즘이 추론하는 방식의 기술이다. 그러므로 머신러닝에서도 여전히 컴퓨터에 데이터를 입력해야 하지만 규칙을 부여하고 결과를 예상하는 대신 **예상 결과를 넣고 컴퓨터가 자체적으로 구체적인 알고리즘을 찾아내도록 한다.**

사진에 누가 나와 있는지 판별하는 컴퓨터 프로그램을 작성할 때 많은 양의 친구 사진을 분석하는 알고리즘을 적용해서 어떤 사진에 친구가 나왔는지 찾는 함수를 생성할 수 있다. 프로그램을 제대로 짰다면 이렇게 생성된 함수 역시 전에 보지 못했던 새로운 사진도 잘 판별해낼 것이다. 물론 프로그램은 자신이 어떤 목적으로 돌아가고 있는지 모른다. 프로그램이 할 수 있는 것은 처음에 사용한 기존 사진과 유사한 사진을 판별해내는 것뿐이다.

앞서 기계에 넣은 사진을 **훈련 데이터**라고 할 수 있고, 사진의 사람 이름을 **라벨**이라고 할 수 있다. 계획한 대로 알고리즘을 **훈련**시킨 후 이를 사용해서 새 데이터의 라벨을 **예측**하게 해서 시험해볼 수 있다. [그림 1-2]는 이 예제를 머신러닝 패러다임의 구조와 함께 보여준다.

그림 1-2 머신러닝 패러다임 : 프로그램을 개발하면서 데이터셋으로부터 알고리즘을 생성한 후 이를 최종 애플리케이션에 반영한다.

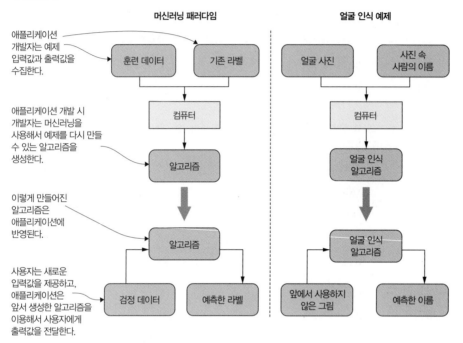

머신러닝은 규칙이 불분명할 때 사용하게 된다. 머신러닝은 '내가 그것을 볼 때 알게 될 것'과 같은 유형의 문제를 해결할 수 있다. 머신러닝을 사용하면 함수를 직접 프로그래밍하는 대신 함수가 처리해야 하는 데이터를 넣고 그 데이터에 적합한 함수를 구조적으로 생성한다.

실제로 실용적인 애플리케이션을 만들 때는 보통 머신러닝과 고전적인 프로그래밍을 결합해서 사용한다. 얼굴 인식 앱의 경우 머신러닝을 적용하기 전에는 예시 이미지를 어떻게 찾고, 로딩 하고, 변형해야 할지에 대한 모든 명령을 컴퓨터에 입력해야 했다. 혹은 석양과 라떼아트 사진 에서 얼굴 부분을 손으로 하나하나 잘라내서 사용하기도 했을 것이다. 이제는 얼굴 부분에 이 름을 입력한 후 머신러닝을 적용할 수 있다. 기존 프로그래밍 기술과 고급 머신러닝 알고리즘 을 혼합해서 사용하면 따로 사용할 때보다 성능이 좋은 경우도 종종 있다.

1.1.1 머신러닝은 AI와 어떤 연관성이 있는가

넓은 의미에서 **인공지능**이란 컴퓨터가 사람의 행동을 모방하는 모든 기술을 의미한다. AI는 다음과 같은 광범위한 기술을 포함한다.

- **논리 생성 시스템** : 정형적인 논리를 사용해서 명령에 대해 평가
- **전문가 시스템** : 개발자가 사람의 지식을 소프트웨어로 직접 인코딩할 수 있도록 함
- **퍼지 논리** : 컴퓨터가 모호한 명령을 처리할 수 있는 알고리즘을 정의

이런 규칙 기반 기술은 종종 **고전 AI** 혹은 **GOFAI**good old-fashioned AI (좋았던 옛 시절의 AI)라고 한다.

머신러닝은 AI의 많은 분야 중 하나일 뿐이지만 오늘날 가장 성공한 분야라는 데에는 이견이 없다. 특히 머신러닝의 하위 분야 중 하나인 딥러닝은 수십 년간 연구자들을 괴롭히던 문제를 해결하는 등 AI의 가장 주요한 돌파구의 일부가 되었다. 고전 AI에서는 연구자들이 사람의 행동을 연구하여 이에 맞는 규칙을 프로그래밍하려 했다. 머신러닝과 딥러닝은 이런 방식을 완전히 바꿨다. 이제는 사람의 행동 예제를 수집한 후 여기서 규칙을 추출하는 데 수학 및 통계 기술을 적용한다.

딥러닝이 매우 널리 사용되고 있다 보니 일부 사람은 **AI**와 **딥러닝**을 동일한 용도로 사용한다. 하지만 정확히 하기 위해 **AI**는 컴퓨터로 인간의 행동을 흉내 내는 일반적인 문제를 이야기할 때 사용할 것이고, **머신러닝**이나 **딥러닝**은 사례를 통해 알고리즘을 추출하는 수학적 기법을 나타낼 때 사용할 것이다.

1.1.2 머신러닝으로 할 수 있는 것과 할 수 없는 것

머신러닝은 매우 특화된 기술이다. 머신러닝으로 데이터베이스 기록을 갱신한다거나 사용자 인터페이스를 생성할 수는 없다. 다음과 같은 경우에는 전통적인 프로그래밍 방식을 선호한다.

- **전통적인 알고리즘은 문제를 직접적으로 해결한다.** 만약 문제를 푸는 코드를 직접 짰다면 이를 이해하고, 유지하고, 테스트하고, 디버깅하기 더 쉬울 것이다.
- **정확도가 완벽해야 한다.** 모든 복잡한 소프트웨어에는 버그가 존재한다. 전통적인 소프트웨어 엔지니어링에서는 버그를 발견하고 수정할 수 있다. 하지만 이런 것이 머신러닝에서 항상 가능한 것은 아니다. 머신러닝 시스템을 향상시킬 수는 있지만 특정 오류에 너무 집착하다보면 전체 시스템을 저하시키는 결과를 불러올 수도 있다.

- **경험적으로 만들어진 간단한 규칙을 직접 넣는 것은 유용하다.** 만약 얼마 안 되는 코드로 규칙을 작성할 수 있다면 그냥 그렇게 하면 된다. 경험적으로 만들어진 간단한 규칙을 명확하게 작성하기만 한다면 오히려 이해하기 쉽고 유지보수도 쉽다. 머신러닝을 사용해서 구현한 기능은 다소 이해하기 힘들고 갱신할 때 각각 새로 훈련해야 한다(반면 직접 작성한 규칙이 복잡하다면 이를 머신러닝으로 대체하는 것도 좋은 대안이다).

전통적인 프로그래밍 방식으로 해결하는 게 더 좋은 문제와 머신러닝으로도 사실상 해결하기 불가능한 문제 사이에는 가느다란 경계가 있다. 그림에서 얼굴을 인식하는 것과 얼굴에 이름을 붙이는 것은 앞서 본 하나의 사례일 뿐이다. 어떤 글씨를 판별하는 것과 그 글씨를 주어진 언어로 번역하는 것 역시 하나의 사례에 불과하다.

사람들은 종종 머신러닝으로 해결할 수 있는 상황, 예를 들어 문제의 복잡성이 극도로 높은 상황에서도 종종 고전적인 프로그래밍 방식에 의지하고는 한다. 매우 복잡하고 정보량이 많은 상황을 접했을 때 사람들은 거시경제학, 주식시장 예측, 정치학 같은 경험과 상황 설명에 안주하는 경향이 있다. 프로세스 관리자나 전문가로 불리는 사람들은 종종 머신러닝에서 얻은 통찰력으로 직관력을 향상시킴으로써 큰 이익을 얻을 수 있다. 물론 현실 세계 데이터는 예상보다 더 많은 구조를 가지고 있고, 이러한 많은 분야에서 자동화 및 알고리즘 보완을 통한 이점을 얻기 시작하고 있다.

1.2 사례로 보는 머신러닝

머신러닝의 목표는 직접 구현하기 어려운 함수를 만드는 것이다. 일단 기존의 함수 중 하나를 선택해서 **모델**을 생성한다. 그리고 목적에 부합하는 함수를 선택하는 과정이 필요하다. 보통 이런 과정을 **훈련** 또는 **최적화**라고 한다. 간단한 예시를 통해 이를 살펴보자.

사람들의 키와 몸무게를 수집해서 이를 그래프로 그리려고 한다. [그림 1-3]은 프로축구팀 선수 프로필에서 가져온 데이터 몇 개를 표시한 것이다.

그림 1-3 간단한 예제 데이터셋. 그래프의 각 점은 축구 선수의 키와 몸무게를 나타낸다. 여기서 목표는 이 점들에 맞는 최적의 모델을 만드는 것이다.

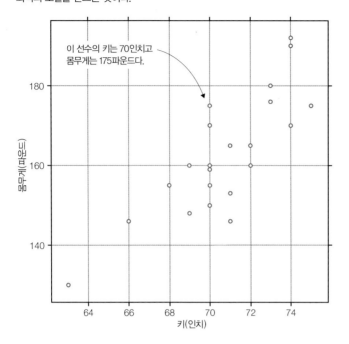

이 점들을 사용해서 수식을 만들고 싶다고 가정하자. 우선 이 점들이 모인 부분을 보면 오른쪽 위로 향하는 직선 형태를 만드는 것을 알 수 있다. 고등학교 때 배운 대수를 떠올려보면 $f(x) = ax + b$ 형태의 함수로 직선을 그릴 수 있다. 그러면 데이터들에 그럭저럭 가까운 형태의 $ax + b$에 부합하는 a와 b도 찾을 수 있을 것이라고 예상할 수 있다. a와 b의 값은 추정하려는 값으로, **파라미터** 혹은 **가중치**다. 이것이 우리가 만든 모델이다. 이런 형식의 함수를 생성하는 코드를 파이썬으로 작성하면 다음과 같다.

```
class GenericLinearFunction:
    def __init__(self, a, b):
        self.a = a
        self.b = b

    def evaluate(self, x):
        return self.a * x + self.b
```

여기서 a와 b의 올바른 값은 어떻게 알 수 있을까? 이를 파악하기 위해 정밀한 알고리즘을 사용할 수도 있지만 간단한 방법으로는 그래프 위에 자로 선을 긋고 이 선을 이용해 식을 유추하는 것이다. [그림 1-4]는 이 데이터셋의 일반적인 추이를 나타낸 선이다.

그림 1-4 우선 데이터셋이 대략 선형 추이를 보인다는 것을 확인하고, 데이터에 적합한 특정 선에 대한 식을 찾는다.

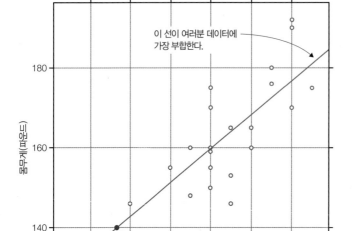

이 선이 통과하는 두 점이 보인다면 이 선의 식을 구할 수 있다. 아마도 $f(x) = 4.2x - 137$ 같은 식을 구할 수 있을 것이다. 이제 데이터에 부합하는 특정한 식이 생겼다. 만약 새로운 선수의 키를 쟀다면 그 선수의 몸무게를 추정하는 데 이 식을 사용할 수 있다. 이것이 완전히 정확하지는 않더라도 유용하게 쓸 수 있을 정도는 될 것이다. 그러면 앞의 GenericLinearFunction을 특정 함수로 변경할 수 있다.

```
height_to_weight = GenericLinearFunction(a=4.2, b=-137)
height_of_new_person = 73
estimated_weight = height_to_weight.evaluate(height_of_new_person)
```

여기에 넣는 새로운 사람의 데이터가 계속 프로 축구 선수라면 꽤 괜찮은 값을 추정할 것이다. 사용한 데이터셋의 사람은 꽤 좁은 연령대의 성인 남성으로 매일 동일한 운동을 하는 사람이다. 만약 여성 축구 선수나 올림픽 역도 선수, 아기에게 이 함수를 적용하면 굉장히 부정확한 결과를 얻게 될 것이다. 여러분 함수는 여러분이 사용한 훈련 데이터에만 적합하다.

이것이 머신러닝의 기본 과정이다. 여기서 사용한 모델은 $f(x) = ax + b$ 형태의 모든 함수와 같은 계열이다. 그리고 사실 이런 단순한 것도 통계학자들이 항상 사용하는 유용한 모델이다. 만약 더 복잡한 문제에 부딪혔다면 더 정교한 모델과 고도의 훈련 기법을 사용해야 할 것이다. 하지만 그렇다고 해도 기본 개념은 같다. 우선 가능한 함수의 큰 범위를 설정하고 이 계열에서 최적의 함수를 정의한다.

파이썬과 머신러닝

이 책의 모든 코드 예제는 파이썬으로 작성되었다. 왜 파이썬을 사용했을까? 파이썬은 일반적인 소프트웨어 개발에서 표현력 수준이 높은 언어다. 또한 머신러닝과 수학 프로그래밍에 있어서 가장 인기 있는 언어다. 이런 특성의 조합으로 인해 머신러닝을 사용하는 애플리케이션 개발 시 자연스럽게 파이썬을 선택하게 된다.

파이썬은 많은 수치 계산 라이브러리가 있어서 머신러닝을 다루기 좋다. 이 책에서 사용할 라이브러리는 다음과 같다.

- **넘파이**(NumPy) : 숫자 벡터와 배열을 효율적으로 표현하는 데이터 구조와 빠른 수학 연산을 지원한다. 파이썬의 수치 계산 생태계의 기반이다. 머신러닝이나 통계 관련 유용한 라이브러리 모두 넘파이 기반으로 되어 있다.
- **텐서플로**(TensorFlow)와 **씨아노**(Theano) : 이 둘은 그래프 연산 라이브러리다(여기서 **그래프**는 **도표**와 같은 그래프가 아닌 연결된 단계들이 만드는 **네트워크**라는 의미). 이들 라이브러리를 사용해 복잡하게 연결된 수학 연산을 정의하고 고도로 최적화된 형태로 구현할 수 있다.
- **케라스**(Keras) : 고차원 딥러닝 라이브러리다. 이 라이브러리를 사용해서 신경망을 정의하고, 텐서플로와 씨아노가 하위 연산을 처리하도록 할 수 있다.

이 책의 코드 예제는 케라스 2.2와 텐서플로 1.8을 사용해서 작성했다는 것을 기억하자. 이 책의 예제를 거의 수정하지 않고 따라하려면 케라스 2.x 버전을 사용해야 한다.

1.2.1 애플리케이션에서 머신러닝 사용

앞 절에서는 순수한 수학 모델을 다뤘다. 그럼 실제 소프트웨어 애플리케이션에 머신러닝을 적용하려면 어떻게 해야 할까?

사용자들이 수백만 개의 태그가 달린 사진을 올리는 사진 공유 애플리케이션을 만들고 있다고 가정하자. 여기에 새 사진에 자동으로 태그를 추천해주는 기능을 추가하려 한다. 이 기능은 머신러닝을 적용하기에 안성맞춤이다.

먼저 학습할 기능을 명확히 정의해야 한다. 다음과 같은 함수가 있다고 하자.

```python
def suggest_tags(image_data):
    """그림에 대한 태그 추천

    입력값 : image_data는 비트맵 포맷의 그림 파일이다.

    출력값 : 추천 태그의 순위 리스트
    """
```

함수 작성 이후의 작업은 그럭저럭 명료하다. 하지만 suggest_tags( ) 같은 함수를 어떻게 구현하기 시작해야 할지 전혀 감이 잡히지 않는다. 지금이 머신러닝이 등장할 때다.

만약 이것이 일반적인 파이썬 함수였다면 이미지 객체를 입력값으로 받아서 문자열 리스트를 반환하는 함수 정도로 생각할 수 있을 것이다. 머신러닝 알고리즘은 입력값과 출력값 형태를 유연하게 사용할 수 없다. 보통 사용 가능한 형태는 벡터와 행렬이다. 그러므로 우선 입력값과 출력값을 수학적으로 표현할 수 있어야 한다.

만약 입력하는 사진을 특정 크기(128×128 픽셀이라고 하자)로 바꾸면 이를 128개의 행과 128개의 열을 가진 행렬로 변환할 수 있다(각 픽셀을 각각 하나의 실수로 바꾸게 된다). 출력값은 어떻게 될까? 한 가지 방법은 사용할 태그를 제한하는 것이다. 애플리케이션에서 가장 많이 사용할 1,000개의 태그를 선택할 수 있을 것이다. 그러면 출력값은 크기가 1,000인 벡터가 될 것이다. 이때 각 벡터의 원솟값은 각 태그와 연결된다. 만약 출력값이 0과 1 사이의 범위 내에서 변동하도록 허용하면 제시된 태그에 순위가 매겨진 리스트를 만들 수 있다. [그림 1-5]는 앞서 만든 애플리케이션의 개념과 수학적 구조를 연결한 그림이다.

그림 1-5 머신러닝 알고리즘은 벡터나 행렬 같은 수학적 구조에서 작동한다. 사진 태그는 일반적인 컴퓨터 데이터 구조인 문자열 리스트에 저장되어 있다. 이 그림은 그 리스트를 수학적 벡터로 변환하는 한 가지 가능한 방법이다.

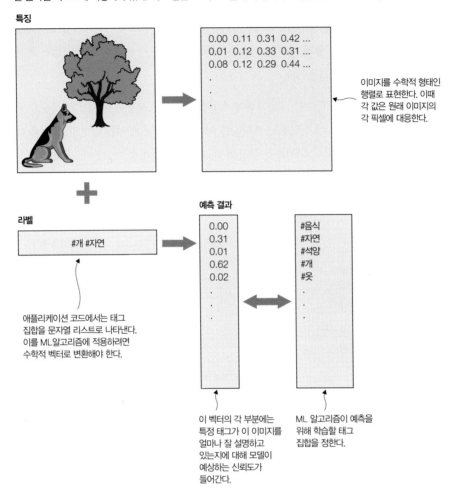

앞서 수행한 데이터 전처리 단계는 모든 머신러닝 시스템에서 필수적인 부분이다. 일반적으로 원래의 데이터를 가져와서 **특징** 생성(머신러닝 알고리즘에 사용할 입력 데이터)을 위한 전처리 단계를 거친다.

1.2.2 지도학습

다음 단계에서는 모델을 훈련할 알고리즘이 필요하다. 지금 다루는 예제에서는 이미 정확하게 분류된 사진이 많다. 사용자들이 이미 애플리케이션에 수동으로 태그를 달고 사진을 올려두었다. 이 예제로부터 가능한 한 태그와 이미지를 맞추는 함수를 학습시키고, 이 함수에 새 사진을 넣었을 때 합리적인 태그가 생성되도록 일반화된 형태를 만들어보자. 이 기법을 **지도학습**supervised learning이라고 한다. 이렇게 부르는 이유는 사람이 사전에 생성한 예제의 **라벨**이 훈련과정에 대한 지침을 제공하기 때문이다.

훈련이 완료되면 최종 학습된 함수를 프로그램에 적용할 수 있다. 사용자가 새로운 사진을 올릴 때마다 이를 훈련 모델 함수에 전달하고 벡터값을 되돌려 받는다. 우리는 벡터의 각 값을 태그 위치에 대입해서 가장 큰 값이 위치하는 부분의 태그를 사용자에게 보여준다. 개략의 절차는 [그림 1-6]과 같다.

그림 1-6 지도학습을 위한 머신러닝 파이프라인

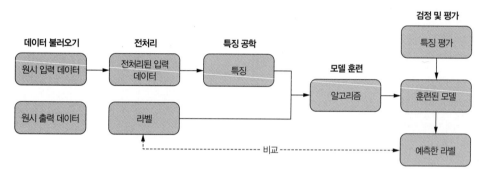

훈련된 모델을 어떻게 테스트할 것인가? 일반적으로 기존의 라벨이 붙은 데이터 중 일부를 테스트용으로 따로 떼어두는 방식을 사용한다. 훈련 전에 데이터의 10% 정도를 **검증셋**으로 떼어둔다. 검증셋은 훈련 데이터에 들어가지 않는다. 훈련된 모델에 검증셋의 이미지를 넣어서 원래 입력한 태그와 실제 추천한 태그를 비교한다. 이를 통해 모델의 정확도를 계산할 수 있다. 만약 다른 모델을 사용해서 실험하고 싶다면 어떤 것이 더 나은지 일관성 있게 측정하는 지표를 만든다.

게임 AI의 경우 사람이 한 게임 기록을 추출해서 라벨이 붙은 훈련 데이터로 사용한다. 온라인 게임은 머신러닝에 매우 유용하다. 사람들이 온라인에서 게임을 하면 게임 서버에서는 컴퓨터가 읽을 수 있는 형태로 기록해서 저장한다. 지도학습을 게임에 적용하는 방법의 예는 다음과 같다.

- 주어진 체스 게임 전체 데이터를 사용해서 게임 상태를 벡터나 행렬 형태로 만든 후 데이터로부터 다음 수를 예측한다.
- 주어진 판의 위치를 통해 이 상태에서 승리할 가능성이 얼마나 있는지 학습한다.

1.2.3 비지도학습

비지도학습^{unsupervised learning}은 지도학습과 반대로 학습 과정에서 어떤 라벨도 사용하지 않는다. 비지도학습에서 알고리즘은 입력된 데이터만으로 그 데이터가 가진 패턴을 찾는 학습을 한다. [그림 1-6]과 유일하게 다른 점은 라벨이 빠져 있다는 것이다. 따라서 앞서 했던 것처럼 예측값을 평가할 수 없다. 다른 요소는 동일하게 유지된다.

이 학습의 예제로는 **이상치 검출**이 있다. 이는 데이터셋의 일반적인 추이에 맞지 않는 데이터를 찾아내는 것이다. 축구 선수 데이터셋에서 이상치는 팀 동료들의 일반적인 신체 조건과 다른 조건을 가진 선수를 의미한다. 예를 들어 눈으로 탐색한 키-몸무게 선과의 거리를 측정하는 알고리즘을 도출했다고 해보자. 여기서 데이터 점이 이 선과 거리가 어느 정도 이상 초과했다면 이 점을 이상치라고 선언한다.

보드게임 AI에서 많이 하는 질문은 판 위에서 어떤 형태가 만들어져야 게임에서 쓸 수 있는지에 대한 것이다. 다음 장에서는 이런 요소가 바둑에서 무엇을 뜻하는지 자세히 알게 될 것이다. 각 조각 간의 연관성 있는 그룹을 찾는 것을 **군집화**(클러스터링^{clustering}) 또는 **덩어리 짓기**(청킹^{chunking})라 부른다. [그림 1-7]은 이런 경우가 체스에서는 어떤 식으로 나타나는지 보여준다.

그림 1-7 체스 말들의 군집을 찾는 용도의 비지도 머신러닝 진행 경로

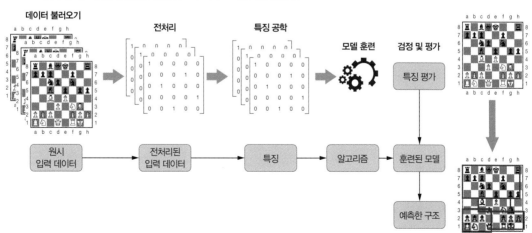

1.2.4 강화학습

지도학습은 매우 강력한 방식이지만 이를 위해 좋은 훈련 데이터를 찾아야 한다는 넘어서기 힘든 장벽이 있다. 예를 들어 방 청소용 로봇을 만든다고 해보자. 로봇에는 장애물 근처인지 감지하는 여러 센서와 바닥을 돌아다니고 왼쪽이나 오른쪽으로 방향 전환하는 모터가 있다. 이 로봇을 제어할 수 있는 시스템(센서로 들어오는 값을 분석해서 어떻게 움직여야 할지 결정하는 함수)이 필요하다. 하지만 여기에는 지도학습을 사용할 수 없다. 기존에는 로봇이 존재하지 않았으므로 훈련 데이터로 사용할 수 있는 예시가 하나도 없다.

대신 로봇에 시행착오 접근 방식 중 하나인 **강화학습**reinforcement learning을 적용할 수 있다. 처음에는 비효율적이거나 부정확한 제어 시스템을 사용해서 로봇이 일을 하게 한다. 작업 중에 제어 시스템이 보는 모든 입력값과 제어 시스템이 내리는 결정을 기록한다. 작업을 마친 후에는 얼마나 제대로 했는지 평가할 수 있는 방법이 필요하다. 이 경우에는 아마 바닥의 먼지를 얼마나 잘 흡수했는지에 대한 비율이라든가 건전지를 얼마나 소모했는지 계산해서 평가할 수 있을 것이다. 이런 모든 경험치가 소량의 훈련 데이터가 되므로 이를 사용해서 제어 시스템을 개선할 수 있다. 이러한 과정을 여러 차례 반복하면 제어 시스템은 점차 효율적으로 변화할 것이다. [그림 1-8]은 이 과정을 순서도로 나타낸 것이다.

그림 1-8 강화학습에서 에이전트는 시행착오를 통해 주어진 환경과 상호작용하는 방법을 배운다. 에이전트가 일을 반복적으로 수행하게 하여 학습 가능한 지도 신호(supervised signal)를 습득할 수 있도록 한다. 매번 반복할 때마다 개선 정도는 증가할 것이다.

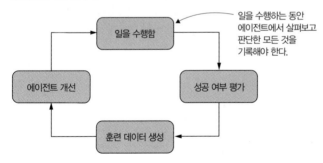

1.3 딥러닝

이 책은 여러 문장으로 이루어져 있다. 문장은 단어로 이루어져 있고, 단어는 글자로 이루어져 있으며, 각 글자는 선과 곡선으로 이루어져 있고, 마지막으로 이 선이나 곡선은 매우 작은 잉크

점으로 이루어져 있다. 어린아이에게 책읽기를 가르칠 때는 가장 작은 단위부터 설명한 후 더 큰 범위로 차근차근 올라간다. 처음에는 글자부터 시작하고, 그 다음에는 단어, 문장, 그리고 마지막으로는 책 전체를 읽게 할 것이다(보통 어린 아이는 선과 곡선은 알아서 인지한다). 사람들이 복잡한 개념을 익힐 때는 흔히 이런 구조를 사용한다. 각 단계에서 몇몇 자세한 부분을 무시하고 개념을 더 추상화한다.

딥러닝은 머신러닝에도 동일한 발상을 적용한다. 딥러닝은 특정 모델 군을 사용하는 머신러닝의 하위 분야로, 간단한 기능들이 서로 연결되어 있는 구조다. 이렇게 엮인 기능은 두뇌 구조에서 대략적인 영감을 받았기 때문에 **신경망**^{neural network}이라고 부른다. 딥러닝의 핵심 개념은 이런 연속적인 기능이 복잡한 개념을 더 단순한 기능의 구조로 분석할 수 있다는 것이다. 딥러닝 모델의 첫 번째 층은 원시 데이터로부터 학습한 후 이를 기본적으로 구조화한다. 예를 들어 점들의 묶음을 선으로 정렬하는 식이다. 각 연속된 층에서는 앞 층의 결과를 더 고도화되고 더 추상화된 개념으로 구조화한다. 이렇게 추상화된 개념을 학습하는 과정을 **표현형 학습**^{representation learning}이라고 한다.

딥러닝의 놀라운 부분은 중간 단계의 개념을 미리 알아야 할 필요가 없다는 것이다. 만약 충분한 층의 모델을 만들고 충분한 양의 훈련 데이터를 적용한다면 원시 데이터가 훈련 과정을 통해 점점 고차원의 개념으로 구조화될 것이다. 하지만 훈련 알고리즘은 어떤 개념이 사용되는지 어떻게 알까? 모른다. 알고리즘은 그저 입력값을 어떤 방식으로든 훈련 예제에 더 적합한 형태로 구조화할 뿐이다. 여기서 이런 표현 형태가 사람이 데이터를 보고 생각하는 방식과 동일한지는 알 수 없다. [그림 1-9]에서는 지도학습이 이루어지면서 어떤 식으로 표현형 학습이 최적화되는지 보여준다.

그림 1-9 딥러닝과 표현형 학습

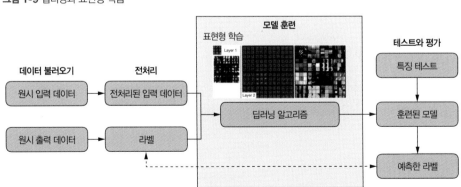

이는 모두 비용을 통해 이루어진다. 딥러닝 모델에는 수많은 학습 가중치가 있다. 앞에서 키와 몸무게 데이터셋으로 간단한 $ax+b$ 모델을 만들었던 것을 떠올려보자. 이 모델에서는 두 개의 가중치만을 학습한다. 이미지 태깅 앱에 적합한 딥러닝 모델에는 수백만 개의 가중치가 들어간다. 따라서 딥러닝 훈련에는 더 많은 데이터, 더 많은 컴퓨팅 자원, 더 많은 실질적인 접근이 필요하다. 두 방식 모두 각자 필요한 위치가 있다. 딥러닝은 다음과 같은 환경에서 사용하기 좋다.

- **데이터가 구조화되어 있지 않은 경우** : 이미지, 오디오, 손글씨는 딥러닝을 적용하기에 매우 좋은 사례. 이런 데이터에 간단한 모델을 적용할 수도 있지만 일반적으로는 매우 복잡한 전처리가 필요하다.
- **많은 데이터를 사용할 수 있거나 데이터를 더 확보할 계획이 있는 경우** : 일반적으로 모델이 복잡할수록 훈련에 더 많은 데이터가 필요하다.
- **충분한 컴퓨팅 자원과 충분한 시간이 있는 경우** : 딥러닝 모델에는 훈련과 평가 모두에 더 많은 연산이 필요하다.

다음과 같은 경우에는 더 적은 파라미터를 사용하는 전통적인 모델이 나을 것이다.

- **구조화된 데이터를 가진 경우** : 만약 입력값이 데이터베이스 기록 같은 것이라면 종종 단순한 모델을 직접 적용한다.
- **서술적 모델을 원하는 경우** : 단순한 모델에서는 최종 학습 함수를 살펴볼 수 있고 각 입력값이 출력값에 어떻게 영향을 미치는지 파악할 수 있다. 이를 통해 학습한 것이 실제 세상에서 어떻게 동작하는지에 대한 영감을 얻을 수 있다. 딥러닝 모델의 경우 입력값의 각 부분과 최종 출력 간의 연관 관계는 길고 꼬불꼬불해서 모델을 직접적으로 해석하기 어렵다.

딥러닝은 사용하는 모델 유형을 나타내는 것이므로 여러 다른 머신러닝 계열에 적용할 수 있다. 예를 들어 사용하는 훈련 데이터의 유형에 따라 딥러닝 모델 혹은 단순한 모델을 지도학습에 적용할 수 있다.

1.4 이 책에서 학습할 내용

이 책은 딥러닝과 강화학습을 실질적으로 소개한다. 이 책을 최대한 활용하려면 파이썬 코드를 읽고 쓸 줄 알아야 하며, 선형대수학과 미적분학에 익숙해야 한다. 이 책에서 배울 내용은 다음과 같다.

- 딥러닝 라이브러리인 케라스를 사용해서 신경망을 설계하고, 훈련하고, 검정하는 방법
- 딥러닝 지도학습 문제 해결 방안
- 강화학습 문제 해결 방안
- 딥러링을 실용 애플리케이션과 결합하는 방법

이 책을 통해 구체적이고 재밌는 예제인 바둑을 두는 AI를 직접 만들게 될 것이다. 이 바둑봇은 표준 컴퓨터 알고리즘에 딥러닝을 결합한 형태다. 경기 규칙을 시행하고, 경기 상태를 추적하고, 가능한 수를 내다보는 부분은 직관적인 파이썬 코드를 사용할 것이다. 딥러닝은 봇이 어떤 수를 탐색할 만한지 정의하고 경기에서 누가 더 앞서고 있는지 계산하는 것을 도울 것이다. 각 단계에서 독자는 봇과 바둑을 두며 봇에 더 복잡한 기법을 적용해가며 봇이 개선되는 것을 지켜볼 수 있다.

만약 바둑에 더 관심이 있다면 이 책에서 만든 봇을 출발점으로 삼아 자신의 아이디어를 실험해볼 수도 있다. 혹은 다른 게임에 동일한 기법을 적용해볼 수도 있다. 또한 게임 분야를 넘어선 다른 애플리케이션에도 딥러닝 기반 기능을 적용해볼 수 있을 것이다.

1.5 요약

- 머신러닝은 기능을 직접 서술하는 대신 데이터를 사용해서 기능을 생성하는 기법의 집합이다. 머신러닝은 직접 풀기에는 모호한 문제를 해결하는 데 사용한다.
- 머신러닝은 일반적으로 수학적 함수 모음인 **모델**을 선택하는 것부터 시작한다. 그리고 그 모음에서 가장 좋은 함수를 선택하는 알고리즘을 적용하여 모델을 **훈련**시킨다. 머신러닝의 기술 대부분은 올바른 모델을 고르고 여기에 사용할 데이터셋을 변환하여 작동시키는 것이다.
- 머신러닝 분야에는 지도학습, 비지도학습, 강화학습의 세 가지가 있다.
- 지도학습은 이미 맞다고 확인한 사례를 사용해서 함수를 학습시키는 방식이다. 사람의 행동이나 사용 가능한 지식에 대한 사례를 가지고 있다면 이를 지도학습에 적용해서 컴퓨터가 이런 사례를 따라하도록 할 수 있다.
- 비지도학습은 데이터에 어떤 구조가 있는지 모르는 상태에서 구조를 추출하는 방식이다. 많은 경우 데이터를 논리적 군집으로 나누는 데 활용한다.

- 강화학습은 시행착오를 통해 함수를 학습시키는 방식이다. 만약 프로그램이 목적을 얼마나 잘 달성하는지 평가하는 코드를 작성할 수 있다면 많은 시도 끝에 프로그램이 점진적으로 발전하는 형태의 강화학습을 적용할 수 있을 것이다.

- 딥러닝은 이미지나 손글씨 같은 비구조적 입력값에 적합한 특정 유형의 모델을 사용하는 머신러닝이다. 딥러닝은 오늘날 컴퓨터 과학에서 가장 흥미로운 분야 중 하나로, 컴퓨터가 어디까지 할 수 있는지에 대한 우리 견해를 꾸준히 확장시켜주고 있다.

CHAPTER 2

머신러닝 문제로서의 바둑

이 장에서 다루는 내용

- 게임이 AI에서 다루기 좋은 주제인 이유

- 바둑이 딥러닝으로 해결하기 좋은 문제인 이유

- 바둑의 규칙

- 머신러닝으로 해결 가능한 게임 양상

2.1 왜 게임인가

게임은 AI 연구에서 널리 사용되는 주제로, 이는 단순히 게임 분야가 재미있어서만은 아니다. 게임은 현실의 복잡성을 단순하게 만들어 놓아서 연구하고 있는 알고리즘에만 집중할 수 있다.

트위터나 페이스북에서 '아차, 나 우산 깜빡했어'라는 글을 봤다고 하자. 아마 친구가 비를 쫄딱 맞았을 것이라고 바로 결론내릴 것이다. 하지만 이런 정보는 문장 어디에도 들어 있지 않다. 이러한 결론에 어떻게 도달하게 되었을까? 일단 우산을 사용하는 용도에 대한 기본적인 지식을 적용했으며, 또한 사람들이 하는 말의 종류에 대한 사회적 지식을 활용했다. 밝고 화창한 날에 '나 우산 깜빡했어'라고 말하는 것은 이상하지 않은가?

우리는 사람이므로 문장을 읽고 이런 맥락을 힘들이지 않고 고려할 수 있다. 하지만 컴퓨터에게는 쉬운 일이 아니다. 현대 딥러닝 기술은 앞서 제공한 정보를 효과적으로 처리한다. 하지만 우리 역할은 연관된 정보를 찾아서 컴퓨터에 제공하는 것으로 한정된다. 게임에서는 이런 문제를 피할 수 있다. 게임 세계는 인공적인 우주로, 의사결정에 필요한 모든 정보는 규칙에 나와 있다.

게임은 특히 강화학습에 적합하다. 강화학습은 프로그램을 반복해서 돌린 후 얼마나 실행이 잘 되었는지 평가해야 한다는 사실을 상기하자. 빌딩 주변을 움직이는 로봇을 훈련할 때 제어 시스템이 잘 만들어지기 전까지는 로봇이 계단에서 굴러떨어지거나 가구에 부딪칠 우려가 있다. 다른 옵션으로는 로봇을 조정할 환경을 컴퓨터 시뮬레이션으로 만드는 것이다. 이는 훈련되지 않은 로봇이 실제 세상에서 돌아다니면서 만나게 될 위험 요소를 감소시킬 수 있으나 다른 문제가 발생한다. 첫째, 자세한 컴퓨터 시뮬레이션을 개발하는 것은 매우 중요한 프로젝트로 여기에 투자를 해야 한다는 것이다. 둘째, 시뮬레이션이 완전히 정확하지 않을 가능성은 언제나 존재한다는 것이다.

하지만 게임에서 여러분이 해야 할 일은 AI를 동작시키는 것뿐이다. AI가 학습하느라 경기에서 수십만 번 진다고 한들 무슨 상관인가? 많은 최첨단 알고리즘도 벽돌깨기와 같은 아타리 Atari[1] 비디오 게임으로 처음 시연을 보였다.

분명히 해두지만 강화학습을 사용해서 물리적인 세상의 문제를 성공적으로 해결**할 수 있다**. 많은 연구자 및 기술자가 이미 많은 결과를 선보였다. 하지만 게임을 사용하면 실질적인 훈련 환경 생성이 필요 없고 강화학습에 대한 기술이나 이론에 더 집중할 수 있다.

이 장에서는 바둑 규칙을 소개한다. 또한 고차원적인 보드게임 AI의 구조를 설명하고, 딥러닝을 적용할 지점을 짚어줄 것이다. 마지막으로 게임 AI를 개발하면서 어떻게 평가할 수 있는지 보여준다.

2.2 간단한 바둑 소개

이 책을 읽기 위해 바둑을 잘 둘 필요는 없지만 컴퓨터 프로그램이 바둑을 두게 하려면 규칙을 충분히 이해할 필요는 있다. 다행히도 규칙은 널리 알려진 것처럼 단순하다. 요약하면 두 기사가 흑돌부터 시작해서 흑돌과 백돌을 판 위에 올려놓으면 된다. 게임의 최종 목표는 판 위에 본인의 돌을 상대방의 돌보다 많이 올려놓는 것이다.

---

1 옮긴이_ 아타리는 1972년에 만들어진 미국 비디오 게임 회사로, 세계 최초의 비디오 게임인 '퐁'을 만들었으며, 그 외에도 핀볼, 벽돌깨기 등 널리 알려진 캐주얼 비디오 게임을 만들었다. '아타리'라는 이름은 일본의 바둑 용어인 단수(아타리, あたり)에서 따온 것으로 알려져 있다. www.atari.com

규칙은 매우 단순하지만 바둑 전략은 끝없이 깊고, 이를 이 책에서 다 다룰 시도조차 할 생각이 없다. 바둑을 더 배우고 싶은 분들을 위해 2.4절에서 몇 가지 자료를 제공했다.

2.2.1 바둑판 이해하기

바둑판은 [그림 2-1]과 같은 격자형이다. 돌은 사각형 안이 아니라 교차점에 올린다. 표준적인 바둑판의 크기는 19×19지만 짧은 게임용으로 더 작은 판을 사용하기도 한다. 일반적으로 사용하는 작은 판 크기는 9×9나 13×13이다(바둑판의 크기를 결정하는 것은 안의 사각형이 아닌 교차점 수다).

바둑판에는 큰 점 9개가 표시되어 있다. 이 점들은 **화점**이라고 한다. 화점의 목적은 바둑기사가 바둑판의 거리를 측정하는 용도로, 경기에는 어떤 영향도 미치지 않는다.

그림 2-1 19×19 표준 바둑판. 큰 점으로 표시된 교차점은 화점으로, 기사가 참고하는 용도로 사용한다. 바둑돌은 교차점 위에 놓는다.

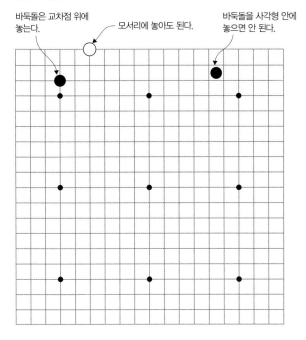

2.2.2 돌 놓기와 잡기

한 기사는 흑돌을 잡고, 다른 기사는 백돌을 잡는다. 흑돌을 잡은 기사부터 번갈아가며 판 위에
돌을 놓는다. 돌을 놓는 것을 착수라고 하며 착수한 돌 한 점을 착점이라고 한다. 착수 이후에는
상대방에게 잡혔을 때를 제외하고는 돌을 움직일 수 없다. 상대방의 돌을 따내려면 상대방의
돌을 본인의 돌로 완전히 둘러싸야 한다. 어떤 식으로 움직이는지 간단히 알아보자.

[그림 2-2]에서와 같이 동일한 색 돌이 맞닿아 있으면 이를 연결되었다고 한다. 연결되었다고
하기 위해서는 위, 아래, 왼쪽, 오른쪽으로 맞닿아 있어야 한다. 대각선 방향은 연결되었다고 하
지 않는다. 연결된 돌들과 맞닿은 빈 점을 **활로**라고 한다. 모든 연결된 바둑돌이 판 위에 있으려
면 1개 이상의 활로가 남아 있어야 한다.[2]

그림 2-2 3개의 흑돌이 연결되어 있다. 이때 활로는 사각형으로 표시된 것처럼 4개다. 백이 이 활로 모두에 돌을 두면
흑을 따낼 수 있다.

상대방의 활로를 모두 막으면, 즉 상대방의 연결된 돌의 마지막 활로를 막으면 그 돌 모두를 따
낸 것이며 바둑판에서 들어낸다. 그러면 두 기사 모두에게 새 활로가 열린다. 반대로 **상대 돌을
따내기 위해 마지막으로 두는 돌을 제외**하고 활로가 없는 곳에는 돌을 둘 수 없다.

따내기 규칙에서 흥미로운 결과가 발생한다. 연결된 돌 안에 둘 이상의 막힌 자리를 가지고 있
으면 포위당해도 살 수 있다. [그림 2-3]을 보자. 흑의 경우 A자리에 흑을 둘 경우 활로가 없어
서 착수 불가고 B에 활로가 남아 있으므로 따낼 수도 없다. 동일한 이유로 B에도 둘 수 없다.
그러므로 흑은 백의 두 활로를 채울 방법이 없다. 이런 내부의 활로를 집이라고 부른다. 반면에
흑이 C에 두면 백돌 5개를 따낼 수 있다. 흑돌의 활로는 없지만 따내기 조건을 만족해 돌을 둘
수 있다. 이처럼 돌이 연결되었더라도 집이 하나면 살아남을 도리가 없다.

이는 명시적인 규칙은 아니지만 집이 두 개인 돌은 산다는 개념은 바둑 전략의 가장 기본이다.
사실 이 규칙은 봇의 논리에 구체적으로 코딩할 유일한 전략이기도 하다. 그 외 더 어려운 바둑
전략은 머신러닝을 통해 추론하게 될 것이다.

....

2 옮긴이_ 활로가 하나면 단수 처리될 수도 있다.

그림 2-3 왼쪽의 백돌은 살 수 있다. 흑은 A, B 중 어디에도 둘 수 없다. 흑돌을 여기에 두는 경우 활로가 없으므로 이는 반칙패다. 반면 흑이 C에 두면 백돌 5개를 딸 수 있다.

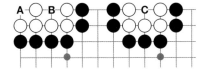

2.2.3 경기 종료 및 점수 계산

양쪽 기사 모두 돌을 두는 대신 차례를 넘길 수 있다. 만약 두 기사가 연속으로 차례를 넘기면 경기가 종료된다. 점수 계산 전에 두 집을 만들지 못하거나 다른 돌과 연결되지 못하고 죽은 돌이 얼마인지 센다. 점수 계산 시점에 죽은 돌은 따낸 돌과 동일하게 센다. 만약 기사 간에 의견이 일치하지 않는 경우 경기를 더 이어서 하기도 한다. 하지만 이런 경우는 매우 드물다. 돌의 상태가 불분명할 경우 보통 차례를 넘기기 전에 이 부분을 처리한다.

경기의 최종 목표는 상대방보다 판에서 더 많은 영토를 차지하는 것이다. 계가[3]에는 두 가지 방법이 있는데, 결과는 어떤 식으로 세든 거의 비슷하다.

가장 일반적인 계가는 **영토가 얼마나 많은지 보는 것이다.**[4] 종국 후 집속에 있는 상대방의 죽은 돌을 그대로 들어내어 본인 집 안의 빈 점만큼의 점수를 얻고, 거기에 상대방에게서 따낸 돌 수만큼 점수를 더한다. 그리고 여기서 더 많은 점수를 얻은 기사가 승리한다.

다른 계가는 **구역을 세는 방식이다.**[5] 구역 셈법에서는 본인 집 안의 빈 점 개수에 살아 있는 자신의 돌 수를 센다. 소수의 경우를 제외하면 어떤 방법으로 세든 승자는 동일하다. 만약 두 기사가 차례를 일찍 넘기지 않은 경우라면 따낸 돌의 수 차이는 살아 있는 돌의 수 차이와 동일할 것이다.

일반적으로 경기를 할 때는 영토를 세는 식으로 계가를 하지만 컴퓨터로 할 때는 구역을 세는 방식이 조금 더 편하다. 이 책에서는 따로 명시하지 않는 한 AI는 구역을 세는 방식을 사용하고 있다고 가정한다.

---

3 옮긴이_ 승패를 가리기 위해 경기 후 집 수를 세는 것
4 옮긴이_ 한국과 일본 방식
5 옮긴이_ 중국 방식

또한 백은 돌을 나중에 두므로 이에 대한 추가점을 얻게 된다. 이런 보상점을 **덤**이라고 한다. 덤은 보통 영토를 세는 경우에는 6집 반이고, 구역을 세는 경우에는 7집 반이다. 반집을 두는 이유는 무승부를 피하기 위해서다. 이 책에서는 7집 반을 사용한다.

[그림 2-4]는 9×9 바둑판에서 치러진 경기가 끝났을 때의 상태다.

그림 2-4 9×9 바둑판 경기 종반. 죽은 돌은 x로 표시되어 있다. 흑의 영토는 삼각형으로 표시했다. 백의 영토는 사각형으로 표시했다.

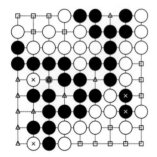

이 경기는 다음과 같이 계가한다.

1. x로 표시된 돌은 죽은 돌이라고 가정한다. 이 돌은 경기 진행 중에 따낸 것은 아니더라도 따낸 돌로 계산한다. (여기에는 표시되지 않았지만) 흑도 경기 중 따낸 돌이 있다. 흑이 따낸 돌은 3개고, 백이 따낸 돌은 2개다.

2. 흑은 12집이다. 10집은 삼각형으로 표시된 부분이고, 2집은 죽은 백돌이다.

3. 백은 17집이다. 15집은 사각형으로 표시된 부분이고, 2집은 죽은 흑돌이다.

4. 흑은 죽은 흑돌을 제거하고 남은 돌이 27개다.

5. 백은 죽은 백돌을 제거하고 남은 돌이 25개다.

6. 영토를 세는 식으로 계가를 하면 백은 17집 + 따낸 돌 2개 + 덤 6집 반으로 총 25집 반이다. 흑은 12집 + 따낸 돌 3개로 총 15집이다.

7. 구역을 세는 식으로 계가를 하면 백은 17집 + 돌 25개 + 덤 7집 반으로 총 49집 반이다. 흑은 12집 + 돌 27개로 총 39집이다.

8. 어떤 방식으로 세든 10집 반 차이로 백이 이긴다.

대국을 마치는 다른 방식도 있다. 어느 쪽이든 한 기사가 돌을 던지면 된다. 숙련된 기사 간의 경기에서는 한참 진 것으로 판단될 경우에는 먼저 돌을 던지는 것이 예의로 받아들여진다. AI가 좋은 대국자가 되려면 언제 돌을 던져야 할지 판단하는 것도 배워야 한다.

2.2.4 패 이해하기

돌을 둘 때 한 가지 제약이 더 있다. 무한 동형반복[6]이 일어나서 대국이 끝나지 않는 것을 방지하고자 이전 형태로 돌아가는 수를 금지한다. [그림 2-5]는 이런 경우가 어떻게 생길 수 있는지에 대한 예를 보여준다.

그림 2-5 패 규칙. 첫째, 흑이 백돌을 따냈다. 백이 A에 돌을 놓아 흑을 다시 잡으려고 하지만 이러면 이전 수로 판을 되돌리는 것이 된다. 패 규칙에서는 이런 식으로 서로 돌을 무한으로 따내게 되는 수를 금지하고 있다. 백은 아직 두지 않은 다른 점에 돌을 놓아야 한다. 그러면 전체 바둑판 형태가 새롭게 되므로 흑이 이 돌을 따로 보호하지 않은 경우 백이 다시 따낼 수 있다.

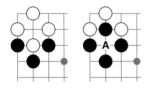

이 그림에서 흑이 돌 하나를 따냈다. 이때 백이 A로 표시된 곳에 돌을 놓으면 흑돌을 다시 따낼 수 있다. 다만 이렇게 두면 두 수 전의 상태와 같아진다. 따라서 백은 A 대신 아직 다른 돌이 두지 않았던 자리에 두어야 한다. 그러다 백이 A에 놓아 흑을 잡게 되더라도 전체 대국 형태가 달라졌으므로 이는 괜찮다. 이렇게 함으로써 흑이 약한 돌을 보호할 기회를 준다. 흑돌을 따내기 위해서는 백이 흑의 주의를 다른 곳으로 돌릴 정도로 충분히 강력한 수를 둬야 할 것이다.

이런 상황을 일본어로 '**영원함**'을 뜻하는 단어에서 가져온 말인 **패**[ko, 劫]라고 한다. 패가 발생하면 기사들은 특별한 기술을 적용하게 되는데, 이는 이전 세대의 바둑 프로그램의 약점이었다. 7장에서 신경망이 패에 대처할 수 있도록 힌트를 주는 방법을 설명할 것이다. 이는 신경망을 효과적으로 훈련시키는 일반적인 방식이다. 신경망이 배울 규칙을 명시할 수 없더라도 더 신경 써야 하는 부분을 강조하는 식으로 입력값을 조율할 수 있다.

---

6 옮긴이_ 이전 상태로 돌아가는 형태의 수

2.3 접바둑

두 기사 간에 실력 차이가 나는 경우 대국의 재미를 위해 적용하는 간단한 규칙이 있다. 하수가 흑을 잡고 화점에 돌을 몇 개 두고 대국을 시작하게 된다. 이때 먼저 깔아두는 돌을 치석이라고 한다. 고수는 백을 잡고 먼저 둔다. 그리고 접바둑에서는 덤이 보통 반집으로 줄어든다. 덤을 주는 이유는 선이 얻게 되는 이점을 낮추려는 것이지만 접바둑에서는 흑에 추가로 치석을 두므로 두 규칙의 목적이 겹치게 된다. 덤에 반점을 남겨두는 이유는 무승부가 생기지 않게 하려는 것이다.

치석은 보통 화점에 두는 것이 일반적이지만 어떤 기사들은 흑이 두고 싶은 데에 두도록 하기도 한다.

2.4 추가 학습 자료

여기서 바둑 규칙을 조금 다루기는 했지만 바둑의 중독성이나 흥미로움을 생각해보면 이 정도 다룬 것은 수박 겉핥기 정도도 되지 않는다. 사실 상세한 바둑 규칙 내용은 이 책의 범위 밖이다. 하지만 가능하다면 바둑을 둬보고 규칙을 좀 더 찾아서 배울 것을 권하는 바다. 더 배울 수 있는 몇 가지 자료를 준비해보았다.

- 바둑을 익히는 가장 좋은 방법은 일단 대국을 해보는 것이고, 온라인에서도 간단히 바둑을 둘 수 있다. 가장 인기 있는 온라인 바둑 서버[7]에 가면 웹브라우저에서 바로 바둑을 둘 수 있다. 바둑 규칙을 방금 익혔다고 해도 이 서버의 순위 시스템이 각자에게 맞는 상대를 찾아준다. 다른 유명한 바둑 서버로는 KGS 바둑 서버[8]와 타이젬(Tygem)[9]이 있다.
- 스승님의 도서관(Sensei's Library)[10]은 위키 형식으로 바둑 전략, 도움말, 역사, 흥미로운 사실을 담은 참고 자료다.
- 재니스 김(Janice Kim)의 『Learn to Play Go』 시리즈는 최고의 영어 바둑책 중 하나다. 완전 초보라면 1권과 2권을 추천한다. 이 두 권을 읽으면 바둑에 대한 감각을 빠르게 익힐 수 있다.

....

7 online-go.com
8 gokgs.com
9 www.tygembaduk.com
10 senseis.xmp.net

2.5 머신에 무엇을 가르칠 수 있을까

컴퓨터가 바둑을 두게 하든 틱택토[11]를 하게 하든 대부분의 보드게임 AI 구조는 전반적으로 비슷하다. 이 절에서는 이런 구조를 고차원적 관점에서 살펴보고, AI가 해결해야 하는 문제들을 자세히 정의해보겠다. 게임마다 다르기는 하지만 최선의 해결책에는 게임별 규칙 혹은 머신러닝이 필요하고, 가끔은 둘 다 필요하다.

2.5.1 포석 두기

경기 초반에 돌을 놓을 때는 남은 게임에 둘 수 있는 수의 종류가 너무나도 다양하기 때문에 어떤 수가 좋을지 판단하기 매우 어렵다. 체스와 바둑 AI 모두 기존 기사가 둔 포석의 모음인 포석 족보를 사용하고는 한다. 이런 족보를 만들려면 고단수 기사들의 기보 모음이 있어야 한다. 일반적인 수의 위치를 찾으려면 경기 기록을 분석해야 한다. 일반적인 수의 위치에서 다음 수에 대해 충분히 합의가 된다면(한두 수가 이후 경기 승패의 80% 이상을 결정한다면) 이 수를 족보에 추가한다. 그 후 봇이 경기를 진행할 때 이 족보를 참고한다. 만약 이 초반부용 족보에 경기 초반 수가 나온다면 봇은 전문가의 수를 따르게 된다.

체스와 체커에서는 경기가 진행되면서 판에서 말이 사라지게 된다. AI는 대국 종료에 대한 족보도 가지고 있어서 판 위에 말이 몇 개 남지 않았을 때 다양한 이후 상황을 계산할 수 있다. 이런 기술은 끝까지 판이 계속 차게 되는 바둑에는 적용되지 않는다.

2.5.2 다음 수 찾기

보드게임 AI의 핵심 개념은 트리 탐색이다. 사람이 전략 게임을 어떻게 하는지 생각해보자. 일단 다음 차례에 가능한 수를 생각한다. 그 후 상대방이 어떻게 나올지 고민하고, 이에 대해 어떻게 대응할 것인지 등을 생각한다. 이런 식으로 생각할 수 있는 다양한 방안을 최대한 고려해보고, 이때 결과가 좋을 것인지 판단한다. 그리고 한발 물러서서 다른 방안이 더 나을 수 있는지 살펴본다.

---

11 옮긴이_ 3×3 정사각형 보드에 두는 2인 게임

이 방식은 트리 탐색 알고리즘이 게임 AI에서 작동하는 방식과 거의 비슷하다. 물론 사람이 머리에 한 번에 떠올릴 수 있는 방안은 몇 개 안 되지만 컴퓨터는 아무 문제없이 수백 가지 방안을 가지고 놀 수 있다. 사람은 계산 능력이 부족한 부분을 직감으로 대체한다. 체스나 바둑 고수들은 수많은 수에서 고민할 만한 수들만 골라내는 능력이 무서울 정도로 출중하다.

결국 체스에서는 원시 컴퓨팅 파워가 승리했다. 하지만 바둑 최고수와 경쟁할 수 있는 바둑 AI는 인간의 직관을 컴퓨터에 도입하는 흥미로운 변화를 가져왔다.

2.5.3 고려할 수 줄이기

게임 트리 탐색 측면에서 주어진 차례의 가능한 수의 개수는 가지^{branch} 수가 된다.

체스에서 가지 수는 보통 30개 정도다. 경기 시작 시 각 체스 선수가 처음에 움직일 수 있는 방법은 20가지고, 경기가 진행됨에 따라 이 수는 조금씩 늘어난다. 이 정도 규모에서는 4~5수 이후의 가능한 모든 수를 계산할 수 있고, 체스 엔진에서는 이보다 더 많은 범위도 내다볼 수 있다.

반면 바둑에서 가지 수는 어마어마하게 많다. 경기 시작 시 가능한 수는 361개고, 그 수는 천천히 감소한다. 평균 가지 수는 매 차례에 약 250수 정도다. 4수만 내다본다 하더라도 약 40억 개의 위치를 계산해야 한다. 따라서 가능한 수의 개수를 줄여야 한다. [표 2-1]을 보면 체스와 바둑에서 가지 수가 가능한 수의 개수에 어떤 영향을 미치는지 알 수 있다.

표 2-1 게임에서 가능한 위치에 대한 대략적인 수

	가지 수 30(체스)	가지 수 250(바둑)
2수 후	900	62,500
3수 후	27,000	1500만
4수 후	810,000	40억
5수 후	2400만	1조

따라서 바둑에서 규칙 기반으로 수를 정하려는 시도는 어리석은 일이다. 바둑판에서 가장 중요한 구역을 확실하게 식별하는 규칙을 만드는 것은 지극히 어렵다. 하지만 딥러닝은 이런 문제에 완벽하게 들어맞는다. 컴퓨터가 인간 바둑기사를 흉내 낼 수 있도록 지도학습을 적용할 수 있다.

고수 간의 경기 기보를 모아둔 데이터셋을 사용해서 봇 학습을 시작해보자. 온라인 바둑 서버는 매우 훌륭한 자료가 될 것이다. 그럼 봇이 이 대국들을 재현하게 한 후 매 수마다의 위치와 그다음 수의 위치를 추출하자. 이것이 훈련 데이터셋이다. 적당한 심층 신경망$^{deep\ neural\ network}$에 이를 적용하면 50% 이상의 정확도로 사람의 수를 예측할 수 있다. 따라서 이렇게 예측한 사람의 수대로 두는 봇을 만들 수 있으며, 이대로도 이미 괜찮은 바둑 상대가 될 것이다. 하지만 이런 수 예측에 트리 탐색을 결합해서 예측한 수에서 탐색해야 할 가지의 우선순위를 구하게 될 때 봇의 진정한 능력이 발휘된다.

2.5.4 게임 현황 평가하기

가지 수는 AI가 얼마나 멀리 내다보는지에 달렸다. 만약 경기 종반에 모든 경우의 수를 읽을 수 있다면 누가 이길지도 알 수 있을 것이다. 그렇다면 어떤 수가 좋은 수인지도 쉽게 판단할 수 있을 것이다. 하지만 이는 틱택토보다 복잡한 모든 게임에서는 실질적으로 어려운 일이다. 일단 가능한 경우의 수가 굉장히 많다. 일부 지점에서는 일단 진행을 멈춘 후 아직 완성되지 않은 수 중 무엇을 살펴볼지 골라야 한다. 그러려면 읽을 최종 수의 위치를 고른 후 거기에 어떤 점수를 부여해야 한다. 그리고 분석한 여러 수 중 가장 점수가 높은 위치에 돌을 놓아야 한다. 점수를 어떻게 계산할지 파악하는 부분은 까다롭다. 이 부분이 위치 평가에 해당한다.

체스 AI에서 위치 평가는 체스 선수들이 이해할 수 있는 논리를 기반으로 한다. 만약 '폰이 잡히면 룩을 잡아야 더 유리하다' 같은 간단한 규칙부터 만들 수 있다. 최고의 체스 엔진은 이것보다 훨씬 더 나아가서 체스판의 어디에서 말이 더 이상 움직이지 못하고 있는지, 그리고 어떤 말이 그들의 움직임을 막고 있는지 같은 복잡한 규칙도 사용한다.

바둑에서 위치 평가는 수 선택보다 훨씬 더 복잡하다. 경기 목적은 더 많은 구역을 차지하는 것이지만 차지할 것으로 예상되는 구역을 세는 것은 놀랍도록 어렵다. 많은 구역은 경기 후반부까지 모호한 상태로 남아 있다. 잡은 말을 세는 것도 그다지 도움되지 않는다. 때로는 돌 두 개만 잡고 경기가 끝나기도 한다. 이 부분은 인간의 직관이 얼마나 위대한지 보여주는 또 다른 영역이다.

여기도 딥러닝이 큰 역할을 할 수 있는 부분이다. 수 선택에 적합했던 신경망 종류에 바둑판의 위치를 계산하도록 훈련시킬 수 있다. 다음 수가 어딘지 예측하도록 신경망을 훈련시키는 대신 누가 이길지 예측하도록 훈련시키는 것이다. 신경망 훈련 시 예측값을 확률로 나타내도록 만들면 각 위치의 점수를 숫자로 나타낼 수 있다.

2.6 바둑 AI가 얼마나 강력한지 측정하는 방법

바둑 AI를 만들고 나면 자연스럽게 이 AI가 얼마나 강한지 알고 싶을 것이다. 대부분의 바둑기사는 전통적인 일본식(또는 한국식) 순위 시스템에 익숙하므로 봇이 이 시스템에서 어느 정도되는지 측정하고 싶을 것이다. 급수를 잴 수 있는 유일한 방법은 다른 기사들과 대국을 하는 것이다. 따라서 다른 AI나 기사들과 대국을 둬서 순위를 매겨야 한다.

2.6.1 일반 바둑 등급

일본식 순위 시스템에서는 바둑기사를 일반적으로 급(초보)이나 단(전문가)으로 구분한다. 단의 단계는 세부적으로 아마추어 단과 프로 단으로 나뉜다. 급에서 가장 강한 급은 1급이고, 숫자가 클수록 낮은 급이다. 단은 반대 순서다. 1단이 1급보다 하나 높은 정도고, 숫자가 커질수록 높은 단이다. 아마추어 기사는 보통 7단까지 있다. 아마추어 기사는 지역 바둑협회에서 등급을 받을 수 있고, 온라인 서버에서도 해당 기사들의 등급을 가져온다. [표 2-2]는 등급 기준을 보여준다.

표 2-2 일반 바둑 등급

등급	구분
25급	막 바둑 규칙을 배운 완전 초보자
20급 ~ 11급	초보자
10급 ~ 1급	중수
1단 이상	고수 아마추어
7단	프로만큼 강한 최고수 아마추어
프로 1단 ~ 프로 9단	국제 최고수 기사

아마추어 순위는 두 기사 간에 차이가 날 때 필요한 덤 수를 기반으로 한다. 예를 들어 앨리스가 2급이고 밥이 5급일 때 앨리스는 보통 밥에게 3점의 덤을 주어 대등한 조건에서 대국을 할수 있도록 하는 것이다.

프로 순위는 좀 다르다. 프로는 타이틀로 매긴다. 지역 바둑협회는 주요 경기 결과를 집계해 프로 순위를 부여하고, 이 순위는 평생 따라다닌다. 아마추어와 프로의 단계는 정확하게 비교할수 없지만 프로 기사라면 최소 아마 7단보다 강하다고 생각하면 된다. 프로 최고수는 확실히이들보다 강하다.

2.6.2 바둑 AI 벤치마킹

봇의 성능을 측정하는 가장 쉬운 방법은 성능이 알려져 있는 다른 봇과 대국을 하는 것이다. 그누고^{GNU Go}나 파치^{Pachi} 같은 오픈소스 바둑 엔진은 좋은 벤치마크 대상이다. 그누고는 약 5급이고 파치는 약 1단이다(파치의 급수는 컴퓨팅 성능 정도에 따라 다소 달라진다). 그러므로 봇이 그누고와 100번 대국을 해서 50번 이기면 여러분의 봇도 대략 5급 언저리쯤 될 것이라고 볼 수 있다.

더 정확한 급수를 알고 싶으면 AI를 순위 시스템이 있는 공개 바둑 서버에 연결하면 된다. 쓸만한 평가 결과를 얻기까지 몇 십 회 대국이면 충분하다.

2.7 요약

- 게임은 알려진 규칙으로 통제된 환경을 만들기 때문에 AI 연구에서 매우 인기 있는 주제다.

- 오늘날 가장 강력한 바둑 AI는 바둑에 특화된 지식이 아닌 머신러닝에 더 의존하고 있다. 다양한 수를 고려하는 부분에 있어서 규칙 기반 바둑 AI는 예로부터 그다지 좋은 성능을 보이지 못했다.

- 바둑에서 딥러닝을 적용해야 하는 두 가지 영역은 수 선택과 위치 평가다.

- 수 선택은 바둑판의 특정 위치에서 고려해야 할 수의 범위를 줄이는 문제다. 수 선택을 제대로 하지 못하면 바둑 AI가 파악할 가지 수가 너무 많아질 것이다.

- 위치 평가는 어느 기사가 앞서 있고 그게 어느 정도인지 추정하는 문제다. 위치 평가를 제대로 하지 못하면 바둑 AI가 좋은 선택을 할 수 있는 능력이 없어진다.

- 이미 실력이 알려진 그누고나 파치 같이 널리 사용되는 봇과 대국을 하여 바둑 AI의 실력을 평가할 수 있다.

첫 번째 바둑봇 만들기

이 장에서는 바둑 규칙을 지키는 알고리즘과 바둑 대국을 나타낼 데이터 구조를 제공하는 유연한 라이브러리를 만든다. 앞 장에서 봤듯이 바둑 규칙은 단순하다. 하지만 이를 컴퓨터로 구현하려면 다방면으로 면밀히 살펴봐야 한다. 만약 바둑 초보거나 규칙을 다시 봐야 한다면 2장을 꼼꼼히 읽어두자. 이 장에서는 바둑을 두는 알고리즘을 구현하므로 바둑 규칙을 알고 있어야 한다.

똑똑한 바둑봇을 만들려면 바둑 규칙을 제대로 구현하는 것이 매우 중요하다. 좋은 수와 나쁜 수가 어떤 것인지 봇에 가르치기 전에 봇이 맞는 수와 맞지 않은 수가 어떤 경우인지 이해해야 한다.

이 장의 끝에서는 첫 번째 바둑봇을 구현한다. 이 봇은 뛰어나지는 않지만 대국에 필요한 모든 지식을 탑재하고 있다. 책을 진행하면서 점점 더 강력한 대국을 두게 될 것이다.

공식적으로 바둑판을 만들고 컴퓨터와 바둑을 둘 때 필요한 기초 개념인 선수, 돌, 수가 무엇인지 소개한다. 그러고 나서 대국과 관련된 규칙을 살펴볼 것이다. 컴퓨터가 어떤 돌을 따내야 하는지 빠르게 파악하는 방법이라든가 패 규칙을 언제 적용하는지, 대국이 끝나는 조건은 어떻게 되는지 등을 살펴본다. 이런 모든 질문에 대한 답을 이 장에서 확인하게 될 것이다.

3.1 파이썬으로 바둑 나타내기

바둑은 사각형 판에서 치른다. 일반적으로 초보는 9×9 판이나 13×13 판에서 대국을 치르며, 숙련자 및 프로 선수는 19×19 판을 사용한다. 하지만 이론상으로 바둑은 어떤 크기의 판에서도 둘 수 있다. 대국에 사용할 사각 바둑판을 구현하는 것 자체는 간단하지만 여러 가지 복잡한 일을 처리할 필요가 있다.

파이썬 dlgo 모듈을 사용해서 단계별로 바둑 대국을 구현한다. 이 장에서는 첫 번째 바둑봇을 만드는 데 사용할 클래스와 함수를 구현하고 관련 파일을 만든다. 이 장 및 이 장 이후의 모든 코드는 깃허브[1]에서 확인할 수 있다.

깃허브 저장소의 코드를 참고용으로 반드시 복사해야 하지만 파일을 처음부터 직접 작성해서 라이브러리가 어떻게 하나하나 만들어지는지 확인할 것을 추천한다. 깃허브 저장소의 마스터 브랜치에는 이 책에서 사용되는(혹은 그 이상의) 코드가 들어 있다. 그리고 3장부터는 각 장에서 사용하는 코드별로 깃 브랜치를 따로 만들었다. 예를 들어 이 장의 코드는 'chapter_3' 브랜치에 들어 있다. 다음 장의 코드 브랜치 이름도 같은 규칙을 따른다. 깃허브 저장소에는 대부분의 코드에 대한 추가 테스트도 포함되어 있으니 참고하자.

바둑 규칙을 구현하는 파이썬 라이브러리를 만들려면 몇 가지 사용 사례를 지원할 수 있을 정도로 유연한 데이터 모델이 필요하다.

- 사람을 상대로 바둑을 둔 기보를 추적한다.
- 두 바둑봇 간의 대국 기보를 추적한다. 초반에는 두 봇이 동일하게 두는 것처럼 보이지만 일부 미묘한 차이가 있다. 가장 중요한 차이는 일반 봇은 대국을 언제 끝내야 할지 잘 판단하지 못한다는 것이다. 두 간단한 바둑봇 간에 진행되는 대국에 대해서는 이후 상세히 다룰 것이므로 여기서는 간단히 살펴보자.
- 동일한 보드 위치에서 벌어질 수를 따져보자.
- 기존 경기 기록을 불러와서 훈련 데이터로 만들자.

일단 순서나 수가 무엇인지 같은 간단한 개념부터 살펴보자. 이런 개념은 이후 앞에서 만든 작업들을 다룰 때 근간이 된다.

dlgo 폴더를 만들고, 파이썬 모듈 초기화에 사용할 __init__.py 파일을 만들어 넣자. 또한 이후 바둑판과 대국 진행 함수들을 구현할 gotypes.py와 goboard_slow.py 파일도 만들자.

---

1 mng.bz/gYPe

그러면 현재 폴더 구조는 다음과 같을 것이다.

```
dlgo
  __init__.py
  gotypes.py
  Goboard_slow.py
```

바둑은 흑돌과 백돌이 번갈아가며 수를 두며 경기를 진행하므로 enum 형을 사용해서 두 가지 색돌을 나타낼 수 있다. 선수(Player) 역시 흑(black)과 백(white)으로 나타낼 수 있다. 선수가 돌을 둔 후 Player 인스턴스에 other( ) 메서드를 호출해서 색을 바꿀 수 있다. 선수를 구현할 Player 클래스를 gotypes.py에 넣는다.

예제 3-1 선수를 enum으로 표현

```
import enum

class Player(enum.Enum):
    black = 1
    white = 2

    @property
    def other(self):
        return Player.black if self == Player.white else Player.white
```

이 책에서는 파이썬 3을 사용한다. 파이썬 3을 사용하는 이유는 열거형[enums] 같이 자주 사용하는 기능이 파이썬 3의 기본 라이브러리에 포함되어 있기 때문이다.

다음으로 바둑판 상의 돌의 좌표를 나타내는 데 튜플을 사용한다. 이를 구현할 Point 클래스도 gotypes.py에 기록한다.

예제 3-2 바둑판의 점을 튜플로 나타내기

```
from collections import namedtuple

class Point(namedtuple('Point', 'row col')):
    def neighbors(self):
        return [
            Point(self.row - 1, self.col),
            Point(self.row + 1, self.col),
```

```
                    Point(self.row, self.col - 1),
                    Point(self.row, self.col + 1),
                ]
```

네임드튜플^{namedtuple} 라이브러리를 사용해서 point[0]과 point[1] 대신 point.row와 point.col로 좌표에 접근할 수 있다. 이렇게 하면 가독성이 좋아진다.

각 기사에게 자기 차례에 할 수 있는 행동을 알려주고, 기사의 행동을 처리하는 클래스를 구현하자. 보통 자기 차례에는 판 위에 돌을 놓지만, 언제든 차례를 넘기거나 대국을 포기할 수도 있다. 미국 바둑협회의 관례에 따르면 **모든 행동**은 어쨌든 모두 돌을 놓는 것과 관련된 행동이므로 **수**를 이 세 가지 행동 모두에 사용할 수 있다. 따라서 Move 클래스에는 이 세 가지 수 (돌 놓기, 차례 넘기기, 대국 포기)를 모두 포함할 수 있어야 하고 그중 최소 하나의 유형은 들어가야 한다. 실제 대국에서는 두어야 할 Point가 상대방에게 넘어가야 한다. Move 클래스도 goboard_slow.py에 추가한다.

예제 3-3 수 설정 : 돌 놓기, 차례 넘기기, 대국 포기

```
import copy
from dlgo.gotypes import Player          ┐  기사가 자기 차례에 할 수 있는 행동(is_play,
                                         │  is_pass, is_resign)을 설정한다.
class Move():                          ◁─┘
    def __init__(self, point=None, is_pass=False, is_resign=False):
        assert (point is not None) ^ is_pass ^ is_resign
        self.point = point
        self.is_play = (self.point is not None)
        self.is_pass = is_pass
        self.is_resign = is_resign

    @classmethod
    def play(cls, point):          ◁──┤ 이 수는 바둑판에 돌을 놓는다.
        return Move(point=point)

    @classmethod
    def pass_turn(cls):            ◁──┤ 이 수는 차례를 넘긴다.
        return Move(is_pass=True)

    @classmethod
    def resign(cls):              ◁──┤ 이 수는 현재 대국을 포기한다.
        return Move(is_resign=True)
```

어떤 경우든 클라이언트는 보통 Move 생성자를 직접 호출하지 않고 Move의 인스턴스를 생성하는 Move.play(), Move.pass_turn(), Move.resign()을 호출한다.

Player, Point, Move 클래스는 모두 어느 정도 일반적인 데이터 유형임을 기억해두자. 이 클래스들은 바둑판을 나타내는 필수 클래스지만 어떤 경기 규칙도 들어 있지 않다. 이 클래스들에 대한 목적은 달성했고, 대국에 대한 것도 이런 식으로 각각 나눠서 생각하면 도움이 될 것이다.

그럼 앞서 만든 세 클래스를 사용해서 대국 상태를 갱신하는 클래스를 구현해보자.

- Board 클래스는 돌을 놓고 따내는 규칙을 다룬다.
- GameState 클래스는 보드의 모든 돌에 대해 누구 차례고 이전 상태는 어땠는지 파악한다.

3.1.1 바둑판 구현하기

GameState 클래스를 구현하기 전에 Board 클래스부터 구현한다. 보통은 처음에는 19×19 배열을 만들어서 바둑판 위 각 점의 상태를 파악하는 방식으로 접근한다. 이는 좋은 생각이다. 그럼 바둑판에서 돌을 따낼 것인지 확인하는 알고리즘을 생각해보자. 아시다시피 하나의 돌의 활로 수는 바로 연결된 이웃 위치의 빈 곳의 수다. 이웃한 네 곳을 모두 적돌이 점령하면 그 돌에는 활로가 남아 있지 않고 잡힌다. 많은 돌이 연결되어 있으면 이를 파악하기 좀 더 어렵다. 예를 들어 흑돌을 놓은 후 흑돌이 백돌을 따내서 들어낼 수 있는지 모든 백돌에 대해 확인해야 한다. 특히 다음과 같은 사항을 확인해야 한다.

1 활로가 남아 있는 이웃이 있는지 살펴봐야 한다.
2 이웃의 이웃 중에도 활로가 남아 있는 경우가 있는지 확인해야 한다.
3 이웃의 이웃의 이웃도 조사해야 하고, 그 이상도 살펴봐야 한다.

이 과정을 끝내려면 수백 단계가 필요하다. 이미 200수나 진행되었고 돌이 길게 얽혀 상대방의 집까지 통과하게 된 상황을 상상해보자. 이를 빠르게 확인하려면 연결된 돌들을 하나의 단위로 묶어서 생각하면 된다.

3.1.2 바둑에서 연결 추적하기 : 이음

앞서 돌을 하나하나 살펴보면 계산 복잡도가 늘어난다는 사실을 알게 되었다. 이 방법 대신 같은 색 돌이 연결된 그룹과 **이 그룹의 활로**를 동시에 추적한다. 이렇게 하면 바둑 규칙을 구현할 때도 훨씬 효율적이다.

같은 색 돌의 연결된 그룹을 **이음수** 혹은 간단히 **이음**이라고 한다([그림 3-1] 참조). 파이썬에서는 다음 GoString 구현에서와 같이 셋(set)형을 사용해서 이 구조를 효과적으로 구현할 수 있다. 이 역시도 Goboard_slow.py에 작성한다.

그림 3-1 이 대국에서 흑은 이음이 셋이고 백은 이음이 둘이다. 큰 백 이음에는 활로가 6개 있고, 따로 있는 하나의 백에는 활로가 3개밖에 없다.

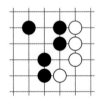

예제 3-4 이음을 set으로 인코딩

```
class GoString():
    def __init__(self, color, stones, liberties):        ◁   바둑 이음은 같은 색 돌이
        self.color = color                                   연속적으로 연결된 형식이다.
        self.stones = set(stones)
        self.liberties = set(liberties)

    def remove_liberty(self, point):
        self.liberties.remove(point)

    def add_liberty(self, point):
        self.liberties.add(point)

    def merged_with(self, go_string):                    ◁   양 선수의 이음의 모든 돌을
        assert go_string.color == self.color                 저장한 새 이음을 반환한다.
        combined_stones = self.stones | go_string.stones
            return GoString(
                self.color,
                combined_stones,
                (self.liberties | go_string.liberties) - combined_stones)

    @property
        def num_liberties(self):
            return len(self.liberties)
```

```
        def __eq__(self, other):
            return isinstance(other, GoString) and \
                self.color == other.color and \
                self.stones == other.stones and \
                self.liberties == other.liberties
```

GoString은 자신이 가진 활로를 파악하고 있으므로 num_liberties()를 호출하여 곧바로 활로 수를 알 수 있다. 이는 앞에서 했던 방식대로 돌 하나하나의 활로를 파악하는 단순한 방식보다 훨씬 효율적이다.

remove_liberty()와 add_liberty()를 사용해서 주어진 이음의 활로를 추가하고 제거할 수 있다. 이음의 활로는 보통 상대가 이 이음 옆에 돌을 두면 감소하고, 이 이음 근처의 집에서 상대방의 돌을 따내면 증가한다.

선수가 돌을 놓아 두 개의 그룹을 연결한 경우 GoString의 merged_with() 메서드를 호출한다.

3.1.3 바둑판에 돌 놓기와 따내기

돌과 이음에 대해 논의했으니 당연히 판 위에 돌을 놓는 것에 대해 이야기할 차례다. [예제 3-4]의 GoString 클래스를 사용해서 돌을 놓는 알고리즘은 다음과 같다.

  1 같은 색의 이음을 연결한다.
  2 상대방 색 돌의 근접한 이음의 활로 수를 낮춘다.
  3 상대방 색 돌의 이음의 활로가 0이라면 이를 제거한다.

또한 새로 만들어진 이음의 활로가 0이면 이 수를 둘 수 없게 해야 한다. 이 내용은 goboard_slow.py의 Board 클래스에 구현한다. num_rows와 num_cols로 바둑판의 열과 행 수를 지정함으로써 어떤 크기의 판도 만들 수 있게 한다. 이음의 돌 수를 저장한 딕셔너리형 프라이빗 변수 _grid를 사용해 판의 상태를 내부적으로 판단한다. 그럼 일단 크기를 정해서 바둑판을 초기화해보자.

예제 3-5 바둑판 Board 인스턴스 생성

```
class Board():
    def __init__(self, num_rows, num_cols):        주어진 열과 행 수의 빈 격자로
        self.num_rows = num_rows                    바둑판을 초기화한다.
```

```
        self.num_cols = num_cols
        self._grid = {}
```

그러면 돌을 놓을 Board() 메서드를 만들어보자. place_stone() 함수에서는 우선 주어진 활로의 점의 이웃한 돌들을 모두 조사해야 한다.

예제 3-6 활로 파악용 이웃 점 확인

```
def place_stone(self, player, point):
    assert self.is_on_grid(point)
    assert self._grid.get(point) is None
    adjacent_same_color = []
    adjacent_opposite_color = []
    liberties = []
    for neighbor in point.neighbors():        ◁──── 우선 이 점과 바로 연결된
        if not self.is_on_grid(neighbor):            이웃을 확인한다.
            continue
        neighbor_string = self._grid.get(neighbor)
        if neighbor_string is None:
            liberties.append(neighbor)
        elif neighbor_string.color == player:
            if neighbor_string not in adjacent_same_color:
                adjacent_same_color.append(neighbor_string)
        else:
            if neighbor_string not in adjacent_opposite_color:
                adjacent_opposite_color.append(neighbor_string)
    new_string = GoString(player, [point], liberties)
```

[예제 3-6]의 첫 두 줄은 점이 바둑판 내에 있는지와 아직 거기에 돌이 있지 않은지 확인하는 유틸리티 메서드를 사용한다. 이 두 메서드는 다음과 같이 정의되어 있다.

예제 3-7 돌 놓기와 따내기 유틸리티 메서드

```
def is_on_grid(self, point):
    return 1 <= point.row <= self.num_rows and \
        1 <= point.col <= self.num_cols

def get(self, point):              ◁──── 바둑판 위의 점 내용을 반환한다. 만약 돌이
    string = self._grid.get(point)        해당 점 위에 있으면 Player를 반환하고,
    if string is None:                    아니면 None을 반환한다.
        return None
    return string.color
```

```
def get_go_string(self, point):
    string = self._grid.get(point)
    if string is None:
        return None
    return string
```

해당 점의 돌에 연결된 모든 이음을 반환한다.
만약 돌이 해당 점 위에 있으면 GoString을
반환하고, 아니면 None을 반환한다.

이때 주어진 점과 연결된 돌의 이음을 반환하는 get_go_string( )도 정의해야 한다. 이런 기능은 일반적으로도 유용하지만 특히 3.2.1절에서 더 자세히 다룰 **자충수**를 막을 때 특히 유용하다.

[예제 3-6]의 place_stone( )을 정의할 때 new_string( )을 정의한 후 다음 3단계 접근 방식을 만들어주어야 한다.

예제 3-8 place_stone( ) 정의(계속)

```
for same_color_string in adjacent_same_color:
    new_string = new_string.merged_with(same_color_string)
for new_string_point in new_string.stones:
    self._grid[new_string_point] = new_string
for other_color_string in adjacent_opposite_color:
    other_color_string.remove_liberty(point)
for other_color_string in adjacent_opposite_color:
    if other_color_string.num_liberties == 0:
        self._remove_string(other_color_string)
```

같은 색의 근접한
이음을 합친다.

다른 색의 근접한 이음의
활로를 줄인다.

다른 색 이음의 활로가 0이
되면 그 돌을 제거한다.

이제 바둑판 정의에서 유일하게 빠진 것은 [예제 3-8]의 마지막 줄에 정의된 remove_string( )의 기능인 이음 제거 방법이다. [예제 3-9]에서 보다시피 이 함수는 매우 간단하지만 상대의 이음을 제거하면 다른 돌의 자유도가 늘어날 것이라는 것을 염두에 두어야 한다. 예를 들어 [그림 3-2]를 보면 흑이 백을 따내면서 흑의 각 이음에 활로가 1씩 늘어난 것을 알 수 있다.

그림 3-2 흑이 백을 딸 수 있고, 딴 돌 주변의 이웃은 각각 활로가 하나씩 추가된다.

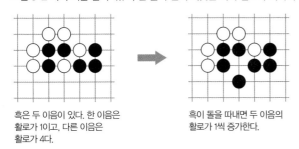

흑은 두 이음이 있다. 한 이음은
활로가 1이고, 다른 이음은
활로가 4다.

흑이 돌을 따내면 두 이음의
활로가 1씩 증가한다.

```
    def _remove_string(self, string):
        for point in string.stones:
            for neighbor in point.neighbors():        ◁──  이음을 제거하면 다른
                neighbor_string = self._grid.get(neighbor)    이음에 활로가 생긴다.
                if neighbor_string is None:
                    continue
                if neighbor_string is not string:
                    neighbor_string.add_liberty(point)
            self._grid[point] = None
```

이를 정의하면 Board 구현이 끝난다.

3.2 대국 현황 기록과 반칙수 확인

지금까지 Board에 돌을 놓고 따내는 규칙을 구현했으니 이제 GameState 클래스에서 대국 현황을 파악하여 수를 추가하는 기능을 추가하자. **대국 현황**은 현재 판 상태, 다음 선수, 이전 상태, 직전 수를 아는 것이다. 다음 정의는 시작에 불과하다. 이 절을 진행하며 GameState에 더 많은 기능을 추가할 것이다. 이 내용도 goboard_slow.py에 작성한다.

예제 3-10 바둑 게임 현황 인코딩

```
class GameState():
    def __init__(self, board, next_player, previous, move):
        self.board = board
        self.next_player = next_player
        self.previous_state = previous
        self.last_move = move
                                      ┌ 수를 둔 후
    def apply_move(self, move):   ◁──  새 GameState 반환
        if move.is_play:
            next_board = copy.deepcopy(self.board)
            next_board.place_stone(self.next_player, move.point)
        else:
            next_board = self.board
        return GameState(next_board, self.next_player.other, self, move)
```

```
    @classmethod
    def new_game(cls, board_size):
        if isinstance(board_size, int):
            board_size = (board_size, board_size)
        board = Board(*board_size)
        return GameState(board, Player.black, None, None)
```

여기서 GameState 클래스에 다음 코드를 추가해서 대국이 종료되었는지 판단한다.

예제 3-11 대국 종료 판단

```
    def is_over(self):
        if self.last_move is None:
            return False
        if self.last_move.is_resign:
            return True
        second_last_move = self.previous_state.last_move
        if second_last_move is None:
            return False
        return self.last_move.is_pass and second_last_move.is_pass
```

이제 apply_move( )를 사용해서 현재 경기 상태에 수를 추가하는 기능을 구현한다. 이때 이 수가 제대로 된 수인지 확인하는 코드도 작성해야 한다. 사람은 실수로 반칙수를 두기도 하지만, 봇은 사람보다 더 잘 몰라서 반칙수를 둘 수 있다. 일단 다음 세 가지 규칙을 확인해야 한다.

- 두고자 하는 점이 비었는지 확인
- 자충수가 아닌지 확인
- 이 수가 바둑 규칙에 위반되는 것은 아닌지 확인

첫 번째는 구현 방식이 빠하지만 나머지 두 가지는 다소 까다로우므로 별도로 다루겠다.

3.2.1 자충수

이음에 활로가 하나밖에 남지 않았을 때 그 활로에 돌을 놓는 수를 **자충수**self-capture라고 한다. 예를 들어 [그림 3-3]을 보면 흑은 끝났다.

그림 3-3 이 바둑판의 현황을 보면 세 흑돌에 남은 활로는 표시된 점 하나다. 자충수 규칙을 적용했으므로 흑은 이 점에 돌을 놓을 수 없다. 하지만 백은 여기에 수를 둠으로써 세 흑돌을 따낼 수 있다.

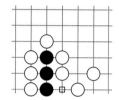

백은 표시된 점에 돌을 놓음으로써 흑을 아무 때나 따낼 수 있고, 흑은 이를 막을 수 없다. 하지만 표시된 점에 흑돌을 놓으면 어떨까? 활로가 없어지면서 잡힐 것이다. 소수의 예외를 제외하고 대부분의 규칙에서는 이런 수를 막고 있다. 다만 국제 바둑 대회에서 가장 큰 대회 중 하나인 4년마다 열리는 ING 컵에서는 자충수를 허용한다.

자충수 규칙을 코드에 넣을 것이다. 이는 가장 많이 사용하는 규칙 모음과 동일하며, 봇이 고려해야 할 수의 개수를 줄일 수 있다. 자충수 위치가 가장 좋은 수로 구해지는 경우도 있지만 이런 상황은 보통 제대로 된 게임에서는 나오지 않는다.

만약 [그림 3-3]에서 주변 돌을 조금 바꿀 경우 [그림 3-4]와 같이 완전히 다른 상황을 맞게 될 것이다.

[그림 3-4]에서처럼(그리고 일반적으로) 새 돌의 자유도를 확인하기 전에 상대방의 돌을 제거해야 한다. 모든 규칙에서 이 수는 자충수가 아니라 돌을 따내는 것이다. 흑은 백돌 둘을 따내면서 두 개의 활로를 다시 얻을 수 있다.

그림 3-4 이 상황에서 표시된 점은 자충수가 아니라 흑이 백을 따내는 수다. 여기에 수를 둠으로써 백돌 두 개를 잡고 활로 두 개가 생긴다.

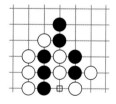

Board 클래스에서는 자충수를 허용하지만 GameState에서는 보드의 복제본에 수를 적용하고 나중에 활로 수를 확인하는 방식으로 이 규칙을 시행할 것이다.

```
def is_move_self_capture(self, player, move):
    if not move.is_play:
        return False
    next_board = copy.deepcopy(self.board)
    next_board.place_stone(player, move.point)
    new_string = next_board.get_go_string(move.point)
    return new_string.num_liberties == 0
```

3.2.2 패

자충수를 확인했으면 이제 패 규칙을 구현할 수 있다. 2장에서 패가 무엇인지, 바둑에서 패가 왜 중요한지 간단히 살펴보았다. 대략 패는 어떤 수로 인해 판이 다시 이전 상태가 되었는지에 대한 것이다. 다만 이 경우는 [그림 3-5] ~ [그림 3-7]과 같이 선수가 즉시 반격할 수 없다는 것을 의미하지는 않는다.

[그림 3-5]를 보면 백은 아래쪽에 따로 떨어뜨려 돌을 놓았다. 이제 흑의 두 돌은 왼쪽에 활로 하나밖에 없다. 하지만 이는 백도 마찬가지다.

그림 3-5 여기서 백은 흑돌 둘을 잡고자 하지만 백의 활로가 하나뿐이다.

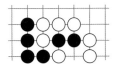

흑은 [그림 3-6]처럼 이 백돌을 따내면서 두 돌을 살릴 수 있다.

그림 3-6 흑은 따로 떨어진 백을 잡아서 두 흑돌을 구하고자 한다.

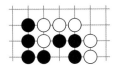

하지만 [그림 3-7]을 보면 백은 바로 [그림 3-5]와 **같은 곳**에 두었다.

그림 3-7 백은 패 규칙을 위반하지 않고 환격(흑돌 셋을 다시 따냄)을 할 수 있다.

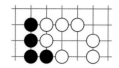

백이 흑돌 셋을 다시 잡을 수 있음을 볼 수 있다. 이 경우 [그림 3-5]와 [그림 3-7]의 전체 상황은 다르기 때문에 패가 적용되지 않는다. 이런 수를 **환격**^{snapback}이라고 한다. 간단한 상황에서 패는 본인을 잡았던 돌을 바로 다시 잡을 수 없다는 것을 뜻한다. 하지만 환격은 일반적으로 벌어지는 상황이고 이런 위치가 존재하므로 패 구현 시에는 주의해야 한다.

여러 방법으로 패 규칙을 정의할 수 있겠지만 어느 방법이든 특이한 상황을 제외하면 실제로는 같다. 코드에 사용할 규칙은 선수가 앞선 대국 상태와 같은 상황을 다시 만들면 안 된다는 것이다. 여기서 대국 상태에는 판 위의 돌과 다음 차례의 선수도 포함되어 있다. 이런 형태는 보통 **동형반복**^{situational superko} 상황으로 알려져 있다.

각 GameState 인스턴스에서는 이전 상태에 대한 포인터를 저장하고 있다. 그러므로 트리 위로 거슬러 올라가서 전체 기록에서 새 상태와 비슷한 상태가 있는지 확인하는 식으로 패를 방지할 수 있다. GameState를 구현하면서 다음과 같은 부분을 추가하면 된다.

예제 3-13 현재 게임 상태가 패 규칙을 위반하는가?

```
@property
def situation(self):
    return (self.next_player, self.board)

def does_move_violate_ko(self, player, move):
    if not move.is_play:
        return False
    next_board = copy.deepcopy(self.board)
    next_board.place_stone(player, move.point)
    next_situation = (player.other, next_board)
    past_state = self.previous_state
    while past_state is not None:
        if past_state.situation == next_situation:
            return True
        past_state = past_state.previous_state
    return False
```

이 코드는 간결하고 정확하지만 다소 느리다. 매 수마다 판 상태를 자세히 복사하고 모든 이전 상태 대비 현재 상태를 비교해야 하므로 많은 시간이 소요된다. 3.5절에서는 이 단계를 빠르게 할 재미있는 기법을 만나게 될 것이다.

GameState 상태를 마무리했으니 이제 3.2절의 패와 자충수 지식을 이용해서 수가 유효한지 아닌지 판단할 수 있다.

예제 3-14 주어진 게임 상태에서 이 수는 유효한가?

```python
def is_valid_move(self, move):
    if self.is_over():
        return False
    if move.is_pass or move.is_resign:
        return True
    return (
        self.board.get(move.point) is None and
        not self.is_move_self_capture(self.next_player, move) and
        not self.does_move_violate_ko(self.next_player, move))
```

3.3 게임 종료

컴퓨터로 바둑을 두는 기본 개념은 **자체 대국**이다. 자체 대국 시 처음에는 매우 약한 바둑봇으로 시작하지만 계속 바둑을 두면서 그 결과를 활용하여 점차 강한 봇을 만들게 된다. 4장에서는 자체 대국을 활용해서 기보 평가를 한다. 또한 9~12장에서는 자체 대국을 통해 개별 수를 평가하고 선택하는 알고리즘을 다룬다.

이 기법의 장점을 활용하려면 자체 경기를 끝까지 치러야 한다. 사람과의 대국은 어느 한쪽이 더 두어봐야 승산이 없는 경우 끝난다. 이런 판단은 사람에게도 좀 까다롭다. 초심자의 경우 상대방 집에 가망 없는 수를 둔다거나 혹은 견고하다고 믿었던 집을 상대 선수가 자르는 것을 지켜보고 있다가 게임이 끝나기도 한다. 컴퓨터와의 대국에서는 이런 부분이 더 어렵다. 만약 봇이 둘 수 있는 데까지 수를 두도록 놔두면 결국 활로를 막아버리고 돌을 다 뺏길 것이다.

봇이 합리적인 방식으로 게임을 끝내는 데 도움이 되는 몇 가지 임시방편을 고안해볼 수 있다. 예를 들면 다음과 같다.

- 같은 색의 돌로 완전히 둘러싸인 곳에는 돌을 놓지 말라.
- 활로가 하나뿐인 곳에는 돌을 놓지 말라.
- 활로가 하나인 다른 돌은 일단 잡아라.

불행히도 **이 규칙들은 모두 매우 엄격하다.** 만약 봇이 이 규칙들을 따르면 상대방이 뛰어난 선수일 경우 살아 있는 집을 죽이거나, 죽어가는 집을 살리거나, 손쉽게 더 나은 점에 돌을 놓을 것이다. 보통 직접 심은 규칙은 봇의 선택지를 최대한 제약하므로 더 복잡한 알고리즘을 사용해서 고난이도의 전략을 자유롭게 학습할 수 있다.

이 문제를 해결하려면 바둑경기의 역사를 살펴봐야 한다. 고대에는 판에 돌이 많이 남아 있으면 이길 수 있었다. 기사들은 판에 최대한 많이 돌을 놓고 본인의 집만 비었을 때 대국을 끝냈다. 끝내는 데 오래 걸리다 보니 기사들은 좀 더 속도를 낼 수 있는 방안을 고민했다. 만약 흑이 판의 특정 구역을 점거했다면(백은 그 구역에 두면 바로 잡힐 것이다) 흑이 굳이 그 구역을 꽉 채울 필요가 없다. 기사들은 그곳은 흑의 구역이라고 합의한다. 이것이 '집'의 개념이 나오게 된 배경이며, 수 세기를 지나면서 집을 따로 세는 것으로 규칙이 변했다.

이런 식으로 점수를 매기면 어디는 집이고 어디는 집이 아닌지 문제가 되지 않지만 여전히 봇이 자신의 돌을 따내도록 두는 것을 피해야 한다. [그림 3-8]을 보자.

그림 3-8 백은 구석에 A, B의 두 집이 있고, 따라서 이 두 점에 돌을 두면 안 된다. 하지만 흑은 이 집 전체를 따낼 수 있다. 이 경우 약한 봇이 본인의 집에 돌을 두게 해서는 안 된다.

봇이 집을 채우지 않는 것에 대해 엄격히 규칙을 만들어서 직접 입력할 수도 있다. 여기서의 목적에 따르자면 **집**은 모든 직선 면의 점과 최소 네 대각선 중 세 개 이상의 접한 점이 본인 색의 돌로 채워진 빈 점이다.

> **NOTE**_ 숙련된 바둑기사는 앞의 **집** 정의에서 일부 유효한 집의 경우는 빠졌다는 것을 알아챘을 것이다. 이 부분은 구현 내용을 단순하게 하기 위해 감안했다.

판의 귀퉁이에 만들어지는 집의 경우는 따로 처리해야 한다. 이 경우 모든 대각선에 인접한 점에는 같은 돌이 있어야 한다.

dlgo의 서브모듈 **agent**를 만들고(agent라는 폴더를 새로 만들고 그 안에 빈 __init__.py 파일을 만든다) 다음 is_point_an_eye( ) 함수를 helpers.py 파일에 넣는다.

예제 3-15 이 위치가 집일까?

```python
from dlgo.gotypes import Point

def is_point_an_eye(board, point, color):
    if board.get(point) is not None:          ◁── 집은 빈 점이다.
        return False
    for neighbor in point.neighbors():        ◁──┐ 모든 근접한 점에
        if board.is_on_grid(neighbor):           │ 돌들이 놓여 있다.
            neighbor_color = board.get(neighbor)
            if neighbor_color != color:
                return False

    friendly_corners = 0          ◁──┐ 점이 판 가운데라면 네 개의 귀퉁이 중
    off_board_corners = 0            │ 세 개가 사용 가능해야 한다. 경계선에서는
    corners = [                      │ 모든 귀퉁이가 사용 가능해야 한다.
        Point(point.row - 1, point.col - 1),
        Point(point.row - 1, point.col + 1),
        Point(point.row + 1, point.col - 1),
        Point(point.row + 1, point.col + 1),
    ]
    for corner in corners:
        if board.is_on_grid(corner):
            corner_color = board.get(corner)
            if corner_color == color:
                friendly_corners += 1
        else:
            off_board_corners += 1                 점이 경계선이나
    if off_board_corners > 0:                      귀퉁이에 있다.
        return off_board_corners + friendly_corners == 4  ◁──┘
    return friendly_corners >= 3        ◁── 점이 가운데에 있다.
```

이 장에서 명시적으로 게임 결과를 판단하는 부분을 고려하고 있지 않지만 게임 끝에 점수를 세는 부분은 매우 중요하다. 각 바둑대회와 바둑협회마다 미묘하게 다른 규칙을 적용한다. 이 책에서는 **중국식 셈법**이라고도 불리는 AGA의 **영역 셈법** 규칙을 따르도록 봇을 만들 것이다. 일반적인 대국에서는 **일본식 셈법**이 더 많이 사용되지만 AGA 규칙이 컴퓨터로 만들기에 조금 더 쉽고 규칙의 차이가 게임 결과에 미치는 영향은 거의 없다.

3.4 첫 번째 봇 만들기 : 상상 가능한 최약체 바둑 AI

바둑판 구현과 게임 상태 코드화를 끝냈으니 이제 바둑을 두는 첫 번째 봇을 만들 수 있다. 이 봇은 바둑을 잘못 두겠지만 앞으로 향상시킬 모든 봇의 기반이 될 것이다. 우선 모든 봇이 사용할 인터페이스를 정의한다. 에이전트를 정의해서 이 에이전트 모듈을 base.py에 넣는다.

예제 3-16 바둑 에이전트의 핵심 인터페이스

```
class Agent:
    def __init__(self):
        pass

    def select_move(self, game_state):
        raise NotImplementedError()
```

이 메서드 하나면 된다. 모든 봇이 하는 일은 주어진 게임 상태에 대한 수를 선택하는 것이다. 물론 내부적으로는 이를 위해 현재 위치를 평가하는 등의 여러 복잡한 일을 해야 하지만 대국을 치를 때 모든 봇에 필요한 것은 이뿐이다.

첫 구현 내용은 가능한 한 대충한다. 바로 본인의 집을 채우지 않는 수에서 임의로 한 수를 선택한다. 만약 이런 수가 없다면 차례를 넘긴다. 이 랜덤 봇을 에이전트의 naive.py에 구현한다. 바둑 초심자의 순위는 보통 30급에서 1급까지로 구분된다. 이 규칙에 따르면 여기서 구현하는 랜덤 봇은 30급 완전 초보 수준이다.

예제 3-17 30급 정도 되는 무작위 바둑봇

```
import random
from dlgo.agent.base import Agent
from dlgo.agent.helpers import is_point_an_eye
from dlgo.goboard_slow import Move
from dlgo.gotypes import Point

class RandomBot(Agent):
    def select_move(self, game_state):
        """ 본인의 집을 지킬 수 있는 임의의 유효한 수를 선택한다"""
        candidates = []
        for r in range(1, game_state.board.num_rows + 1):
            for c in range(1, game_state.board.num_cols + 1):
```

```
                candidate = Point(row=r, col=c)
                if game_state.is_valid_move(Move.play(candidate)) and \
                        not is_point_an_eye(game_state.board,
                                             candidate,
                                             game_state.next_player):
                    candidates.append(candidate)
        if not candidates:
            return Move.pass_turn()
        return Move.play(random.choice(candidates))
```

이때 모듈의 구조는 다음과 같은 형태여야 한다(서브모듈 초기화 폴더에 빈 __init__.py 파일을 만들어두었는지 확인하자).

```
dlgo
  ...
  agent
    __init__.py
    helpers.py
    base.py
    Naive.py
```

마지막으로 무작위 봇의 두 인스턴스끼리 전체 대국을 치르는 드라이버 프로그램을 만들자. 일단 전체 바둑판이나 개별 수를 출력하는 것 같은 편리한 헬퍼 함수를 정의한다.

바둑판 상의 좌표는 여러 방식으로 정의할 수 있지만 유럽에서 열은 A부터의 알파벳으로 표기하고, 행은 1부터 숫자로 표기하는 것이 일반적이다. 표준 19×19 바둑판을 이 좌표로 나타내면 좌상단은 A1이고, 우하단은 T19다. 이때 I는 1과 헷갈릴 수 있어서 빼는 것이 관례다.

COLS = 'ABCDEFGHJKLMNOPQRST'라는 문자열 변수를 정의해서 바둑판의 열을 나타낸다. 바둑판을 명령어 화면에 표시하기 위해 빈 칸은 .(점)으로 나타내고, 흑돌은 x로, 백돌은 o로 표기한다. 다음 코드는 dlgo 패키지의 utils.py라는 새 파일에 들어간다. print_move() 함수는 명령어 화면에 다음 수를 출력하고, print_board() 함수는 현재의 바둑판 상태를 돌 위치와 함께 출력한다. 이 코드는 dlgo 모듈 바깥의 bot_v_bot.py에 기록한다.

```python
from dlgo import gotypes

COLS = 'ABCDEFGHJKLMNOPQRST'
STONE_TO_CHAR = {
    None: ' . ',
    gotypes.Player.black: ' x ',
    gotypes.Player.white: ' o ',
}

def print_move(player, move):
    if move.is_pass:
        move_str = 'passes'
    elif move.is_resign:
        move_str = 'resigns'
    else:
        move_str = '%s%d' % (COLS[move.point.col - 1], move.point.row)
    print('%s %s' % (player, move_str))

def print_board(board):
    for row in range(board.num_rows, 0, -1):
        bump = " " if row <= 9 else ""
        line = []
        for col in range(1, board.num_cols + 1):
            stone = board.get(gotypes.Point(row=row, col=col))
            line.append(STONE_TO_CHAR[stone])
        print('%s%d %s' % (bump, row, ''.join(line)))
    print('    ' + ' '.join(COLS[:board.num_cols]))
```

대국을 종료할 때까지 9×9 바둑판에서 대국을 벌이는 두 무작위 봇을 초기화하는 스크립트를 작성한다.

예제 3-19 봇이 자체 대국을 치르는 스크립트

```python
from dlgo import agent
from dlgo import goboard
from dlgo import gotypes
from dlgo.utils import print_board, print_move
import time
```

```
def main():
    board_size = 9
    game = goboard.GameState.new_game(board_size)
    bots = {
        gotypes.Player.black: agent.naive.RandomBot(),
        gotypes.Player.white: agent.naive.RandomBot(),
    }
    while not game.is_over():
        time.sleep(0.3)

        print(chr(27) + "[2J")
        print_board(game.board)
        bot_move = bots[game.next_player].select_move(game)
        print_move(game.next_player, bot_move)
        game = game.apply_move(bot_move)

if __name__ == '__main__':
    main()
```

봇의 수가 읽기 어려울 정도로 빠르지 않도록 0.3초의 휴지 기간을 둔다.

각 수에 앞서 화면을 초기화한다. 그러면 항상 명령줄의 같은 위치에 화면이 출력될 것이다.

다음 명령어를 입력해서 봇의 대국을 실행한다.

```
python bot_v_bot.py
```

화면에 무수한 수가 나타날 것이고, 두 선수 모두 차례를 넘기면 대국이 종료될 것이다. 흑이 x고, 백이 o며, 빈 곳은 .(점)임을 확인하자. 다음은 이 대국에서 마지막으로 수행한 백의 수를 보여주는 예다.

```
9 o.ooooooo
8 ooooxxoxx
7 oooox.xxx
6 o.ooxxxxx
5 ooooxxxxx
4 ooooxxxxx
3 o.ooox.xx
2 oooooxxxx
1 o.oooxxx.
  ABCDEFGHJ
Player.white passes
```

이 봇은 본인도 바둑을 못 두는데, 상대도 답답하다. 상대는 심지어 해당 위치에 두어봐야 소용이 없는데도 전체 판이 꽉 찰 때까지 꿋꿋이 돌을 놓았다. 게다가 이 봇들은 아무리 자체 대국을 시켜도 **학습 능력**이 없다. 이 무작위 봇은 영원히 현재 급수에 머물게 된다.

이 책의 나머지 부분에서는 이 나약한 부분을 향상시켜서 더욱 흥미롭고 강력한 바둑 엔진으로 업그레이드할 것이다.

3.5 조브리스트 해싱을 사용한 대국 속도 향상

무작위 봇 간의 대국으로 이 장을 정리하기 전에 속도 문제만 간단히 짚고 넘어가자. 만약 대국 속도 향상에 관심이 없다면 3.6절 '봇과 대국하기'로 바로 넘어가도 무방하다.

3.2절에서 동형반복 상황을 확인했던 것을 떠올려보자. 이를 확인하기 위해 현재 위치가 이전과 같은 경우였는지 게임 전체의 기록을 훑어야 했다. 이는 매우 자원 소모가 심한 작업이다. 이 문제를 피하려면 기존 내용을 살짝 수정해야 한다. 바둑판에 놓인 돌의 모든 위치 상텟값을 한꺼번에 저장하는 대신 훨씬 작은 **해시값**을 간단히 저장하면 된다.

해싱 기법은 전산학의 여러 분야에서 흔히 사용된다. 체스 같은 게임 분야에 널리 사용되는 해싱 기법이 있다. 바로 **조브리스트 해싱**^{Zobrist hashing}(1970년대 초반 최초의 바둑봇 중 하나를 만든 앨버트 조브리스트^{Albert Zobrist}라는 전산학자의 이름을 땄다)이다. 조브리스트 해싱에서는 바둑판의 가능한 수마다 해시값을 부여한다. 가장 좋은 방법은 각 해시값을 임의로 선택하는 것이다. 바둑에서 각 수는 흑과 백으로 이루어지므로 19×19 바둑판에서 전체 조브리스트 해시 테이블은 $2 \times 19 \times 19 = 722$개의 해시값으로 이루어진다. 이 722가지 해시값으로 바둑판에서 벌어지는 모든 상황을 표현할 수 있다. [그림 3-9]에서 이것이 어떻게 가능한지 확인할 수 있다.

[그림 3-9]에서 보여준 과정 중 흥미로운 것은 전체 바둑판의 상태를 단일 해시값으로 표현할 수 있다는 것이다. 처음에는 간단히 하기 위해 0으로 지정한 빈 바둑판의 해시값으로 경기를 시작한다. 첫 수는 해시값이 되므로 이 값을 바둑판의 값에 XOR 연산을 해서 추가한다. 이 연산을 **해시 적용**이라고 한다. 이 방법을 따라 각 새로운 수에 대해 현재 해시값을 바둑판에 적용한다. 이렇게 하면 현재의 바둑판 상태를 단일 해시값으로 나타낼 수 있다.

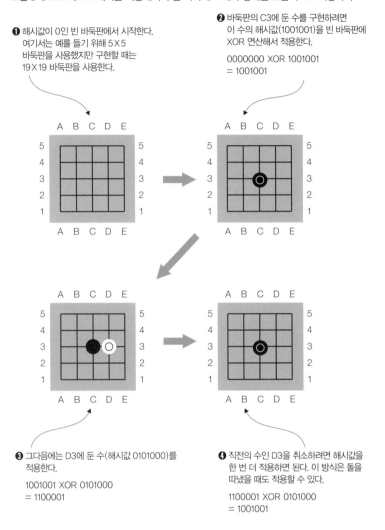

그림 3-9 조브리스트 해시를 이용해서 수를 나타내고 대국 상태를 효율적으로 저장하기

❶ 해시값이 0인 빈 바둑판에서 시작한다. 여기서는 예를 들기 위해 5×5 바둑판을 사용했지만 구현할 때는 19×19 바둑판을 사용한다.

❷ 바둑판의 C3에 둔 수를 구현하려면 이 수의 해시값(1001001)을 빈 바둑판에 XOR 연산해서 적용한다.

0000000 XOR 1001001
= 1001001

❸ 그다음에는 D3에 둔 수(해시값 0101000)를 적용한다.

1001001 XOR 0101000
= 1100001

❹ 직전의 수인 D3을 취소하려면 해시값을 한 번 더 적용하면 된다. 이 방식은 돌을 따냈을 때도 적용할 수 있다.

1100001 XOR 0101000
= 1001001

해시 연산을 재적용하면(XOR 연산의 편리한 점) 수를 이전으로 되돌릴 수 있다는 것도 기억해 두자. 이를 **해시 비적용**이라고 한다. 이 기능을 사용하면 잡힌 돌을 판에서 빠르게 제거할 수 있으므로 매우 중요한 기능이다. 예를 들어 만약 바둑판의 C3에 위치해 있는 흑돌이 잡혔다면 C3의 해시값을 현재 보드에 다시 적용할 수 있다. 물론 이 시나리오에서 C3을 따낸 백의 해시값 역시 적용되어야 한다. 만약 백이 여러 흑돌을 따냈다면 이에 대한 해시값을 모두 비적용해야 한다.

선택한 해시값이 충분히 크고 일반적이라면 해시값 충돌이 일어날 일은 없을 것이므로(서로 다른 두 게임 상태값이 같은 해시값으로 나타날 일은 없을 것이다) 바둑판의 어떤 위치에 대해서도 이런 식으로 계산하면 된다. 실제로 해시값 충돌을 확인하지는 않겠지만 이런 일이 일어나지 않을 것이라고 일단 가정할 수 있다.

조브리스트 해싱을 지금의 바둑판 구현에 적용하려면 일단 해시를 먼저 생성해야 한다. $3 \times 19 \times 19$개의 가능한 점의 상태에 대한 해시값을 파이썬의 random 라이브러리를 사용해서 64비트의 무작위 정수로 생성할 수 있다. 파이썬에서 XOR 연산을 할 때는 ^ 기호를 사용한다. 빈 바둑판의 경우에는 0을 선택한다.

예제 3-20 조브리스트 해시 생성

```python
import random

from dlgo.gotypes import Player, Point

def to_python(player_state):
    if player_state is None:
        return 'None'
    if player_state == Player.black:
        return Player.black
    return Player.white


MAX63 = 0x7fffffffffffffff

table = {}
empty_board = 0
for row in range(1, 20):
    for col in range(1, 20):
        for state in (Player.black, Player.white):
            code = random.randint(0, MAX63)
            table[Point(row, col), state] = code

print('from .gotypes import Player, Point')
print('')
print("__all__ = ['HASH_CODE', 'EMPTY_BOARD']")
print('')
print('HASH_CODE = {')
for (pt, state), hash_code in table.items():
    print('    (%r, %s): %r,' % (pt, to_python(state), hash_code))
print('}')
```

```
    print('')
    print('EMPTY_BOARD = %d' % (empty_board,))
```

이 스크립트를 실행하면 명령줄에 값을 출력하는 파이썬 코드를 생성하고, 그 파이썬 코드에서 명령줄에 원하는 해시값을 출력한다. 이 결과를 dlgo 모듈의 zobrist.py 파일에 넣는다.

이제 사용할 수 있는 해시값이 있으므로 기존의 현재 상태 추적 기법을 해시값을 저장하는 것으로 변경해주기만 하면 된다. goboard_slow.py의 복사본 goboard.py를 만들고, 이 파일에 이 절의 나머지에서 설명하는 내용을 변경해 넣으면 된다. 혹은 깃허브 저장소에 들어 있는 goboard.py 코드를 사용해도 된다. 우선 GoString을 조금 변경하고, 돌(stones)과 활로(liberties)도 한 번 만들어지면 수정할 수 없는 불변의 형태로 만든다. 이때 파이썬의 set형 대신 frozenset형을 사용해서 해결한다. frozenset에는 원소를 추가하거나 제거할 수 없으므로 기존 내용 수정이 아닌 새로운 집합을 만들어주어야 한다.

예제 3-21 돌과 활로에 대한 불변 집합형을 사용한 GoString 인스턴스

```
class GoString:
    def __init__(self, color, stones, liberties):
        self.color = color
        self.stones = frozenset(stones)          ← 돌과 활로는 불변의 frozenset 인스턴스다.
        self.liberties = frozenset(liberties)

    def without_liberty(self, point):            ← without_liberty() 메서드는 기존의
        new_liberties = self.liberties - set([point])    remove_liberty() 메서드를 대체한다.
        return GoString(self.color, self.stones, new_liberties)

    def with_liberty(self, point):               ← with_liberty() 메서드는
        new_liberties = self.liberties | set([point])    add_liberty() 메서드를 대체한다.
        return GoString(self.color, self.stones, new_liberties)
```

GoString에서 두 메서드를 불변의 상태를 사용하는 것으로 대체하고 merged_with( )나 num_liberties( ) 같은 다른 헬퍼 메서드는 건드리지 않고 남겨두었다.

다음으로 할 일은 바둑판의 나머지 부분을 갱신하는 것이다. 이 절의 나머지 코드는 모두 goboard_slow.py를 복제한 goboard.py에 기록해야 하는 것을 잊지 말자.

예제 3-22 빈 바둑판에 _hash값을 넣어 바둑판을 인스턴스화하기

```python
from dlgo import zobrist

class Board:
    def __init__(self, num_rows, num_cols):
        self.num_rows = num_rows
        self.num_cols = num_cols
        self._grid = {}
        self._hash = zobrist.EMPTY_BOARD
```

이제 place_stone() 메서드에 새 돌이 추가되는 경우 이에 대응하는 색의 해시값을 적용하자. 이 코드 역시 이 절의 다른 코드와 마찬가지로 goboard.py 파일에 적용한다.

예제 3-23 돌을 놓는 것은 해당 돌의 해시값을 적용하는 것이다.

```python
new_string = GoString(player, [point], liberties)  ⟵┤ 이 줄까지는 place_stone이 기존과 같다.

for same_color_string in adjacent_same_color:                    ⟵┐ 같은 색 돌의 인접한
    new_string = new_string.merged_with(same_color_string)       ┘ 이음을 합친다.
for new_string_point in new_string.stones:
    self._grid[new_string_point] = new_string

self._hash ^= zobrist.HASH_CODE[point, player]  ⟵┤ 이 점과 선수의 해시 코드를
                                                  적용한다.

for other_color_string in adjacent_opposite_color:
    replacement = other_color_string.without_liberty(point)
    if replacement.num_liberties:          ⟵┤ 반대색의 이음에서 활로를 제거한다.

self._replace_string(other_color_string.without_liberty(point))
    else:                                                    ⟵┐ 반대색의 이음의
        self._remove_string(other_color_string)              ┘ 활로가 0이 되면
                                                               이를 제거한다.
```

돌을 제거하려면 바둑판에 돌의 해시를 한 번 더 적용한다.

예제 3-24 돌을 제거하는 것은 돌의 해시값을 비적용하는 것이다.

```python
def _replace_string(self, new_string):  ⟵┐ 이 새 헬퍼 메서드는
    for point in new_string.stones:     ┘ 바둑판을 갱신한다.
        self._grid[point] = new_string
```

```
def _remove_string(self, string):
    for point in string.stones:
        for neighbor in point.neighbors():          ◁─┐ 이음을 제거하면 다른 연속수에
            neighbor_string = self._grid.get(neighbor)   └ 활로가 생긴다.
            if neighbor_string is None:
                continue
            if neighbor_string is not string:
                self._replace_string(neighbor_string.with_liberty(point))
        self._grid[point] = None
                                                     ┌── 조브리스트 해싱으로
                                                     │   이 수의 해시값을
        self._hash ^= zobrist.HASH_CODE[point, string.color]  ◁─┘ 비적용해야 한다.
```

마지막으로 Board 클래스에 현재의 조브리스트 해시값을 반환해주는 유틸리티 메서드를 추가하자.

예제 3-25 판의 현재 조브리스트 해시값을 반환함

```
def zobrist_hash(self):
    return self._hash
```

바둑판을 조브리스트 해시값으로 변환했으니 GameState가 이를 통해 어떻게 향상되었는지 살펴보자.

기존에는 이전 게임 상태를 self.previous_state = previous로 설정했다. 이 부분은 패를 확인하기 위해 기존의 상태를 모두 되짚어야 하므로 비용이 많이 든다고 언급했다. 그 대신 다음 코드 예제에 나온 것처럼 새로운 previous_states 변수에 조브리스트 해시를 저장하면 된다.

예제 3-26 조브리스트 해시로 경기 상태 초기화

```
class GameState:
    def __init__(self, board, next_player, previous, move):
        self.board = board
        self.next_player = next_player
        self.previous_state = previous
        if self.previous_state is None:
            self.previous_states = frozenset()
        else:
            self.previous_states = frozenset(
                previous.previous_states |
                {(previous.next_player, previous.board.zobrist_hash())})
        self.last_move = move
```

만약 바둑판이 비었다면 self.previous_states는 빈 불변의 프로즌셋이 된다. 그렇지 않으면 다음 선수의 색과 이전 게임 상태의 조브리스트 해시값으로 상탯값을 동시에 변경한다.

이를 모두 설정했다면 does_move_violate_ko( ) 구현을 극적으로 향상시킬 수 있다.

예제 3-27 조브리스트 해시로 패 상태를 빠르게 확인하기

```
def does_move_violate_ko(self, player, move):
    if not move.is_play:
        return False
    next_board = copy.deepcopy(self.board)
    next_board.place_stone(player, move.point)
    next_situation = (player.other, next_board.zobrist_hash())
    return next_situation in self.previous_states
```

앞서 명시적으로 반복해서 바둑판을 살펴보는 방식보다 속도가 엄청나게 개선되었다.

이 흥미로운 해싱 트릭은 이후 장에서 훨씬 더 빠른 자체 대국을 가능하게 하여 게임 플레이의 훨씬 빠른 향상을 가져올 것이다.

바둑판을 더 빠르게 만드는 방법

지금까지 원래의 goboard.py를 하나하나 수정하면서 조브리스트 해싱을 사용해서 goboard. py를 빠르게 하는 방법을 살펴보았다. 깃허브 저장소를 확인하면 대국을 더 빠르게 할 수 있도록 바둑판을 구현한 goboard_fast.py를 찾을 수 있다. 이 속도 향상 내용은 이후 장에서 굉장히 유용하게 쓸 수 있지만 가독성이 떨어진다는 단점이 있다.

바둑판을 더 빠르게 하는 데 관심이 있다면 goboard_fast.py 파일과 그 안의 주석을 확인하자. 최적화 대부분은 파이썬 객체를 새로 만들지 않고 복제하는 편법을 사용했다.

3.6 봇과 대국하기

스스로 자체 대국을 치르는 약한 봇을 만들었으니 2장에서처럼 사람과 바둑을 둘 수 있는지 궁금할 것이다. 이는 당연히 가능하고 봇 대 봇으로 대국을 하는 설정에서 많이 바꿔야 하는 것도 아니다.

사람의 입력값을 좌표로 읽는 유틸리티 함수 하나만 utils.py에 넣어주면 된다.

예제 3-28 사람의 입력값을 좌표로 변환하여 바둑판에 표기함

```
def point_from_coords(coords):
    col = COLS.index(coords[0]) + 1
    row = int(coords[1:])
    return gotypes.Point(row=row, col=col)
```

이 함수는 C3나 E7과 같은 입력값을 바둑판의 좌표로 변환한다. 이런 방식을 사용한다는 가정 하에 human_v_bot.py의 9×9 바둑판을 다음과 같이 설정할 수 있다.

예제 3-29 봇과 직접 게임할 수 있는 스크립트 만들기

```
from dlgo import agent
from dlgo import goboard_slow as goboard
from dlgo import gotypes
from dlgo.utils import print_board, print_move, point_from_coords
from six.moves import input

def main():
    board_size = 9
    game = goboard.GameState.new_game(board_size)
    bot = agent.RandomBot()

    while not game.is_over():
        print(chr(27) + "[2J")
        print_board(game.board)
        if game.next_player == gotypes.Player.black:
            human_move = input('-- ')
            point = point_from_coords(human_move.strip())
            move = goboard.Move.play(point)
        else:
            move = bot.select_move(game)
        print_move(game.next_player, move)
        game = game.apply_move(move)

if __name__ == '__main__':
    main()
```

봇과 상대하는 사람이 흑이고, 랜덤 봇이 백이다. 다음 명령어를 입력해서 스크립트를 동작시키자.

```
python human_v_bot.py
```

수를 프롬프트에 입력하고 엔터를 치면 등록된다. 예를 들어 G3에 첫 수를 두었다면 봇은 다음과 같이 화답한다.

```
Player.white D8
9 . . . . . . . . .
8 . . . o . . . . .
7 . . . . . . . . .
6 . . . . . . . . .
5 . . . . . . . . .
4 . . . . . . . . .
3 . . . . . . x . .
2 . . . . . . . . .
1 . . . . . . . . .
ABCDEFGHJ
```

원한다면 봇과 끝까지 대국을 할 수도 있다. 하지만 봇은 임의의 수를 두므로 그다지 재미있지 않을 것이다.

이 봇은 알아야 할 바둑 규칙은 이미 모두 알고 있다. 이 사실은 매우 중요하다. 지금부터는 바둑을 더 잘할 수 있는 알고리즘에만 온전히 집중할 수 있기 때문이다. 이 봇은 시작 기준선이 될 것이다. 다음 장부터는 더 강한 봇을 만드는 더 재미있는 방법을 소개하겠다.

3.7 요약

• 바둑의 두 기사는 enum을 사용해서 표현하는 것이 가장 좋다.

• 바둑판의 점은 가장 가까운 이웃을 통해 표현된다.

• 바둑의 수는 놓기, 차례 넘기기, 돌 던지기다.

- 돌의 이음은 같은 돌이 연결된 군집이다. 이음은 돌을 놓은 후 따내는 것을 효율적으로 파악할 수 있기 때문에 중요하다.
- 바둑의 Board 클래스에는 돌을 놓고 잡는 모든 과정이 들어 있다.
- GameState에는 현재 차례, 판 위의 돌 및 기존 이력이 기록된다.
- 패는 동형반복 규칙을 사용해서 구현할 수 있다.
- 조브리스트 해싱은 패를 확인하는 부분의 속도 개선 및 대국 기록을 효율적으로 할 수 있는 중요한 기법이다.
- 바둑에서 수를 놓는 에이전트는 select_move( ) 메서드 하나로 정의된다.
- 랜덤 봇은 자체 대국 및 다른 봇과의 대국, 사람과의 대국을 할 수 있다.

머신러닝과 게임 AI

2부에서는 고전과 현대 게임 AI 요소를 알아본다. 게임 AI 및 모든 최적화 문제에 필수적으로 사용되는 다양한 트리 탐색 알고리즘부터 살펴볼 것이다. 다음으로 딥러닝과 신경망에 대해 기본 수학 이론부터 여러 실제 디자인 요소까지 익힌다. 마지막으로 연습을 거듭해 게임 AI 실력을 향상시키는 프레임워크인 강화학습을 소개한다.

물론 이런 기술은 게임에만 한정되는 것은 아니다. 이런 요소들을 완전히 익히면 이를 여러 다른 분야에 적용해볼 수 있을 것이다.

Part II

머신러닝과 게임 AI

4장 트리 탐색을 통한 경기

5장 신경망 시작하기

6장 바둑 데이터용 신경망 설계

7장 데이터로부터 학습하기 : 딥러닝 봇

8장 맨땅에 봇 배포하기

9장 체험을 통한 학습 : 강화학습

10장 정책 경사를 사용하는 강화학습

11장 가치 기법을 사용하는 강화학습

12장 행위자-비평가 방식 강화학습

트리 탐색을 통한 경기

이 장에서 다루는 내용

- 미니맥스(minimax) 알고리즘으로 최적의 수 찾기
- 미니맥스 트리 탐색 가지치기로 속도 높이기
- 게임에 몬테카를로(Monte Carlo) 트리 탐색 적용하기

두 가지 할 일이 있다고 하자. 첫 번째는 체스를 두는 컴퓨터 프로그램을 작성하는 것이고, 두 번째는 창고에서 효율적으로 주문한 물건을 찾는 계획을 짜는 프로그램을 작성하는 것이다. 이 프로그램들이 공통적으로 갖는 요소는 무엇일까? 대충 보기에는 그다지 없을 것 같다. 하지만 한걸음 뒤로 물러서서 이를 요약해보면 몇 가지가 공통점이 있다.

- **일련의 결정을 내려야 한다.** 체스의 경우 어떤 말을 움직일지 결정해야 한다. 창고의 경우 다음에 어떤 물건을 선택할지 결정해야 한다.

- **초기 결정은 이후 결정에 영향을 미친다.** 체스에서는 초반에 폰[1]을 움직이면 수차례 후 퀸[2]이 역공의 위협에 노출되는 결과를 낳을 수도 있다. 창고에서는 17번 선반의 물건을 먼저 선택할 경우 나중에 99번 선반까지 다시 추적해야 할 수도 있다.

- **순서를 마치면 얼마나 제대로 목적을 달성했는지 평가할 수 있다.** 체스에서는 게임이 끝나면 누가 이겼는지 알 수 있다. 창고에서는 모든 물건을 꺼내는 데 걸린 시간을 구할 수 있다.

- **가능한 순서의 숫자가 엄청나게 클 수 있다.** 체스에서 말을 움직일 수 있는 수는 10^{100}가지 정도다. 창고에서 꺼내올 물건이 20개라면 선택 가능한 경로는 20억 가지다.

----

1 옮긴이_ 체스의 말 중 하나로, 각 편에 8개를 배치한다. 장기의 졸에 해당하는 가장 약한 말로, 시작 시에는 1칸 혹은 2칸 전진이 가능하며, 그 외에는 1칸 전진이 가능하다. 대각선 방향의 상대방 말을 잡을 수 있다.

2 옮긴이_ 체스에서 가장 강력한 말로 원하는 만큼 원하는 방향으로 전진 혹은 후진이 가능하다.

물론 이런 유추는 해당 시점에 한정된 이야기다. 체스에서는 여러분의 의도를 적극적으로 방해하려는 상대방과 번갈아가면서 차례를 진행한다. 또한 여러분이 일하는 창고에서 물건을 잘못 선택해서 다시 돌아가야 하는 일이 일어날 가능성은 거의 없다.

전산학에서 **트리 탐색 알고리즘**은 최적의 결과 하나를 찾기 위해 수많은 가능 경로를 돌아다니는 방법이다. 이 장에서는 트리 탐색 알고리즘을 게임에 적용한 방법을 다룰 것이다. 여기에 등장하는 많은 원리를 다른 최적화 문제로 확장할 수 있다. 우선 두 선수가 서로 자기 차례를 진행하는 동안 관점을 바꿔서 보는 방식으로 **미니맥스** 탐색 알고리즘을 살펴보자. 미니맥스 알고리즘은 완벽한 진행 순서를 찾을 수 있지만 이를 복잡한 게임에 적용하면 매우 느려진다. 다음으로는 트리의 아주 작은 일부분만 탐색해서 유용한 결과를 가져올 수 있는 두 가지 방법을 살펴본다. 하나는 **가지치기**다. 트리의 일부분을 잘라내서 탐색 속도를 높일 수 있다. 가지치기를 효과적으로 하려면 해당 문제의 실질적인 지식을 코드에 넣어야 한다. 실질적인 지식을 코드에 직접 넣기 어려운 경우 **몬테카를로 트리 탐색**^{Monte Carlo Tree Search, MCTS}을 적용할 수도 있다. MCTS는 해당 분야 관련 지식이 없이도 좋은 결과를 찾아주는 난수 탐색 알고리즘이다.

이런 기술을 익혀두면 다양한 보드게임과 카드게임을 할 수 있는 AI 구축의 첫 발을 내디딜 수 있다.

4.1 게임 분류

트리 탐색 알고리즘은 주로 턴제 게임[3]과 관련이 있으며 각 턴마다 이산형 옵션셋을 이용할 수 있다. 많은 보드게임과 카드게임은 이런 성격에 부합한다. 반면 트리 탐색은 컴퓨터가 농구, 몸으로 말해요 놀이, 월드 오브 워크래프트 게임을 하는 데는 도움되지 않는다. 보드게임과 카드게임은 다음과 같이 유용한 두 가지 특성에 따라 분류할 수 있다.

- **결정론적과 비결정론적** : **결정론적** 게임의 경우에는 게임 진행이 선수의 판단에 의해서만 결정된다. **비결정론적** 게임의 경우에는 주사위 던지기나 카드 섞기 등의 임의의 요소가 들어간다.
- **완전한 정보와 숨겨진 정보** : **완전한 정보**가 주어진 게임에서는 양쪽 선수가 언제나 전체 게임의 상황을 볼 수 있다. 전체 게임판을 볼 수 있거나 모두의 카드가 판 위에 놓여 있다. **정보가 숨겨진** 게임에서는 각 선수가 전체 게임 현황의 일부만 볼 수 있다. 카드게임의 경우 보통 정보가 가려져 있다. 각 선수는 몇 장의 카드만 사용

---

3 옮긴이_ 선수들이 순서대로 돌아가면서 진행하는 게임 방식

하고 다른 선수가 들고 있는 카드는 볼 수 없다. 정보가 가려진 게임의 매력 중 하나는 게임의 진행 내용을 가지고 다른 선수가 알고 있는 정보를 추측하는 것이다.

[표 4-1]을 보면 이 기준을 사용해서 몇 가지 유명한 게임을 어떻게 분류했는지 알 수 있다.

표 4-1 보드게임과 카드게임 분류

	결정론적	비결정론적
완전한 정보	바둑, 체스	백개먼
숨겨진 정보	배틀쉽[4], 스트라테고[5]	포커, 스크래블[6]

이 장에서는 결정론적이고 완전한 정보가 주어지는 게임을 살펴본다. 이런 게임은 매 차례에서 이론적으로 최고의 수가 존재한다. 여기에는 운도 비밀도 없다. 수를 선택하기 전에 상대방이 그다음에 선택할 수를 알 수 있고, 그 후 어떻게 할지도 예상할 수 있으며, 이런 식으로 종국까지 생각할 수 있다. 이론적으로는 첫 수 이후에 게임이 종료될 때까지의 계획을 세울 수 있다. 미니맥스 알고리즘은 완벽한 게임을 만들기 위해 이 과정을 정확히 따른다.

하지만 실제로 체스나 바둑 같이 가능한 수가 엄청나게 많아진다. 사람에게는 모든 게임이 제멋대로 진행되는 것처럼 보이고, 컴퓨터마저도 모든 경우에 대해 끝까지 계산할 수 없다.

이 장의 모든 예제는 게임 규칙을 거의 사용하지 않으므로 미니맥스 알고리즘을 다른 결정론적이고 완전한 정보를 확인할 수 있는 게임에 적용할 수 있다. 그러려면 goboard 모듈의 패턴을 따르고 Player, Move, GameState 같은 클래스에 새로운 게임의 규칙을 구현한다. GameState에서 가장 중요한 함수는 apply_move( ), legal_moves( ), is_over( ), winner( )다. 이런 식으로 틱택토에 대해 구현해두었다. 깃허브의 ttt 모듈[7]을 보면 된다.

---

4 옮긴이_ 1차 세계대전 즈음에 만들어진 2인용 필기식 보드게임으로, 각자 10×10 모눈종이 위에 몇 개의 전함을 배치한 후 서로 좌표를 불러가며 해당 위치에 타격을 주어 상대의 전함을 먼저 전멸시키는 사람이 이기는 게임. 이후 플라스틱 판, 웹 및 모바일 게임 등으로 만들어졌다.

5 옮긴이_ 1946년에 만들어진 2인용 전략 보드게임. 다양한 지위의 군인 말을 이용해서 상대방의 깃발을 찾으면 이긴다.

6 옮긴이_ 알파벳이 새겨진 타일을 격자 게임판 위에 놓아 연결해서 단어를 만들어내는 보드게임

7 mng.bz/gYPe

4.2 미니맥스 탐색을 사용한 상대 수 예측

컴퓨터가 게임에서 다음에 어떤 수를 놓을지 결정하도록 프로그램을 작성하려면 어떻게 해야 할까? 우선 사람은 동일한 결정을 어떻게 하는지 생각해보자. 가장 쉬운 결정론적 정보 개방 게임인 틱택토를 떠올려보자. 여기서 사용할 전략의 기술명은 **미니맥스**다. 이 이름은 **최소화** minimizing와 **최대화** maximazing의 합성어다. 상대방이 여러분의 점수를 최소화하려고 하는 상황에서 점수를 최대화하는 것이다. 한 문장으로 이 알고리즘을 요약할 수 있다. 상대가 여러분만큼 똑똑하다고 가정하는 것이다.

실제로 미니맥스가 어떻게 진행되는지 살펴보자. [그림 4-1]을 보자. X의 다음 수는 뭘까? 여기에는 어떤 속임수도 없다. 우측 하단 구석에 놓으면 게임에서 이긴다. 이를 '게임에서 즉시 승리할 수 있는 수부터 두자'와 같은 하나의 일반 규칙으로 만들 수 있다. 이런 규칙은 잘못될 수 없다. 이 규칙을 다음과 같이 코드로 구현할 수 있다.

---

8 옮긴이_ 두 개의 큰 그릇과 열두 개의 작은 그릇이 있는 판에 구슬을 서로 나누어 담으면서 자기 쪽 항아리로 최대한 많이 옮기는 보드게임

9 옮긴이_ '오델로'라고도 불리는 보드게임. 8×8 판 위에 한쪽은 흰색, 한쪽은 검은색 돌을 번갈아 두고 규칙에 따라 뒤집어 가면서 본인의 색 돌을 더 많이 올리도록 하는 게임

10 옮긴이_ 24개의 점이 있는 판에서 돌을 9개씩 가지고 진행하는 로마 시대부터 시작된 추상 전략 보드게임

11 옮긴이_ 11×11의 육각형으로 이루어진 마름모 판 위에서 두 선수가 서로 다른 색을 가지고 칸을 채워가며 자신의 색의 두 변을 먼저 잇는 게임

그림 4-1 X의 다음 수는 뭘까? 쉽다. 우측 하단 구석에 놓으면 이긴다.

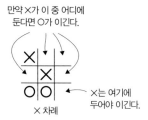

만약 X가 이 중 어디에
둔다면 O가 이긴다.

X 차례

X는 여기에
두어야 이긴다.

예제 4-1 바로 이길 수를 찾는 함수

```
def find_winning_move(game_state, next_player):
    for candidate_move in game_state.legal_moves(next_player):
        next_state = game_state.apply_move(candidate_move)
        if next_state.is_over() and next_state.winner == next_player:
            return candidate_move
    return None
```

모든 가능한 수에 대해
반복한다.

이 수를 선택한 경우
어떤 일이 일어날지
계산한다.

이 수를 두면 이긴다!
더 탐색할 필요가 없다.

이 차례에서는 이길 수 없다.

[그림 4-2]는 이 함수가 탐색할 가상의 게임판의 위치를 나타낸 것이다. 가능한 판에서의 위치를 나타내는 이 구조를 **게임 트리**라고 부른다.

그림 4-2 필승점을 찾는 알고리즘의 예시. 맨 위에 있는 위치에서 시작한다. 가능한 모든 수에 대해 탐색을 반복하고 이 수를 두었을 때의 결과를 계산한다. 그리고 가상의 게임 수가 X의 필승점인지 확인한다.

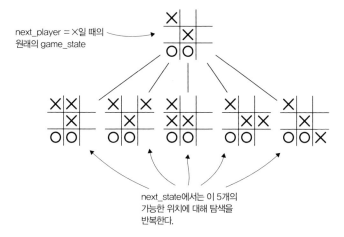

next_player = X일 때의
원래의 game_state

next_state에서는 이 5개의
가능한 위치에 대해 탐색을
반복한다.

조금 뒤로 돌아가 보자. 이 위치를 어떻게 구했을까? 아마도 이전 위치는 [그림 4-3]과 같았을 것이다. 선수 O는 아래쪽 열에 O를 세 개 나란히 두고자 했을 것이다. 하지만 X가 이 계획에

협조했다고 해보자. 그러면 우리의 이전 규칙을 상대 입장에서 해석한 '상대가 이길 수 있는 수를 두지 말자'와 필연적으로 부딪치게 된다. [예제 4-2]에서 이 규칙을 구현하고 있다.

그림 4-3 ○ 다음 수는 뭘까? 만약 ○가 좌측 하단에 둔다면 X가 게임에 이기기 위해 우측 하단에 둘 것이라는 것을 고려해야 한다. ○는 이를 막을 수를 찾아내야 한다.

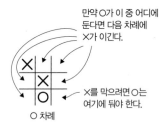

만약 ○가 이 중 어디에 둔다면 다음 차례에 X가 이긴다.

X를 막으려면 ○는 여기에 둬야 한다.

○ 차례

예제 4-2 상대가 필승점에 두는 것을 막는 함수

```
def eliminate_losing_moves(game_state, next_player):
    opponent = next_player.other()
    possible_moves = []
    for candidate_move in game_state.legal_moves(next_player):
        next_state = game_state.apply_move(candidate_move)
        opponent_winning_move = find_winning_move(next_state, opponent)
        if opponent_winning_move is None:
            possible_moves.append(candidate_move)
    return possible_moves
```

possible_moves는 고려 대상인 모든 수가 들어갈 리스트다.

모든 가능한 수에 대해 반복한다.

이 수를 둘 경우 어떤 일이 일어날지 계산한다.

이를 두면 상대가 필승점에 두게 될까? 아니라면 이 수는 괜찮다.

상대가 필승점에 두는 것을 반드시 막아야 한다는 것을 깨달았을 것이다. 따라서 상대방 역시 여러분과 동일한 방식을 쓸 것이라고 가정해야 한다. 이를 명심했다면 이제 이기려면 어떻게 해야 할까? [그림 4-4]의 판을 보자.

그림 4-4 X는 어디에 두어야 할까? 만약 X가 가운데에 두었다면 세 돌을 한 줄에 두는 방법에는 두 가지가 있다. 상단 가운데에 두거나 우측 하단에 두는 것이다. ○는 이 중 하나만을 막을 수 있으므로 X가 이길 수 있다.

만약 X가 여기에 둔다면 이길 수 있는 방법은 두 가지다.

X 차례

만약 가운데에 두었다면 세 개를 한 줄에 두는 방법은 두 가지다. 상단 가운데에 두거나 우측 하단에 두는 것이다. 상대방은 이 두 수를 모두 막을 수는 없다. 이 일반적인 원리는 상대방이 막을 수 없는 후속 승부수를 띄우는 수가 있는지 살펴보는 것으로 정리할 수 있다. 복잡한 것 같지만 이미 만든 함수의 맨 앞부분에 이 규칙을 손쉽게 추가할 수 있다.

예제 4-3 이길 수 있는 2회 연속 수를 찾는 함수

모든 가능한 수에 대해 반복한다.

이 수를 두었을 때 전체 게임이 어떻게 될지 계산한다.

```python
def find_two_step_win(game_state, next_player):
    opponent = next_player.other()
    for candidate_move in game_state.legal_moves(next_player):
        next_state = game_state.apply_move(candidate_move)
        good_responses = eliminate_losing_moves(next_state, opponent)
        if not good_responses:
            return candidate_move
    return None
```

어떤 수를 선택하든 상대방이 승리를 막을 수 있다.

상대가 방어를 잘 했는가? 아니라면 이 수를 두자.

상대방 역시 여러분이 이렇게 할 줄 알고 이를 막으려 할 것이다. 다음과 같은 일반적인 전략이 형성되는 것을 볼 수 있다.

1 다음 수에서 이길 수 있는지 확인하자. 그렇다면 그 수를 둔다.
2 아니라면 다음 차례에 상대방이 이길지 살펴보자. 그렇다면 그 수를 막는다.
3 아니라면 두 수 뒤 이길 수 있는지 확인한다. 그렇다면 그렇게 둔다.
4 아니라면 상대방이 자기 차례로부터 두 수 후에 이길 수 있는지 확인한다.

여기서 앞의 세 함수는 유사한 구조를 가지고 있다는 것을 알 수 있다. 각 함수는 가능한 모든 수에 대해 탐색을 반복하고 이 수를 둔 후의 가상의 판 형태를 계산한다. 또한 각 함수는 이에 대해 이전 함수를 기반으로 상대방이 둘 수를 시뮬레이션한다. 이 개념을 일반화하면 언제나 가능한 최상의 수를 둘 수 있는 알고리즘을 만들 수 있다.

4.3 틱택토 풀기 : 미니맥스 예제

앞에서 한두 수 앞서서 상대방의 수를 예상하는 방법을 익혔다. 이 절에서는 앞의 전략을 일반화해서 틱택토의 완벽한 수를 선택하는 방법을 살펴본다. 핵심 개념은 동일하지만 이후 몇 개의 수나 살펴볼 것인지에 대한 유연성을 두는 것이 필요하다.

우선 게임에서 가능한 세 가지 결과인 승, 패, 비김을 표현할 수 있는 enum형 변수를 정의하자. 특정 선수의 게임 결과를 정의하면 다른 선수의 결과는 그에 따라 정해진다. 한 선수가 지면 다른 선수는 이긴다.

예제 4-4 게임 결과를 나타내는 enum 변수

```
class GameResult(enum.Enum):
    loss = 1
    draw = 2
    win = 3
```

현재의 게임 현황을 입력하면 선수가 그 상태에서 얻을 수 있는 최선의 결과를 찾아주는 best_result( ) 함수가 있다고 가정하자. 만약 상황이 얼마나 복잡하든 간에 이 선수가 어딘가에서는 이길 게 확실하다면 best_result( ) 함수의 출력값은 GameResult.win이 될 것이다. 만약 무승부가 될 거라면 함수의 출력값은 GameResult.draw가 될 것이다. 모두 아니라면 GameResult.loss가 출력값이 될 것이다. 만약 이 함수가 이미 있다고 하면 수를 정하는 함수를 만들기는 쉽다. 모든 가능한 수를 탐색하고, best_result( )를 호출하고, 그중 가장 최적의 결과를 도출하는 수를 선택하면 된다. 동일한 결과가 나오는 수가 여러 개인 경우 임의로 하나를 선택하면 된다. 다음 예제는 이것을 어떻게 구현하는지 보여준다.

예제 4-5 미니맥스 탐색으로 구현한 게임 실행 에이전트

```
class MinimaxAgent(Agent):
    def select_move(self, game_state):
        winning_moves = []
        draw_moves = []                      가능한 모든 수에 대해 탐색한다.
        losing_moves = []
        for possible_move in game_state.legal_moves():
            next_state = game_state.apply_move(possible_move)
            opponent_best_outcome = best_result(next_state)
            our_best_outcome = reverse_game_result(opponent_best_outcome)
```

이 수를 골랐을 때 전체 게임이 어떻게 될지 계산한다.

상대가 다음 수를 두었을 때 거기서 나올 수 있는 최상의 결과가 무엇인지 구한다.

```
            if our_best_outcome == GameResult.win:
                winning_moves.append(possible_move)
            elif our_best_outcome == GameResult.draw:
                draw_moves.append(possible_move)
            else:
                losing_moves.append(possible_move)
    if winning_moves:
        return random.choice(winning_moves)
    if draw_moves:
        return random.choice(draw_moves)
    return random.choice(losing_moves)
```

결과에 따라 이 수를 분류한다.

여러분의 결과가 가장 좋게 되는 수를 고른다.

이제 best_result( )를 어떻게 구현하느냐가 문제다. 4.2절에서와 같이 게임의 결과부터 시작해서 뒤로 돌아가며 작업할 수 있다. 다음 코드는 쉬운 경우를 보여준다. 이미 게임이 끝났다면 결과는 정해져 있다. 그 결과를 반환하면 된다.

예제 4-6 미니맥스 탐색 알고리즘 첫 단계

```
def best_result(game_state):
    if game_state.is_over():
        if game_state.winner() == game_state.next_player:
            return GameResult.win
        elif game_state.winner() is None:
            return GameResult.draw
        else:
            return GameResult.loss
```

만약 게임의 중간 상태라면 이후를 탐색해야 한다. 지금까지의 패턴은 익숙하다. 모든 가능한 수를 탐색한 후 게임의 다음 상태를 구하는 식이다. 그리고 상대가 여러분의 예상 수를 최대한 막을 것이라고 가정한다. 이 상태에서 best_result( )를 호출할 수 있다. 그러면 **상대**가 새 위치에서 얻을 수 있는 결과를 알 수 있다. 그럼 이 결과를 뒤집으면 된다. 고려했던 모든 수를 제외하고, 결과가 가장 좋을 것 같은 수를 선택한다. [예제 4-7]은 best_result( )의 나머지 반을 구성하는 이 부분을 어떻게 구현하는지 보여준다. [그림 4-5]는 특정 틱택토 판에서 이 함수를 적용했을 때의 위치를 나타낸다.

그림 4-5 틱택토 게임 트리. 상단에 있는 X의 차례다. 만약 X가 상단 가운데에 둔다면 O가 이길 것이다. 만약 X가 좌측 가운데 둔다면 X가 이길 것이다. 만약 X가 우측 가운데 둔다면 O와 비길 것이다. 따라서 X는 좌측 가운데를 선택할 것이다.

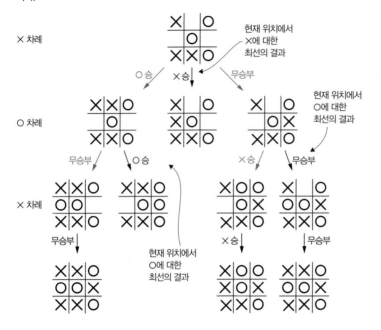

예제 4-7 미니맥스 탐색 구현

상대방의 최선의 수를 찾아보자.

```
        best_result_so_far = GameResult.loss
        for candidate_move in game_state.legal_moves():
            next_state = game_state.apply_move(candidate_move)
            opponent_best_result = best_result(next_state)
            our_result = reverse_game_result(opponent_best_result)
            if our_result.value > best_result_so_far.value:
                best_result_so_far = our_result
        return best_result_so_far
```

만약 여러분이 이 수를 둔다면 판세가 어떻게 될지 살펴보자.

상대방이 어디에 두고자 하든 여러분은 그 반대이길 원할 것이다.

이 결과가 지금까지 살펴본 것보다 나은지 확인해보자.

이 알고리즘을 틱택토 같은 간단한 게임에 적용하면 무적의 게임 상대를 만들게 될 것이다. 이러한 상대와 게임을 하며 직접 살펴보자. 깃허브의 play_ttt.py를 실행하면 된다.[12] 이론적으

12 mng.bz/gYPe

로 이 알고리즘은 체스나 바둑 혹은 다른 결정론적이고 완전한 정보가 주어지는 게임에도 적용 가능하다. 하지만 이런 게임에 실제로 적용하면 이 알고리즘은 매우 느리게 동작할 것이다.

4.4 가지치기를 통한 탐색 공간 축소

틱택토 게임에서는 완벽한 전략을 사용하는 대신 모든 가능한 게임 결과를 계산했다. 가능한 틱택토 게임 수의 조합은 30만 개가 채 안 되고, 이는 오늘날의 컴퓨터에서는 식은 죽 먹기다. 더 흥미로운 게임에 동일한 기술을 적용할 수 있을까? 예를 들어 체커의 가능한 판세의 가짓수는 5천억에 10억을 곱한 정도(5에 0을 20개 붙인 것)에 달한다. 오늘날의 컴퓨터 클러스터를 총동원해서 이를 탐색하는 것은 기술적으로는 가능하나 이를 구하는 데는 수년이 걸릴 것이다. 체스와 바둑의 경우 가능한 판세는 우주의 원자 수(우주과학의 팬이라면 바로 숫자를 댈 수 있을 것이다)보다 많다. 이를 다 탐색한다는 것은 불가능한 일이다.

복잡한 게임을 할 때 트리 탐색을 사용하려면 트리의 일부를 제거하는 방법을 사용해야 한다. 트리의 어느 부분을 건너뛸 것인지 결정하는 것을 **가지치기**^{pruning}라고 한다.

게임 트리는 폭과 깊이를 가진 2차원이다. **폭**^{width}은 주어진 판에서의 가능한 수의 개수다. **깊이**^{depth}는 현재 판에서 최종 게임 상태(가능한 게임 종료 상태)까지의 차례 개수다. 게임에서 이 두 수치는 매번 다양하게 바뀐다.

흔히 트리 크기는 특정 게임에 대해 일반적인 폭과 깊이를 고려해서 추정할 것이다. 게임 트리의 기보 수는 대충 W^d이라는 식으로 구한다. W는 평균 폭이고 d는 평균 깊이다. [그림 4-6]과 [그림 4-7]에서는 틱택토 게임 트리의 폭과 깊이를 나타냈다. 예를 들어 체스의 경우 각 수에 대해 약 30개의 옵션이 있고, 게임은 보통 80수 정도를 거쳐야 끝난다. 이 경우 게임 트리의 크기는 대략 $30^{80} \approx 10^{118}$ 위치와 같다. 바둑은 보통 매 차례 250개의 가능한 수가 있고, 게임은 150 차례에 걸쳐 진행된다. 이 경우 게임 트리의 크기는 $250^{150} \approx 10^{359}$ 위치 정도다.

그림 4-6 틱택토 게임 트리의 폭 : 첫 수에서 가능한 옵션이 9개므로 가장 큰 폭은 9수다. 하지만 가능한 수의 개수는 매 차례마다 줄어들기 때문에 평균 폭은 4 또는 5수다.

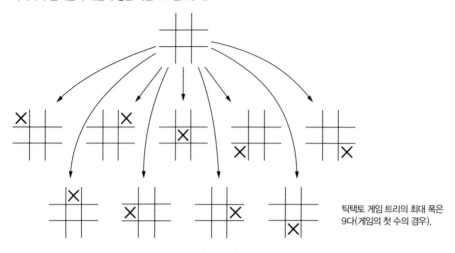

틱택토 게임 트리의 최대 폭은 9다(게임의 첫 수의 경우).

그림 4-7 틱택토 게임 트리의 깊이 : 최고 깊이는 9수다. 9수 이후에는 게임판이 꽉 차게 된다.

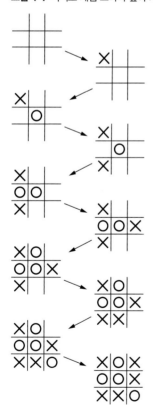

이 수식 W^d은 기하급수적 증가에 대한 사례다. 고려해야 할 위치의 수는 탐색 깊이를 늘릴수록 빠르게 증가한다. 대략 폭과 깊이가 평균 10 정도 되는 게임을 생각해보자. 전체 게임 트리는 10^{10}, 즉 100억 개의 탐색할 위치를 가지고 있다.

이제 무난한 가지치기 기법을 사용한다고 해보자. 우선 매 차례에서 두 개의 수를 빠르게 제거할 방법을 찾아보자. 이것만으로도 폭이 8로 줄어들 수 있다. 그다음 앞의 10수를 보는 대신 9 수만 보고도 게임 결과를 유추할 수 있을지 결정한다. 그러면 8^9, 약 1억 3천만 번의 위치 탐색만 하면 된다. 이는 전체 탐색에 비해 계산량을 98% 이상 줄인 것이다! 여기서 가장 중요한 교훈은 탐색에서 폭이나 깊이를 아주 조금만 줄이면 수 선택에 필요한 시간을 엄청나게 줄일 수 있다는 것이다. [그림 4-8]은 작은 트리에서 가지치기를 했을 때의 효과를 보여준다.

그림 4-8 가지치기는 게임 트리를 빠르게 축소할 수 있다. 이 트리는 폭이 4고 깊이가 3이며, 탐색해야 할 단말은 총 64개다. 매 차례에서 가능한 4개의 선택지 중 하나를 제거할 수 있는 방법을 찾았다고 해보자. 그러면 이 중 탐색해야 할 단말은 27개뿐이다.

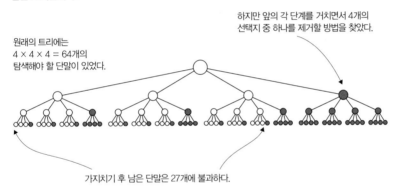

하지만 앞의 각 단계를 거치면서 4개의 선택지 중 하나를 제거할 방법을 찾았다.

원래의 트리에는 $4 \times 4 \times 4 = 64$개의 탐색해야 할 단말이 있었다.

가지치기 후 남은 단말은 27개에 불과하다.

이 절에서는 탐색 깊이를 줄이기 위한 **위치 평가 함수**와 탐색 폭을 줄이는 위한 **알파-베타 가지치기**라는 두 가지 가지치기 기법을 다룬다. 두 기법은 함께 사용되며 고전 보드게임 AI의 근간을 이루고 있다.

4.4.1 위치 평가를 통한 탐색 깊이 축소

게임 트리의 모든 경로를 게임 종료까지 따라간다면 승자가 누군지 구할 수 있을 것이다. 게임 초반에는 어떨까? 사람은 보통 게임 중반부쯤에서 이길 것 같은 쪽을 판단할 수 있는 감각이 있다. 바둑 초보라도 경기에서 우위를 점하고 있는지 겨우 버티고 있는지 본능적으로 판단할 수 있다. 만약 컴퓨터 프로그램에서 그런 감각을 포착할 수 있다면 탐색해야 할 깊이를 줄일 수 있을 것이다. 누가 이길 것인지, 어느 정도 이길 것인지 파악하는 감각을 따라하도록 하는 함수가 **위치 평가 함수**다.

많은 게임의 경우 게임에 대한 지식을 사용해서 하나하나 위치 평가 함수를 만들게 된다. 예를 들면 다음과 같다.

- **체커** : 일반 말을 1점으로 세고, 킹의 경우 2점을 더한다. 본인의 점수를 센 후 상대방의 점수를 뺀다.
- **체스** : 각 폰은 1점, 비숍이나 나이트는 3점, 룩은 5점, 퀸은 9점으로 센다. 본인의 점수를 센 후 상대방의 점수를 뺀다.

이 평가 함수는 매우 단순하다. 우수한 체커와 체스 엔진에서는 훨씬 더 복잡한 규칙을 구현하는 방식을 사용한다. 하지만 두 게임의 경우 AI가 상대방의 말을 잡고 본인의 말을 유지하기 더욱 용이하다. 또한 약한 말이 더 강한 말을 잡는 식으로 말을 교환할 수도 있다.

바둑의 경우 잡은 돌 수를 더하고 잡힌 돌 수를 빼는 부분은 동일한 방식을 사용할 수 있다(같은 식으로 판 위의 돌 수 차이를 셀 수도 있다). [예제 4-8]에서는 이 방식대로 계산한다. 하지만 이런 방식은 효과적인 평가 함수가 아님을 알 수 있다. 바둑에서 돌을 잡을 것처럼 **위협**하는 것은 **실제**로 잡는 것보다 훨씬 중요하다. 어떤 돌이 잡히기 전에 100수 이상 진행되는 경기도 흔하다. 경기 상태의 숨은 의미까지 정확히 읽어내는 바둑판 평가 함수를 만드는 것은 상당히 어렵다.

그렇긴 하지만 이 매우 간단한 방식을 가지치기 기법을 설명하기 위한 목적으로 사용할 수는 있다. 이것으로 강력한 봇을 만들 수는 없지만 수를 임의로 찍는 것보다는 낫다. 11장과 12장에서는 딥러닝을 사용해서 더 나은 평가 함수를 만들 것이다.

평가 함수를 선택한 후에는 **깊이 가지치기**^{depth pruning}를 구현할 수 있다. 게임의 끝까지 탐색해서 누가 이길지 탐색하는 대신 정해진 숫자만큼 탐색하고 누가 이길지 추정하는 평가 함수를 사용한다.

예제 4-8 고도로 단순화된 직관적 바둑판 평가

```
def capture_diff(game_state):
    black_stones = 0
    white_stones = 0
    for r in range(1, game_state.board.num_rows + 1):
        for c in range(1, game_state.board.num_cols + 1):
```

```
                p = gotypes.Point(r, c)
                color = game_state.board.get(p)
                if color == gotypes.Player.black:
                    black_stones += 1
                elif color == gotypes.Player.white:
                    white_stones += 1
        diff = black_stones - white_stones    ◁───
        if game_state.next_player == gotypes.Player.black:
            return diff
        return -1 * diff    ◁───┤ 만약 백의 차례라면 (백돌 수)−(흑돌 수)를 반환한다.
```

바둑판 위의 흑돌과 백돌 수의 차이를 계산해보자. 만약 한쪽 기사가 일찍 차례를 넘기지 않았다면 잡은 돌의 차이와 동일할 것이다.

만약 흑의 차례라면 (흑돌 수)−(백돌 수)를 반환한다.

[그림 4-9]는 깊이 가지치기가 된 게임 트리의 일부다(공간 절약을 위해 대부분의 가지를 그리지 않았지만 알고리즘에서는 이 부분도 탐색한다).

그림 4-9 바둑 게임 트리 일부. 여기서는 트리를 두 수 앞을 내다보는 깊이까지 탐색할 것이다. 이때 기보 평가를 위해 잡은 돌의 수를 살펴보자. 만약 흑이 가장 오른쪽의 가지를 선택한다면 백이 돌을 잡고 흑의 평가 결과는 −1이 될 것이다. 만약 흑이 가운데 가지를 선택한다면 흑은 (일단) 안전하다. 이 가지의 점수는 0이다. 따라서 흑은 가운데 가지를 고르게 된다.

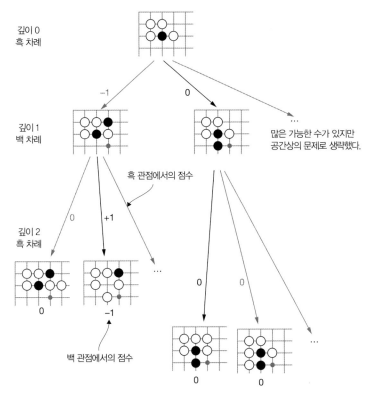

이 트리에서 바둑판 평가 함수에 따낸 돌의 개수를 넣어 두 수 앞을 내다보는 깊이에 대해 탐색한다. 원래의 위치대로라면 흑의 차례다. 흑에는 활로가 하나인 돌이 있다. 그럼 흑은 무엇을 해야 할까? 만약 흑이 가운데 가지로 계속 진행한다면 이 돌은 (일단) 안전하다. 만약 흑이 다른 가지를 선택한다면 백은 흑을 잡을 것이다. 왼쪽 가지는 이렇게 될 수 있는 여러 경우 중 하나를 보여준다.

두 수 후를 살펴봤으니 각 위치에 대한 평가 함수를 적용하자. 이 경우 어디에서든 백이 흑을 잡는 경우 백에 +1을 주고 흑에 −1을 주게 될 것이다. 다른 가지는 0이다(두 수 안에 따낼 수 있는 다른 방법은 없다). 이 경우 흑은 돌을 보호하는 수를 선택할 수밖에 없다.

[예제 4-9]에서는 깊이 가지치기를 어떻게 하는지 확인할 수 있다. 이 코드는 [예제 4-7]의 미니맥스 코드와 비슷하다. 이를 하나하나 비교해보는 것도 도움이 될 것이다. 차이는 다음과 같다.

- 승/패/무승부를 반환하는 대신 기보 평가 함수에서 나온 값을 반환한다. 여기서는 다음 차례 선수 관점에서의 점수를 반환하기로 한다. 점수가 크면 다음 차례 선수가 이길 것 같다는 의미다. 상대방의 관점에서 기보를 평가하고자 한다면 본인 관점에서의 점수에 −1을 곱해서 뒤집으면 된다.
- max_depth 파라미터는 앞으로 탐색할 수의 개수를 조정한다. 매 차례마다 이 값에서 1을 뺀다.
- max_depth가 0이 되면 탐색을 멈추고 기보 평가 함수를 호출한다.

예제 4-9 깊이 가지치기용 미니맥스 탐색

```
def best_result(game_state, max_depth, eval_fn):
    if game_state.is_over():
        if game_state.winner() == game_state.next_player:   ┤ 만약 경기가 이미 끝났다면
            return MAX_SCORE                                 │ 승자가 누구인지 알 것이다.
        else:
            return MIN_SCORE

    if max_depth == 0:                      ┤ 이미 최대 탐색 깊이에 도달했다. 이 흐름이 얼마나
        return eval_fn(game_state)          │ 좋았는지 그간의 경험에 비추어 생각해보자.

    best_so_far = MIN_SCORE
    for candidate_move in game_state.legal_moves():   ⊲─┤ 모든 가능한 수를 반복해보자.
        next_state = game_state.apply_move(candidate_move)  ⊲
        opponent_best_result = best_result(                   ┤ 만약 여러분이 이 수를 둔다면
            next_state, max_depth - 1, eval_fn)               │ 판세가 어떻게 될지 살펴보자.
        our_result = -1 * opponent_best_result   ⊲─┤ 상대방이 어디에 두고자 하든
                                                    │ 여러분은 그 반대를 원할 것이다.
┤ 이 위치에서 상대방이 낼 수 있는
│ 최상의 결과가 무엇인지 찾아보자.
```

```
    if our_result > best_so_far:        이 결과가 여러분이 생각한 최선의
        best_so_far = our_result        결과보다 나은지 확인하자.

    return best_so_far
```

본인의 평가 함수로 이것저것 자유롭게 실험해보자. 이런 것이 봇의 성향에 어떻게 영향을 미치는지 살펴보는 것도 재미있을 것이다. 여러분은 이 단순한 예제보다 좀 더 나은 평가 함수를 만들 수 있을 것이다.

4.4.2 알파-베타 가지치기를 사용해서 탐색 폭 줄이기

[그림 4-10]을 보자. 흑이 둘 차례고, 네모로 표시된 부분에 돌을 놓으려고 한다. 만약 그렇게 한다면 백은 A에 두고 흑돌 네 개를 따낼 수 있다. 이는 명백히 흑에게 큰 피해다! 만일 백이 B에 둔다면 어떨까? 음, 글쎄? 백이 A에 두는 것만으로도 이미 충분히 안 좋다. 흑의 관점에서 A가 백이 둘 수 있는 절대적인 최고의 위치인지는 별로 신경 쓰지 않을 것이다. 만약 자신이 둔 수에 응답하는 훌륭한 위치를 찾았다면 사각형으로 표시된 위치에 두지 않고 다른 선택지를 고를 것이다. **알파-베타 가지치기**에 내재된 개념은 이런 것이다.

그림 4-10 흑이 사각형으로 표시된 곳에 두려고 한다. 만약 흑이 거기에 두면 백은 A에 두어 흑돌 넷을 따낼 것이다. 이 결과는 흑에게 매우 불리하므로 사각형에 두기로 한 것을 바로 취소할 것이다. 흑은 B 같은 백의 다른 수를 고려할 필요는 없다.

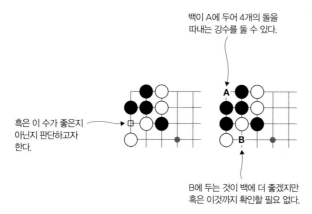

백이 A에 두어 4개의 돌을
따내는 강수를 둘 수 있다.

흑은 이 수가 좋은지
아닌지 판단하고자
한다.

B에 두는 것이 백에 더 좋겠지만
흑은 이것까지 확인할 필요 없다.

그럼 알파-베타 알고리즘이 이 위치에 어떻게 적용되는지 살펴보자. 알파-베타 가지치기는 일반적인 깊이 가지치기된 트리 탐색과 동일하게 시작한다. [그림 4-11]은 이 가지치기의 첫 단계다. 흑을 평가할 첫 수를 고르자. 그림에서 이 수는 A라고 나타나 있다. 그리고 깊이 3까지의 수를 모두 평가한다. 백이 어떻게 응하든 흑은 최소 두 개의 돌을 따낼 수 있다는 것을 알 수 있다. 그러므로 이 가지에 흑쪽으로 2의 점수를 준다.

그림 4-11 알파-베타 가지치기 1단계. 첫 번째로 가능한 흑의 수를 모두 평가한다. 흑에 대한 이 수의 점수는 2다. 보다시피 이 알고리즘은 앞 절에서 다룬 깊이 가지치기 탐색과 동일하다.

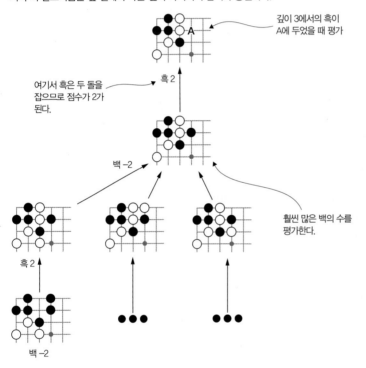

그럼 흑의 다음 후보 수를 평가하자. 이 수는 [그림 4-12]에서 B로 표시되어 있다. 깊이 가지치기 탐색처럼 모든 가능한 백의 수를 살펴보고 하나하나 평가한다. 백은 4개의 돌을 잡기 위해 왼쪽 상단에 둘 수 있다. 그러면 이에 대한 가지는 흑에 대해 −4점을 준다. 이때 흑이 A에 둔다면 흑은 이미 최소 2점을 받을 것이라는 것을 알고 있다. 만약 흑이 B에 둔다면 어떻게 흑이 −4점이 되는지 볼 수 있다. 흑은 백이 더 좋은 결과를 가져갈 수도 있다. 하지만 −4는 2보다 이미 더 안 좋으므로 더 이상 확인할 필요가 없다. 십여 개의 다른 백의 수를 평가하는 부분과 그 후의 무수한 조합에 대한 평가는 넘어가도 된다. 앞서 구한 결과를 더하면 깊이 3의 전체 트리를 통해 선택한 수와 완벽하게 동일한 수를 선택할 수 있다.

그림 4-12 알파-베타 가지치기 2단계. 다음 흑의 수를 평가한다. 이때 백은 4개의 돌을 잡는 것으로 화답할 것이다. 따라서 이 가지는 흑에 대해 −4가 된다. 백의 다음 수를 평가하는 대로 이 수를 흑에서 완전히 제거하여 백의 다른 대응수는 평가하지 않는다. 평가한 것 이상으로 백이 좋은 수를 둘 수도 있지만 흑이 A에 두는 것보다 B에 두는 것이 더 나쁘다는 것만 일단 알아두면 된다.

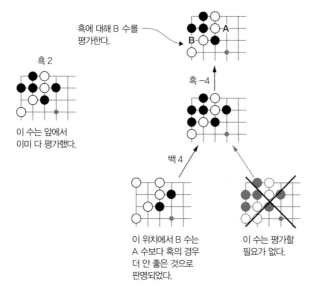

이 예제가 의도한 대로 수를 평가하도록 가지치기가 작동하는지 나타내고자 특정 수를 선택했다. 실제로 이를 구현하면 판세에 따라 수를 평가하게 된다. 알파-베타 가지치기로 절약되는 시간은 얼마나 빨리 좋은 가지를 선택하느냐에 따라 달라진다. 최적의 가지를 초기에 선택하면 다른 가지를 빠르게 제거할 수 있다. 최악의 경우 최적의 가지를 마지막에 평가하게 되고, 이 경우 알파-베타 가지치기는 전체 깊이의 가지치기 탐색보다 나을 게 없어진다.

알고리즘을 구현하려면 탐색 전반에서 각 선수에 대한 최적의 결과를 잘 찾아내야 한다. 이 값을 보통 **알파**와 **베타**라고 부르고 이를 따서 알고리즘에 이름을 붙였다. 우리 구현에서는 이 값을 best_black과 best_white라고 하자.

깊이 가지치기 구현을 알파-베타 가지치기를 포함한 형태로 확장할 수도 있다. [예제 4-10]에 이렇게 추가한 핵심 부분이 나와 있다. 이 블록은 백의 관점에서 구현되었다. 흑에도 동일한 형태의 블록이 필요하다.

예제 4-10 가지 평가의 중지 여부 확인

```
def alpha_beta_result(game_state, max_depth,
                      best_black, best_white, eval_fn):
    ...
    if game_state.next_player == Player.white:
        # Update our benchmark for white.
        if best_so_far > best_white:
            best_white = best_so_far
        outcome_for_black = -1 * best_so_far
        if outcome_for_black < best_black:
            return best_so_far
```

백이 진행할 수를 선택한다. 그냥 흑의 이전 수를 들어낼 만큼의 강한 수면 된다. 흑의 최적의 선택지를 이길 무언가만 찾는다면 탐색을 중지해도 된다.

백의 벤치마크 부분을 갱신한다.

우선 best_white의 점수를 갱신해야 하는지 확인한다. 그다음에는 백의 수 평가를 멈춰야 할지 확인한다. **모든** 가지에서의 흑의 최고 점수와 현재 점수를 비교한다. 만약 낮은 점수로 백이 흑을 잡는다면 흑은 이 가지를 선택하지 않을 것이다. 절대적인 최고의 점수까지 찾을 필요는 없다.

알파-베타 가지치기의 전체 구현 내용은 다음 코드와 같다.

예제 4-11 알파-베타 가지치기 전체 구현

```
def alpha_beta_result(game_state, max_depth,
                      best_black, best_white, eval_fn):
    if game_state.is_over():
        if game_state.winner() == game_state.next_player:
            return MAX_SCORE
        else:
            return MIN_SCORE

    if max_depth == 0:
        return eval_fn(game_state)

    best_so_far = MIN_SCORE
    for candidate_move in game_state.legal_moves():
        next_state = game_state.apply_move(candidate_move)
```

게임이 종료되었는지 확인한다.

이미 최대 탐색 깊이에 도달했다. 이 흐름이 얼마나 좋았는지 그간의 경험에 비추어 생각해보자.

만약 여러분이 이 수를 둔다면 판세가 어떻게 될지 살펴보자.

모든 가능한 수를 반복한다.

```
opponent_best_result = alpha_beta_result(
    next_state, max_depth - 1,
    best_black, best_white,
    eval_fn)                              ┤ 그 위치에서 상대방이 낼 수 있는
                                            최상의 결과가 무엇인지 파악하자.
our_result = -1 * opponent_best_result  ←─┤ 상대방이 어디에 두고자 하든 여러분은
                                            그 반대이길 원할 것이다.

if our_result > best_so_far:            ┤ 앞에서 본 최상의 결과보다 이 결과가
    best_so_far = our_result              더 나은지 확인하자.
if game_state.next_player == Player.white:
    if best_so_far > best_white:        ┤ 백에 대한 결과를 갱신하자.
        best_white = best_so_far
    outcome_for_black = -1 * best_so_far
    if outcome_for_black < best_black:  ┤ 흑이 둘 수를 선택했다. 이 수는 백의
        return best_so_far                이전 수를 들어낼 정도만 되면 된다.
elif game_state.next_player == Player.black:
    if best_so_far > best_black:        ┤ 흑에 대한 결과를 갱신하자.
        best_black = best_so_far
    outcome_for_white = -1 * best_so_far
    if outcome_for_white < best_white:  ┤ 백이 둘 수를 선택했다. 이 수는 흑의
        return best_so_far                이전 수를 들어낼 정도면 된다.
```

4.5 몬테카를로 트리 탐색을 이용한 경기 상태 평가

알파-베타 가지치기에서는 고려해야 할 위치의 수를 줄이기 위해 위치 평가 함수를 사용했다. 하지만 바둑에서 위치 평가는 매우 어렵다. 따내기를 기반으로 한 단순한 직관적 방식은 많은 바둑기사에게는 통하지 않는다. **몬테카를로 트리 탐색**^Monte Carlo tree search, MCTS^ 은 경기에 대한 **어 떤** 전략 관련 지식 없이도 경기 상태를 평가할 수 있게 해준다. MCTS 알고리즘은 게임별 특화 된 직관 대신 임의의 게임을 시뮬레이션하여 위치가 얼마나 좋은지 평가한다. 이러한 임의의 게임 방식 중 하나를 보통 **롤아웃**^rollout^ 또는 **플레이아웃**^playout^이라고 한다. 이 책에서는 **롤아웃** 이라고 할 것이다.

몬테카를로 트리 탐색은 몬테카를로 알고리즘군의 일부로, 이 알고리즘은 아주 복잡한 상황을 분석하기 위해 임의성을 사용한다. 탐색 알고리즘의 이름은 임의성을 사용한다는 데 착안해서 모나코의 유명한 카지노 지역의 이름을 딴 것이다.

무작위수를 선택해서 좋은 전략을 세운다는 것은 어쩌면 불가능해보일 수도 있다. 물론 완전한 임의의 수를 선택하는 게임 AI는 약하다. 하지만 무작위로 수를 선택하는 두 AI를 서로 맞붙이면 상대방도 어리석기는 마찬가지다. 만약 흑이 백보다 계속 더 많이 이긴다면 이는 분명 흑이 어떤 이점을 가지고 시작하기 때문일 것이다. 따라서 이 경우 임의의 경기에서 특정 위치로 인해 한 선수가 이점을 가질 수 있는지 판단할 수 있을 것이다. 이때 **왜** 이 위치가 더 좋은지에 대해 군이 이해할 필요는 없다.

우연히 불균형적인 결과가 생길 수도 있다. 만약 10개의 임의의 경기를 시뮬레이션했는데 백이 7번 이겼다면 백이 이점을 가지고 있다고 얼마나 자신할 수 있을까? 그다지 많지 않을 것이다. 백은 여러분이 예상했던 것보다 우연히 두 번 더 이겼을 뿐이다. 만약 흑과 백이 완벽히 균형이 맞는다면 10경기 중 7경기를 이길 가능성은 30% 정도다. 반면에 백이 100경기 중 70경기를 이겼다면 시작점이 사실상 백에게 유리했다고 확신할 수 있을 것이다. 여기서 핵심은 롤아웃을 더 많이 할수록 더 정확하게 추정할 수 있다는 것이다.

MCTS 알고리즘은 다음 세 단계를 수행한다.

1 MCTS 트리에 새로운 바둑판 위치를 추가한다.
2 그 위치에서 임의의 경기를 시뮬레이션한다.
3 임의의 경기 결과로 트리 통계를 갱신한다.

가능한 시간 동안 최대한 많이 이 과정을 반복한다. 그 후 트리 최상단의 통계를 가지고 어느 수를 선택해야 할지 결정한다.

MCTS 알고리즘의 한 라운드를 살펴보자. [그림 4-13]에 MCTS 트리가 나와 있다. 여기서는 수많은 롤아웃을 이미 끝내고 트리가 어느 정도 만들어져 있는 상태다. 각 노드에서는 해당 노드 이후 여러 바둑판 위치에서 경기를 시작해서 이에 대한 여러 롤아웃 중 각각 얼마나 이겼는지 확인한다. 모든 노드의 개수는 자식 노드의 합을 포함한다(일반적으로 트리는 훨씬 많은 노드를 가지고 있지만 이 그림에서는 공간 절약을 위해 상당수의 노드를 생략했다).

각 라운드마다 트리에 새 기보를 추가한다. 우선 트리의 하단(**단말**)에서 자식 노드를 추가하고 싶은 노드를 선택한다. 이 트리에는 단말이 5개 있다.

그림 4-13 MCTS 게임 트리. 트리의 맨 위는 현재 기보를 나타낸다. 지금 흑의 다음 수를 고민할 차례다. 여기서는 다양한 가능한 위치에 대해 70회의 임의의 롤아웃을 시행했다. 각 노드는 자식 노드에서 시작한 모든 롤아웃의 결과 통계를 확인한다.

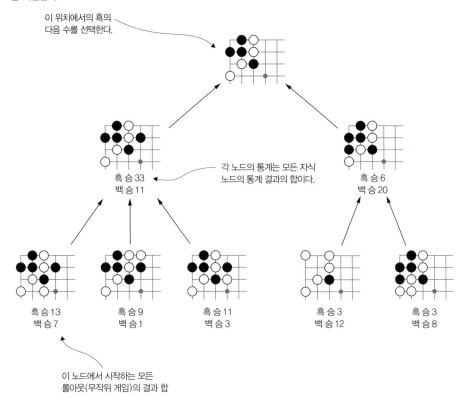

이 위치에서의 흑의
다음 수를 선택한다.

각 노드의 통계는 모든 자식
노드의 통계 결과의 합이다.

흑 승 33
백 승 11

흑 승 6
백 승 20

흑 승 13
백 승 7

흑 승 9
백 승 1

흑 승 11
백 승 3

흑 승 3
백 승 12

흑 승 3
백 승 8

이 노드에서 시작하는 모든
롤아웃(무작위 게임)의 결과 합

최적의 결과를 얻으려면 단말을 고를 때 좀 더 신경 써야 한다. 4.5.2절 '탐색할 가지 선택법'에서는 이에 대한 좋은 전략을 다룰 것이다. 지금은 왼쪽 끝의 가지까지 모두 둘러보았다고 가정하자. 그리고 임의로 다음 수를 고르고, 새 바둑판 위치를 계산하고, 그 노드를 트리에 추가한다. [그림 4-14]에서는 이 과정 후의 트리가 어떤지 보여준다.

그림 4-14 MCTS 트리에 새 노드 추가. 여기서는 새 노드를 추가하기 위해 왼쪽 끝의 가지를 선택했다. 이 노드의 위치에서 다음 수를 임의로 고르고 트리에 새 노드를 추가한다.

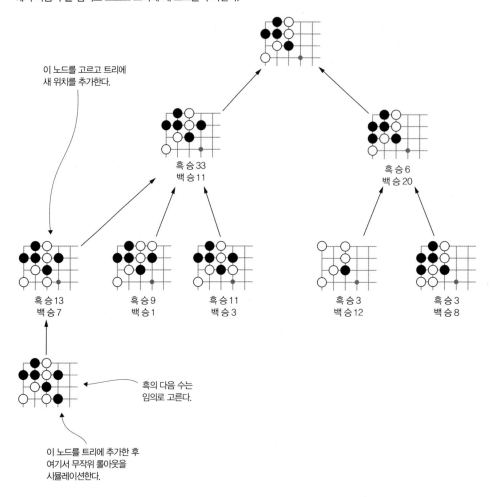

이 노드를 고르고 트리에
새 위치를 추가한다.

흑 승 33
백 승 11

흑 승 6
백 승 20

흑 승 13
백 승 7

흑 승 9
백 승 1

흑 승 11
백 승 3

흑 승 3
백 승 12

흑 승 3
백 승 8

흑의 다음 수는
임의로 고른다.

이 노드를 트리에 추가한 후
여기서 무작위 롤아웃을
시뮬레이션한다.

트리의 새 노드는 임의의 경기의 시작점이다. 그럼 나머지 경기를 시뮬레이션하고, 경기 종료 때까지 매 순번마다 가능한 수 중 하나를 선택한다. 그리고 점수를 합산하고 승자를 찾는다. 여기서는 백이 승자라고 가정하자. 이 롤아웃 결과를 새 노드에 추가한다. 그리고 모든 노드의 조상까지 올라가면서 새 롤아웃 결과를 더한다. [그림 4-15]는 이 과정이 끝난 후의 트리다.

그림 4-15 새 롤아웃 후 MCTS 갱신. 이 시나리오에서 롤아웃 결과는 백의 승리다. 이 승리 결과를 새 트리 노드와 모든 부모 노드에 추가한다.

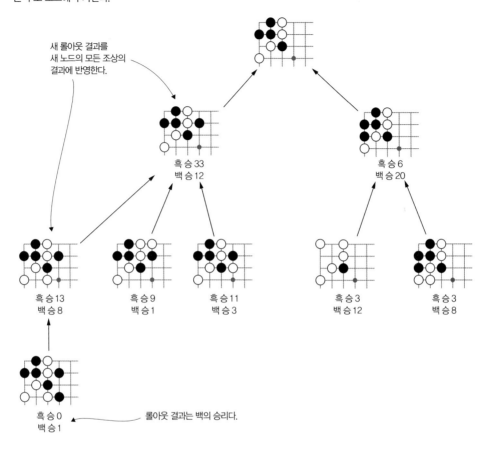

이 모든 과정이 MCTS의 한 라운드다. 이를 반복할 때마다 트리는 더 커지고, 최상단의 추정치는 더 정확해진다. 보통 정해진 라운드 혹은 정해진 시간 후에 알고리즘 반복을 멈춘다. 이 시점에서 가장 승률이 높은 수를 선택한다.

4.5.1 파이썬으로 몬테카를로 트리 탐색 구현하기

MCTS 알고리즘을 훑어봤으니 이제 이를 상세하게 구현하는 방법을 살펴보자. 일단 MCTS 트리를 나타낼 데이터 구조를 기획한다. 그리고 나서 MCTS 롤아웃을 실행할 함수를 작성한다.

```
class MCTSNode(object):
    def __init__(self, game_state, parent=None, move=None):
        self.game_state = game_state
        self.parent = parent
        self.move = move
        self.win_counts = {
            Player.black: 0,
            Player.white: 0,
        }
        self.num_rollouts = 0
        self.children = []
        self.unvisited_moves = game_state.legal_moves()
```

[예제 4-12]에서 살펴본 것처럼 트리의 노드를 나타내는 MCTSNode라는 새 클래스를 정의하는
것부터 시작하자. 각 MCTSNode는 다음 속성을 가지고 있다.

- game_state : 트리의 이 노드에서 경기의 현재 상태(기보와 다음 선수)

- parent : 현재 위치에서의 부모 MCTSNode. 트리의 시작을 나타내고자 할 때는 parent를 None으로 설정하면
된다.

- move : 이 노드에서의 마지막 수. 새 롤아웃 결과를 새 노드의 모든 조상의 결과에 반영한다.

- children : 트리의 모든 자식 노드 리스트

- win_counts, num_rollouts : 이 노드에서 시작한 롤아웃 결과 통계

- unvisited_moves : 아직 트리에 추가하지 않은 현재 위치에서 가능한 수 리스트. 트리에 새 노드를 추가할
때마다 unvisited_moves에서 하나를 가져와서 이에 대해 새로운 MCTSNode를 생성하고 이를 children
리스트에 추가한다.

MCTSNode는 두 가지 방법을 사용해서 변경할 수 있다. 트리에 새 자식을 추가할 수 있고, 롤아
웃 통계를 갱신할 수 있다. 다음 예제에서 이 두 함수를 다룬다.

예제 4-13 MCTS 트리의 노드를 갱신하는 메서드

```
def add_random_child(self):
    index = random.randint(0, len(self.unvisited_moves) - 1)
    new_move = self.unvisited_moves.pop(index)
    new_game_state = self.game_state.apply_move(new_move)
    new_node = MCTSNode(new_game_state, self, new_move)
    self.children.append(new_node)
    return new_node
```

```
def record_win(self, winner):
    self.win_counts[winner] += 1
    self.num_rollouts += 1
```

마지막으로 트리 노드의 유용한 특성에 접근할 수 있도록 해주는 세 가지 헬퍼 메서드를 추가한다.

- can_add_child() : 해당 위치에서 아직 트리에 추가되지 않은 가능한 수가 있는지 알려준다.
- is_terminal() : 게임이 이 노드에서 끝났는지 알려준다. 만일 끝났다면 더 이상 탐색하지 않아도 된다.
- winning_frac() : 롤아웃 결과 주어진 선수가 이길 확률이 얼마나 되는지 알려준다.

이 함수들은 다음 예제에 구현되어 있다.

예제 4-14 주요 MCTS 트리 속성에 접근하는 헬퍼 메서드

```
def can_add_child(self):
    return len(self.unvisited_moves) > 0

def is_terminal(self):
    return self.game_state.is_over()

def winning_frac(self, player):
    return float(self.win_counts[player]) / float(self.num_rollouts)
```

트리의 데이터 구조를 정의했으므로 이제 MCTS 알고리즘을 구현할 수 있다. 우선 새 트리를 만들자. 시작 노드는 현재 게임 상태다. 그런 다음 롤아웃을 반복해서 생성한다. 여기서는 매 차례마다 주어진 라운드만큼 경기를 반복할 것이다. 혹은 다르게 구현하여 특정 시간 동안 롤아웃을 실행하게 할 수도 있다.

각 라운드는 자식을 추가할 노드(아직 트리에 추가되지 않은 현재 위치에서 가능한 수)를 찾을 때까지 트리를 따라 내려가는 것부터 시작한다. select_move() 함수는 탐색하기 가장 적합한 가지를 선택하는 작업을 숨긴다. 이에 대한 자세한 내용은 다음 절에서 다룰 것이다.

적당한 노드를 찾은 후 add_random_child() 함수를 호출해서 다음 수를 선택하고 이를 트리에 추가한다. 이때 노드는 롤아웃을 한 번도 실행하지 않은 새로 만들어진 MCTSNode다.

이 노드에서 simulate_random_game() 함수를 호출하여 롤아웃을 시작한다. 이 함수의 구현 내용은 3장에서 다룬 bot_v_bot 예제와 동일하다.

끝으로 새로 만들어진 노드와 이 노드의 모든 조상 노드에 이긴 횟수를 갱신한다. 전체 과정은
다음 예제에 나와 있다.

예제 4-15 MCTS 알고리즘

```
class MCTSAgent(agent.Agent):
    def select_move(self, game_state):
        root = MCTSNode(game_state)

        for i in range(self.num_rounds):
            node = root
            while (not node.can_add_child()) and (not node.is_terminal()):
                node = self.select_child(node)

            if node.can_add_child():           트리에 새 자식 노드 추가
                node = node.add_random_child()

            winner = self.simulate_random_game(node.game_state)    이 노드에서 새 무작위
                                                                    게임 시뮬레이션

            while node is not None:            트리를 거슬러 올라가며
                node.record_win(winner)        점수를 퍼뜨림
                node = node.parent
```

할당된 라운드를 마친 후에는 수를 선택한다. 이를 위해 최상단 가지를 모두 돌아본 후 승률이
가장 높은 수 하나를 선택한다. 이를 구현하는 방식은 다음과 같다.

예제 4-16 MCTS 롤아웃을 끝낸 후 수 선택

```
class MCTSAgent:
...
    def select_move(self, game_state):
...
        best_move = None
        best_pct = -1.0
        for child in root.children:
            child_pct = child.winning_pct(game_state.next_player)
            if child_pct > best_pct:
                best_pct = child_pct
                best_move = child.move
        return best_move
```

4.5.2 탐색할 가지 선택법

여러분의 게임 AI가 매 차례에 사용할 수 있는 시간에는 한계가 있다. 즉, 정해진 수만큼만 롤아웃을 실행할 수 있다. 매 롤아웃은 하나의 가능한 수를 더 잘 평가하게 해준다. 롤아웃을 제한된 자원이라고 생각해보자. 만약 수 A에 대해 추가의 롤아웃을 실행했다면 수 B에 대해서는 롤아웃을 하나 적게 해야 한다. 이렇듯 제한된 예산을 할당하기 위한 전략이 필요하다. 이때 사용하는 일반적인 전략은 **트리 신뢰도 상한선**^{upper confidence bound for trees}으로, UCT 방식이라고도 한다. UCT 방식은 두 가지 상반된 목표 사이에 균형을 맞춘다.

첫 번째 목표는 주어진 시간 내에 최상의 수를 찾는 것이다. 이 목표를 **활용**^{exploitation}(우리는 발견한 것에 대해 최대한 이득을 얻고자 한다)이라고 한다. 여기서는 가장 승률이 높을 것으로 추정되는 수에 롤아웃을 더 많이 하고 싶을 것이다. 지금은 수들 중 일부는 우연히 승률이 높을 것이다. 하지만 이 가지들에 더 많은 롤아웃을 적용하면 추정치는 보다 정확해질 수 있다. 거짓 양성 값은 점차 낮아질 것이다.

반면 노드에 롤아웃을 적은 횟수만 적용하면 추정치는 실제와 많이 달라질 수 있다. 순전히 우연으로 정말 좋은 수에 낮은 추정치가 나올 수도 있다. 롤아웃을 몇 번 더 사용함으로써 실제로 그 수가 얼마나 좋은지 발견하게 될 수 있다. 따라서 두 번째 목표는 최근 방문한 가지에서 보다 정확한 추정치를 얻는 것이다. 이 목표를 **탐험**^{exploration}이라고 한다.

[그림 4-16]에 활용 중심의 탐색 트리와 탐험 중심의 트리를 비교했다. 활용-탐험 트레이드오프는 시행착오 알고리즘의 일반적인 특징이다. 이 책 후반부에서 강화학습을 살펴볼 때 다시 등장할 것이다.

각 노드에서 활용 목표를 나타내는 승률 w를 계산한다. 탐험을 나타내기 위해서는 전체 롤아웃 횟수인 N과 해당 노드의 롤아웃 수인 n을 구한다. 이 방식에는 이론적인 기반이 있다. 우리 목적에서는 마지막으로 방문한 노드의 값이 가장 클 것이라는 점에 유의하자.

$$\sqrt{\frac{\log N}{n}}$$

그림 4-16 활용-탐험 트레이드오프. 두 게임 트리에서 7개의 위치를 돌아보았다. 위쪽 그림은 탐색이 활용 쪽에 좀 더 기울어져 있다. 가장 가능성 있는 수 쪽의 트리가 더 깊다. 아래쪽 그림은 탐색이 탐험 쪽에 좀 더 기울어져 있다. 더 많은 수에 대해 확인을 했지만 깊이는 더 깊지 않다.

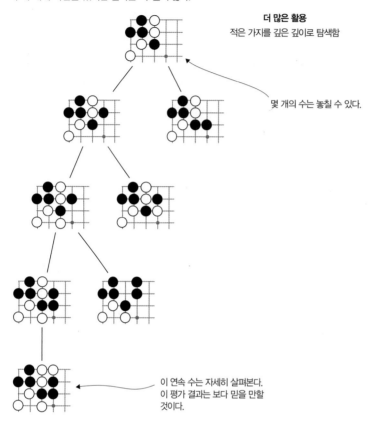

더 많은 활용
적은 가지를 깊은 깊이로 탐색함

몇 개의 수는 놓칠 수 있다.

이 연속 수는 자세히 살펴본다.
이 평가 결과는 보다 믿을 만할
것이다.

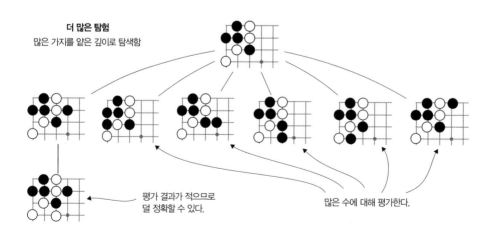

더 많은 탐험
많은 가지를 얕은 깊이로 탐색함

평가 결과가 적으므로
덜 정확할 수 있다.

많은 수에 대해 평가한다.

UCT 방식에서는 이 둘을 결합한다.

$$w + c\sqrt{\frac{\log N}{n}}$$

여기서는 활용과 탐험 정도를 나타내는 파라미터 c를 사용한다. UCT 방식에서는 각 노드별로 점수를 주고, 가장 UCT 점수가 높은 노드에서 다음 롤아웃을 시작한다.

c값이 클수록 가장 적게 탐험한 노드를 방문하는 데 시간을 쓸 것이다. c값이 작을수록 가장 가능성이 높은 노드에 대한 더 나은 평가를 수집하는 데 시간을 쓸 것이다. 가장 효과적으로 경기를 할 수 있게 하는 c값은 보통 시행착오로 발견한다. 대략 1.5 근처에서 실험을 시작하는 것을 추천한다. c는 **온도**라고도 부른다. 온도가 뜨거워질수록 더 탐색이 잘 퍼질 것이고, 온도가 차가워질수록 탐색이 더 집중적으로 이루어진다.

[예제 4-17]에서는 이 정책이 어떻게 구현되는지 보여준다. 사용하고자 하는 지표를 정의한 후 자식을 정하는 것은 매우 간단하다. 각 노드에서 이 식을 계산한 후 가장 큰 값의 노드를 고르면 된다. 미니맥스 탐색에서와 마찬가지로 매 차례 관점을 바꿔야 한다. 다음 차례인 선수의 관점에서 승률을 계산해야 하므로 트리를 타고 내려가면서 관점이 흑과 백을 번갈아가며 바뀐다.

예제 4-17 UCT 방식으로 탐색하며 가지 선택하기

```
def uct_score(parent_rollouts, child_rollouts, win_pct, temperature):
    exploration = math.sqrt(math.log(parent_rollouts) / child_rollouts)
    return win_pct + temperature * exploration

class MCTSAgent:
...
    def select_child(self, node):
        total_rollouts = sum(child.num_rollouts for child in node.children)

        best_score = -1
        best_child = None
        for child in node.children:
            score = uct_score(
                total_rollouts,
                child.num_rollouts,
                child.winning_pct(node.game_state.next_player),
                self.temperature)
            if score > best_score:
```

```
            best_score = uct_score
            best_child = child
    return best_child
```

4.5.3 바둑에 몬테카를로 트리 탐색 적용하기

지금까지 MCTS 알고리즘의 일반적인 형태를 구현했다. 직관적인 MCTS를 구현하면 훌륭한 아마추어 선수 레벨인 바둑 아마추어 1단 정도까지 도달할 수 있다. MCTS와 다른 기술을 결합하면 이보다 좀 더 강한 봇을 만들 수 있다. 오늘날 많은 최상급 바둑 AI는 MCTS와 딥러닝을 함께 사용한다. 만약 MCTS 봇으로 고성능 레벨에 도달하고자 한다면 이 절에서 다루는 실질적인 부분을 사용할 것을 고려하라.

빠른 코드가 강력한 봇을 만든다

MCTS는 처음에는 기본형(19×19) 바둑에서 매 회 약 10,000번의 롤아웃을 수행하는 전략을 사용한다. 이 장에서 구현하는 코드는 많은 롤아웃을 수행할 정도로 빠르지 않다. 그렇게 하려면 매 수를 둘 때 몇 분씩 기다려야 한다. 적당한 시간 동안 많은 롤아웃을 수행하려면 구현한 코드를 최적화해야 한다. 하지만 바둑판이 작은 경우 앞서 구현한 것으로도 그럭저럭 상대가 가능하다.

다른 조건이 모두 동일하다면 롤아웃이 많은 경우 판단 결과가 더 나아진다. 코드를 빠르게 해서 같은 시간 동안 롤아웃을 최대한 돌리면 봇은 무조건 더 강해질 수 있다. 이는 MCTS 관련 코드에서만 그런 것이 아니다. 예를 들어 따내기를 구하는 코드는 롤아웃 수행 시 몇 백 회씩 호출된다. 모든 기본적인 게임 논리가 최적화되는 경우 게임이 더 원활해진다.

더 좋은 롤아웃 정책은 더 나은 평가를 만든다

임의의 롤아웃 동안 수를 고르는 알고리즘을 **롤아웃 정책**이라고 한다. 롤아웃 정책이 현실적일수록 평가 결과는 더 정확해질 것이다. 3장에서 바둑을 두는 RandomAgent를 만들었다. 이 장에서는 앞서 만든 RandomAgent를 롤아웃 정책으로 사용한다. 하지만 RandomAgent가 바둑에 대한 지식이 전혀 없이 **완전히** 무작위로 수를 고르는 것은 아니다. 우선 바둑판이 꽉 차기 전에는 차례를 넘기거나 돌을 던지지 못하도록 프로그램했다. 다음으로 자신의 집을 채우지 않도록 프로그래밍했으므로 경기 종료 시 자신의 돌을 따내거나 하지는 않을 것이다. 이런 규칙을 만들지 않으면 롤아웃은 더욱 부정확할 것이다.

몇 가지 MCTS에서는 여기서 더 나아가 롤아웃 정책에 더 많은 바둑 특화 규칙을 구현해뒀다. 게임 특화 규칙이 들어간 롤아웃은 종종 **무거운 롤아웃**heavy rollout이라고 불린다. 반대로 거의 완전한 무작위성이 적용된 롤아웃은 종종 **가벼운 롤아웃**light rollout이라고 불린다.

무거운 롤아웃을 구현하는 한 가지 방법은 바둑에서 일반적으로 사용되는 기본 전술 형상 리스트를 구축하고 그에 대해 알려진 답을 구현해두는 것이다. 기보에서 이미 저장된 형상이 나타나면 그에 대해 알려진 답을 찾아보고 이 수가 선택될 확률을 높인다. 하지만 항상 알려진 대응 수를 무조건 두고 싶지는 않을 것이다. 이는 알고리즘에서 중요한 특성인 임의성을 제거해 버린다.

[그림 4-17]은 이에 대한 한 가지 예시다. 이는 3×3의 국소 패턴으로 흑이 다음 백의 차례에서 잡힐 위기에 처해 있다. 흑은 일단 뻗기를 써서 살 수는 있다. 하지만 이것은 항상 가장 좋은 수는 아니며, 좋은 수가 아닌 경우도 있다. 하지만 바둑판의 아무 점에나 두는 것보다는 나은 수일 것이다.

그림 4-17 국소 전략 패턴 예제. 왼쪽과 같은 모양이 보이면 오른쪽의 답을 사용한다. 이런 전략 패턴을 따르는 정책은 특출나게 강하지는 않지만 완전히 임의의 수를 두는 정책보다는 훨씬 강하다.

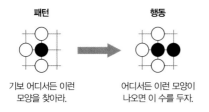

이런 패턴에 대한 리스트를 잘 구축해두려면 바둑 전략에 대한 지식이 어느 정도 필요하다. 만약 무거운 롤아웃을 사용하기 위해 다른 전략 패턴을 만들고 싶다면 오픈소스 MCTS 바둑 엔진인 푸에고Fuego**13**나 파치Pachi**14** 소스 코드를 살펴보기 바란다.

13 fuego.sourceforge.net/
14 github.com/pasky/pachi

무거운 롤아웃을 시행할 때는 조심해야 한다. 만약 롤아웃 정책의 규칙에서 계산이 오래 걸린 다면 롤아웃을 많이 수행할 수 없다. 보다 정교한 정책의 이득을 없애버리는 결과를 낳을 수도 있다.

예의 바른 봇은 떠나야 할 때를 안다

게임 AI를 만드는 이유가 단순히 최고의 알고리즘을 개발하기 위한 연습은 아니다. 게임 AI는 인간을 상대로 즐거운 경험을 만들어주는 것이기도 하다. 즐거움의 일부는 인간 선수에게 승리의 기쁨을 선사하는 데서 온다. 이 책에서 구현할 첫 바둑봇인 RandomAgent는 상대를 미쳐버리게 만들 것이다. 인간 선수가 어쩔 수 없이 이 봇을 상대하게 되면 무작위 봇은 전체 보드가 꽉 찰 때까지 게임을 계속할 것이기 때문이다. 그럼 인간 선수는 뒷걸음질 쳐 물러난 후 정신승리를 거두는 수밖에 없을 것이다. 하지만 이는 다소 비신사적이다. 만약 봇이 이렇게 하는 대신 우아하게 돌을 던질 수 있다면 훨씬 나은 경험이 될 것이다.

기본 MCTS 구현 내용 상단에 인간 친화적인 돌던지기 규칙을 손쉽게 추가할 수 있다. MCTS 알고리즘에서 다음 수를 고르는 과정에서 추정 승률을 계산한다. 매 차례에서 어느 수를 고를지 결정할 때 이 수치를 비교하게 된다. 하지만 동일한 경기에서 다른 점에 대한 추정 승률 역시 계산할 수 있다. 만약 이 수치가 떨어진다면 경기는 인간 선수가 원하는 방향으로 흘러갈 것이다. 만약 최상의 선택지가 대략 10% 정도의 낮은 승률을 보인다면 봇이 돌을 던지도록 만들 수도 있다.

4.6 요약

- 트리 탐색 알고리즘은 최상의 수를 찾기 위해 가능한 한 많은 결정 순서를 평가한다. 트리 탐색은 일반적인 최적화 문제뿐만 아니라 게임에도 활용된다.
- 게임에 적용하는 트리 탐색의 변종은 미니맥스 트리 탐색이다. **미니맥스** 탐색에서는 반대 목표를 가진 두 선수를 번갈아가며 탐색한다.
- 전체 미니맥스 트리 탐색은 극단적으로 단순한 게임(틱택토 등)에서만 사용 가능하다. 복잡한 게임(체스나 바둑)에 이를 적용하려면 탐색 트리 크기를 줄여야 한다.

- **위치 평가 함수**는 해당 위치에서 어느 선수가 이길 확률이 더 높은지 추정한다. 좋은 위치 평가 함수를 사용하면 결정을 내리기 위해 경기 끝까지 모두 탐색할 필요가 없다. 이런 규칙을 **깊이 가지치기**라고 한다.

- 알파-베타 가지치기를 통해 매 차례에서 고려해야 하는 수의 개수를 줄인다. 이는 체스와 같이 복잡한 게임에서 실제로 활용된다. 알파-베타 가지치기의 개념은 직관적이다. 가능한 수를 평가할 때 상대방의 강력한 반격 수를 발견하면 이 수를 바로 고려 대상에서 완전히 제외하는 것이다.

- 만약 좋은 위치 평가 방법이 떠오르지 않는다면 **몬테카를로 트리 탐색**을 사용할 수도 있다. 이 알고리즘은 특정 위치에서 임의의 경기를 시뮬레이션한 후 어떤 선수가 더 많이 이겼는지 살펴본다.

CHAPTER 5

신경망 시작하기

이 장에서 다루는 내용

- 인공 신경망의 기초 소개
- 손글씨 숫자를 인식하는 신경망 가르치기
- 층 조합을 통한 신경망 생성
- 신경망이 데이터로부터 학습하는 방식 이해
- 간단한 신경망을 처음부터 구현해보기

이 장에서는 오늘날 **딥러닝**의 중심에 있는 알고리즘인 인공 신경망^{artificial neural networks, ANN}의 핵심을 소개한다. 인공 신경망의 역사를 살펴보려면 1940년대 초로 시간을 돌려야 한다. 놀라울 정도로 오래되었다. 여러 분야에서 인공 신경망 분야가 대성공을 하는 데는 수십 년이 걸렸지만 기본적인 아이디어는 여전히 유효하다.

ANN의 핵심은 뇌과학으로부터 영감을 받아 우리가 가정하고 있는 뇌의 기능의 일부와 유사한 방식으로 작동하는 일련의 알고리즘을 모델링하는 것이다. 특히 인공 신경망에서는 신경의 기본 단위인 **뉴런**의 개념을 사용한다. 뉴런이 군집을 이룬 것을 **층**^{layer}이라 하고, 이 층은 서로 특별한 방식으로 **연결**되어 **신경망**을 확장하게 된다. 입력 데이터를 넣어주면 뉴런은 이 정보를 연결부분을 통해 층에서 층으로 전달하게 되고, 이때 신호가 충분히 강하다면 **활성화**되었다고 표현한다. 이런 방식으로 데이터는 **예측값**을 내는 최종 단계인 출력층에 도달할 때까지 네트워크를 통해 전파된다. 그 후 이 예측값을 **예상 출력값**과 비교하여 예측 **오차**를 구하게 되고, 이를 학습한 신경망은 이후 예측을 더 향상시킨다.

뇌에서 영향을 받은 구조 유추^{architecture analogy} 개념은 때로는 유용하지만 여기서는 이에 대해 너무 깊이 들어가지 않을 것이다. 우리는 뇌의 시각 피질에 대해서는 많이 알고 있지만 이로부터 신경망을 너무 많이 유추하는 것은 간혹 잘못될 수 있고 심하면 악영향을 미치기도 한다. 비행기는 공기역학을 활용하지만 새 자체를 따라한 것은 아닌 것처럼 ANN은 **유기체의 기본 학습 원리**를 발견하려는 시도라고 생각하는 게 더 낫다.

이 장에서는 더 확실히 원리를 익히는 차원에서 기본 신경망을 밑바닥부터 구현해나갈 것이다. 이 신경망을 사용해서 **광학 문자 인식**^{optical character recognition, OCR}이라고 하는 손으로 쓴 숫자 이미지를 컴퓨터가 인식해 값을 예측하는 문제를 풀 것이다.

OCR 데이터의 각 이미지는 격자에 배치된 픽셀로 이루어져 있으며, 각 픽셀 간의 공간 관계를 분석해서 이 숫자가 몇인지 구한다. 바둑은 다른 보드게임과 마찬가지로 격자 위에서 이루어지며 좋은 수를 두려면 바둑판 위의 공간 관계를 고려해야 한다. 그러므로 OCR 머신러닝 기법이 바둑 같은 게임에 적용되면 좋겠다는 생각이 들 것이다. 이 생각은 실제로 유효한 것으로 밝혀졌다. 6장부터 8장까지는 이 기법을 게임에 어떻게 적용하는지 다룬다.

이 장에서는 수학을 상대적으로 적게 다룬다. 만약 기초적인 선형대수학, 미적분학, 확률 이론에 그다지 친숙하지 않거나 요약된 내용이나 실제 사례에 대한 기억을 다시 되살리고 싶다면 부록 A를 먼저 읽기 바란다. 또한 신경망의 학습 과정에 대한 상세한 내용은 부록 B에서 다룬다. 만약 구현해본 적은 없지만 이미 신경망을 알고 있다면 5.5절로 바로 넘어갈 것을 추천한다. 신경망 구현 능력도 충분하다면 바로 6장으로 넘어가서 4장에서 구현했던 경기의 수 예측에 신경망을 적용할 수 있을 것이다.

5.1 간단한 사례 : 손글씨 숫자 분류

신경망을 자세히 소개하기 전에 실제 활용 사례부터 살펴보자. 이 장 전반에 걸쳐 손글씨 이미지 데이터의 숫자를 약 95% 정확도로 잘 예측할 수 있는 프로그램을 만들 것이다. 이 내용은 이미지의 픽셀값만 신경망에 넣는 것으로 구현할 것이다. 알고리즘은 각 숫자가 가지고 있는 구조와 관련된 정보를 추출하는 식으로 학습하게 된다.

여기서는 머신러닝 연구자와 딥러닝의 열성 팬이 매우 많이 사용하는 MNIST 데이터베이스[1]의 손글씨 데이터셋을 사용한다.

이 장에서는 저수준 수학 연산을 다루는 넘파이 라이브러리를 사용한다. 넘파이는 머신러닝 및 수학 컴퓨팅 관련 산업 전반의 파이썬 표준 라이브러리로, 이 책의 나머지 부분에서도 계속 사용할 것이다. 이 장의 코드 예제를 확인하기 전에 선호하는 패키지 매니저를 사용해서 넘파이를 설치해두자. pip를 사용한다면 셀에서 pip install numpy 명령어를 실행시켜 설치한다. 콘다Conda를 사용한다면 conda install numpy를 실행하자.

5.1.1 MNIST 숫자 손글씨 데이터셋

MNIST 데이터셋은 28×28 픽셀의 이미지 60,000개로 구성되어 있다. [그림 5-1]은 이 데이터의 몇 가지 예를 보여준다. 사람이 이 숫자를 식별하는 건 너무나도 쉬워서 숫자의 첫 줄을 7, 5, 3, 9, 3, 0, …이라고 바로 읽을 수 있을 것이다. 하지만 몇몇은 사람도 구분하기 힘들다. 예를 들어 [그림 5-1]의 4번째 열의 5번째 숫자는 4나 9로도 볼 수 있다.

그림 5-1 MNIST 손글씨 숫자 데이터셋의 몇 가지 예. 이 데이터셋은 광학 글자 인식 분야에서 매우 많이 사용된다.

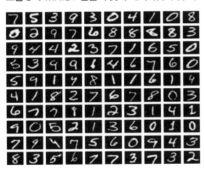

MNIST의 각 이미지에는 각 이미지가 의미하는 값이 무엇인지 **라벨**로 숫자 0부터 9까지 달려 있다.

데이터를 살펴보기 전에 일단 데이터를 불러와야 한다. 이 책의 깃허브 저장소에 가면 http://mng.bz/P8mn/ 폴더 안에 mnist.pkl.gz 파일이 있다.

---

1 Modified National Institute of Standards and Technology database : 미국국립표준기술연구소의 수정된 데이터베이스. en.wikipedia.org/wiki/National_Institute_of_Standards_and_Technology

이 폴더에는 이 장에서 사용할 코드도 들어 있다. 하지만 이 코드를 미리 보기 전에 이 장의 내용을 읽고 직접 코드의 기초를 만들어볼 것을 추천한다. 물론 깃허브 저장소의 코드를 먼저 실행해봐도 상관없다.

5.1.2 MNIST 데이터 처리

이 데이터셋의 라벨은 0부터 9까지의 정수이므로 숫자 1의 경우 1의 자리만 1이고 나머지는 0인 길이 10의 벡터로 변환하는 식의 **원-핫 인코딩**^{one-hot encoding} 기법을 사용한다. 이런 표현 방식은 머신러닝에서 매우 유용하여 널리 사용된다. 라벨이 1인 벡터의 0번 인덱스의 값을 비워두면 신경망과 같은 알고리즘이 라벨을 더 쉽게 인식할 수 있다. 예를 들어 숫자 2는 [0, 0, 1, 0, 0, 0, 0, 0, 0, 0]과 같다.

예제 5-1 MNIST 라벨의 원-핫 인코딩

```
import six.moves.cPickle as pickle
import gzip
import numpy as np

def encode_label(j):              인덱스를 길의 10의 벡터로
    e = np.zeros((10, 1))         원-핫 인코딩한다.
    e[j] = 1.0
    return e
```

원-핫 인코딩의 장점은 각 숫자가 각자의 슬롯을 가지고 있어서 입력 이미지의 출력 **확률**을 신경망으로 계산할 수 있다는 것이다. 이는 나중에 매우 유용하게 사용될 것이다.

mnist.pkl.gz 파일의 내용을 검사하면 훈련 데이터셋, 검증 데이터셋, 검정 데이터셋의 세 가지 데이터 묶음에 접근할 수 있다. 1장에서 머신러닝 알고리즘을 훈련 및 최적화하는 데 훈련 데이터를 사용하고 알고리즘이 얼마나 잘 학습했는지 평가하는 데 검정 데이터^{test data}를 사용한다고 언급했다. 검증 데이터^{validation data}는 알고리즘의 설정을 일부 변경하여 검증하는 데 사용할 수 있지만 이 장에서는 생략해도 무방하다.

MNIST 데이터셋의 이미지는 정사각형으로 가로와 세로 모두 28픽셀이다. 이미지를 $28 \times 28 = 784$ 크기의 **특징 벡터**로 불러온다. 다 불러오면 벡터로 표현된 픽셀값만 남기고 이미지 구조의

데이터는 버려도 된다. 이 벡터의 각 값은 0부터 1까지의 그레이스케일값을 나타낸다. 0은 백이고 1은 흑이다.

예제 5-2 MNIST 데이터 형태 변형 및 훈련 데이터와 검정 데이터 불러오기

```
def shape_data(data):
    features = [np.reshape(x, (784, 1)) for x in data[0]]    ◁─┤ 입력 이미지를 길이 784의
                                                                 특징 벡터로 차원 저하

    labels = [encode_label(y) for y in data[1]]    ◁─┤ 모든 라벨을 원-핫 인코딩 처리함

    return zip(features, labels)    ◁─┤ 특징과 라벨 쌍 생성

def load_data():                                        MNIST 데이터의 압축을 풀고
    with gzip.open('mnist.pkl.gz', 'rb') as f:          불러오면 데이터셋이 세 개 생긴다.
        train_data, validation_data, test_data = pickle.load(f)

    return shape_data(train_data), shape_data(test_data)    ◁─┤ 여기서는 검증 데이터셋은
                                                                 버리고 나머지 두 데이터셋만
                                                                 형태를 변환한다.
```

이제 MNIST 데이터셋을 간단하게 표현한 값이 생겼다. 특징과 라벨 모두 벡터로 변환되었다. 앞으로 특징에서 라벨로 정확하게 이어지도록 학습하는 방법을 고안해야 한다. 특히 훈련할 특징과 학습할 라벨을 사용하는 알고리즘을 개발한 후 이 알고리즘에 평가용 특징을 적용해서 라벨을 예측할 수 있도록 해야 한다.

다음 절에서 확인하겠지만 신경망은 이 일을 잘할 수 있다. 하지만 일단 이 프로그램에서 접하게 될 일반적인 문제에 대한 손쉬운 접근 방법을 먼저 살펴보도록 하자. 숫자 인식은 상대적으로 사람에게는 쉬운 문제지만 숫자를 인지하는 과정이나 방법을 설명하기는 어렵다. 우리가 설명할 수 있는 것보다 더 많이 아는 현상을 **폴라니의 역설**Polanyi's paradox이라고 한다. 이는 기계가 문제를 어떻게 해결하는지 **명시적으로** 설명하기 어려운 것과도 다소 일맥상통한다.

손글씨 숫자를 인식하는 방법의 중요한 열쇠 중 하나는 **패턴 인식**이다. 각 손글씨 숫자는 원래 숫자 형태로부터 파생된 특징을 가진다. 예를 들어 0은 대충 타원형이고, 많은 국가에서 1은 간단히 세로선으로 쓴다. 이런 단순한 지식을 사용해서 각각을 비교해서 손글씨 숫자를 대략적으로 분류할 수 있다. 숫자 8 이미지는 다른 숫자보다 8의 평균 이미지에 더 가까워야 한다. 다음의 average_digit() 함수는 각 숫자가 지닌 고유의 특징을 찾아내는 역할을 한다.

예제 5-3 동일한 수를 나타내는 이미지의 평균값 구하기

```
import numpy as np
from dlgo.nn.load_mnist import load_data
from dlgo.nn.layers import sigmoid_double          주어진 수를 나타내는 데이터의
                                                    모든 샘플의 평균을 계산함
def average_digit(data, digit):
    filtered_data = [x[0] for x in data if np.argmax(x[1]) == digit]
    filtered_array = np.asarray(filtered_data)
    return np.average(filtered_array, axis=0)

train, test = load_data()                           8을 찾는 간단한 모델에서
avg_eight = average_digit(train, 8)                 평균 8을 파라미터로 사용한다.
```

훈련 데이터셋에서의 평균 8은 어떤 모양으로 보일까? 답은 [그림 5-2]에서 확인할 수 있다.

그림 5-2 MNIST 훈련 데이터셋에서 평균 손글씨 8은 이렇게 생겼다. 보통 수백 가지 이미지를 평균내면 인식하기 어려운 이미지 파일이 되지만 이 경우 8은 여전히 8 같은 형태다.

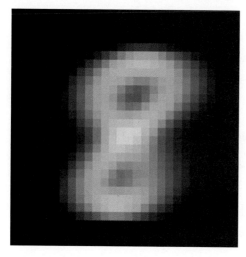

손글씨 숫자는 사람마다 많이 다르므로 당연히 평균 8은 다소 흔들린 부분은 있지만 여전히 8로 인식할 수 있는 수준이다. 이 정도면 데이터셋에서 8을 구분하는 용도로 사용할 수 있을 것이다. 다음 코드를 사용해서 [그림 5-2]를 구하고 나타낼 수 있다.

예제 5-4 훈련 데이터셋에서 8인 이미지의 평균을 구하고 출력하기

```
from matplotlib import pyplot as plt

img = (np.reshape(avg_eight, (28, 28)))
plt.imshow(img)
plt.show()
```

MNIST 훈련 데이터셋에서 구한 8의 평균 표현형을 avg_eight이라고 하자. 이 값은 이 데이터 셋에서 8인 이미지에 대한 많은 정보를 가지고 있다. 숫자를 표현하는 주어진 입력 벡터 x가 8 인지 판단하는 간단한 모델을 만들 때 avg_eight을 **파라미터**로 사용할 수 있다. 신경망에서는 파라미터를 언급할 때 종종 **가중치**를 말하는데, avg_eight을 가중치로 사용할 수 있다.

편의상 이 값을 전치시켜 W = np.transpose(avg_eight)로 사용하자. 그 후 W와 x의 모든 항 목값을 하나하나 곱한 후 이렇게 나오는 784개의 값을 더해 **내적**을 구한다. 만약 대략 추정한 게 맞아서 x가 8이라면 x의 각 픽셀은 W와 거의 같은 장소에서 어두운 톤을 가져야 하고, 그 반 대의 경우도 마찬가지다. 반대로 x가 8이 아니라면 이런 식의 유사한 부분이 적어야 한다. 이 가 정이 맞는지 몇 가지 값을 코드에 넣어서 검정해보자.

예제 5-5 내적을 사용하여 숫자가 가중치에 얼마나 가까운지 계산하기

```
x_3 = train[2][0]          ◁──── 인덱스 2의 훈련 샘플은 4다.
x_18 = train[17][0]        ◁─┐
                             └── 인덱스 17의 훈련 샘플은 8이다.
W = np.transpose(avg_eight)
np.dot(W, x_3)             ◁──── 이 값은 약 20.1이다.
np.dot(W, x_18)           ◁─┐
                            └── 이 값은 약 54.2로 훨씬 크다.
```

가중치 W와 4와 8을 나타내는 두 MNIST 샘플의 내적을 구해보았다. 8인 경우 내적이 54.2가 나왔고, 이는 4인 경우의 내적 20.1보다 훨씬 큰 값을 알 수 있다. 얼추 제대로 돌아가는 것 같다. 그럼 출력값이 어느 정도 되었을 때 8이라고 예측하면 좋을까? 이론적으로 두 벡터의 내 적은 어떤 실수도 될 수 있다. 이 문제를 해결하려면 내적의 출력을 [0, 1] 범위로 **변환**해야 한 다. 예를 들어 한곗값을 0.5로 설정하고 그 이상이면 무조건 8이라고 선언하는 것도 한 가지 방법이다.

이를 구하는 한 가지 방법은 **시그모이드 함수**^{sigmoid function}를 사용하는 것이다. 시그모이드 함수는 보통 그리스 문자 σ(시그마)로 표기한다. 실수 x에 대해 시그모이드 함수는 다음과 같이 정의된다.

$$\sigma(x) = \frac{1}{1 + e^{-x}}$$

[그림 5-3]은 이를 통해 무엇을 알 수 있는지 보여준다.

그림 5-3 시그모이드 함수 그래프. 시그모이드는 실숫값을 [0,1] 범위에 배치한다. 0 근처에서는 경사가 더 가파르고, 아주 작거나 큰 값 부근에서는 값이 일정해진다.

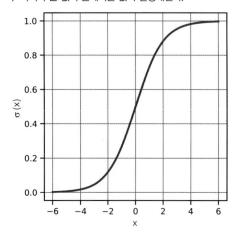

그럼 이 함수를 내적 결과에 적용하기 전에 파이썬으로 시그모이드 함수를 구현해보자.

예제 5-6 double값과 벡터에 대한 간단한 시그모이드 함수 구현

```
def sigmoid_double(x):
    return 1.0 / (1.0 + np.exp(-x))

def sigmoid(z):
    return np.vectorize(sigmoid_double)(z)
```

double값을 적용하는 `sigmoid_double()` 함수와 이 장에서 광범위하게 사용할 벡터의 시그모이드값을 계산하는 버전의 함수를 함께 제공한다는 점에 유의하자. 시그모이드 함수를 앞서

계산한 값에 적용하기 전에 2의 시그모이드값은 1에 거의 근접하므로 앞서 구한 샘플의 값에 대한 시그모이드값인 sigmoid(54.2)와 sigmoid(20.1)은 실제로는 구분하기 어려울 것이다. 이 문제는 내적값의 결과를 0 부근으로 **옮기는 방식**으로 해결할 수 있다. 이런 방식을 보통 b로 나타내는 수치인 **편향치**$^{\text{bias term}}$를 추가한다고 한다. 이 샘플의 경우 편향치는 $b = -45$ 정도로 추정한다. 가중치와 편향치를 사용하면 다음과 같이 모델의 **예측값**을 구할 수 있다.

예제 5-7 시그모이드와 내적을 적용해서 가중치와 편향치로부터 예측값 구하기

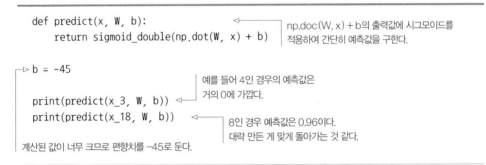

```
def predict(x, W, b):
    return sigmoid_double(np.dot(W, x) + b)
```
np.doc(W, x) + b의 출력값에 시그모이드를 적용하여 간단히 예측값을 구한다.

```
b = -45

print(predict(x_3, W, b))
print(predict(x_18, W, b))
```
예를 들어 4인 경우의 예측값은 거의 0에 가깝다.

8인 경우 예측값은 0.96이다. 대략 만든 게 맞게 돌아가는 것 같다.

계산된 값이 너무 크므로 편향치를 −45로 둔다.

이 코드를 통해 x_3과 x_18의 두 예에 대해 만족스러운 결과를 얻게 될 것이다. 후자는 1에 가깝고, 전자는 거의 0이다. 입력 벡터 x를 x와 동일한 크기의 W를 사용한 $\sigma(Wx + b)$ 값으로 변환하는 과정을 **로지스틱 회귀**라고 한다. [그림 5-4]는 길이 4의 벡터에 대해 이 알고리즘을 도식적으로 나타낸 것이다.

그림 5-4 로지스틱 회귀의 경우 길이 4의 입력 벡터를 0과 1 사이의 출력값 y로 변환한다. 이 그림은 출력값 y가 입력 벡터 x의 4개 값 모두에 영향을 받는다는 것을 나타낸다.

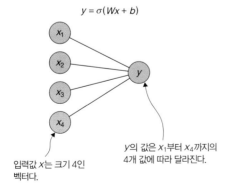

$$y = \sigma(Wx + b)$$

입력값 x는 크기 4인 벡터다.

y의 값은 x_1부터 x_4까지의 4개 값에 따라 달라진다.

모든 훈련 샘플과 테스트 샘플에 대한 예측값을 구해서 이 과정이 얼마나 잘 이루어지는지 제대로 확인해보자. 앞서 말한 것처럼 제한값이나 결정 **임계치**를 정의해서 예측 결과가 8인지 결정할 수도 있다. 여기서의 평가 지표는 **정확도**다. 전체 예측 중 맞는 예측의 비율을 구하는 것이다.

예제 5-8 결정 임계치를 사용한 모델 예측값 평가

```
def evaluate(data, digit, threshold, W, b):          평가 지표의 경우
    total_samples = 1.0 * len(data)                  전체 중 맞는 예측의 비율인
    correct_predictions = 0                          정확도를 보기로 했다.
    for x in data:
        if predict(x[0], W, b) > threshold and np.argmax(x[1]) == digit:
            correct_predictions += 1
        if predict(x[0], W, b) <= threshold and np.argmax(x[1]) != digit:
            correct_predictions += 1
    return correct_predictions / total_samples
                                                     만약 예측값이 임계치보다 작고
    8의 데이터를 8로 예측했으면                         실제로 그 샘플이 8이 아니라면
    정확한 예측이다.                                    이 역시도 맞는 예측이다.
```

이 평가 함수를 사용해서 세 데이터셋(훈련셋, 테스트셋, 테스트셋 중 모든 8의 셋)에 대한 예측값의 품질을 평가해보자. 이때 임계치는 0.5로 하고 가중치 W와 편향치 b는 동일하게 사용한다.

예제 5-9 세 데이터셋의 예측 정확도 구하기

```
간단한 모델의 훈련 데이터셋에 대한
정확도는 78%(0.7814)다.                                    검정 데이터셋에 대한 정확도는
                                                          다소 낮은 77%(0.7749)다.
evaluate(data=train, digit=8, threshold=0.5, W=W, b=b)

evaluate(data=test, digit=8, threshold=0.5, W=W, b=b)
                                                          검정 데이터셋에서 8의
                                                          데이터에 대한 평가 결과는
eight_test = [x for x in test if np.argmax(x[1]) == 8]    67%(0.6663)밖에 되지
evaluate(data=eight_test, digit=8, threshold=0.5, W=W, b=b)  않는다.
```

여기서 훈련 데이터셋의 정확도가 약 78%로 가장 높다는 것을 알 수 있다. 훈련 데이터셋으로 모델을 **조절**했기 때문에 이는 그다지 놀랄 일은 아니다. 게다가 훈련 데이터셋을 평가해봐야 알고리즘이 얼마나 **일반화**되었는지(처음 보는 데이터에 대해 얼마나 잘 동작할지)에 대해서는 전혀 알 수 없으므로 이 값은 쓸모없다. 검정 데이터의 성능은 훈련 데이터셋의 성능에 근접한 약 77% 정도로, 이 정확도값은 주목할 만하다. 검정 데이터셋에서 모든 8에 대한 정확도는

약 66%로, 이 간단한 모델로는 처음 보는 손글씨 8에 대해서는 셋 중 두 개를 맞출 것이다. 이 결과는 첫 번째 기준값으로 쓰기에는 충분하지만, 최선의 결과는 분명 아니다. 무엇이 잘못되었고, 무엇을 개선할 수 있을까?

- 이 모델은 특정 숫자(여기서는 8)를 구분할 수 있다. 훈련 데이터셋과 검정 데이터셋에는 각 숫자별 이미지 수가 **동일**하기 때문에 8은 10%뿐이다. 따라서 예측 결과로 0만 내놓아도 이 모델의 정확도는 90%다. 분류 문제에서는 이런 **계층 간 불균형** 문제가 발생할 수 있다는 것을 염두에 두자. 이런 점에 비추어봤을 때 검정 데이터셋에 대해 앞서 얻은 77%의 정확도는 더 이상 그다지 훌륭한 것이 아니다. 따라서 **10가지 숫자 모두를 정확하게 예측하는 모델을 만들어야 한다.**

- 모델에 들어가는 파라미터가 작다. 수천 가지의 다양한 손글씨 이미지를 예측하는 모델의 경우 필요한 것은 주어진 이미지 크기에 대한 가중치 집합이다. 이런 단순한 모델로 이 이미지들의 다양한 손글씨체를 파악해낼 거라는 믿음은 비현실적이다. **데이터의 다양성을 잡아낼 수 있도록 훨씬 더 많은 파라미터를 효과적으로 사용하는 알고리즘을 찾아야 한다.**

- 주어진 예측에서는 숫자가 8이냐 8이 아니냐를 결정하는 기준값을 선택하는 것뿐이다. 모델의 품질을 평가하는 실질적인 예측값을 사용한 것이 아니다. 예를 들어 '값 0.95로 맞다고 예측된 것이 0.51로 예측된 것보다 더 강한 결과를 의미하는 것이다'처럼 **예측값이 실제 결과와 얼마나 가까운지에 대한 개념을 공식화해야 한다.**

- 모델의 파라미터를 만들 때 직감에 따라 값을 직접 조정했다. 시작은 분명 좋았지만 머신러닝의 기조는 데이터에 대한 사람의 생각을 주입하는 대신 알고리즘 스스로 데이터로부터 배우게 하는 것이다. 모델이 옳은 예측을 할 때 이 행동을 더 하라고 알려줘야 하고, 결과가 틀리면 모델을 수정해줘야 한다. 즉, **훈련 데이터에 대해 얼마나 잘 예측하는지에 따라 모델의 파라미터를 갱신하는 절차를 마련해야 한다.**

앞서 간단히 설명한 손글씨 숫자 예측 사례와 우리가 만든 소박한 모델에 대해 그다지 깊이 있게 설명하지는 않았지만 이미 신경망을 구성하는 많은 부분을 살펴보았다. 다음 절에서는 위 네 가지 사항을 해결해가며 이 예제에 사용된 개념을 풀어간다. 그 과정에서 자연스럽게 신경망으로 첫걸음을 내딛게 될 것이다.

5.2 신경망 기초

우리 OCR 모델을 어떻게 향상시킬 것인가? 시작 부분에서 살짝 언급한 것처럼 신경망은 이런 종류의 일을 우리가 직접 만든 모델보다 훨씬 더 근사하게 해낼 수 있다. 하지만 앞서 만든 모델은 신경망 모델을 구축할 때 사용할 주요 개념을 보여주고 있다. 이 절에서는 앞 절에서 만든 모델을 신경망의 언어로 풀어낼 것이다.

5.2.1 단순한 인공 신경망으로의 로지스틱 회귀

5.1절에서는 **이항 분류**에 로지스틱 회귀를 사용한 것을 보았다. 이 내용을 정리해보면 우리는 샘플 데이터를 나타내는 특징 벡터 x를 가져와서 여기에 가중치 행렬 W를 곱한 후 편향치 b를 더하는 알고리즘에 넣어준다. 예측값 y를 0과 1 사이로 나타내서 마무리하기 위해 이 값에 시그모이드 함수 $y = \sigma(Wx + b)$를 취한다.

여기서 몇 가지 확인해야 한다. 우선 특징 벡터 x는 **유닛**이라고도 불리는 뉴런 집합으로 해석할 수 있다. 이 유닛은 [그림 5-4]에서 보았던 것처럼 W와 b의 값에 의해 변경되어 y로 연결된다. 이어서 활성화 함수로 시그모이드 함수를 사용해 $Wx + b$의 결과를 [0, 1] 범위에 대응시킨다. 만약 이 값이 1에 가깝다면 뉴런 y를 활성화하고, 0에 가깝다면 비활성화한다. 이런 설정은 인공 신경망의 간단한 예로 볼 수 있다.

5.2.2 1차원 이상의 결과를 갖는 신경망

5.1절에서는 손글씨 숫자 인식 문제를 8과 나머지 숫자로 분류하는 이항 분류로 단순화했다. 하지만 10가지 각 숫자를 예측해보고 싶을 것이다. 가장 간단한 방법은 y와 W와 b를 수정하는 것이다. 즉, 모델의 출력값, 가중치, 편향치를 수정하면 되는 것이다.

우선 길이 10의 결과 벡터 y를 만든다. y는 10가지 숫자별 가능도를 나타내는 하나의 값을 갖는다.

$$y = \begin{bmatrix} y_0 \\ y_1 \\ \vdots \\ y_8 \\ y_9 \end{bmatrix}$$

다음으로 가중치와 편향치를 변경한다. W는 원래 길이 784의 벡터임을 상기하자. 하지만 그 대신 W를 (10, 784) 차원의 행렬로 만든다. 그러면 W와 입력 벡터 x의 행렬곱 Wx로 길이 10의 벡터를 구할 수 있다. 여기에 길이 10인 벡터로 편향치를 만들면 이를 Wx에 더할 수 있다. 마지막으로 벡터 z를 각 값에 적용하여 시그모이드를 계산할 수 있다.

$$\sigma(z) = \begin{bmatrix} \sigma(z_0) \\ \sigma(z_1) \\ \vdots \\ \sigma(z_8) \\ \sigma(z_9) \end{bmatrix}$$

[그림 5-5]는 이를 다소 수정해서 입력값 4개와 출력값 2개로 만든 그림이다.

그림 5-5 이 간단한 신경망에서는 2×4 행렬을 곱한 후 2차원 편향치를 더하고, 각각에 시그모이드 함수를 적용한 입력 뉴런 4개가 결과 뉴런 2개와 연결된다.

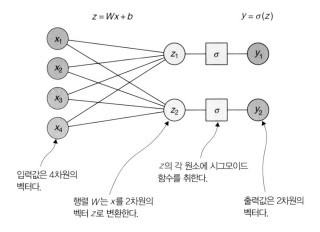

여기서 무엇을 알게 되었는가? 앞에서는 y가 단일값이었지만 이제는 입력 벡터 x를 출력 벡터 y에 대응시킬 수 있게 되었다. 이로써 벡터-벡터 변환을 여러 번 수행해서 **순방향 신경망**^{feed-} ^{forward network}을 별 문제없이 만들 수 있다.

5.3 순방향 신경망

앞 절에서 설명했던 내용을 짧게 정리해보자. 지금까지 다음과 같은 단계를 밟았다.

1 입력 뉴런 x에 $z = Wx + b$ 형식으로 간단한 변형을 취한다. 선형대수학 용어로 이런 변형을 **아핀 선형 변환** 이라고 한다. 여기서는 과정을 쉽게 따라갈 수 있게 z라는 중간변수를 사용했다.

2 활성화 함수인 시그모이드 함수 $y = \sigma(z)$를 취해 결과 뉴런 y를 구한다. 이 결과로 얼마나 많은 y가 활성화 되는지 확인할 수 있다.

순방향 신경망의 핵심은 이런 과정을 반복적으로 취하여 이 두 단계로 이루어진 간단한 과정을 여러 번 적용하는 것이다. 이 과정은 **층**을 형성한다. 이 용어를 사용하면 순방향 신경망의 과정은 **많은 층을 쌓아서 다층 신경망**을 구성하는 것이라고 할 수 있다. 그럼 한 층을 더 추가하도록 마지막 예제를 수정해보자. 이제 다음과 같은 단계를 실행한다.

1 입력값 x로 $z^1 = W^1x + b^1$을 구하자.
2 중간 결과 z^1으로부터 $y = W^2z^1 + b^2$을 구해서 출력값 y를 구하자.

현재 어떤 층에 있는지 나타내는 데 위첨자를, 벡터나 행렬의 위치를 나타내는 데 아래첨자를 사용했다. [그림 5-6]은 하나만 사용하는 대신 두 층을 사용한 방식을 시각화한 것이다.

그림 5-6 두 층을 사용한 인공 신경망. 입력 뉴런 x는 중간 유닛 z에 연결되고, 이는 출력 뉴런 y에 연결된다.

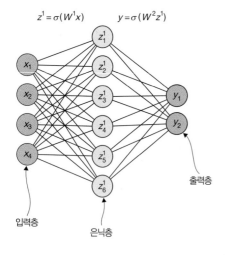

이 시점에서 명확히 짚고 넘어가야 할 것은 쌓을 층의 개수 범위를 따로 정해두지 않았다는 것이다. 층을 훨씬 더 많이 쌓아도 된다. 활성화 함수로 항상 로지스틱 시그모이드 함수를 사용할 필요도 없다. 선택할 수 있는 활성화 함수는 넘칠 만큼 있고, 다음 장에서는 이 중 몇 가지를 소개한다. 이런 함수를 신경망의 모든 층에서 하나 혹은 여러 데이터에 적용하는 것을 보통 **순방향 전달**forward pass이라고 한다. 이를 **순방향**이라고 하는 이유는 데이터는 항상 입력에서 출력(그림에서는 왼쪽에서 오른쪽으로)으로 흐르고 역으로 돌아오는 일은 없기 때문이다.

이 개념을 사용해서 3층짜리 일반적인 순방향 신경망을 나타내면 [그림 5-7]과 같다.

그림 5-7 3층 인공 신경망. 신경망을 정의할 때는 층별 뉴런수나 층수에 따른 제약을 받지 않는다.

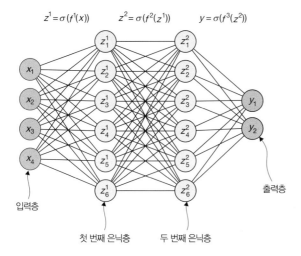

$$z^1 = \sigma(f^1(x)) \qquad z^2 = \sigma(f^2(z^1)) \qquad y = \sigma(f^3(z^2))$$

앞서 언급한 모든 개념을 제대로 한 번에 나열해 정리해보자.

- **순차 신경망**은 특징(혹은 입력 뉴런) x를 예측값(혹은 출력 뉴런) y에 대응시키는 과정이다. 이 과정은 순서대로 하나씩 함수층을 쌓아가면서 이루어진다.

- **층**은 입력값에 변화를 가해 출력값을 도출하는 곳이다. 특정 크기의 데이터에 대한 층의 출력을 구하는 한 차례의 처리를 **순방향 전달**이라고 한다. 마찬가지로 순차 신경망에서 순방향 전달은 입력에서 출력 방향으로, 즉 순방향으로 각 층의 출력값을 순서대로 구하는 것이다.

- **시그모이드 함수**는 실수 뉴런 벡터를 사용해서 [0,1]의 범위에 대응시키는 방식으로 **활성화**시키는 활성화 함수다. 이 값이 1에 가까우면 활성화 상태라고 해석한다.

- 가중치 행렬 W와 편향치 b가 주어졌을 때 아핀 선형 변환(affine-linear transformation) $Wx + b$는 층을 구성한다. 이런 종류의 층을 보통 **밀집층** 혹은 **완전 연결층**이라고 한다. 이 책에서는 **밀집층**이라고 부를 것이다.

- 구현에 따라 밀집층에는 활성화 함수가 포함되기도 하고 아니기도 하다. $\sigma(Wx + b)$를 아핀 선형 변환이 아닌 층으로 볼 수도 있다. 활성화 함수만을 층으로 간주하는 것은 일반적이며, 이 책에서도 구현 시 그렇게 할 것이다. 결국 밀집층에 활성화 함수를 추가할 것인지 아닌지는 기능의 일부를 어떻게 분할하고 논리적인 단위로 그룹화할 것인지에 대한 약간 다른 견해일 뿐이다.

- 순방향 신경망은 밀집층과 활성화 함수로 구성된 순차 신경망이다. 이에 대해서는 자세히 설명하지 않겠지만 이런 구조를 **다층 퍼셉트론**(multilayer perceptron) 혹은 짧게 **MLP**라고 부른다.

- 입력 뉴런이나 출력 뉴런이 아닌 모든 뉴런은 **은닉 유닛**이고, 입력 및 출력 뉴런은 **가시 유닛**이다. 여기에는 은닉 유닛은 **신경망 안**에, 가시 유닛은 바로 관측 가능한 곳에 있다는 개념이 깔려 있다. 여러분은 시스템의 어느 부분에든 접근할 수 있기 때문에 이러한 구분은 다소 혼란스럽지만 그럼에도 불구하고 이런 명명 규칙을 이해

하는 것이 좋다. 이와 마찬가지로 입력과 출력 사이의 층은 **은닉층**이라고 한다. 두 개 층 이상을 가지는 순차 신경망은 최소 1개 이상의 은닉층을 가진다.

- 이후 따로 언급하지 않으면 x는 신경망의 입력값을 의미하고, y는 이에 대한 출력값을 의미한다. 간혹 고려하고 있는 샘플 데이터를 명시하기 위해 아래첨자가 붙을 수 있다.

많은 은닉층을 가진 거대한 신경망을 구축하려고 많은 층을 쌓은 경우를 **심층 신경망**이라고 하며, 그래서 **딥러닝**deep learning이라는 이름이 붙었다.

비순차 신경망

지금까지는 층이 순차를 이루는 순차 신경망만 다뤘다. **순차** 신경망은 입력층으로 시작하고, 각각 따라오는 은닉층은 명확하게 하나의 선제층과 하나의 후속층을 가지며, 출력층으로 끝난다. 이 정도만으로도 바둑에 딥러닝을 적용하기 충분하다.

하지만 신경망 이론에서는 임의의 비순차 신경망도 사용한다. 예를 들어 두 층의 출력을 더하거나 연결하기도 한다(두 개 이상의 이전 층을 결합한다). 이런 시나리오에서는 여러 입력값을 합쳐서 하나의 출력값으로 만든다.

또 다른 구현에서는 입력을 여러 출력으로 나누어 사용하기도 한다. 일반적으로 층 하나는 여러 입력과 출력을 가진다. 여러 입력과 출력을 가지는 신경망은 11장과 12장에서 다룬다.

층이 l개인 다층 퍼셉트론은 가중치 집합 $W = W^1, \ldots, W^l$, 편향치 집합 $b = b^1, \ldots, b^l$ 및 각 층에서 사용할 활성화 함수의 집합으로 나타난다. 하지만 학습에 필수적인 요소와 갱신 파라미터인 손실 함수loss function와 이에 대한 최적화는 데이터만 가지고는 여전히 알 수 없다.

5.4 우리 예측은 얼마나 훌륭한가 : 손실 함수와 최적화

앞 절에서 순방향 신경망을 설정하고 그곳에 입력 데이터를 넣는 방법을 정의했다. 하지만 예측값의 품질을 평가하는 방법은 여전히 알지 못한다. 이를 위해 예측값과 실제 출력값이 얼마나 가까운지 정의하는 측정치가 필요하다.

5.4.1 손실 함수란 무엇인가

예측값의 적중률이 어느 정도 되는지 수치화하려면 **목적 함수**라고도 불리는 **손실 함수** 개념을 이해해야 한다. 가중치 W, 편향치 b, 시그모이드 활성화 함수를 가지는 순방향 신경망이 있다고 하자. 주어진 입력 특징값 $X_1, ..., X_k$와 이에 대응하는 라벨 $\hat{y}_1, ..., \hat{y}_k$ (라벨의 $\hat{y}$ 표시는 와이-햇y-hat이라고 발음한다)에서 주어진 신경망을 활용해서 결과 $y_1, ..., y_k$를 구할 수 있다. 이런 시나리오에서 손실 함수는 다음과 같이 정의한다.

$$\sum_i \mathrm{Loss}(W, b, X_i, \hat{y}_i) = \sum_i \mathrm{Loss}(y_i, \hat{y}_i)$$

여기서 $\mathrm{Loss}(y_i, \hat{y}_i) \geq 0$이고, Loss는 **미분 가능 함수**다. 손실 함수는 각 (예측값, 라벨) 쌍에 대해 음이 아닌 값을 할당하는 평활 함수smooth function다. 모든 특징과 라벨에 대한 손실값은 샘플의 손실값에 대한 합이다. 손실 함수는 주어진 데이터에 대한 알고리즘의 파라미터가 얼마나 적합한지 평가한다. 훈련 목표는 주어진 파라미터에 맞추는 좋은 전략을 찾아서 **손실을 최소화**하는 것이다.

5.4.2 평균제곱오차

평균제곱오차Mean Square Error, MSE는 손실 함수에서 널리 사용된다. MSE가 우리 예제에 가장 적합한 것은 아니지만 이 값은 가장 실질적으로 사용되는 손실 함수다. 모든 관측된 예제에 대해 거리 제곱을 측정한 후 평균을 구함으로써 예측값이 실제 라벨에 얼마나 가까운지 측정하게 된다. 라벨을 $\hat{y} = \hat{y}_1, ..., \hat{y}_k$, 예측값을 $y = y_1, ..., y_k$로 나타낸 경우 평균제곱오차는 다음과 같다.

$$\mathrm{MSE}(y, \hat{y}) = \frac{1}{2} \sum_{i=1}^{k} (y_i - \hat{y}_i)^2$$

다양한 손실 함수의 장단점을 살펴보기 전에 평균제곱오차를 파이썬 코드로 구현한 예제를 살펴보자.

```
import random
import numpy as np
                              평균제곱오차를
                              손실 함수로 사용함
class MSE:    ◄

    def __init__(self):
        pass

    @staticmethod
    def loss_function(predictions, labels):
        diff = predictions - labels                  MSE를 예측값과 라벨값의 차이의
        return 0.5 * sum(diff * diff)[0]   ◄        제곱에 0.5를 곱한 값으로 정의함

    @staticmethod
    def loss_derivative(predictions, labels):        손실값은 간단히
        return predictions - labels    ◄            예측값 – 라벨값으로 정의
```

여기서 단순한 손실 함수뿐만 아니라 이런 예측값에 대한 미분값인 `loss_derivative( )`도 구했다는 것을 확인해두자. 이 미분값은 벡터로 예측값에서 라벨값을 뺀 값이다.

그럼 MSE로부터의 미분값이 인공 신경망을 훈련하는 데 어떻게 중요한 역할을 하는지 살펴보자.

5.4.3 손실 함수에서의 최솟값 찾기

예측값과 라벨의 집합을 사용하는 손실 함수는 모델의 파라미터가 얼마나 적합하게 만들어졌는지에 대한 정보를 제공한다. 손실값이 작을수록 예측값이 좋고, 반대의 경우도 마찬가지다. 손실 함수 자체는 신경망의 파라미터로 이루어진 함수다. MSE 구현에서는 가중치를 직접 입력하지 않지만 이미 예측값을 구하는 과정에서 가중치를 사용했기 때문에 **내재적**으로 가중치가 주어져 있다.

이론적으로 손실값이 가장 적은 값은 미분으로 구할 수 있다. 미분값을 계산 후 이 값이 0이 되는 값을 찾으면 된다. 이 지점에서의 파라미터의 집합이 **해**가 된다. 함수를 미분하고 특정 지점에서의 값을 구하는 것을 **기울기를 구한다**고 한다. 구현한 MSE에서 미분을 계산하는 첫 번째 단계는 끝났지만 아직 할 일이 남아 있다. 신경망 내 모든 가중치와 편향치에 대해 기울기를 명시적으로 계산해야 한다.

만약 미적분 기초 지식을 다시 기억해야 할 필요가 있다면 부록 A를 참조한다. [그림 5-8]은 3차원 공간에서의 표면을 나타냈다. 이 표면은 2차원 입력에 대한 손실 함수로 해석할 수 있다. 처음 두 축은 가중치고, 위쪽으로 가는 세 번째 축은 손실값이다.

그림 5-8 2차원 입력에 대한 손실 함수의 예(손실 표면). 이 표면에 대해 손실 함수의 미분의 해를 구했을 때 우측 하단의 어두운 부분이 최솟값이다.

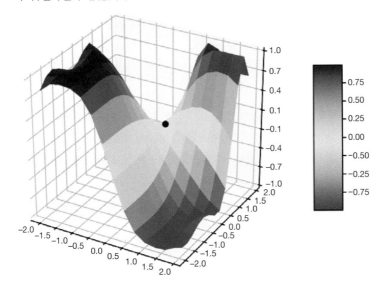

5.4.4 최솟값을 찾는 경사하강법

직관적으로 봤을 때 주어진 점에서의 함수 기울기란 그 점에서의 가장 가파른 상승 방향을 말한다. 파라미터셋 W를 갖는 손실 함수 Loss에서 최솟값을 찾는 **경사하강법** 알고리즘은 다음과 같다.

1 현재의 파라미터셋 W에 대한 Loss의 기울기 Δ('델타'라고 읽는다)를 구한다(각 W에 대해 Loss의 미분값을 구함).

2 W에서 Δ를 빼서 갱신한다. 우리는 이 과정을 **기울기를 따라간다**고 한다. 만약 Δ가 가장 가파르게 상승하는 방향을 가리킨다면 이 값을 뺌으로써 가장 가파르게 하강할 것이기 때문이다.

3 Δ가 0이 될 때까지 반복한다.

손실 함수가 음이 아니므로 최솟값을 가지고 있다는 것을 알 수 있다. 이 함수는 많은 혹은 무수히 많은 최솟값을 가질 수도 있다. 예를 들어 평평한 표면을 상상해보자. 여기서는 **모든 점이 최솟값**이다.

[그림 5-9]는 [그림 5-8]의 손실 표면과 우측 상단에 표시된 점에 대한 파라미터 선택에서 경사하강법이 작동하는 방식을 보여준다.

그림 5-9 손실 함수의 기울기를 반복적으로 구하면 결국에는 최솟값에 다다를 것이다.

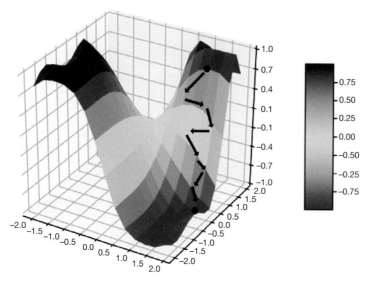

MSE 구현에서 평균제곱오차 손실의 미분값을 **공식적으로** 구하는 것은 쉽다는 것을 보았다. 이 값은 라벨값과 예측값 간의 차이다. 하지만 **이런 미분값을 구하려면** 일단 예측값을 구하는 것이 우선이다. 모든 파라미터의 기울기에 대해 살펴보려면 훈련 데이터셋의 모든 샘플에 대해 미분을 구하고 집계해야 한다. 보통 수천 개의 데이터를 다뤘던 점을 고려할 때 신경망 데이터 샘플이 수백만 개까지는 안 된다고 하더라도 이 정도 양을 다루기란 실질적으로 불가능하다. 대신 **확률적 경사하강법**^{stochastic gradient descent, SGD}을 사용해서 기울기를 추정할 수 있다.

5.4.5 손실 함수에서의 확률적 경사하강법

기울기를 구하고 신경망에 경사하강법을 적용하려면 손실 함수를 구하고 훈련 데이터의 모든 값에 대해 신경망의 파라미터에 대한 미분계수를 구해야겠지만 이는 대부분의 경우 비용이 너무 많이 든다. 대신 **확률적 경사하강법**^{SGD}을 쓸 수 있다. SGD를 실행하려면 우선 훈련 데이터셋에서 샘플 데이터를 일부 가져온다. 이를 **미니배치**^{mini-batch}라 부른다. 각 미니배치는 일정한 길이를 가지는데 이를 **미니배치 크기**라 부른다. 앞서 만났던 손글씨 숫자 인식 같은 분류 문제의 경우 라벨 수와 같은 크기로 배치 크기를 정하면 각 라벨이 미니배치를 나타내는지 확인할 수 있어 편리하다.

앞서 본 층이 하나인 순방향 신경망에 미니배치 크기가 k인 입력 데이터 $x_1, ..., x_k$에 대한 미니배치를 사용해서 신경망의 순방향 전달을 구하면 각 미니배치에 대한 손실값을 구할 수 있다. 그럼 이 배치의 각 샘플 데이터 x_j에 대해 이 네트워크의 어떤 파라미터에 대해서도 손실 함수의 기울기를 구할 수 있다. 여기서 나온 i층의 가중치와 편향 기울기를 각각 $\Delta_j W^i$, $\Delta_j b^i$라고 한다.

배치에서 사용한 각 층 및 샘플에 대해 기울기를 계산하고 파라미터별로 다음과 같은 **갱신 규칙**을 적용할 수 있다.

$$W^i \leftarrow W^i - \alpha \sum_{j=1}^{k} \Delta_j W^i$$

$$b^i \leftarrow b^i - \alpha \sum_{j=1}^{k} \Delta_j b^i$$

기존 값에서 이 배치에서 구한 누적 오차를 뺀 값으로 파라미터를 갱신한다. 여기서 $\alpha > 0$은 **학습률**로, 전반적인 신경망 훈련 정도를 나타낸다.

모든 훈련 샘플에 대해 구한 값을 합치면 훨씬 정확한 기울기 정보가 나올 것이다. 미니배치를 사용하는 것은 기울기 정확도 면에서는 다소 타협을 본 면이 있지만 계산 효율성 면에서는 훨씬 탁월해진다. 이때 미니배치 샘플은 임의로 선택되므로 이를 **확률적 경사하강법** stochastic gradient descent, SGD 이라고 부른다. 일반 경사하강법에서는 지역 최솟값에 도달한다는 것이 이론으로 증명되었지만 SGD의 경우에는 해당되지 않는다. [그림 5-10]은 일반적인 SGD의 과정을 나타낸다. 추정 확률 기울기값이 하강하는 방향이 아닐 수도 있지만 충분히 반복하면 보통 (지역) 최솟값에 도달하게 된다.

그림 5-10 확률 기울기값은 다소 부정확하므로 손실 평면에 사용할 때는 지역 최솟값에서 멈추기 전에 몇 번 돌아보는 과정을 거쳐야 한다.

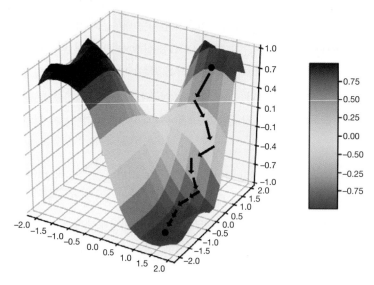

최적화기

(확률적인) 기울기를 구하는 식은 미적분학의 기본 원리에 의해 정의된다. 하지만 기울기를 사용해서 파라미터를 갱신하는 방법은 그렇지 않다. SGD의 갱신 규칙과 같은 기법을 **최적화기** optimizer 라고 한다.

많은 다른 최적화기와 확률적 경사하강법의 보다 정교한 버전이 존재한다. SGD의 확장형 몇 가지는 7장에서 다룰 것이다. 이런 확장형의 대부분은 시간의 흐름에 따라 학습률을 조정하거나 개별 가중치를 더 세밀하게 조율하는 데 초점을 맞춘다.

5.4.6 신경망에 기울기를 역으로 전파하기

지금까지 확률적 경사하강법을 사용해서 신경망의 파라미터를 갱신하는 방법을 살펴봤지만 어떻게 기울기를 구하는지는 살펴보지 않았다. 기울기를 구하는 알고리즘을 **역전파**^{backpropagation} 알고리즘이라고 하고, 이에 대한 상세한 내용은 부록 B에 나와 있다. 이 절에서는 역전파와 순방향 신경망을 직접 구현할 때 필요한 기본 개념을 알아볼 것이다.

순방향 신경망은 간단한 과정을 구한 후 다음 과정, 즉 순방향으로 데이터를 전달한다. 마지막 층의 출력, 신경망의 예측값, 실제 라벨을 사용해서 손실을 계산할 수 있다. 손실 함수 자체는 간단한 함수의 **조합**이다. 손실 함수의 미분값을 구할 때는 미적분학의 기본 자원인 연쇄법칙을 사용한다. 이 규칙은 간단히 말해서 조합된 함수의 미분은 이 함수들의 미분의 조합이라는 것이다. 따라서 입력 데이터를 층별로 순차적으로 전달했듯이 **미분값을 층별로 역으로 전달**할 수 있다. 신경망에서 미분값을 역으로 전파하기 때문에 이름이 **역전파**가 된 것이다. [그림 5-11]에서 두 밀집층과 시그모이드 활성화 함수로 이루어진 순방향 신경망에서의 역전파를 확인할 수 있다.

그림 5-11 시그모이드 활성화 함수와 MSE 손실 함수를 사용하는 두 가지 순방향 신경망의 순방향 전달과 역방향 전달

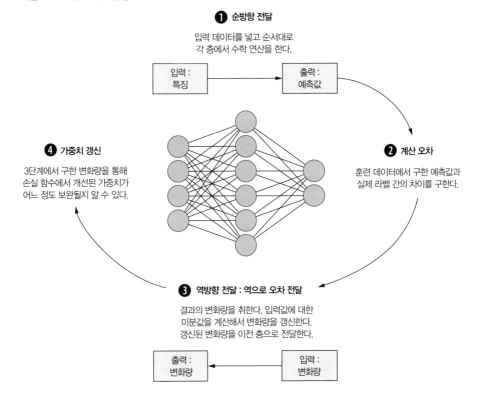

[그림 5-11]의 상세 흐름은 다음과 같다.

1 훈련 데이터를 순방향으로 전달한다. 이 단계에서 입력 데이터 샘플 x를 신경망에 통과시켜 다음과 같이 예측값에 도달하도록 해야 한다.

　a 아핀 선형 함수 $Wx+b$를 구한다.

　b 결과에 시그모이드 함수 $\sigma(x)$를 적용한다. 이때 계산 단계에서의 x는 이전 단계의 출력값을 의미한다.

　c 이 두 단계를 출력층에 도달할 때까지 반복한다. 이 예시에서는 두 개 층을 사용했지만 실제 층수는 얼마가 되든 상관없다.

2 손실 함수를 평가한다. 이 단계에서는 샘플 x의 라벨 $\hat{y}$과 예측값 y 간의 손실값을 구하는 식으로 이 둘을 비교한다. 이 예제에서는 평균제곱오차를 손실 함수로 사용했다.

3 오차항을 역으로 전파한다. 이 단계에서는 손실값을 신경망에 역으로 전달한다. 층 방향으로 미분을 구하는 방식으로 이를 실행한다. 이는 연쇄법칙으로 가능하다. 순방향 전달을 통해 입력 데이터를 신경망에서 한 방향으로 전달하는 동안 역방향 전달을 통해 오차항을 반대 방향으로 전달한다.

　a 오차항 Δ는 순방향 전달의 역순으로 전파한다.

　b Δ의 초깃값으로 사용할 손실 함수의 미분(함수 형태)을 구한다. 순방향 전달 과정에서는 전파되는 오차항을 Δ라고 부른다는 것을 다시 한 번 확인해서 틀리지 않도록 하자.

　c 입력값에 대한 시그모이드 함수의 미분값을 구한다. 이는 간단히 $\sigma \cdot (1-\sigma)$로 나타낸다. 다음 층으로 Δ를 전달하려면 $\sigma(1-\sigma) \cdot \Delta$ 식으로 요소 간의 곱을 구하면 된다.

　d x에 대한 아핀 선형 변환 $Wx+b$의 미분값은 간단히 W로 나온다. Δ를 전달하려면 $W^{\intercal} \cdot \Delta$를 구한다.

　e 신경망의 첫 층에 도달할 때까지 c와 d의 두 단계를 반복한다.

4 1차 미분 정보로 가중치를 갱신한다. 첫 단계에서는 신경망 파라미터(가중치와 편향치) 갱신 과정에서 구해진 변화량을 사용한다.

　a 시그모이드 함수에는 파라미터가 없으므로 여기서는 따로 해야 할 일이 없다.

　b 각 층의 편향치에 도달하는 갱신된 Δb의 값은 간단히 Δ다.

　c 각 층의 가중치에 대한 갱신된 ΔW의 값은 $\Delta \cdot x^{\intercal}$이다(변화량 Δ와 곱하기 전에 x를 전치해주어야 한다).

　d x에는 단일 데이터를 쓴다. 하지만 여기서 이야기한 모든 내용은 미니배치로 전달된다. 만약 x가 샘플의 미니배치라면(x는 모든 열이 입력 벡터인 행렬이다) 순방향과 역방향 전달에서의 계산은 완전히 동일해보일 것이다.

이제 순방향 신경망을 만들어서 돌리는 데 필요한 수학적 지식을 모두 갖췄으니 신경망 구현을 처음부터 구축하여 지금까지 배운 이론을 실제로 적용해보자.

5.5 파이썬을 활용한 단계별 신경망 훈련

앞 절에서 다양한 이론적 지식을 쌓은 것 같지만 몇 가지 기본 개념만 배웠을 뿐이다. 구현 단계에서는 다음 세 가지에 대해서만 고민하면 된다. Layer 클래스, 몇 개의 Layer 객체를 하나하나 쌓아서 만드는 SequentialNetwork 클래스, 신경망 역전파에 필요한 Loss 클래스다. 이 세 클래스를 살펴본 후 손글씨 숫자 데이터를 불러와서 탐색하고 이를 구현한 신경망에 적용할 것이다. [그림 5-12]는 이들 파이썬 클래스가 어떻게 서로 연결되어 앞 절에서 소개한 순방향 및 역방향 전달을 구성하게 되는지 보여준다.

그림 5-12 순방향 신경망을 파이썬으로 구현할 때의 클래스 다이어그램. SequentialNetwork는 여러 Layer 인스턴스를 가진다. 각 Layer에는 수학함수 및 미분함수가 구현되어 있다. 순방향 및 역방향 메서드에는 이에 대한 순방향, 역방향 전달이 구현되어 있다. Loss 인스턴스에서는 예측값과 훈련 데이터 간의 오차인 손실 함수를 계산한다.

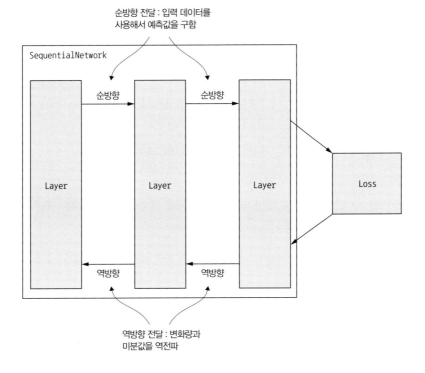

5.5.1 파이썬에서의 신경망층

일반적인 Layer 클래스를 만들 때는 이전에 논의했던 것처럼 층은 입력 데이터를 다루는 규칙 뿐만 아니라 오차항을 **역으로 전파**하는 방법까지 같이 제공해야 한다는 것을 고려하자. 역방향 전달에서 활성화값을 재계산하지 않으려면 층에 들어오고 나가는 양방향 데이터 **상태**를 기억해 두는 것이 편리하다. 또한 Layer의 초기화는 직관적이어야 한다. 그럼 층 모듈을 만들어보자. 이 장 후반부에서는 이 모듈의 요소를 사용해서 신경망을 구축할 것이다.

예제 5-11 기본 층 구현

```
import numpy as np
                              순차 신경망 구현을 위해서는
class Layer:            ◁     층을 쌓아야 한다.
    def __init__(self):
        self.params = []

                              층은 자신의 선제층(previous)과...
        self.previous = None  ◁
        self.next = None      ◁  ...후속층(next)을 알고 있다.

        self.input_data = None   ◁  각 층은 순방향 전달 과정 내부 혹은 밖에서
        self.output_data = None     데이터의 흐름을 유지할 수 있다.

        self.input_delta = None  ◁  유사한 방식으로 층은 역방향 전달에 사용할
        self.output_delta = None    입력 및 출력 데이터를 가지고 있다.
```

층은 파라미터 리스트를 가지고 있고 현재 입력 및 출력 데이터를 저장하며, 이에 대한 입력 및 출력의 변화량을 저장해서 역방향 전달에 사용한다.

또한 순차 신경망을 사용할 것이므로 각 층에는 선제층과 후속층이 있다. 이 정의에 따라 코드에 다음과 같은 내용을 추가한다.

예제 5-12 층에 선제층과 후속층 연결

```
def connect(self, layer):   ◁   이 메서드는 순차 신경망에서
    self.previous = layer        층을 바로 이웃에 연결한다.
    layer.next = self
```

다음으로 서브클래스로 추상 Layer 클래스를 구현하고, 여기에 순방향과 역방향 전달을 위한 스텝을 구현한다.

```
def forward(self):
    raise NotImplementedError
```
각 층의 구현 내용에는 입력 데이터를 순방향으로
전달하는 함수가 들어가야 한다.

```
def get_forward_input(self):
    if self.previous is not None:
        return self.previous.output_data
    else:
        return self.input_data
```
input_data를 첫 번째 층에서 받는다.
다른 층에서는 이전 층의 출력값을
입력으로 받는다.

```
def backward(self):
    raise NotImplementedError
```
층에는 오차를 신경망의 역방향으로
전달할 수 있는 오차항의 역전파 구현
내용이 들어가야 한다.

```
def get_backward_input(self):
    if self.next is not None:
        return self.next.output_delta
    else:
        return self.input_delta
```
마지막 층에서 사용하는 input_delta를
만든다. 모든 다른 층에서는 이전 층으로부터
오차항을 받는다.

```
def clear_deltas(self):
    pass
```
미니배치별로 변화량을 구해서
누적하고 이 변화량을 재설정
해야 한다.

```
def update_params(self, learning_rate):
    pass
```
정의한 learning_rate를 사용해서 현재
변화량에 따라 층의 파라미터를 갱신한다.

```
def describe(self):
    raise NotImplementedError
```
특성값을 출력하도록 층을 구현한다.

헬퍼 함수에서처럼 각 전달에 대한 입력값을 검색하되 입력과 출력 뉴런에 특별히 더 초점을 맞춘 get_forward_input( )과 get_backward_input( ) 함수를 작성한다. 상단에는 미니배치에서 변화량을 합산한 후 변화량을 주기적으로 갱신하는 clear_deltas( ) 메서드와 네트워크에서 해당 층을 사용한 후에 호출해서 변숫값을 갱신하는 update_params( )를 구현한다.

마지막 기능으로 각 층에 파라미터값 및 간단한 정보를 출력하는 메서드를 추가해서 해당 신경망의 역할을 쉽게 알아볼 수 있도록 하는 것을 잊지 말자.

5.5.2 신경망에서의 활성화층

다음으로 첫 번째 층인 ActivationLayer를 추가한다. 이때는 앞서 구현한 시그모이드 함수를 사용한다. 역전파 시에는 미분값도 필요한데, 이를 구현하는 것은 어렵지 않다.

예제 5-14 시그모이드 함수의 미분 구현

```
def sigmoid_prime_double(x):
    return sigmoid_double(x) * (1 - sigmoid_double(x))

def sigmoid_prime(z):
    return np.vectorize(sigmoid_prime_double)(z)
```

시그모이드 자체에는 정수형과 벡터형 미분값을 처리하는 버전이 모두 있다는 것을 알고 있을 것이다. 그러면 기존에 구현된 시그모이드 함수를 활성화 함수로 사용하는 ActivationLayer를 정의할 때 시그모이드 함수에는 어떤 파라미터도 들어가지 않으므로 여기에서 파라미터 갱신을 고민할 필요는 없다.

예제 5-15 시그모이드 활성화층

```
class ActivationLayer(Layer):
    def __init__(self, input_dim):                      이 활성화층에서는 시그모이드 함수를
        super(ActivationLayer, self).__init__()         사용해서 뉴런을 활성화한다.

        self.input_dim = input_dim
        self.output_dim = input_dim

    def forward(self):
        data = self.get_forward_input()                 순방향 전달은 단순히 입력 데이터에
        self.output_data = sigmoid(data)                시그모이드를 적용한다.

    def backward(self):
        delta = self.get_backward_input()
        data = self.get_forward_input()
        self.output_delta = delta * sigmoid_prime(data)  역방향 전달은 현재 층의
                                                         입력값으로부터 구한 시그모이드
    def describe(self):                                  미분값에 변화량을 곱해준 것이다.
        print("|-- " + self.__class__.__name__)
        print("  |-- dimensions: ({},{})"
                .format(self.input_dim, self.output_dim))
```

미분이 구현된 내용을 찬찬히 살펴보면서 [그림 5-11]에서 설명한 부분과 어떻게 맞아 들어가는지 살펴보자. 이 층에서 역방향 전달은 단지 현재 층의 입력값으로부터 구한 시그모이드 미분값에 변화량을 $\sigma(x) \cdot (1 - \sigma(x)) \cdot \Delta$와 같이 각각 값에 곱해준 것이다.

5.5.3 순방향 신경망의 구성 요소로서의 파이썬에서의 밀집층

마지막으로 구현이 조금 까다로운 DenseLayer를 구현할 차례다. 이 층을 초기화하는 데는 몇 가지 파라미터가 더 필요하다. 이번에는 가중치 행렬, 편향치, 그리고 이 값들의 미분에도 신경써야 하기 때문이다.

예제 5-16 밀집층의 가중치 초기화

```
class DenseLayer(Layer):

    def __init__(self, input_dim, output_dim):    ←  밀집층은 입력값과 출력값이
                                                      다차원이다.
        super(DenseLayer, self).__init__()

        self.input_dim = input_dim
        self.output_dim = output_dim              가중치 행렬과 편향치 벡터를
                                                  임의로 초기화한다.
        self.weight = np.random.randn(output_dim, input_dim)
        self.bias = np.random.randn(output_dim, 1)
                                                  층의 파라미터로는 가중치와
        self.params = [self.weight, self.bias]   ←  편향치 항이 있다.

        self.delta_w = np.zeros(self.weight.shape)   ←  가중치와 편향치의 변화량은
        self.delta_b = np.zeros(self.bias.shape)        0으로 설정한다.
```

이때 W와 b는 임의로 초기화함을 기억하자. 신경망의 가중치를 초기화하는 방법은 여러 가지가 있다. 임의 초기화도 쓸 수 있지만, 입력 데이터의 구조를 더 정확하게 반영하는 더 복잡한 방법도 여럿 있다.

밀집층의 순방향 전달은 직관적이다.

예제 5-17 밀집층의 순방향 전달

```
def forward(self):
    data = self.get_forward_input()
    self.output_data = np.dot(self.weight, data) + self.bias
```

밀집층의 순방향 전달은 입력 데이터에 가중치와 편향치로 정의된 아핀 선형 변환을 취한다.

역방향으로 전달하려면 이 층에 해당하는 변화량을 구할 때 W의 전치에 전달받은 변화량을 $W^t \cdot \Delta$와 같이 곱하기만 하면 된다. W와 b의 미분값도 간단하다. $\Delta W = \Delta y t$고 $\Delta b = \Delta$로, 이때 y는 이 층에서의 입력값(현재 사용 중인 데이터에서 구한 값)이다.

예제 5-18 밀집층의 역방향 전달

```
def backward(self):
    data = self.get_forward_input()
    delta = self.get_backward_input()

    self.delta_b += delta

    self.delta_w += np.dot(delta, data.transpose())

    self.output_delta = np.dot(self.weight.transpose(), delta)
```

역방향 전달에서는 우선 입력 데이터와 변화량을 받아와야 한다.

현재의 변화량에 편향치 변화량을 더한다.

그리고 이 항을 가중치 변화량에 더한다.

결과의 변화량을 이전 층에 전달하면 역방향 전달이 끝난다.

이 층의 갱신 규칙은 신경망에 지정한 학습률에 따른 변화량 누적에 의해 주어진다.

예제 5-19 밀집층 가중치 갱신 메커니즘

```
def update_params(self, rate):
    self.weight -= rate * self.delta_w
    self.bias -= rate * self.delta_b
```
가중치 및 편향치 변화량을
사용해서 모델의 파라미터를
경사하강법으로 갱신할 수 있다.

```
def clear_deltas(self):
    self.delta_w = np.zeros(self.weight.shape)
    self.delta_b = np.zeros(self.bias.shape)
```
파라미터 갱신 후
모든 변화량 값을 초기화한다.

```
def describe(self):
    print("|--- " + self.__class__.__name__)
    print("  |-- dimensions: ({},{})"
            .format(self.input_dim, self.output_dim))
```
밀집층은 입력값과 출력값을
다차원으로 나타낼 수 있다.

5.5.4 파이썬으로 순차 신경망 만들기

신경망의 구성 요소로서의 층을 살펴보려면 일단 신경망 자체로 돌아가야 한다. 텅 빈 층 리스트를 만들어 순차 신경망을 초기화하고, 다른 함수가 따로 주어지지 않은 경우 손실 함수로 MSE를 사용한다.

예제 5-20 순차 신경망 초기화

```
class SequentialNetwork:
    def __init__(self, loss=None):
        print("Initialize Network...")
        self.layers = []
        if loss is None:
            self.loss = MSE()
```
순차 신경망에서는 층을
순차적으로 쌓는다.

손실 함수가 주어지지 않은 경우
MSE를 사용한다.

다음으로 하나하나 층을 추가하는 함수를 추가한다.

예제 5-21 순차적으로 층 추가

```
def add(self, layer):
    self.layers.append(layer)
    layer.describe()
    if len(self.layers) > 1:
        self.layers[-1].connect(self.layers[-2])
```
층을 추가할 때마다 이를 이전 층에
연결하고 추가한 층의 정보를 표시
하도록 한다.

신경망 구현의 핵심은 train( ) 메서드다. 이 메서드에는 미니배치를 입력값으로 사용한다. 훈련 데이터를 섞고 나서 mini_batch_size 크기의 배치로 나눌 것이다. 신경망을 훈련할 때 이 미니배치를 하나씩 넣어줄 것이다. 학습 능력을 향상시키기 위해 신경망에 훈련 데이터를 배치로 여러 번 넣어줄 것이다. 이런 방식을 여러 **세대**[epoch]에 거쳐 훈련한다고 말한다. 각 미니배치에 대해 train_batch( ) 메서드를 호출한다. 여기에 test_data를 제공하면 각 세대가 끝난 후 신경망의 성능을 구할 수 있다.

예제 5-22 순차 신경망의 train( ) 메서드

```
def train(self, training_data, epochs, mini_batch_size,
        learning_rate, test_data=None):
    n = len(training_data)
    for epoch in range(epochs):          ◁──  신경망 훈련 시 데이터를
        random.shuffle(training_data)          여러 번 전달해야 하는데
                                               이를 세대라고 한다.
        mini_batches = [
            training_data[k:k + mini_batch_size] for
            k in range(0, n, mini_batch_size)   ◁───  훈련 데이터를 섞어서
        ]                                             미니배치를 만든다.
        for mini_batch in mini_batches:
            self.train_batch(mini_batch, learning_rate)  ◁──  각 미니배치별로 신경망을
        if test_data:                                         훈련시킨다.
            n_test = len(test_data)
            print("Epoch {0}: {1} / {2}"
                .format(epoch, self.evaluate(test_data), n_test))
        else:
            print("Epoch {0} complete".format(epoch))
```

검정 데이터를 제공하면 각 세대가 끝난 후 신경망을 평가할 수 있다.

이제 train_batch( )는 해당 미니배치에 대해 순방향 및 역방향 전달 내용을 계산하고 그 후 파라미터를 갱신한다.

예제 5-23 데이터 배치에 대해 순차 신경망 훈련시키기

```
def train_batch(self, mini_batch, learning_rate):
    self.forward_backward(mini_batch)       ◁──  미니배치에 대해 신경망을
                                                 훈련하려면 순방향 및 역방향
                                                 전달을 구한다...
    self.update(mini_batch, learning_rate)  ◁──  ...그리고 이에 따라 모델
                                                 파라미터를 갱신한다.
```

update( )와 forward_backward( )의 두 단계는 다음과 같이 구한다.

예제 5-24 신경망에서 규칙 및 순방향 전달과 역방향 전달 갱신하기

```
def update(self, mini_batch, learning_rate):
    learning_rate = learning_rate / len(mini_batch)    ← 일반적으로는 미니배치 크기에
                                                          따라 학습률을 정규화하는
                                                          기법을 쓴다.
    for layer in self.layers:
        layer.update_params(learning_rate)    ← 모든 층에 대해 파라미터를 갱신한다.
    for layer in self.layers:
        layer.clear_deltas()    ← 각 층의 모든 변화량을 초기화한다.

def forward_backward(self, mini_batch):
    for x, y in mini_batch:
        self.layers[0].input_data = x         미니배치의 각 샘플에 대해
        for layer in self.layers:             특징값을 층에서 층으로      출력 데이터의
            layer.forward()          ←        순방향으로 넘긴다.          손실 미분값을 구한다.
        self.layers[-1].input_delta = \
            self.loss.loss_derivative(self.layers[-1].output_data, y)    ←
        for layer in reversed(self.layers):
            layer.backward()         ←
                                            층에서 층으로 오차항을 역전파한다.
```

구현이 직관적이지만 몇 가지 살펴볼 부분이 있다. 첫 번째는 미니배치 크기를 조절해서 갱신을 점진적으로 하면서 학습률을 조율해서 0과 1 사이로 만든다. 두 번째는 역순으로 층을 탐색하는 식으로 전체 역방향 전달값을 구하기 전에 역방향 전달에 사용할 첫 번째 입력값의 변화량으로 사용되는 신경망에서의 출력값의 손실 미분값을 구한다.

SequentialNetwork 구현의 나머지 부분은 성능 및 평가에 관한 것이다. 검정 데이터를 사용해서 신경망을 평가하려면 이 데이터를 신경망에 순방향으로 넣어주어야 한다. 이 역할은 single_forward( )가 담당한다. 평가는 evaluate( )에서 이루어진다. 이 메서드에서 정확도 예측에 사용할 정확히 예측된 결과 수를 반환한다.

예제 5-25 평가

```
def single_forward(self, x):        ←   단일 샘플을 순방향으로
    self.layers[0].input_data = x       전달한 후 결과를 얻는다.
    for layer in self.layers:
        layer.forward()
    return self.layers[-1].output_data
```

```
def evaluate(self, test_data):    ⬅┤ 검정 데이터로 정확도를 계산한다.
    test_results = [(
        np.argmax(self.single_forward(x)),
        np.argmax(y)
    ) for (x, y) in test_data]
    return sum(int(x == y) for (x, y) in test_results)
```

5.5.5 신경망으로 손글씨 숫자 분류하기

순방향 신경망을 구현했으니 앞서 살펴본 MNIST 데이터셋의 손글씨 숫자 예측 문제로 돌아가자. 앞서 만든 클래스를 불러오고, MNIST 데이터를 읽어 들이고, 신경망을 초기화하고, 여기에 층을 추가하고, 이 데이터를 신경망에 넣어 훈련하고 평가해보자.

신경망 구축 시 입력 데이터의 차원은 784고 출력 차원은 숫자의 개수인 10이다. 이에 따라 출력 차원이 392, 196, 10인 세 밀집층을 선택하고, 각각에 시그모이드 활성화 함수를 추가한다. 각 새로운 밀집층을 사용하여 효과적으로 층 용량을 절반으로 나눈다. 층 크기와 층 개수는 이 신경망의 **하이퍼라라미터**hyperparameter다. 신경망의 구조를 만들기 위해 이 값을 넣어준다. 신경망의 학습률과 구조와의 관계를 이해하기 위해 여러 층 크기를 실험해보기 권한다.

예제 5-26 신경망 인스턴스화

```
from dlgo.nn import load_mnist
from dlgo.nn import network
from dlgo.nn.layers import DenseLayer, ActivationLayer

training_data, test_data = load_mnist.load_data()    ⬅┤ 훈련 데이터와 검정 데이터를 불러온다.

net = network.SequentialNetwork()    ⬅┤ 순차 신경망을 초기화한다.

net.add(DenseLayer(784, 392))        ⬅┐ 그 후 밀집층과 활성화층을
net.add(ActivationLayer(392))         │ 하나하나 추가한다.
net.add(DenseLayer(392, 196))
net.add(ActivationLayer(196))
net.add(DenseLayer(196, 10))         ┌─ 최종 층의 크기는 예측할
net.add(ActivationLayer(10))        ⬅┘  숫자의 개수인 10이다.
```

모든 필요한 파라미터를 추가하고 train( ) 함수를 호출해서 손글씨 숫자 데이터를 신경망에서 훈련시켰다. 10세대에 대해 훈련을 실행했고 이때 학습률은 3.0으로 설정했다. 미니배치 크기는 결과 종류의 수인 10으로 했다. 훈련 데이터를 최대한 완벽하게 섞었다면 대부분의 배치에서 모든 클래스가 포함되어 있어서 좋은 확률적 경사값이 나타나게 될 것이다.

예제 5-27 훈련 데이터를 적용한 신경망 인스턴스 실행

```
net.train(training_data, epochs=10, mini_batch_size=10,
          learning_rate=3.0, test_data=test_data)
```

이제 훈련 데이터와 검정 데이터, 세대 수, 미니배치 크기, 학습률을 정의해서 이 모델을 쉽게 훈련시킬 수 있다.

다음 명령어를 실행해보자.

```
python run_network.py
```

그럼 다음과 같은 프롬프트가 나타날 것이다.

```
Initialize Network...
|--- DenseLayer
  |-- dimensions: (784,392)
|-- ActivationLayer
  |-- dimensions: (392,192)
|--- DenseLayer
  |-- dimensions: (192,10)
|-- ActivationLayer
  |-- dimensions: (10,10)
Epoch 0: 6628 / 10000
Epoch 1: 7552 / 10000
...
```

각 세대에서 나오는 숫자는 결과가 가중치의 초깃값에 크게 의존적이라는 사실만 확인해두는 용도다. 따라서 여기서는 추가로 언급하지 않을 것이다. 하지만 10세대 미만에서도 종종 95% 이상의 정확도가 나타나는 부분은 주목할 만하다. 처음부터 끝까지 완성했다는 것을 생각할 때 이는 충분한 성과다. 게다가 이 모델은 이 장 초반에서 사용한 임의의 모델보다 성능이 매우 뛰어나다. 심지어 이후에 좀 더 다듬으면 이보다도 훨씬 좋은 성능을 낼 수 있다.

이번 예제에서는 입력 이미지의 공간 구조를 완전히 무시하고 벡터로 만들어서 사용했다는 점을 기억해두자. 하지만 주어진 픽셀의 이웃 정보는 매우 중요하게 사용되는 것은 사실이다. 최종적으로 다룰 바둑의 경우를 생각해보면 2장과 3장에서 돌의 이웃(이음)이 얼마나 중요한지 확인했다.

다음 장에서는 이미지나 바둑판 같은 공간 데이터에서 패턴을 찾아내는 데 더 적합한 종류의 신경망을 구축하는 방법을 살펴볼 것이다. 이를 익힌 후 7장을 공부하면 바둑봇을 만들기 한결 쉬워질 것이다.

5.6 요약

- **순차 신경망**은 선형으로 층을 쌓은 간단한 인공 신경망이다. 이미지 인식 등 다양한 머신러닝 문제를 해결하는 데 신경망을 적용할 수 있다.
- **순방향 신경망**은 활성화 함수를 가지는 밀집층으로 이루어진 순차 신경망이다.
- **손실 함수**는 예측 품질을 가늠한다. **평균제곱오차**는 실제로 가장 널리 사용되는 손실 함수다. 손실 함수를 사용해서 모델의 정확도를 엄격하게 판단할 수 있다.
- **경사하강법**은 함수 최소화 알고리즘이다. 경사하강법 중에는 함수의 가장 가파른 기울기를 따르는 방법이 있다. 머신러닝에서는 가장 손실이 적은 모델 가중치를 찾는 데 경사하강법을 사용한다.
- **확률적 경사하강법**은 경사하강법 알고리즘을 변형한 것이다. 확률적 경사하강법은 **미니배치**라고 부르는 훈련 데이터셋의 작은 부분집합에 대해 기울기를 구한 후 각 미니배치에서 구한 가중치로 신경망을 갱신한다. 확률적 경사하강법은 훈련 데이터셋이 큰 경우 일반적으로 보통의 경사하강법보다 훨씬 **빠르다**.
- 순차 신경망에서는 **역전파 알고리즘**을 사용해서 기울기를 효율적으로 구할 수 있다. 역전파와 미니배치의 조합으로 대량의 데이터에 대해서도 실용적일 정도로 **빠른** 훈련이 가능하다.

CHAPTER 6

바둑 데이터용 신경망 설계

이 장에서 다루는 내용

- 데이터를 이용해서 다음 수를 예측하는 딥러닝 애플리케이션 만들기
- 케라스 딥러닝 프레임워크 소개
- 합성곱 신경망에 대한 이해
- 공간 바둑 데이터를 분석하는 신경망 구축

앞 장에서는 신경망의 기본 지식을 알아봤고 간단히 순방향 신경망을 구현했다. 이 장에서는 논점을 다시 바둑으로 가져와서 딥러닝 기법을 사용해서 주어진 바둑판 현황에서 다음 수를 예측하는 문제를 해결하는 방법을 살펴본다. 4장에서 트리 탐색으로 만든 데이터를 신경망에 사용한다. [그림 6-1]은 이 장에서 만들 애플리케이션에 대한 개요다.

앞에서 배운 신경망 지식을 [그림 6-1]처럼 활용하려면 먼저 다음 몇 가지 중요한 단계를 다루어야 한다.

1 3장에서는 바둑판 위에서 벌어지는 대국을 구현하면서 바둑 규칙을 머신(기계)에 가르치는 데 집중했다. 4장에서는 이 구조를 트리 탐색에 적용했다. 5장에서는 신경망 입력값이 **숫자**로 주어져야 한다는 사실을 알게 되었다(구현한 순방향 신경망 구조에 적용하려면 **벡터**가 필요하므로).

2 바둑판 위의 위치를 입력 벡터 형태로 변형해서 신경망에 입력하는 **변환기**를 만들어야 한다. 6.1절에서 구현할 간단한 변환기를 [그림 6-1]에 그려보았다. 바둑판은 바둑판 크기의 행렬로 변환되고, 백돌은 −1로, 흑돌은 1로, 빈 점은 0으로 나타난다. 앞 장의 MNIST 데이터에 했던 것처럼 이 행렬도 벡터로 변환할 수 있다. 이런 표현법이 수 예측에 최고의 결과를 내기에는 너무 단순한 형태일 수 있으나 이 방향이 제대로 가는 첫 걸음이다. 7장에서는 바둑판의 데이터를 변환하는 더욱 정교하고 유용한 방법을 소개한다.

3 수를 예측하는 신경망을 훈련시키려면 우선 손으로 데이터를 하나하나 떠먹여 주어야 한다. 6.2절에서는 4장에서 경기 기록을 생성했던 기술을 다시 사용한다. 앞서 이야기한 대로 각 바둑판 위의 위치를 특징으로 변환하고, 각 위치에 대한 다음 수를 라벨로 만든다.

4 5장에서 했던 것처럼 신경망을 구현하는 것도 유용하겠지만 더 성숙한 딥러닝 라이브러리를 도입하여 더 빠른 속도와 신뢰성을 얻는 것도 마찬가지로 중요하다. 그래서 6.3절에서는 파이썬으로 만든 유명 딥러닝 라이브러리인 **케라스**를 소개한다. 케라스를 사용해서 수 예측 신경망 모델을 만들 것이다.

5 왜 바둑판의 공간 구조를 완전히 버리고 저차원 벡터로 만들어야 하는지 궁금할 것이다. 6.4절에서는 바둑의 예시에 더 알맞은 **합성곱층**(convolutional layer)이라는 새로운 층을 배울 것이다. 이 층을 사용해서 **합성곱 신경망**(convolutional neural network)이라고 부르는 새로운 구조를 만들 것이다.

6 이 장의 끝에서는 6.5절의 **소프트맥스**를 활용한 효율적인 확률 예측이라든가 6.6절에서 다룰 **ReLU**(렐루, rectified linear unit, 정류 선형 유닛)라는 흥미로운 활성화 함수를 사용해 더 깊은 신경망을 구축하는 등 수 예측의 정확도를 훨씬 더 높일 수 있는 현대 딥러닝의 주요 개념을 익히게 될 것이다.

그림 6-1 딥러닝을 사용해서 바둑에서 다음 수를 예측하는 방법

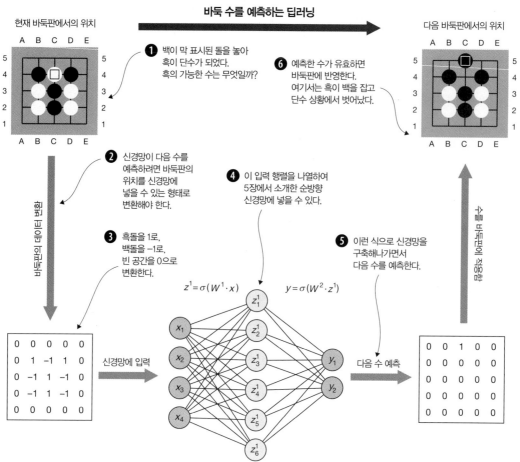

6.1 신경망용 바둑경기 변환

3장에서는 바둑의 모든 요소를 나타내는 Player, Board, GameState 등을 파이썬 클래스 라이브러리로 만들었다. 이제는 바둑 문제 해결에 머신러닝을 적용한다. 하지만 신경망 같은 수학 모델은 벡터나 행렬 같은 수학 객체만을 다루므로 우리가 만든 GameState 클래스 같은 고차원 객체에는 적용하기 어렵다. 그래서 Encoder 클래스를 만들어서 게임 객체를 수학적 형태로 변환한다. 이 절의 나머지 부분에서는 이렇게 수학적 표현으로 변환한 내용을 머신러닝에 입력한다.

바둑 수를 예측하는 딥러닝 모델을 만들려면 가장 먼저 신경망에 넣을 데이터를 불러와야 한다. [그림 6-1]에서 본 간단한 바둑판용 데이터 **변환기**를 정의하면 된다. 변환기는 3장에서 구현한 바둑판 형태 데이터를 적합한 방식으로 변환한다. 지금까지 다룬 신경망인 다층 퍼셉트론은 벡터를 입력으로 받지만 6.4절에서는 더 고차원 데이터를 사용하는 다른 신경망 구조를 배운다. [그림 6-2]는 이 변환기가 어떤 모양으로 정의되는지 보여준다.

그림 6-2 Encoder 클래스의 형태. 이 클래스는 GameState 클래스를 받아서 수학적 형태인 NumPy 배열로 만들어준다.

GameState 인스턴스   NumPy 배열

여기서 핵심은 인코더가 전체 바둑 기보를 어떻게 변환하는지 알아야 한다는 것이다. 특히 바둑판의 점 하나하나를 어떻게 **변환**(인코딩^{encoding})할지 정의해야 한다. 간혹 이를 역으로 보는 방법도 흥미롭다. 만약 신경망을 사용해서 다음 수를 예측했다면 그 수는 변환된 상태일 것이므로 그것을 보드의 실제 수로 되돌릴 필요가 있다. 이런 **역변환**(디코딩^{decoding})은 수 예측에 있어서 필수다.

이를 염두에 두면 이 장과 다음 장에서 만들 변환기 인터페이스인 Encoder 클래스를 정의할 수 있다. dlgo에 **encoders**라고 부르는 새 모듈을 정의하자. 이 이름의 폴더에 빈 __init__.py 파일을 넣어 초기화한 후 base.py 파일을 넣는다. 그리고 나서 다음 클래스 정의 내용을 이 파일에 입력한다.

예제 6-1 바둑 대국 상태를 변환하는 추상 Encoder 클래스

```
class Encoder:
    def name(self):              ◄──────┐ 모델이 사용하는 변환기 이름을
        raise NotImplementedError()      └ 로깅하거나 저장할 수 있게 한다.

    def encode(self, game_state):    ◄──┤ 바둑판을 숫자 데이터로 바꾼다.
        raise NotImplementedError()

    def encode_point(self, point):   ◄──┤ 바둑판의 점을 정수형 인덱스로 바꾼다.
        raise NotImplementedError()

    def decode_point_index(self, index):  ◄──┤ 정수형 인덱스를 바둑판의 점으로 바꾼다.
        raise NotImplementedError()

    def num_points(self):        ◄──────┤ 바둑판에 있는 점의 개수는 너비 x 높이다.
        raise NotImplementedError()

    def shape(self):             ◄──────┤ 변환된 바둑판 구조의 모양
        raise NotImplementedError()
```

base.py에 편리한 기능을 한 가지 더 추가하자. 객체를 명백하게 직접 생성하는 대신 이름과 문자열을 가지고 변환기를 생성하는 함수다. get_encoder_by_name( ) 함수를 사용해서 변환기 정의를 추가할 수 있다.

예제 6-2 이름으로 바둑판 변환기 참조

```
import importlib
                                         ┌ 변환기 인스턴스에
                                         └ 이름을 부여할 수 있다.
def get_encoder_by_name(name, board_size):  ◄──┘
    if isinstance(board_size, int):              ┌ board_size가 하나의 정수인 경우 이를
        board_size = (board_size, board_size) ◄──┤ 참조해서 정사각형 바둑판을 만들 수 있다.
    module = importlib.import_module('dlgo.encoders.' + name)
    constructor = getattr(module, 'create')  ◄──┐
    return constructor(board_size)               └ 각 변환기 구현 시 인스턴스를 제공하는
                                                   create 함수를 제공해야 한다.
```

이제 변환기가 무엇인지 알았고 어떻게 만드는지도 알았으니 첫 번째 변환기를 [그림 6-2]와 같이 구현해보자. 흑백 중 하나를 1로, 나머지를 −1로, 빈 점을 0으로 사용한다. 정확한 예측을 위해서는 모델도 다음 차례가 누구인지 알아야 한다. 따라서 1을 흑으로, −1을 백

으로 사용하지 말고, 누가 되었든 다음 차례, 즉 이번에 둘 선수를 1로, 상대를 −1로 사용한다. 이를 통해 바둑판을 동일한 크기의 단일 행렬이나 평면으로 변환할 수 있기 때문에 이를 OnePlaneEncoder라고 부를 것이다. 7장에서는 흑과 백에 대해 각각 1차 평면으로 만들어주는 변환기나 패를 잡는 평면을 만드는 변환기를 구현하는 등 더 많은 **특징 평면**에 대한 변환기를 접하게 될 것이다. 일단 지금은 oneplane.py의 변환기 모듈에 **1차 평면** 변환 개념을 구현하는 것에 집중하자. 다음 예제는 이에 대해 처음으로 구현해야 할 내용이다.

예제 6-3 1차 평면 바둑판 변환기로 게임 상태 변환하기

```python
import numpy as np

from dlgo.encoders.base import Encoder
from dlgo.goboard import Point

class OnePlaneEncoder(Encoder):
    def __init__(self, board_size):
        self.board_width, self.board_height = board_size
        self.num_planes = 1

    def name(self):                          # ← oneplane이라는 이름으로
        return 'oneplane'                     #   이 변환기를 참조할 수 있다.

    def encode(self, game_state):            # ← 변환을 위해 점에 현재 기사의 돌이
        board_matrix = np.zeros(self.shape())  #   놓여 있다면 1을 부여하고, 상대 기사의
        next_player = game_state.next_player   #   돌이 놓여 있다면 −1을 부여한다.
        for r in range(self.board_height):     #   빈 점에는 0을 부여한다.
            for c in range(self.board_width):
                p = Point(row=r + 1, col=c + 1)
                go_string = game_state.board.get_go_string(p)
                if go_string is None:
                    continue
                if go_string.color == next_player:
                    board_matrix[0, r, c] = 1
                else:
                    board_matrix[0, r, c] = -1
        return board_matrix
```

구현의 두 번째 부분에서는 바둑판 위의 단일 점에 대한 변환과 역변환을 다룰 것이다. 변환은 바둑판 위의 점을 바둑판의 넓이와 높이를 곱한 벡터에 매핑하여 수행하고, 역변환은 그러한 벡터로부터 점의 좌표를 복구한다.

```
    def encode_point(self, point):        ◁─── 바둑판의 점 위치를 정수형 인덱스로 변환한다.
        return self.board_width * (point.row - 1) + (point.col - 1)

    def decode_point_index(self, index):  ◁─── 정수형 인덱스를 바둑판의 점 위치로 변환한다.
        row = index // self.board_width
        col = index % self.board_width
        return Point(row=row + 1, col=col + 1)

    def num_points(self):
        return self.board_width * self.board_height

    def shape(self):
        return self.num_planes, self.board_height, self.board_width
```

이것으로 바둑판 변환기 구현을 마친다. 이어서 변환해서 신경망에 넣을 데이터를 만들어보자.

6.2 트리 탐색 게임을 신경망 훈련 데이터로 만들기

머신러닝을 바둑 대국에 적용하려면 훈련 데이터셋이 필요하다. 다행히 공개 바둑 서버에는 항상 고수들의 대국이 있다. 7장에서는 이 기록을 찾아서 훈련 데이터로 변환하는 과정을 다룬다. 지금은 일단 우리의 게임 기록을 생성할 것이다. 이 절에서는 4장에서 만든 트리 탐색 봇을 사용해서 대국 기록을 생성하는 방법을 보여준다. 이 장의 나머지 부분에서는 이 기록을 훈련 데이터로 사용해서 딥러닝을 실행할 것이다.

고전 알고리즘을 모방하기 위해 머신러닝을 사용하는 것이 바보처럼 보이는가? 기존 알고리즘이 그다지 느린 것도 아닌데 말이다! 여기서 우리는 느린 트리 탐색에 대한 빠른 근사치를 얻기 위해 머신러닝을 사용하길 희망한다. 이 개념은 알파고의 가장 강력한 버전인 알파고 제로의 핵심 부분이다. 14장에서는 알파고 제로가 작동하는 방식을 다룬다.

그럼 일단 dlgo 모듈 바깥에 generate_mcts_games.py 파일을 만들자. 파일명을 보면 알겠지만 MCTS를 사용해서 경기를 생성하는 코드를 작성한다. 이 경기의 각 수를 이후에 사용할 수 있도록 6.1절에서 만든 OnePlaneEncoder를 사용해서 변환한 후 numpy 배열로 저장한다. 일단 generate_mcts_games.py 상단에 다음 import 문을 넣자.

예제 6-5 몬테카를로 트리 탐색용 대국 데이터 생성 기능 불러오기

```
import argparse
import numpy as np

from dlgo.encoders import get_encoder_by_name
from dlgo import goboard_fast as goboard
from dlgo import mcts
from dlgo.utils import print_board, print_move
```

불러온 모듈을 보면 이번 작업에 어떤 도구를 사용할 것인지 미리 확인할 수 있다. mcts, 3장에서 구현한 goboard, 앞서 정의한 encoders다. 그럼 경기 데이터를 생성하는 함수를 만들어보자. generate_game()에서는 4장에서 바둑봇 혼자 1인 2역으로 자체 대국을 두는 데 사용한 MCTSAgent 인스턴스를 사용할 것이다(4장에서 MCTS 에이전트의 **온도**를 조절해서 트리 탐색의 변동 정도를 조절했다). 각 수에 대해 해당 수가 실행되기 전에 바둑판의 상태를 변환하고 수를 원-핫 벡터로 변환한 후 바둑판에 적용한다.

예제 6-6 이 장에서 사용할 MCTS 경기 생성

```
# boards에는 바둑판의 상태를 기록하고,
# moves에는 수의 값을 변환해서 기록한다.
def generate_game(board_size, rounds, max_moves, temperature):
    boards, moves = [], []                                        # OnePlaneEncoder에
                                                                  # 이름과 바둑판 크기를
    encoder = get_encoder_by_name('oneplane', board_size)         # 지정해서 초기화한다.

    game = goboard.GameState.new_game(board_size)                 # board_size 크기의
                                                                  # 새 경기가 초기화된다.

    bot = mcts.MCTSAgent(rounds, temperature)                     # 횟수와 온도가 정해진 몬테카를로
                                                                  # 트리 탐색 에이전트가 봇으로 일한다.

    num_moves = 0
    while not game.is_over():
        print_board(game.board)
        move = bot.select_move(game)                              # 다음 수는 봇이 선택한다.
        if move.is_play:
            boards.append(encoder.encode(game))                   # 바둑 현황을 변환한 내용을
                                                                  # boards에 추가한다.

            move_one_hot = np.zeros(encoder.num_points())
            move_one_hot[encoder.encode_point(move.point)] = 1
            moves.append(move_one_hot)                            # 원-핫 인코딩된 다음 수를
                                                                  # moves에 추가한다.
```

```
                print_move(game.next_player, move)
                game = game.apply_move(move)         ◁─── 최종적으로 봇의 다음 수가
                num_moves += 1                            바둑판에 추가된다.
                if num_moves > max_moves:   ◁─── 정해진 최대 수에 도달할 때까지
                    break                        다음 수를 진행한다.

        return np.array(boards), np.array(moves)
```

이제 몬테카를로 트리 탐색으로 경기 데이터를 생성하고 변환할 수 있는 수단을 갖게 되었으니 경기를 몇 번 실행하고 나중에 계속 진행할 수 있도록 main( ) 메서드를 정의하고 이를 generate_mcts_games.py에 넣자.

예제 6-7 이 장에서 사용할 MCTS 게임 데이터 생성용 핵심 코드

```
def main():
    parser = argparse.ArgumentParser()
    parser.add_argument('--board-size', '-b', type=int, default=9)
    parser.add_argument('--rounds', '-r', type=int, default=1000)
    parser.add_argument('--temperature', '-t', type=float, default=0.8)
    parser.add_argument('--max-moves', '-m', type=int, default=60,
                        help='Max moves per game.')
    parser.add_argument('--num-games', '-n', type=int, default=10)
    parser.add_argument('--board-out')
    parser.add_argument('--move-out')

    args = parser.parse_args()   ◁─── 이 애플리케이션은 명령줄 인수를
    xs = []                            통해 사용자별 수정을 허용한다.
    ys = []

    for i in range(args.num_games):
        print('Generating game %d/%d...' % (i + 1, args.num_games))
        x, y = generate_game(args.board_size, args.rounds, args.max_moves,
args.temperature)          ◁─── 정해진 경기 수만큼
        xs.append(x)              경기 데이터를 생성한다.
        ys.append(y)

    x = np.concatenate(xs)   ◁─── 모든 경기 데이터를 생성한 후
    y = np.concatenate(ys)         특징과 라벨을 합친다.

    np.save(args.board_out, x)   ◁─── 명령줄에 입력된 파일명에 따라
    np.save(args.move_out, y)          각 파일에 특징과 라벨을 저장한다.

if __name__ == '__main__':
    main()
```

이를 사용하면 경기 데이터를 쉽게 생성할 수 있다. 9×9 바둑 대국 20판 데이터를 생성하고, 데이터의 특성은 features.npy에 저장하고, 라벨은 labels.npy에 저장하자. 다음 명령어를 입력하면 된다.

```
python generate_mcts_games.py -n 20 --board-out features.npy --move-out labels.
npy
```

이런 식으로 경기 데이터를 생성하면 시간이 다소 소요되므로 많은 경기 데이터를 생성하려면 시간이 꽤 걸린다. MCTS의 라운드 수를 줄일 수 있지만 그러면 봇의 대국 수준도 낮아질 것이다. 그래서 깃허브 저장소의 generated_games 폴더에 경기 데이터를 넣어두었다. features-40k.npy와 labels-40k.npy에 데이터가 기록되어 있다. 여기에는 수백 번 대국을 치르며 둔 40,000번 가량의 수가 저장되어 있다. 한 수당 5,000MCTS 라운드를 생성했다. MCTS 엔진이 매우 좋은 수를 만들어냈으므로 신경망이 이를 잘 따라하게 될 것이라고 생각한다.

이것으로 데이터를 신경망에 적용하는 모든 전처리가 끝났다. 이제 5장에서 구현한 신경망을 바로 실행하면 된다. 하지만 여기에 매우 복잡한 심층 신경망에 추가해서 사용할 수 있는 강력한 도구가 필요하다. 다음 절에서는 이에 적합한 케라스를 소개하겠다.

6.3 케라스 딥러닝 라이브러리 사용하기

많은 강력한 딥러닝 라이브러리가 낮은 수준의 추상화 단계를 숨겨준다. 그래서 기울기와 신경망의 역방향 전달을 내부에서 계산하는 일이 점차적으로 사라져가는 추세다. 앞 장에서는 신경망을 밑바닥부터 하나하나 구현했지만 이제는 더 실질적이고 풍부한 기능을 가진 방법으로 갈아탈 때다.

케라스 딥러닝 라이브러리는 꽤 우아하고 널리 사용되는 파이썬 딥러닝 도구다. 2015년에 오픈소스 프로젝트로 시작되었으며 빠르게 탄탄한 사용자층을 만들었다. 코드는 깃허브[1]에 들어있으며 케라스 문서[2]에 문서화가 잘되어 있다.

------

1 github.com/keras-team/keras/

2 keras.io

6.3.1 케라스 디자인 원리 이해

케라스의 장점 중 하나는 직관적이고 선택하기 쉬운 API를 지원하므로 빠르게 프로토타입을 만들고 실험할 수 있다는 것이다. 그래서 케글[3] 같은 데이터 과학 대회에서 인기 있는 선택으로 자리 잡게 되었다. 케라스는 모듈러 형태이며, 토치^{Torch} 같은 다른 딥러닝 도구로부터 영향을 받아 만들어졌다. 케라스의 다른 큰 장점은 확장성이다. 다른 라이브러리보다 직관적으로 새로운 사용자 지정 층을 추가하거나 기존 함수를 수정할 수 있다.

케라스 입문이 쉬운 다른 이유로는 활용 예제가 많다는 것이다. 예를 들어 MNIST를 비롯해 많이 사용되는 예제 데이터셋을 바로 불러올 수 있고, 깃허브 저장소[4]에도 좋은 예제가 많다. 특히 커뮤니티에서 만든 케라스 생태계에서 케라스 확장과 각 프로젝트를 만날 수 있다.

케라스의 독특한 특징은 **백엔드** 개념이다. 케라스 엔진은 매우 강력하며 필요에 따라 교체할 수 있다. 케라스는 딥러닝 **프론트엔드**로, 모델 실행을 위한 고차원 추상화와 함수를 제공하는 라이브러리로도 볼 수 있지만 이는 서버에 부하를 많이 거는 방식으로 백엔드를 활용하는 경우의 관점이다. 이 책을 쓰는 시점에 케라스의 공식적인 백엔드는 텐서플로, 씨아노, 마이크로소프트 코그니티브 툴킷$^{Cognitive Toolkit, CNTK}$ 세 가지다. 이 책에서는 전반적으로 케라스 기본 백엔드인 구글 텐서플로 라이브러리를 사용한다. 하지만 다른 백엔드를 사용하고 싶다면 간단히 바꿔주면 된다. 케라스는 사용 방식에 따라 백엔드를 선택하는 방식으로 사용자별 환경을 다양하게 수용할 수 있다.

우선 케라스를 설치하자. 그리고 나서 케라스 API를 사용해서 5장에서 다룬 손글씨 숫자 분류 예제를 실행하고, 그 후 바둑 수 예측 사례로 넘어갈 것이다.

6.3.2 케라스 딥러닝 라이브러리 설치

케라스를 사용하려면 먼저 백엔드를 설치해야 한다. pip를 사용해서 텐서플로를 설치하자.

```
pip install tensorflow
```

---

3 kaggle.com

4 github.com/fchollet/keras-resources

컴퓨터에 NVIDIA GPU가 있고 최신 CUDA 드라이버가 설치되어 있다면 텐서플로의 GPU 가속 버전을 설치할 수 있다.

```
pip install tensorflow-gpu
```

tensorflow-gpu가 하드웨어 및 드라이버와 호환된다면 이후 사용 시 속도가 엄청 빨라질 것이다.

케라스 모델 직렬화 및 시각화에 도움이 되는 몇 가지 관련 라이브러리도 같이 설치할 수 있지만 일단은 넘어가고 바로 케라스를 설치하자.

```
pip install Keras
```

6.3.3 케라스로 익숙한 첫 번째 문제 실행해보기

이 절에서는 다음 4단계를 따라 케라스 모델을 정의하고 실행해볼 것이다.

1 **데이터 전처리** : 신경망에 넣을 데이터셋을 불러와서 다듬는다.
2 **모델 정의** : 모델을 초기화하고 필요한 층을 추가한다.
3 **모델 컴파일** : 앞서 정의한 모델에 최적화기, 손실 함수, 평가 지표 등을 추가하여 컴파일한다.
4 **모델 훈련 및 평가** : 딥러닝 모델을 데이터에 맞추고 평가한다.

5장에서 다룬 MNIST 데이터셋을 사용하여 손글씨 숫자를 예측하는 예제를 케라스로 다뤄보자. 5장의 간단한 모델은 이미 케라스 구문과 놀라울 정도로 가깝기 때문에 케라스를 쉽게 사용할 수 있을 것이다.

케라스로 순차모델과 더 일반적인 비순차모델을 정의할 수 있다. 여기서는 순차모델만을 사용한다. 두 모델 유형은 keras.models에 나와 있다. 순차모델을 정의하려면 5장에서 구현했던 것처럼 해당 모델에 층을 추가해야 한다. 케라스 층은 keras.layers 모듈을 통해 사용할 수 있다. 케라스에 MNIST를 불러오는 것은 간단하다. keras.datasets 모듈에 데이터셋이 들어 있다. 그럼 우리 프로그램에 필요한 모듈을 불러오자.

예제 6-8 케라스에서 모델, 층, 데이터셋 불러오기

```
import keras
from keras.datasets import mnist
from keras.models import Sequential
from keras.layers import Dense
```

이어서 몇 줄만 더 입력해서 MNIST 데이터를 불러와서 전처리를 해보자. 60,000개의 훈련 샘플과 10,000개의 테스트 샘플을 평활화한 후 이 값을 float형으로 바꾸고, 255로 나누어서 정규화할 것이다. 이렇게 정규화하는 이유는 픽셀값이 0에서 255 사이기 때문이고, 이를 처리하면 [0, 1] 범위의 값으로 정규화된다. 이렇게 데이터를 정규화하면 신경망에서 훈련시키기 더 좋다. 그리고 라벨은 5장에서 했던 대로 원-핫 인코딩하자. 다음 예제에 지금까지 말한 내용이 나와 있다.

예제 6-9 케라스에서 MNIST 데이터 불러와서 전처리하기

```
(x_train, y_train), (x_test, y_test) = mnist.load_data()

x_train = x_train.reshape(60000, 784)
x_test = x_test.reshape(10000, 784)
x_train = x_train.astype('float32')
x_test = x_test.astype('float32')
x_train /= 255
x_test /= 255

y_train = keras.utils.to_categorical(y_train, 10)
y_test = keras.utils.to_categorical(y_test, 10)
```

데이터를 준비했으니 사용할 신경망을 정의해보자. 케라스에서는 Sequential 모델을 초기화한 후 하나씩 층을 쌓는다. 처음 층에는 입력 데이터 **형태**를 input_shape( )에 넣어서 전달한다. 여기서는 입력 데이터가 길이 784인 벡터이므로 형태 정보로 input_shape=(784,)를 넣어준다. 케라스에서는 Dense층에 activation 키워드를 사용해서 활성화 함수를 넣어준다. 여기서는 유일하게 아는 활성화 함수인 sigmoid를 넣어준다. 이후 설명하겠지만 케라스에서는 훨씬 더 많은 활성화 함수를 제공한다.

예제 6-10 케라스에서 간단한 순차모델 만들기

```
model = Sequential()
model.add(Dense(392, activation='sigmoid', input_shape=(784,)))
model.add(Dense(196, activation='sigmoid'))
model.add(Dense(10, activation='sigmoid'))
model.summary()
```

다음으로 손실 함수와 최적화기를 모델에 추가하여 **컴파일**을 하자. 문자열에 최적화기로는 sgd(확률적 경사하강)를, 손실 함수로는 mean_squared_error()를 넣어서 해결할 수 있다. 다시 한 번 말하지만 케라스에는 많은 손실 함수와 최적화기가 있지만 처음 해보는 거라서 5장에서 살펴본 것들을 사용하는 것이다. 컴파일 단계에서 평가 지표 목록도 지정해주어야 한다. 처음에는 정확도(accuracy)만 지표로 사용하자. 정확도는 모델의 최대 점수 예측값이 실제 라벨과 동일한 정도가 얼마나 되는지 나타낸다.

예제 6-11 케라스 딥러닝 모델 컴파일

```
model.compile(loss='mean_squared_error',
              optimizer='sgd',
              metrics=['accuracy'])
```

마지막으로 신경망을 훈련하고 검정 데이터로 평가하자. 이때 model에 대해 fit()을 호출해서 훈련 데이터를 제공하고, 사용할 미니배치 크기와 실행 세대 수도 넣어주어야 한다.

예제 6-12 케라스 모델 훈련 및 평가

```
model.fit(x_train, y_train,
          batch_size=128,
          epochs=20)
score = model.evaluate(x_test, y_test)
print('Test loss:', score[0])
print('Test accuracy:', score[1])
```

정리하면 케라스 모델을 구축하고 실행하는 과정은 데이터 전처리, 모델 정의, 모델 컴파일, 모델 훈련 및 평가 단계로 이루어진다. 케라스는 이 4단계 사이클을 빠르게 진행할 수 있어서 빠른 실험 사이클을 만들 수 있다. 초기에 정의한 모델을 실험한 후 많은 파라미터를 튜닝해서 모델을 향상시킨다는 점을 고려했을 때 이는 매우 강력한 장점이다.

6.3.4 케라스에서 순방향 신경망을 사용한 바둑 수 예측

순차 신경망에 사용하는 케라스 API가 어떻게 생겼는지 살펴보았으니 바둑 수 예측 사례로 돌아오자. [그림 6-3]은 이 과정을 나타낸다. 우선 [예제 6-13]과 같이 6.2절에서 생성한 바둑 데이터를 불러오자. 이때 앞서 살펴본 MNIST처럼 바둑판 데이터를 벡터로 평활화해야 한다는 것을 명심한다.

그림 6-3 신경망에서는 수를 예측할 수 있다. 이미 현재 대국 상태를 행렬로 변환했으므로 이 행렬을 수 예측 모델에 넣어주면 된다. 모델의 결과는 각 가능한 수의 확률을 나타내는 벡터가 된다.

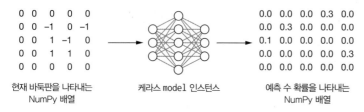

현재 바둑판을 나타내는　　　　　케라스 model 인스턴스　　　　　예측 수 확률을 나타내는
NumPy 배열　　　　　　　　　　　　　　　　　　　　　　　　　　NumPy 배열

예제 6-13 앞서 저장한 바둑 대국 데이터 불러와서 전처리하기

```
import numpy as np
from keras.models import Sequential
from keras.layers import Dense

np.random.seed(123)                                     ← 임의의 시드를 설정해서 이 코드가
                                                          완벽하게 재현 가능하도록 한다.
X = np.load('../generated_games/features-40k.npy')
Y = np.load('../generated_games/labels-40k.npy')       ← 샘플 데이터를 넘파이 배열
samples = X.shape[0]                                       형태로 읽어 들인다.
board_size = 9 * 9

                                                        ← 입력을 9×9 행렬이 아닌 81
X = X.reshape(samples, board_size)                        길이의 벡터로 변환한다.
Y = Y.reshape(samples, board_size)

                                                        ← 10%의 데이터를 검정 데이터셋으로 남겨두고,
                                                          나머지 90%를 훈련에 사용한다.
train_samples = int(0.9 * samples)
X_train, X_test = X[:train_samples], X[train_samples:]
Y_train, Y_test = Y[:train_samples], Y[train_samples:]
```

이어서 방금 정의한 특징 X와 라벨 Y에 대해 바둑 수를 예측할 모델을 정의하고 실행해보자. 9×9 바둑판의 경우 가능한 수가 81개이므로 81가지에 대해 예측해보면 된다. 눈을 감고 바둑판의 한 점을 임의로 찍는다고 해보자. 그러면 순수한 운의 힘으로 다음 수를 정했을 때 각 확률은 1/81, 즉 1.2% 정도가 될 것이다. 그러므로 이 모델은 1.2%의 정확도를 가진다고 할 수 있다.

여기에 각각 sigmoid 활성화 함수와 세 Dense층을 갖는 간단한 케라스 MLP를 정의하고 평균 제곱오차 손실 함수와 확률적 경사하강 최적화기를 추가해서 컴파일한다. 그리고 이 신경망이 15세대까지 실행하게 하고 검정 데이터를 사용해서 이를 평가한다.

예제 6-14 생성된 바둑 데이터에 대해 케라스 다층 퍼셉트론 실행

```
model = Sequential()
model.add(Dense(1000, activation='sigmoid', input_shape=(board_size,)))
model.add(Dense(500, activation='sigmoid'))
model.add(Dense(board_size, activation='sigmoid'))
model.summary()

model.compile(loss='mean_squared_error',
              optimizer='sgd',
              metrics=['accuracy'])

model.fit(X_train, Y_train,
          batch_size=64,
          epochs=15,
          verbose=1,
          validation_data=(X_test, Y_test)

score = model.evaluate(X_test, Y_test, verbose=0)
print('Test loss:', score[0])
print('Test accuracy:', score[1])
```

이 코드를 실행하면 다음과 같이 모델 요약 내용과 평가 지표가 출력된다.

Layer (type)	Output Shape	Param #
dense_1 (Dense)	(None, 1000)	82000
dense_2 (Dense)	(None, 500)	500500
dense_3 (Dense)	(None, 81)	40581

```
Total params: 623,081
Trainable params: 623,081
Non-trainable params: 0

...
Test loss: 0.0129547887068
Test accuracy: 0.0236486486486
```

결과에서 Trainable params: 623,081을 살펴보자. 이는 훈련 과정에서 가중치를 600,000개이상 사용해서 갱신했다는 것을 의미한다. 이 수치는 모델의 계산 강도, 즉 복잡한 관계를 학습하는 능력인 모델의 **수용력**을 대략적으로 나타낸다. 신경망 구조를 비교할 때는 파라미터 수를파악해서 전체 모델 크기를 추정하는 방법을 사용하기도 한다.

보다시피 실험에서 예측 정확도가 약 2.3%밖에 되지 않아 만족스럽지 않다. 하지만 마구잡이로찍을 때의 정확도는 1.2%다. 아직 성능이 그다지 좋지는 않지만 모델은 최소한 학습을 하고 있으므로 무작정 찍는 것보다는 더 나은 수를 예측한다.

모델에 샘플 바둑판 위치를 넣어주면 모델에 대한 통찰력을 얻을 수도 있다. [그림 6-4]는 올바른 플레이를 명확히 하기 위해 고안한 바둑판을 보여준다. 다음 차례의 선수가 누구든 A나 B에 돌을 놓아 상대 돌 두 개를 잡을 수 있다. 이 위치는 훈련 데이터셋에는 들어 있지 않다.

이제 이 위치를 훈련 모델에 넣으면 결과 예측값이 출력된다.

그림 6-4 모델 테스트용 예제 대국 위치. 이 위치에서는 흑이 A에 두어 두 돌을 잡을 수 있고, 백이 B에 두어 두 돌을 잡을 수 있다. 이러한 상태에서는 선을 잡아야 큰 이득을 본다.

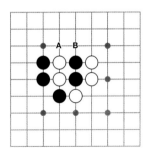

```
test_board = np.array([[
    0, 0,  0,  0,  0, 0, 0, 0, 0,
    0, 0,  0,  0,  0, 0, 0, 0, 0,
    0, 0,  0,  0,  0, 0, 0, 0, 0,
    0, 1, -1,  1, -1, 0, 0, 0, 0,
    0, 1, -1,  1, -1, 0, 0, 0, 0,
    0, 0,  1, -1,  0, 0, 0, 0, 0,
    0, 0,  0,  0,  0, 0, 0, 0, 0,
    0, 0,  0,  0,  0, 0, 0, 0, 0,
    0, 0,  0,  0,  0, 0, 0, 0, 0,
]])
move_probs = model.predict(test_board)[0]
i = 0
for row in range(9):
    row_formatted = []
    for col in range(9):
        row_formatted.append('{:.3f}'.format(move_probs[i]))
        i += 1
    print(' '.join(row_formatted))
```

결과는 다음과 같이 나타난다.

```
0.037 0.037 0.038 0.037 0.040 0.038 0.039 0.038 0.036
0.036 0.040 0.040 0.043 0.043 0.041 0.042 0.039 0.037
0.039 0.042 0.034 0.046 0.042 0.044 0.039 0.041 0.038
0.039 0.041 0.044 0.046 0.046 0.044 0.042 0.041 0.038
0.042 0.044 0.047 0.041 0.045 0.042 0.045 0.042 0.040
0.038 0.042 0.045 0.045 0.045 0.042 0.045 0.041 0.039
0.036 0.040 0.037 0.045 0.042 0.045 0.037 0.040 0.037
0.039 0.040 0.041 0.041 0.043 0.043 0.041 0.038 0.037
0.036 0.037 0.038 0.037 0.040 0.039 0.037 0.039 0.037
```

이 행렬은 실제 9×9 바둑판에 대응한다. 각 숫자는 모델에서 다음 차례에 각 점에 두어야 할 신뢰도를 나타낸다. 이 결과는 그다지 인상적이지 않다. 이 모델은 이미 돌이 올라간 점에는 돌을 놓을 수 없다는 것조차 학습하지 못했다. 하지만 바둑판 가장자리의 점수가 상대적으로 중앙보다 낮다는 점을 주목하자. 일반적으로 바둑에서는 대국의 끝이나 특별한 경우가 아니면 가장자리에 돌을 놓지 않는 것이 상식이다. 즉, 모델은 전략이나 효과적인 방법을 따로 이해하지 않고도 MCTS 봇이 만든 방식을 따라하면서 바둑에 대한 올바른 개념을 학습한 것이다. 모델이 많은 수를 훌륭하게 예측하지는 못했지만 안 좋은 수를 피하는 방법은 배우고 있다.

이는 진일보한 발전이지만 더 잘할 수 있다. 이 장의 나머지 부분에서는 첫 실험에서 부족한 점을 짚어가면서 바둑 수 예측 정확도를 높일 것이다. 우리는 다음과 같은 점을 살펴볼 것이다.

- 이 예측 작업에서 사용하는 데이터는 임의 요소가 강한 **트리 탐색을 사용해 생성**된 것이다. MCTS는 간혹 경기를 너무 앞서가거나 후퇴하는 이상한 수를 만들기도 한다. 7장에서는 인간 기사가 둔 대국을 사용해 딥러닝 모델을 만들 것이다. 물론 사람의 수도 예측하기 어렵지만 말도 안 되는 수를 두는 경우는 훨씬 적다.
- 사용한 신경망 모델은 훨씬 더 발전할 수 있다. 다층 퍼셉트론은 바둑판 데이터에 적합하지 않다. 이를 사용하려면 2차원 바둑판 데이터를 1차원 벡터로 평활화해야 하는데, 그러면 바둑판의 공간 정보가 모두 사라진다. 6.4절에서는 바둑판 구조에 더 적합한 신경망 구조를 배우게 될 것이다.
- 모든 신경망에 대해 지금까지는 시그모이드 활성화 함수를 사용했다. 6.5절과 6.6절에서는 종종 더 나은 결과를 보여주는 새로운 활성화 함수를 두 가지 더 배울 것이다.
- 지금까지는 손실 함수로 MSE만을 사용했다. 이 함수는 직관적이기는 하지만 우리 사용 사례에는 적합하지 않다. 6.5절에서는 우리와 같은 분류 작업에 더 적합한 손실 함수를 사용한다.

이들을 살펴본 후 이 장의 끝에서는 처음보다 훨씬 더 좋은 수를 예측하는 신경망을 만들 것이다. 7장에서는 눈에 띄게 더 강력해진 봇을 만드는 주요 기법을 배우게 될 것이다.

궁극적으로는 가능한 수를 정확하게 예측하는 것이 아니라 가능한 한 바둑을 잘 두는 봇을 만들려고 한다는 점을 염두에 두자. 심층 신경망이 기존 데이터를 사용해서 다음 수를 예측하는 것을 엄청나게 잘하지 못한다고 하더라도 딥러닝의 능력은 여전히 묵시적으로 **경기의 구조**를 찾아내 제대로 된 혹은 매우 훌륭한 수를 둔다는 데 있다.

6.4 합성곱 신경망으로 공간 분석하기

바둑에서는 돌의 특정 지역적 패턴이 반복되는 것을 종종 볼 수 있다. 인간 바둑기사는 이런 형태 수십 개를 파악하고, 간혹 이름(**호구, 쌍립, 매화육궁** 등)을 붙이기도 한다. 사람처럼 의사결정을 하려면 바둑 AI 역시 많은 공간적 배열을 파악해야 한다. **합성곱 신경망**convolutional network, CNN이라는 특정 유형의 신경망은 이런 공간적 관계를 찾아내는 데 특화되어 있다. 합성곱 신경망은 게임 외에도 여러 곳에서 활용되고 있다. 이미지, 오디오, 텍스트 분야에서도 합성곱 신경망이 적용된 것을 확인할 수 있다. 이 절에서는 CNN을 어떻게 만들고 바둑 데이터에 적용하는지 살펴볼 것이다. 우선 합성곱의 개념부터 알아볼 것이다. 그리고 케라스에서 CNN을 만드는 방법을 설명한다. 마지막으로 합성곱층의 출력을 처리하는 방법을 소개한다.

6.4.1 합성곱 역할에 대한 직관적 이해

합성곱층과 이를 사용해서 만든 신경망 이름은 컴퓨터 비전 분야의 전통적인 연산 방식인 **합성곱**에서 따왔다. 합성곱은 이미지를 변형하거나 필터를 적용하는 단순한 방식이다. 동일한 두 개 행렬에 대한 단순 합성곱은 다음과 같이 이루어진다.

1 두 행렬을 원소별로 곱한다.

2 결과 행렬의 모든 값을 더한다.

이러한 단순 합성곱의 출력은 스칼라값이다. [그림 6-5]는 3×3 행렬 두 개에 합성곱을 취해서 정수가 나오는 예를 보여준다.

그림 6-5 단순 합성곱에서는 동일한 크기의 두 행렬의 원소끼리 곱한 후 값을 모두 더한다.

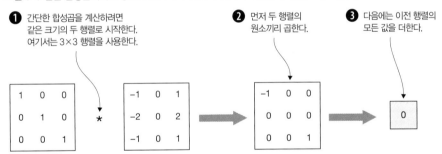

단순 합성곱만으로는 아무 도움이 되지 않지만 이는 앞으로 유용하게 사용할 더 복잡한 합성곱을 구하는 데 사용할 수 있다. 동일한 두 행렬 대신 두 번째 행렬을 고정한 후 첫 번째 행렬의 크기를 임의로 확대하자. 이 시나리오에서 첫 번째 행렬을 **입력 이미지**라 하고 두 번째 행렬을 **합성곱 커널** 혹은 간단히 **커널**(필터라고 쓰는 경우도 있다)이라 하자. 커널은 입력 이미지보다 작으므로 입력 이미지의 많은 **조각**에 대해 단순 합성곱을 구한다. [그림 6-6]은 10×10 이미지와 3×3 커널의 합성곱 연산을 보여준다.

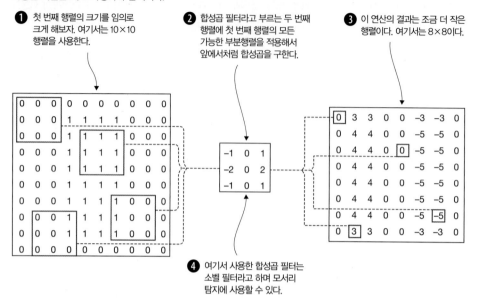

그림 6-6 입력 이미지의 부분 행렬에 합성곱 커널을 적용해서 이 커널에 대한 이미지의 합성곱을 구할 수 있다. 여기서 사용한 커널은 세로 가장자리 탐지기다.

① 첫 번째 행렬의 크기를 임의로 크게 해보자. 여기서는 10×10 행렬을 사용한다.

② 합성곱 필터라고 부르는 두 번째 행렬에 첫 번째 행렬의 모든 가능한 부분행렬을 적용해서 앞에서처럼 합성곱을 구한다.

③ 이 연산의 결과는 조금 더 작은 행렬이다. 여기서는 8×8이다.

④ 여기서 사용한 합성곱 필터는 소벨 필터라고 하며 모서리 탐지에 사용할 수 있다.

[그림 6-6]의 예제를 보면 왜 합성곱이 흥미로운지에 대한 첫 번째 힌트를 얻을 수 있다. 입력 이미지는 가운데 4×8 사각형이 1이고 주변이 0으로 채워진 10×10 행렬이다. 커널 행렬의 첫 열(−1, −2, −1)은 세 번째 열(1, 2, 1)을 음의 값으로 바꾼 것이고 가운데 열은 모두 0이다. 따라서 다음의 내용은 참이다.

- 이 커널을 모든 픽셀값이 동일한 입력 이미지의 3×3 패치에 적용할 때마다 합성곱의 출력은 0이 된다.
- 이 합성곱 커널을 좌측 열의 값이 우측 열의 값보다 큰 이미지 패치에 적용하면 합성곱 값은 음의 값이 된다.
- 이 합성곱 커널을 우측 열의 값이 좌측 열의 값보다 큰 이미지 패치에 적용하면 합성곱 값은 양의 값이 된다.

합성곱 커널은 **입력 이미지의 세로 모서리** 감지에 쓰인다. 물체의 왼쪽 모서리는 양의 값을 가질 것이고, 오른쪽 모서리는 음의 값을 가질 것이다. 이에 대해서는 [그림 6-6]의 합성곱 결과에서 정확히 확인할 수 있다.

[그림 6-6]에서 사용한 커널은 많이 응용되는 고전 커널인 **소벨 커널**^Sobel kernel이다. 이 커널을 90도 회전시키면 가로 모서리 탐지기로 사용할 수 있다. 마찬가지 방법으로 이미지를 흐릿하게 하거나 더 명확하게 하거나, 모퉁이를 탐지하는 등 많은 방면에 합성곱 커널을 정의해서 사용할 수 있다. 표준 이미지 처리 라이브러리에서 여러 커널을 찾아볼 수 있다.

흥미로운 사실은 합성곱을 사용해서 이미지 데이터에서 정확히 바둑 수를 예측하는 데 필요한 정보를 뽑아낼 수 있다는 것이다. 앞의 예에서는 특정 합성곱 커널을 사용했지만, 신경망에서 사용되는 합성곱 방식은 이 커널들이 역전파를 통해 데이터로부터 학습하는 것이다.

지금까지는 이미지 하나에 합성곱 커널 하나를 적용하는 예를 설명했다. 일반적으로는 여러 커널을 여러 이미지에 적용해서 여러 출력 이미지를 만드는 것이 유용하다. 어떻게 이렇게 할 수 있을까? 입력 이미지가 4개고 커널도 4개라고 해보자. 그러면 각 이미지에 대한 합성곱을 더하여 하나의 출력 이미지에 도달할 수 있다. 이때 이 합성곱의 출력 이미지를 **특징 지도**feature map 라고 부른다. 예를 들어 특징 지도가 하나가 아니라 5개 필요하다면 입력 이미지 당 하나의 커널 대신 5개의 커널을 정의해야 한다. 입력 이미지 n개에 합성곱 커널 $n \times m$개를 특징 지도 m개로 연결하는 것을 **합성곱층**convolutional layer이라고 한다. [그림 6-7]은 이에 대해 보여주고 있다.

그림 6-7 합성곱층에서는 여러 입력 이미지에 합성곱 커널을 적용해서 특정 수의 특징 이미지를 만든다.

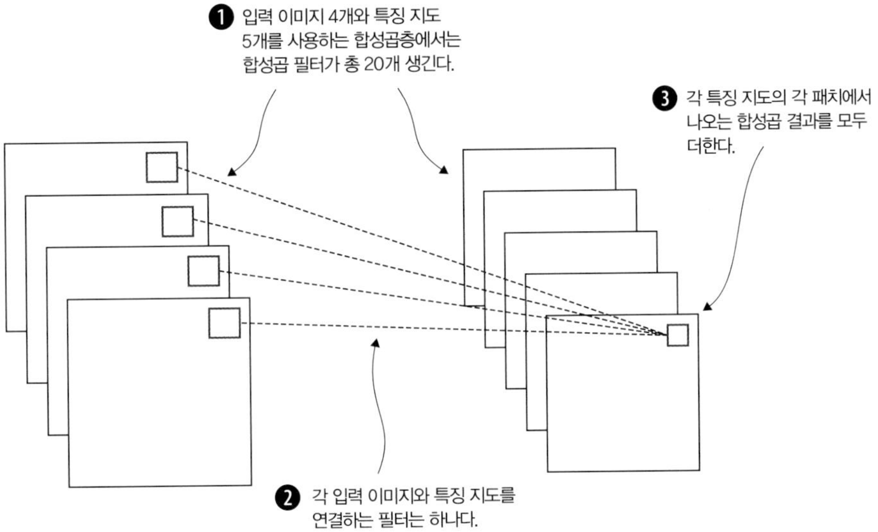

❶ 입력 이미지 4개와 특징 지도 5개를 사용하는 합성곱층에서는 합성곱 필터가 총 20개 생긴다.

❸ 각 특징 지도의 각 패치에서 나오는 합성곱 결과를 모두 더한다.

❷ 각 입력 이미지와 특징 지도를 연결하는 필터는 하나다.

이런 방식으로 합성곱층은 수많은 입력 이미지를 출력 이미지로 변환하면서 입력의 공간 정보를 추출한다. 예상했겠지만 합성곱층을 **엮어서** 합성곱 신경망을 만들 수 있다. 보통 합성곱층과 밀집층만으로 이루어진 신경망을 **합성곱 신경망**이라고 한다.

여기서는 합성곱층에 데이터를 어떤 식으로 넣어줄지에 대해서만 다루었고, 역전파가 어떻게 이루어지는지에 대해서는 다루지 않았다. 이 부분은 수학적인 부분에서 이 책의 범위를 벗어나므로 여기서는 제외했지만 케라스에서 역방향 전달을 다룬다는 점은 중요하니 기억해두자.

일반적으로 합성곱층은 밀집층과 비교해서 파라미터가 훨씬 적다. 만약 28×28의 입력 이미지에 출력 크기가 26×26이며 커널 크기가 $(3, 3)$인 합성곱층을 정의하고자 한다면 합성곱층에는 $3 \times 3 = 9$개의 파라미터가 있을 것이다. 합성곱층에는 보통 각 합성곱의 출력에 더해지는 **편향**이 있으므로 총 10개의 파라미터를 사용한다. 28×28의 길이를 갖는 입력 벡터와 길이 26×26의 출력 벡터를 연결하는 밀집층과 비교했을 때 이 밀집층의 파라미터는 편향을 제외하고도 $28 \times 28 \times 26 \times 26 = 529{,}984$개가 된다. 게다가 합성곱 연산은 밀집층에서의 일반 행렬 연산에 비해 계산량이 훨씬 많다.

6.4.2 케라스로 합성곱 신경망 만들기

케라스로 합성곱 신경망을 만들어서 실행하려면 바둑판 데이터와 같은 2차원 데이터를 사용해서 합성곱을 할 수 있는 Conv2D라는 새로운 층 유형을 사용해야 한다. 또한 합성곱층에서 밀집 층으로 결과를 보낼 수 있도록 출력을 평활화해서 벡터로 만들어주는 Flatten이라는 층도 접하게 될 것이다.

그럼 이제 입력 데이터를 전처리하여 다른 모양으로 변경해보자. 바둑판 데이터는 평활화하지 말고 그대로 2차원으로 유지한다.

예제 6-16 합성곱 신경망에 사용할 바둑 데이터를 가져와서 전처리하기

```python
import numpy as np
from keras.models import Sequential
from keras.layers import Dense
from keras.layers import Conv2D, Flatten     # 2개의 새로운 층인 2D 합성곱층과
                                             #  입력을 벡터로 평활화하는 층을
                                             #  가져온다.

np.random.seed(123)
X = np.load('../generated_games/features-40k.npy')
Y = np.load('../generated_games/labels-40k.npy')

samples = X.shape[0]
size = 9
input_shape = (size, size, 1)               # 입력 데이터 형태는 3차원이다.
                                            #  여기서는 9×9 바둑판 형태의
                                            #  1차 평면을 사용한다.
X = X.reshape(samples, size, size, 1)       # 그 후 이에 상응하는 입력
                                            #  데이터 형태를 변경한다.

train_samples = int(0.9 * samples)
X_train, X_test = X[:train_samples], X[train_samples:]
Y_train, Y_test = Y[:train_samples], Y[train_samples:]
```

그럼 케라스의 Conv2D 객체를 사용해서 신경망을 구축해보자. 우선 두 개의 합성곱층을 사용하고, 두 번째 층의 출력을 **평활화**한 후 거기에 두 개의 밀집층을 연결해서 이전과 동일하게 9×9의 출력을 만들어낼 것이다.

예제 6-17 케라스로 바둑 데이터에 대한 간단한 합성곱 신경망 만들기

신경망의 첫 번째 층은 출력 필터 48개를
가지는 Conv2D층이다.

```
  model = Sequential()                          이 층에서는 3×3 합성곱을 사용한다.
→ model.add(Conv2D(filters=48,
                kernel_size=(3, 3),      ←      보통 합성곱 출력은 입력 데이터 크기보다 작다.
                activation='sigmoid',           padding='same'을 추가하여 케라스가 행렬의
                padding='same',          ←      가장자리에 0으로 채워서 입력 데이터와 출력
                input_shape=input_shape))       데이터를 동일한 차원으로 만들도록 한다.

  model.add(Conv2D(48, (3, 3),      ←  두 번째 층은 다른 합성곱이다. filters와 kernal_size는
                padding='same',         간결한 코드를 위해 생략했다.
                activation='sigmoid'))

  model.add(Flatten())      ←  앞의 합성곱층의 3D 출력물을
                               평활화한다...

  model.add(Dense(512, activation='sigmoid'))
  model.add(Dense(size * size, activation='sigmoid'))   ←
  model.summary()                               ...그리고 MLP 예제에서 했던
                                                것처럼 두 밀집층을 추가한다.
```

컴파일링, 실행, 모델 평가는 MLP 예제에서도 완전히 동일하다. 입력 데이터의 형태와 모델의 상세 내역만 변경하면 된다.

이전 모델을 실행해보면 예측 정확도가 거의 그대로라는 것을 알 수 있다. 여전히 대략 2.3% 언 저리일 것이다. 하지만 전혀 문제없다. 몇 가지 기술을 더 사용하면 합성곱 모델의 성능을 최대 로 끌어올릴 수 있다. 이 장의 나머지 부분에서는 수 예측 정확도를 더 높이는 고급 딥러닝 기 법을 소개한다.

6.4.3 풀링층을 사용한 공간 감소

합성곱층을 사용하는 대부분 딥러닝 애플리케이션에서 공통 기법으로 **풀링**을 발견할 수 있다. 풀링을 사용해서 이미지를 줄이고, 앞 층에서 사용하는 뉴런 수를 감소시킬 수 있다.

풀링 개념은 설명하기 쉽다. 이미지의 패치를 단일 값으로 묶거나 풀링해서 이미지를 다운샘플 링하면 된다. [그림 6-8]의 예는 서로 겹치지 않는 2×2 패치에 최댓값만 남겨서 이미지의 크기 를 1/4로 줄이는 방법을 보여준다.

그림 6-8 8×8의 이미지에 2×2 최댓값 풀링 커널을 적용해서 (4, 4) 크기로 축소

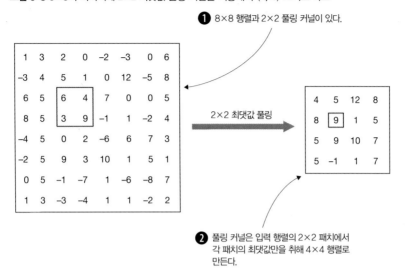

❶ 8×8 행렬과 2×2 풀링 커널이 있다.

2×2 최댓값 풀링

❷ 풀링 커널은 입력 행렬의 2×2 패치에서 각 패치의 최댓값만을 취해 4×4 행렬로 만든다.

이 기법을 **최댓값 풀링**^{max pooling}이라 하고, 풀링에 사용되는 패치 크기를 **풀 크기**라고 한다. 다른 식의 풀링도 정의할 수 있다. 예를 들어 패치의 평균값을 구해서 사용하는 것이다. 이 경우는 **평균 풀링**이라고 한다.

보통 합성곱층 전후에 다음과 같은 신경망층을 정의할 수 있다.

예제 6-18 풀 크기 (2, 2)의 최댓값 풀링층을 케라스 모델에 추가

```
model.add(MaxPooling2D(pool_size=(2, 2)))
```

[예제 6-4]에서 MaxPooling2D를 AveragePooling2D로 교체하는 실험도 할 수 있다. 이미지 인식 같은 경우 실제로 종종 풀링이 합성곱층의 출력 크기를 줄이는 데 필수적으로 사용된다. 실행 중에 이미지를 다운샘플링하면서 정보 손실이 일어나지만 정확한 예측에 필요한 정도의 정보는 남아 있으며 동시에 연산량은 극적으로 줄어든다.

풀링층을 실제로 보기 전에 바둑 수 예측의 정확도를 훨씬 높이는 몇 가지 기법을 살펴보자.

6.5 바둑 수 확률 예측하기

5장에서 처음 신경망을 이야기한 이후로 지금까지 활성화 함수로 로지스틱 시그모이드 함수만 사용했다. 또한 손실 함수로 평균제곱오차만 사용했다. 이 두 가지는 처음 사용하기에 매우 좋으며 딥러닝 도구에 기본적으로 들어 있지만 우리 사용 사례에서는 다소 적합하지 않다.

바둑 수 예측에 있어서 궁극적 질문은 '각 가능한 수가 다음 수가 될 가능성은 어느 정도일까?'다. 매 시점에서 가능한 좋은 수는 여럿이다. 여기서는 알고리즘에 넣은 데이터로부터 다음 수를 찾는 딥러닝 시스템을 만들고 있다. 하지만 여기서 사용하는 표현형 학습 및 일부 딥러닝에서는 이 수가 얼마나 가능한지 파악하려면 수 예측 전에 경기 구조를 충분히 학습해야 한다. 우리는 모든 가능한 수의 **확률분포**를 예측하길 원한다. 이는 시그모이드 활성화 함수로는 어려울 수 있다. 대신 마지막 층에서 확률 예측에 사용할 수 있는 소프트맥스 활성화 함수를 소개한다.

6.5.1 마지막 층에서 소프트맥스 활성화 함수 사용

소프트맥스 활성화 함수는 로지스틱 시그모이드 σ를 간단히 일반화한 것이다. 벡터 $x = (x_1, \ldots, x_l)$의 소프트맥스를 구하려면 우선 각 부분에 지수 함수를 취해서 e^{x_i}을 구한다. 그런 다음 모든 값을 합하여 각 값을 **정규화**한다.

$$\text{softmax}(x_i) = \frac{e^{x_i}}{\sum_{j=1}^{l} e^{x_j}}$$

정의에 따르면 소프트맥스 함수의 각 성분은 음이 아니며 더해서 1이 되는 수이므로 소프트맥스 함수가 확률을 구해준다고 볼 수 있다. 이 함수가 어떻게 작동하는지 예제를 살펴보자.

예제 6-19 파이썬으로 소프트맥스 활성화 함수 정의하기

```python
import numpy as np

def softmax(x):
    e_x = np.exp(x)
    e_x_sum = np.sum(e_x)
    return e_x / e_x_sum

x = np.array([100, 100])
print(softmax(x))
```

파이썬에서 소프트맥스를 정의하고, $x = (100, 100)$이라는 길이 2의 벡터에 대해 소프트맥스 값을 구한다. x의 시그모이드값을 구한 결과는 $(1, 1)$에 가까울 것이다. 하지만 이 예제에서 소프트맥스 값은 $(0.5, 0.5)$다. 이는 예상치 못한 결과다. 소프트맥스 함수의 결과는 더해서 1이 되어야 하고 두 값은 동일하기 때문에 softmax는 두 성분에 동일한 확률을 할당한다.

대부분 소프트맥스 활성화 함수를 신경망의 마지막 층의 활성화 함수로 사용해서 결과 확률을 구한다.

예제 6-20 풀 크기 $(2, 2)$의 최댓값 풀링층을 케라스 모델에 추가

```
model.add(Dense(9*9, activation='softmax'))
```

6.5.2 분류 문제에서의 교차 엔트로피 손실

앞 장에서 손실 함수로 평균제곱오차를 사용하면서 우리 사용 사례에서는 최선의 선택지가 아님을 언급했다. 그러면 이를 좀 더 자세히 들여다보면서 어떤 부분이 잘못될 수 있고 다른 대안으로 어떤 것이 있는지 알아보자.

앞서 수 예측 사례를 **분류 문제**로 만들어서 가능한 9×9 경우 수 중 하나만 맞는 식으로 사용했던 것을 떠올려보자. 맞으면 1로, 아니면 0으로 라벨을 붙였다. 각 경우에 대한 예측값은 항상 0과 1 사이의 값으로 나온다. 이는 데이터가 어떻게 보일지를 가정한 것으로, 사용할 손실 함수는 이런 예상을 반영해야 한다. MSE가 예측과 라벨의 차이를 제곱하는 것을 보면 범위를 0과 1 사이로 제약하는 것은 아무런 소용이 없다. 사실 MSE는 출력의 범위가 연속적인 **회귀 문제**에서 가장 유용하다. 사람의 키를 예측하는 경우를 생각해보자. 이런 경우 MSE는 차이가 크면 더 불이익을 줄 것이다. 지금 문제에서 예측값과 실제 출력값의 절대적 차이는 1이다.

MSE의 다른 문제는 모든 예측값(여기서는 81개 점)에 동일한 벌점을 부과한다는 것이다. 궁극적으로 이 문제는 값이 1인 참 하나만 예측하면 된다. 만약 옳은 수 하나에 0.6점을 주고 나머지 중 하나에는 0.4점, 그 외에는 모두 0점을 주는 모델이 있다고 해보자. 이 경우 MSE는 $(1 - 0.6)^2 + (0 - 0.4)^2 = 2 \times 0.4^2$, 약 0.32가 될 것이다. 예측은 맞겠지만 두 0이 아닌 예측값에 모두 0.16 정도의 동일한 손실값이 나온다. 더 작은 값을 동일하게 보여주는 것이 정말로 필요할까? 이 상황을 옳은 수에 0.6이 나오고 다른 두 수에 0.2가 나오는 경우와 비교해보자.

이 경우 MSE는 $(0.4)^2 + 2 \times 0.2^2$, 약 0.24다. 앞의 경우에 비해 확연히 낮은 값이 나온다. 만약 0.4가 더 정확한 값이라면 **이 값도 다음 수의 후보가 됨직한** 강한 수인 것일까? 이 값에 손실 함수로 불이익을 주어야 할까?

이런 결과를 다룰 수 있는 **분류형 교차 엔트로피 손실 함수**(줄여서 **교차 엔트로피 손실 함수**)에 대해 알아보자. 라벨 $\hat{y}$과 모델 예측값 y에 대한 교차 손실 함수는 다음과 같다.

$$-\sum_i \hat{y}_i \log(y_i)$$

많은 항목을 더해서 계산량이 많을 것 같지만 수를 구하는 우리 사용 사례의 경우 이 식은 $\hat{y}_i$이 1인 단일항으로 확 줄어든다. 교차 엔트로피 오차는 $\hat{y}_i = 1$인 i에 대해 $-\log(y_i)$다. 이 정도면 매우 간단하다. 그런데 여기서 무엇을 알게 되었는가?

- 교차 엔트로피 손실은 라벨이 1인 항에만 벌점을 부과하므로 다른 값의 분포에는 직접 영향을 끼치지 않는다. 특히 0.6 확률로 정확한 다음 수를 예측하는 시나리오에서는 다른 한 수의 가능도를 0.4로 하든 두 수의 가능도를 0.2로 하든 차이가 없다. 이때 교차 엔트로피 손실값은 두 경우 모두 $-\log(0.6) = 0.51$이 된다.
- 교차 엔트로피 손실값은 $[0,1]$ 범위에 존재한다. 만약 모델이 특정 수의 확률이 0이라고 예측한다면 이는 뭔가 잘못된 것이다. 우리는 $\log(1) = 0$이고 0과 1 사이의 x에 대해 x가 0에 가까워질수록 $-\log(x)$는 무한대에 가까워지면서 빠른 속도로 커진다는 것을(그리고 MSE처럼 단순히 제곱배로 커지는 것도 아니라는 것을) 알고 있다.
- 게다가 x가 1에 가까워질수록 MSE는 더 빨리 떨어지게 되는데, 이것은 신뢰도가 낮은 예측일수록 훨씬 적은 손실을 입게 된다는 것을 의미한다. [그림 6-9]는 MSE와 교차 엔트로피 손실을 비교한 것이다.

그림 6-9 라벨이 1인 계층의 MSE와 교차 엔트로피 손실값 그래프. 교차 엔트로피 손실값은 $[0,1]$ 범위의 각 값에 대해 더 높은 손실값 특성을 보인다.

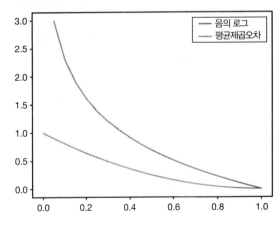

교차 엔트로피와 MSE를 구분하는 또 다른 중요한 점은 확률적 경사하강법^{SGD} **학습** 중의 행동이다. 사실 MSE 경사가 갱신되는 정도는 예측값이 점점 커질수록(y가 점점 1에 가까워지는 경우) 작아지며 학습 속도가 줄어든다. 이에 비해 교차 엔트로피 손실에서는 SGD 상의 이런 감속이 일어나지 않으며, 파라미터 갱신은 예측값과 실젯값 간의 차이에 비례한다. 여기서는 이에 대한 자세한 내용은 다루지 않겠지만 이는 수 예측 예제에 엄청난 도움이 된다.

MSE 대신 범주형 교차 엔트로피 손실값을 사용한 케라스 모델을 컴파일하는 것 역시 간단하다.

예제 6-21 범주형 교차 엔트로피를 사용하는 케라스 모델 컴파일

```
model.compile(loss='categorical_crossentropy'...)
```

교차 엔트로피 손실값과 소프트맥스 활성화 함수를 모델에 추가했으므로 이제 신경망에서 범주형 라벨을 처리하는 일과 확률을 예측하는 것이 더 쉬워졌다. 이 장을 마무리하기 전에 더 깊은 신경망(더 많은 층을 가진 신경망)을 구성하는 데 도움이 되는 두 가지 기술을 추가하자.

6.6 드롭아웃과 정류 선형 유닛을 사용해 더 깊은 신경망 구성

지금까지 2~4개 층을 갖는 신경망을 만들었다. 여기에 층을 하나 더 추가하면 성능이 향상될 것 같다는 희망이 있다. 그렇다면 참 좋겠지만 실제로는 몇 가지 고려 사항이 있다. 신경망을 더 깊게 만들수록 모델의 파라미터 수가 증가하고, 여기에 넣어줘야 할 데이터양도 증가한다. 이로 인해 곤란해질 수도 있다. 가장 문제가 되는 것은 **과적합**^{overfitting}이다. 모델이 **훈련** 데이터에 대해 예측을 더 잘할수록 검정 데이터에 대해 덜 최적화된다. 극단적으로 말하자면 거의 완벽히 예측하는 모델이나 훈련 데이터의 라벨을 완벽히 기억하는 모델은 필요 없다. 이런 모델은 조금만 다른 데이터가 들어오면 뭘 해야 할지 몰라서 허둥지둥하게 된다. 이때 필요한 것이 일반화다. 이는 바둑같이 복잡한 게임에서 다음 수를 예측할 때도 어느 정도 필요하다. 훈련 데이터를 수집하는 데 얼마나 시간을 들이는지와 상관없이 모델은 경기 중 항상 처음 보는 상황을 접하게 되어 있다. 이런 경우 강력한 다음 수를 찾아내는 것이 중요하다.

6.6.1 표준화를 위해 일부 뉴런 제거하기

과적합을 방지하는 것은 일반적으로 머신러닝에서 흔한 도전이다. 과적합 문제를 해결하는 수많은 **표준화 기법**에 대한 문헌을 찾을 수 있다. 심층 신경망에는 놀랍도록 간단한데다 효과적이기까지 한 **드롭아웃**^{dropout}이라는 기법을 적용할 수 있다. 신경망의 층에 드롭아웃을 적용하면 각 훈련 단계에서 **임의**로 뉴런 수를 정하고 그 값을 0으로 만들어 이 뉴런을 훈련 과정에서 완전히 **제거**하게 된다. 각 훈련 단계마다 제거할 새 뉴런을 임의로 선택한다. 이는 보통 해당 층에서 제거할 뉴런의 비율인 **드롭아웃 비율**을 정의하는 식으로 진행한다. [그림 6-10]은 각 미니배치(순방향 및 역방향 전달)에서 제거한 뉴런을 절반의 확률로 설정했을 때의 드롭아웃층의 예를 보여준다.

그림 6-10 50%의 드롭아웃 비율을 갖는 층에서는 각 미니배치가 신경망에 들어와서 계산이 이루어질 때 임의로 뉴런 절반을 제거한다.

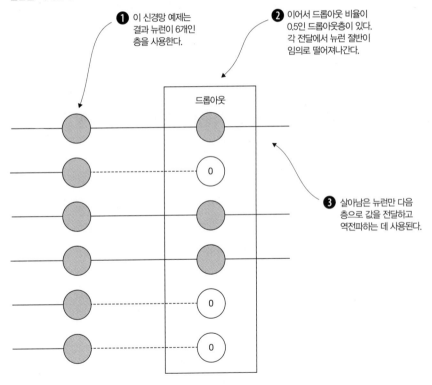

❶ 이 신경망 예제는 결과 뉴런이 6개인 층을 사용한다.

❷ 이어서 드롭아웃 비율이 0.5인 드롭아웃층이 있다. 각 전달에서 뉴런 절반이 임의로 떨어져나간다.

드롭아웃

❸ 살아남은 뉴런만 다음 층으로 값을 전달하고 역전파하는 데 사용된다.

이 과정에 깔린 논리는 임의로 뉴런을 제거함으로써 각 층이 주어진 데이터에 과하게 특성화되는 것을 막아 전체 신경망이 과적합되는 것을 방지하는 것이다. 각 층은 특정 뉴런에 의존하지 않고 유연해야 한다. 이렇게 함으로써 신경망의 과적합을 예방할 수 있다.

케라스에서는 다음과 같이 드롭아웃의 rate를 사용하는 Dropout 층을 정의한다.

예제 6-22 케라스 모델에 Dropout 층 불러와서 추가하기

```
from keras.layers import Dropout
...
model.add(Dropout(rate=0.25))
```

순차 신경망의 모든 가능한 층의 전후에 드롭아웃층을 추가할 수 있다. 특히 심층 신경망 구조에서 드롭아웃층 추가는 필수다.

6.6.2 ReLU 활성화 함수

이 장의 마지막 요소인 ReLU 활성화 함수를 알아보자. 이 함수는 심층 신경망에서는 시그모이드나 다른 활성화 함수 대비 좋은 성능을 내는 편으로 나타났다. [그림 6-11]은 ReLU가 어떻게 생겼는지 보여준다.

그림 6-11 ReLU 활성화 함수는 음의 입력은 0으로 만들고 양의 입력은 그대로 둔다.

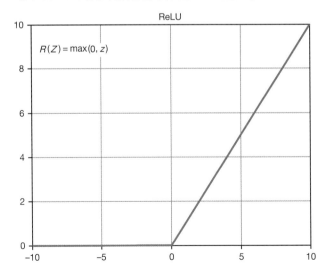

ReLU는 입력값이 음수면 이를 0으로 바꾸고 양수면 그대로 둔다. 그래서 ReLU에서는 양의 신호가 강할수록 더 활성화된다. 이런 방식이다 보니 ReLU 활성화 함수는 약한 신호는 무시하고, 강한 신호일수록 뉴런을 더 자극하는 두뇌의 뉴런을 단순화한 형태와 더 닮았다. ReLU에 대해서는 이런 기본적인 개념을 넘어서는 이론적 특성은 논하지 않겠다. 이를 사용하면 만족스러운 결과가 더 잘 나온다는 정도만 기억해두자. 케라스에서 ReLU를 사용할 때는 해당 층의 activation 인수를 sigmoid에서 relu로 변경해주면 된다.

예제 6-23 ReLU 활성화 함수를 Dense층에 추가하기

```
from keras.layers import Dense
...
model.add(Dense(activation='relu'))
```

6.7 기능 결합을 통해 더 강력한 바둑 수 예측 신경망 만들기

앞서 다양한 배경 지식을 다루면서 최댓값 풀링층을 사용하는 합성곱 신경망, 교차 엔트로피 손실 함수, 최종 층에서의 소프트맥스 활성화 함수, 표준화하는 드롭아웃, 신경망 성능을 향상시키는 ReLU 활성화 방안 등을 소개했다. 지금부터는 앞서 익힌 새로운 요소들을 바둑 수 예측 신경망에 모두 넣고 얼마나 잘 돌아가는지 살펴보자.

우선 바둑 데이터를 어떻게 불러와서 1차 평면으로 변환했고, 이를 합성곱 신경망에 넣기 위해 어떻게 바꾸었는지 떠올려보자.

예제 6-24 합성곱 신경망에 사용할 바둑 데이터 불러와서 전처리하기

```
import numpy as np
from keras.models import Sequential
from keras.layers import Dense, Dropout, Flatten
from keras.layers import Conv2D, MaxPooling2D

np.random.seed(123)
X = np.load('../generated_games/features-40k.npy')
Y = np.load('../generated_games/labels-40k.npy')
```

```
samples = X.shape[0]
size = 9
input_shape = (size, size, 1)

X = X.reshape(samples, size, size, 1)

train_samples = int(0.9 * samples)
X_train, X_test = X[:train_samples], X[train_samples:]
Y_train, Y_test = Y[:train_samples], Y[train_samples:]
```

다음으로 [예제 6-3]에서 만든 합성곱 신경망을 다음과 같이 바꿔보자.

- 기본 구조는 그대로 두 합성곱층으로 두되 최댓값 풀링과 두 개의 밀집층을 추가한다.
- 표준화를 수행할 드롭아웃층 3개도 추가한다. 각 합성곱층 다음에 하나씩 두고, 하나는 첫 밀집층 뒤에 둔다. 드롭아웃 비율은 50%로 한다.
- 출력층을 소프트맥스 활성화 함수로 바꾸고, 내부 층의 활성화 함수는 ReLU로 한다.
- 손실 함수를 평균제곱오차 대신 교차 엔트로피 손실 함수로 변경한다.

그러면 케라스에서 이 모델이 어떻게 되는지 살펴보자.

예제 6-25 드롭아웃과 ReLU를 사용한 바둑 데이터의 합성곱 신경망

```
model = Sequential()
model.add(Conv2D(48, kernel_size=(3, 3),
                 activation='relu',
                 padding='same',
                 input_shape=input_shape))
model.add(Dropout(rate=0.5))
model.add(Conv2D(48, (3, 3),
                 padding='same', activation='relu'))
model.add(MaxPooling2D(pool_size=(2, 2)))
model.add(Dropout(rate=0.5))
model.add(Flatten())
model.add(Dense(512, activation='relu'))
model.add(Dropout(rate=0.5))
model.add(Dense(size * size, activation='softmax'))
model.summary()

model.compile(loss='categorical_crossentropy',
              optimizer='sgd',
              metrics=['accuracy'])
```

마지막으로 이 모델을 평가하는 다음 코드를 실행하자.

예제 6-26 수정된 합성곱 신경망 평가하기

```
model.fit(X_train, Y_train,
          batch_size=64,
          epochs=100,
          verbose=1,
          validation_data=(X_test, Y_test))
score = model.evaluate(X_test, Y_test, verbose=0)
print('Test loss:', score[0])
print('Test accuracy:', score[1])
```

전에는 15세대까지 실행했지만 이 예제에서는 100세대까지 늘렸다는 걸 고려하자. 결과는 다음과 같다.

Layer (type)	Output Shape	Param #
conv2d_1 (Conv2D)	(None, 9, 9, 48) 480	
dropout_1 (Dropout)	(None, 9, 9, 48) 0	
conv2d_2 (Conv2D)	(None, 9, 9, 48)	20784
max_pooling2d_1 (MaxPooling2	(None, 4, 4, 48)	0
dropout_2 (Dropout)	(None, 4, 4, 48)	0
flatten_1 (Flatten)	(None, 768)	0
dense_1 (Dense)	(None, 512)	393728
dropout_3 (Dropout)	(None, 512)	0
dense_2 (Dense)	(None, 81)	41553

```
Total params: 456,545
Trainable params: 456,545
Non-trainable params: 0
```

...

```
Test loss: 3.81980572336
Test accuracy: 0.0834942084942
```

이 모델에서 테스트 정확도가 8% 이상 올라갔다. 기본 모델보다 확실히 향상된 수치다. 또한 결과에서 Trainable params: 456,545를 보자. 기본 모델은 600,000개 이상의 훈련 파라미터를 사용했다. 정확도가 상승함과 동시에 가중치 수도 줄어든 것이다. 즉, 새 모델의 **구조**는 크기와 성능 면에서 모두 나아졌다고 볼 수 있다.

안 좋은 점이라면 훈련 시간이 매우 늘어난 것인데, 대부분은 세대 수를 늘린 것이 원인이다. 이 모델은 개념적으로 더 복잡하므로 훈련도 더 많이 시켜야 한다. 세대 수를 더 늘려도 된다면 그렇게 해서 이 모델의 정확도를 다소 올려보도록 하자. 7장에서는 이 과정을 더 빠르게 하는 최적화 방법을 소개한다.

그럼 이 모델에 다음 예제 바둑판 데이터를 넣었을 때 어떤 수를 추천하는지 살펴보자.

```
0.000 0.001 0.001 0.002 0.001 0.001 0.000 0.000 0.000
0.001 0.006 0.011 0.023 0.017 0.010 0.005 0.002 0.000
0.001 0.011 0.001 0.052 0.037 0.026 0.001 0.003 0.001
0.002 0.020 0.035 0.045 0.043 0.030 0.014 0.006 0.001
0.003 0.020 0.030 0.031 0.039 0.039 0.018 0.007 0.001
0.001 0.021 0.033 0.048 0.050 0.032 0.017 0.006 0.001
0.001 0.010 0.001 0.039 0.035 0.022 0.001 0.004 0.001
0.000 0.006 0.008 0.017 0.017 0.010 0.007 0.002 0.000
0.000 0.000 0.001 0.001 0.002 0.001 0.001 0.000 0.000
```

이 보드에서 가장 높은 등급의 수는 0.052점이다. 이는 [그림 6-4]의 점 A에 대응되는 점으로, 흑이 두 백돌을 잡는다. 이 모델이 아직 프로 기사급은 아니지만 어쨌든 돌을 잡았다는 것은 확실하다! 물론 결과는 완벽과 거리가 있다. 여전히 이미 돌을 둔 곳에 높은 점수를 주기도 한다.

하지만 이 모델로 더 실험을 해보면서 어떻게 되는지 살펴보면 좋을 것이다. 다음은 확인해보면 좋을 것들이다.

- 이 문제에서 가장 효율적인 풀링은 최댓값 풀링일까, 평균 풀링일까, 혹은 풀링을 안 쓰는 것일까? 풀링층을 제거하면 모델의 훈련 파라미터가 늘어난다는 것을 상기하자. 만약 정확도가 늘어난다면 이는 추가 계산 덕에 늘어나는 것임을 명심하자.
- 세 번째 합성곱층을 추가하는 것이 좋을까, 아니면 기존 두 층에 필터 수를 늘리는 것이 좋을까?

- 성능이 그대로라는 전제하에 두 번째에서 마지막으로 이어지는 Dense층을 얼마나 작게 만들 수 있을까?

- 드롭아웃 비율을 조절해서 성능을 개선할 수 있을까?

- 합성곱층을 사용하지 않고 모델을 얼마나 정확하게 만들 수 있을까? CNN을 사용해서 나왔던 가장 좋은 결과와 비교했을 때 모델 크기와 훈련 시간은 어떤가?

다음 장에서는 여기서 배운 모든 기술을 적용하여 시뮬레이션 경기만이 아닌 **실제 대국 데이터**에 대해 훈련된 딥러닝 바둑봇을 구축할 것이다. 또한 입력을 인코딩하는 새로운 방법을 사용해서 모델 성능을 향상시킨다. 이런 기법을 모두 결합해서 초보 바둑기사와 대국을 치를 수 있을 정도로 합리적인 수를 두는 봇을 만들게 될 것이다.

6.8 요약

- 변환기를 사용해서 바둑판 상태를 신경망에 입력으로 넣을 수 있다. 이는 바둑에 딥러닝을 적용하는 첫 단계로 매우 중요하다.

- 트리 탐색으로 바둑 데이터를 생성하여 신경망에 넣을 첫 바둑 데이터셋으로 사용한다.

- 케라스는 강력한 딥러닝 라이브러리로 이를 사용해서 여러 딥러닝 모델을 설계할 수 있다.

- 합성곱 신경망을 이용하면 입력 데이터의 공간 구조를 활용해 관련된 특징을 추출할 수 있다.

- 풀링층을 사용하면 이미지 크기를 줄여 계산 복잡도를 감소시킬 수 있다.

- 소프트맥스 활성화 함수를 신경망의 마지막 층에 적용하여 출력 확률을 예측할 수 있다.

- 범주형 교차 엔트로피를 손실 함수로 사용하는 것은 평균제곱오차에 비해 바둑 수 예측에 더 좋다. 평균제곱오차는 연속적 범위에서 숫자 예측을 할 때 더 유용하다.

- 드롭아웃층을 사용하면 심층 신경망 구조에서 과적합을 간단히 피할 수 있다.

- 시그모이드 활성화 함수 대신 ReLU 활성화 함수를 사용하면 성능이 눈에 띄게 향상될 것이다.

CHAPTER 7

데이터로부터 학습하기 : 딥러닝 봇

이 장에서 다루는 내용

- 실제 바둑 대국 기록을 다운로드해 전처리하기
- 바둑 대국 저장 표준 포맷에 대한 이해
- 수 예측 딥러닝 모델 훈련하기
- 강력한 봇을 만드는 복잡한 바둑 기보 변환기 사용하기
- 실제 봇과 바둑을 두고 평가하기

앞 장에서는 딥러닝 프로그램을 만드는 데 필요한 여러 요소를 살펴보았고, 몇 가지 신경망을 만들어서 배운 것들을 실험했다. 여기서 놓친 중요한 하나는 학습에 사용할 양질의 데이터다. 지도 심층 신경망은 넣어주는 데이터만큼 성능을 보인다. 하지만 지금까지는 자체 생성한 데이터만 사용했을 뿐이다.

이 장에서는 바둑 데이터의 가장 일반적인 데이터 형태인 스마트 게임 포맷Smart Game Format, SGF 을 배울 것이다. 실제로 모든 유명한 바둑 서버에서 SGF 형태의 과거 대국 기록을 얻을 수 있다. 바둑 수 예측에 사용할 심층 신경망을 강화하는 방법으로 이 장에서는 바둑 서버의 많은 SGF 파일을 다운로드한 후 이를 전처리하여 신경망을 훈련시킬 것이다. 훈련된 신경망은 앞서 다룬 어떤 모델보다 훨씬 강력할 것이다.

[그림 7-1]은 이 장에서 만들 바둑봇이다.

그림 7-1 실제 바둑 데이터를 훈련 데이터로 사용하는 딥러닝 바둑봇 만들기. 봇 훈련에 사용할 대국 기록은 공개 바둑 서버에서 구할 수 있다. 이 장에서는 이 기록을 구하는 방법, 이를 훈련 데이터셋으로 변환하는 방법, 인간 바둑기사의 결정을 흉내 내는 케라스 모델 훈련을 배운다.

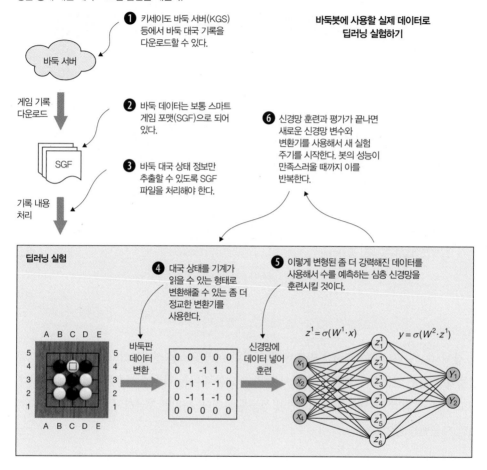

이 장을 학습하고 나면 복잡한 신경망을 사용해서 직접 강력한 바둑봇을 만들고 실행할 수 있게 될 것이다. 그러려면 일단 실제 바둑 데이터에 접근할 수 있어야 한다.

7.1 바둑 대국 기록 가져오기

지금까지는 바둑 데이터를 사용하려면 직접 만들어야 했다. 앞으로는 이미 만들어진 데이터를 사용해서 수를 예측하는 심층 신경망을 훈련시킬 것이다. 신경망이 완벽하게 수를 예측하게 되어 **데이터를 생성한 트리 탐색 알고리즘처럼** 대국을 치르면 가장 좋을 것이다. 이때 신경망에 넣은 데이터는 그것을 사용해서 훈련하는 딥러닝 봇의 성능을 결정하게 된다. 봇은 데이터를 생성한 선수 이상의 결과는 낼 수 없다.

강한 상대와 대국을 치른 기록을 심층 신경망에 입력하면 봇 성능이 향상될 것이라고 충분히 예상할 수 있다. 여기서는 세계적으로 유명한 바둑 플랫폼인 KGS^{Kiseido Go Server, 키세이도 바둑 서버}의 대국 데이터를 사용한다. KGS에서 데이터를 다운로드해서 처리하는 방법을 설명하기 전에 일단 바둑 데이터의 형식부터 알아보자.

7.1.1 SGF 파일 포맷

스마트 게임 포맷^{Smart Game Format, SGF}(초기에는 스마트 바둑 포맷^{Smart Go Format}으로 불렸다)은 80년대 후반에 만들어졌다. 현재 사용하는 4번째 주요 배포판(FF[4])은 90년대 후반에 배포되었다. SGF는 직관적이며 텍스트 기반 포맷이어서 바둑 및 바둑의 변형 형태(프로 기사들의 확장 대국 해설 등)와 다른 보드게임에서 사용할 수 있다. 이 장의 나머지 부분에서 다룰 바둑 대국은 특별한 경우가 아니면 SGF 파일을 사용한다고 보면 된다. 이 절에서는 이 리치 게임 포맷의 몇 가지 기본적인 내용만 설명한다. 더 자세히 알고 싶으면 '스승님의 도서관^{Sensei's Library}'에서 senseis.xmp.net/?SmartGameFormat 항목을 살펴보자.

SGF의 핵심은 대국 및 수에 대한 메타데이터로 이루어져 있다는 것이다. 메타데이터는 특성을 두 개의 대문자로 나타내고, 대괄호 안에 이에 대한 값을 넣게 되어 있다. 예를 들어 크기(SZ) 9×9에서 이루어지는 바둑 대국은 SGF에 SZ[9]로 기록된다. 바둑의 수는 다음처럼 변환된다. 예를 들어 백이 바둑판의 세 번째 행과 세 번째 열의 좌표에 두었다면 SGF에 W[cc]로 기록되고, 흑이 7번째 행과 세 번째 열의 좌표에 두었다면 B[gc]로 기록된다. B와 W는 돌의 색을 나타내고, 행렬의 좌표는 알파벳으로 나타낸다. 차례를 넘겼을 경우에는 빈 수인 B[]와 W[]를 사용한다.

다음 SGF 파일은 2장 끝에서 사용한 9×9 대국에서 가져왔다. 다음은 현재 SGF 버전(FF[4])의 바둑(바둑의 게임 번호는 1로, SGF에서는 GM[1]로 쓴다)으로 9×9 바둑판에 접바둑이 아니며(HA[0]) 흑이 선을 잡는 대신 백에게 6.5점의 덤을 준다(KM[6.5]). 대국 규칙은 일본식을 따르며(RU[Japanese]) 결과(RE)는 백이 9.5점 차이로 이겼다(RE[W+9.5]).

```
(;FF[4] GM[1] SZ[9] HA[0] KM[6.5] RU[Japanese] RE[W+9.5]
;B[gc];W[cc];B[cg];W[gg];B[hf];W[gf];B[hg];W[hh];B[ge];W[df];B[dg]
;W[eh];B[cf];W[be];B[eg];W[fh];B[de];W[ec];B[fb];W[eb];B[ea];W[da]
;B[fa];W[cb];B[bf];W[fc];B[gb];W[fe];B[gd];W[ig];B[bd];W[he];B[ff]
;W[fg];B[ef];W[hd];B[fd];W[bi];B[bh];W[bc];B[cd];W[dc];B[ac];W[ab]
;B[ad];W[hc];B[ci];W[ed];B[ee];W[dh];B[ch];W[di];B[hb];W[ib];B[ha]
;W[ic];B[dd];W[ia];B[];
TW[aa][ba][bb][ca][db][ei][fi][gh][gi][hf][hg][hi][id][ie][if]
 [ih][ii]
TB[ae][af][ag][ah][ai][be][bg][bi][ce][df][fe][ga]
 W[])
```

SGF 파일은 세미콜론으로 구분된 **노드**의 나열로 이루어져 있다. 첫 번째 노드는 바둑판 크기, 규칙, 게임 결과, 다른 배경 정보 등 대국 관련 메타데이터다. 다음에 이어지는 노드는 대국의 수다. 공백은 무시해도 된다. 전체 예제는 문자열 한 줄로 만들어도 된다. 파일 끝에는 TW 뒤에 백집에 속하는 점이 나오고, TB 뒤에 흑집에 속하는 점은 나온다. 집은 백의 최종 수(차례 넘김을 뜻하는 W[])와 같은 노드에 있다. 집에 대한 설명은 대국의 최종 위치에 대한 해설로 봐도 된다.

이 예제에는 SGF 파일의 주요 속성 일부가 나타나 있고, 훈련 데이터 생성을 위해 대국 기록 재현에 필요한 모든 것이 들어 있다. SGF는 훨씬 더 많은 속성을 지원하지만 주로 대국 기록에 대한 해설 및 주석에 쓰이므로 이 책에서 이런 기능을 모두 사용할 일은 없다.

7.1.2 KGS에서 바둑 대국 기록을 다운로드해서 재현하기

u-go.net/gamerecords에서 대국 기록 테이블을 여러 포맷(zip, tar.gz)로 다운로드할 수 있다. 이 대국 데이터는 2001년부터 KGS 바둑 서버에서 수집해온 것으로 기사 한 명이 7단 이상이거나 두 기사 모두 6단 이상인 대국 기록만 있다. 1단부터 9단까지는 최고수 기사이므로 이 대국들은 매우 숙련된 기사들이 치른 것임을 알 수 있다. 이 대국들은 모두 19×19 바둑판에서 치른 것으로 6장에서 생성한 9×9 바둑판에 비해 훨씬 복잡하다.

이는 바둑 수 예측에 있어서 엄청나게 좋은 데이터셋으로, 여기서 만들 강력한 딥러닝 봇에 숨을 불어넣어줄 것이다. 여러분은 개별 파일에 대한 링크가 포함된 HTML을 가져와서 이 파일을 자동으로 다운로드하고, 파일의 압축을 풀고, 그 안에 들어 있는 SGF 게임 기록을 처리하길 원할 것이다.

이 데이터를 딥러닝 모델에 대한 입력으로 사용하기 위한 첫 단계로 메인 dlgo 모듈에 다른 것과 마찬가지로 빈 __init__.py를 넣고 data라는 새로운 하위 모듈을 만들자. 이 하위 모듈에는 이 책에서 필요한 바둑 데이터 전처리와 관련된 모든 것을 넣을 것이다.

다음으로 data 하위 모듈에 index_processor.py라는 새 파일을 만든 후 여기에 대국 데이터를 다운로드하는 데 사용할 KGSIndex라는 클래스를 만들 것이다. 하지만 이 단계는 완전히 기술적인 내용이고 바둑이나 머신러닝 지식에는 전혀 도움이 되지 않으므로 생략하고 넘어갈 것이다. 이에 대해 자세히 알고 싶다면 깃허브 저장소에서 KGSIndex 코드를 찾아보면 된다. KGSIndex 구현 내용을 보면 이후 사용할 메서드는 정확히 download_files() 하나뿐이다. 이 메서드는 u-go.net/gamerecords 페이지를 내부적으로 복사해서 모든 관련 다운로드 링크를 찾아내고 각 링크에 대해 data라는 다른 폴더를 만들어서 여기에 tar.gz 파일을 다운로드한다. 메서드를 호출하는 방법은 다음과 같다.

예제 7-1 KGS에서 바둑 데이터를 포함하는 zip 파일의 인덱스 생성

```
from dlgo.data.index_processor import KGSIndex

index = KGSIndex()
index.download_files()
```

이를 실행하면 다음과 같은 명령줄 출력이 생성되어야 한다.

```
>>> Downloading index page
KGS-2017_12-19-1488-.tar.gz 1488
KGS-2017_11-19-945-.tar.gz 945
...
>>> Downloading data/KGS-2017_12-19-1488-.tar.gz
>>> Downloading data/KGS-2017_11-19-945-.tar.gz
...
```

이제 데이터를 로컬에 저장했으니 신경망에 사용할 수 있게 가공하는 단계로 넘어가자.

7.2 딥러닝용 바둑 데이터 준비

6장에서는 바둑 데이터를 3장에서 소개한 Board와 GameState 클래스에서 사용하는 형태로 변환해주는 간단한 **변환기**를 살펴보았다. SGF 파일로 작업할 때는 먼저 파일 내용을 추출하여(앞에서 살펴본 **압축 풀기**) 대국을 재현해야 우리가 만든 바둑 프레임워크에서 바둑을 두는 데 필요한 상태 정보를 생성할 수 있다.

7.2.1 SGF 기록을 사용해서 바둑 대국 재현하기

SGF 파일에서 바둑 대국 상태 정보를 읽어낸다는 것은 이 포맷의 특성을 이해하고 구현할 수 있다는 것이다. 이것은 그리 어려운 일은 아니지만(이 역시 특정 규칙에 따라 문자열을 이어붙인 것에 불과하므로) 바둑봇을 만드는 일에 있어서 그다지 흥미로운 일은 아니며 깔끔하게 처리하려면 많은 시간과 수고가 들어간다. 그래서 dlgo 안에 SGF 파일 처리에 필요한 모든 절차를 다루는 gosgf라는 또 다른 하위 모듈을 만들 것이다. 이 장에서는 이 하위 모듈을 블랙박스처럼 다룰 것이다. SGF를 파이썬으로 읽고 해석하는 방법을 더 자세히 알고 싶다면 깃허브 저장소를 참고하면 된다.

> **NOTE_** gosgf 모듈은 고밀(Gomill) 파이썬 라이브러리에 나온 것으로, 고밀 사이트[1]에서 확인할 수 있다.

여기서는 gosgf에서 Sgf_game 클래스 단 하나만 사용한다. 그럼 Sgf_game으로 샘플 SGF 대국 파일을 불러와서 한 수 한 수 대국 정보를 읽고 GameState 객체에 수를 반영해보자. [그림 7-2]는 SGF 명령어로 바둑을 시작하는 방법을 보여준다.

예제 7-2 바둑 프레임워크에서 SGF 파일로 수 놓기

```
from dlgo.gosgf import Sgf_game          ◁──  새 gosgf 모듈에서 Sgf_game
from dlgo.goboard_fast import GameState, Move      클래스를 불러온다.
from dlgo.gotypes import Point
from dlgo.utils import print_board

sgf_content = "(;GM[1]FF[4]SZ[9];B[ee];W[ef];B[ff]" + \    ◁──  샘플 SGF 문자열을 정의한다.
              ";W[df];B[fe];W[fc];B[ec];W[gd];B[fb])"         이 내용은 이후 내려받을
                                                             데이터에서 가져올 것이다.
```

---

1 mjw.woodcraft.me.uk/gomill

```
sgf_game = Sgf_game.from_string(sgf_content)        ◁─── from_string() 메서드를 사용해서
                                                          Sgf_game을 만든다.
game_state = GameState.new_game(19)

for item in sgf_game.main_sequence_iter():     ◁───  대국의 주요 절차를 반복한다. 이때 변화
                                                     내용이나 해설 부분은 필요 없다.
    color, move_tuple = item.get_move()
    if color is not None and move_tuple is not None:    ◁───  주요 절차에서 돌은 (색, 위치)
        row, col = move_tuple                                쌍으로 되어 있다. 이때 '위치'는
        point = Point(row + 1, col + 1)                      바둑판 좌표쌍이다.
        move = Move.play(point)
        game_state = game_state.apply_move(move)    ◁───  읽어 들인 수는 현재 대국 상태에
        print_board(game_state.board)                     적용할 수 있다.
```

그림 7-2 SGF 파일의 대국 기록 다시 실행하기. 원래 SGF 파일은 대국의 수가 B[ee] 같은 문자열로 이루어져 있다. Sgf_game 클래스는 이 문자열을 풀어서 파이썬 튜플로 반환한다. 그럼 다음 [예제 7-2]와 같이 이 수를 GameState 객체에 넣어서 대국을 재구성한다.

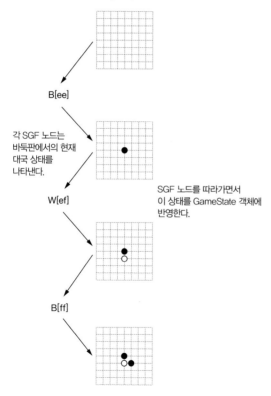

근본적으로 유효한 SGF 문자열을 가져와서 필요한 만큼 반복하면 대국을 재현할 수 있다. [예제 7-2]는 이 장의 핵심이며, 딥러닝에 사용할 바둑 데이터를 처리하는 다음과 같은 대략의 과정을 보여준다.

1 압축된 바둑 대국 파일을 다운로드해서 압축을 푼다.

2 이 파일 안의 각 SGF 파일을 파이썬 문자열로 읽은 후 이 문자열로 Sgf_game 객체를 만든다.

3 각 SGF 문자열에 대한 바둑 대국의 주요 순서를 읽고, 치석(바둑을 두기 전에 미리 깔아두는 돌)을 두는 것 같은 중요한 세부 사항을 반드시 처리하고, 그 결과로 나온 수 데이터를 GameState 객체에 넣어준다.

4 각 수에 대해 그 수를 두기 전에 현재 바둑판 정보를 Encoder의 특징 정보로 변환하고 각 수를 라벨로 저장한다. 이런 식으로 딥러닝에 사용하는 수 예측용 데이터를 만들 수 있다.

5 이후에 바로 가져와서 심층 신경망에 넣어줄 수 있도록 결과 특징과 라벨을 적당한 형태로 저장한다.

다음 몇 절에 걸쳐 이 다섯 가지 내용을 매우 상세히 들여다볼 것이다. 이와 같이 데이터를 처리한 후 수 예측 프로그램으로 다시 돌아가서 이 데이터가 수 예측 정확도에 어떤 영향을 미치는지 살펴보자.

7.2.2 바둑 데이터 전처리기 만들기

이 절에서는 원본 SGF 데이터를 머신러닝 알고리즘에 사용할 수 있는 특징과 라벨로 변환하는 바둑 **데이터 전처리기**를 만들 것이다. 이에 대한 구현은 내용이 길기 때문에 몇 부분으로 나누어 설명한다. 이 작업까지 마치면 실제 데이터로 딥러닝 모델을 실행하는 모든 준비가 갖춰지게 된다.

일단 data 하위 모듈 안에 processor.py 파일을 만들자. 깃허브 저장소에서 processor.py를 복사해서 구현 내용을 그대로 사용해도 무방하다. 그리고 processor.py에서 사용할 몇 가지 주요 파이썬 라이브러리를 불러오자. 데이터를 처리하기 위한 넘파이 외에도 파일 처리용 패키지가 몇 가지 더 필요하다.

예제 7-3 데이터 및 파일 전처리에 필요한 파이썬 라이브러리

```
import os.path
import tarfile
import gzip
import glob
```

```
import shutil

import numpy as np
from keras.utils import to_categorical
```

dlgo 모듈에서 지금까지 추상화한 핵심 기능을 불러와서 사용한다.

예제 7-4 dlgo 모듈에서 데이터 전처리에 사용할 내용 불러오기

```
from dlgo.gosgf import Sgf_game
from dlgo.goboard_fast import Board, GameState, Move
from dlgo.gotypes import Player, Point
from dlgo.encoders.base import get_encoder_by_name

from dlgo.data.index_processor import KGSIndex        샘플러를 사용해서 파일에서 훈련 데이터와
from dlgo.data.sampling import Sampler          ◁───  검정 데이터를 샘플링한다.
```

위 예제에서 마지막에 불러온 Sampler와 DataGenerator는 아직 설명하지 않았다. 이들은 바둑 데이터 전처리기를 만들면서 설명할 것이다. processor.py에서 GoDataProcessor는 Encoder를 문자열로 제공하고 SGF 데이터를 저장할 data_directory를 제공함으로써 초기화 한다.

예제 7-5 변환기와 로컬 데이터 디렉터리를 지정해서 바둑 데이터 전처리기 초기화하기

```
class GoDataProcessor:
    def __init__(self, encoder='oneplane', data_directory='data'):
        self.encoder = get_encoder_by_name(encoder, 19)
        self.data_dir = data_directory
```

다음에는 load_go_data( )라는 주요 데이터 처리 메서드를 구현할 것이다. 이 메서드에서는 처리할 대국 수와 불러올 데이터의 종류(**훈련** 혹은 **검정** 데이터 여부)를 지정할 수 있다. load_go_data( )는 KGS로부터 온라인 바둑 데이터를 다운로드해 특정 대국 수만큼 샘플링하고 여기에 특징과 라벨을 만드는 처리를 한 후 결과를 넘파이 배열로 로컬에 저장한다.

data_type에 train이나
test를 지정할 수 있다.

num_samples는 불러올
데이터의 대국 수다.

```python
def load_go_data(self, data_type='train',
                 num_samples=1000):
    index = KGSIndex(data_directory=self.data_dir)
    index.download_files()

    sampler = Sampler(data_dir=self.data_dir)
    data = sampler.draw_data(data_type, num_samples)

    zip_names = set()
    indices_by_zip_name = {}
    for filename, index in data:
        zip_names.add(filename)
        if filename not in indices_by_zip_name:
            indices_by_zip_name[filename] = []
        indices_by_zip_name[filename].append(index)
    for zip_name in zip_names:
        base_name = zip_name.replace('.tar.gz', '')
        data_file_name = base_name + data_type
        if not os.path.isfile(self.data_dir + '/' + data_file_name):
            self.process_zip(zip_name, data_file_name,
                             indices_by_zip_name[zip_name])

    features_and_labels = self.consolidate_games(data_type, data)
    return features_and_labels
```

KGS에서 로컬 데이터 디렉터리로
모든 대국 데이터를 다운로드한다.
만약 데이터가 있다면 다시 다운로
드하지 않는다.

Sampler 인스턴스는 한 가지
데이터셋을 위해 특정 수의
대국을 선택한다.

데이터의 모든 zip 파일 이름을
리스트에 저장한다.

zip 파일명으로 인덱싱된
SGF 파일을 모은다.

zip 파일이 각각 처리된다.

각 zip 파일의 특징과 라벨을
집계한 후 반환한다.

데이터를 다운로드한 후 Sampler 인스턴스를 사용해서 나눌 것이다. 이 샘플러의 역할은 특정 대국 수만큼 임의로 고르는 일이지만 더 중요한 점은 어떻게든 **훈련 데이터와 검정 데이터가 겹치지 않게 하는 것이다.** Sampler는 2014년 이전에 치러진 대국을 검정 데이터로 사용하고, 이후에 치러진 대국을 훈련 데이터로 사용해서 훈련 데이터와 검정 데이터를 파일 단계에서 나눈다. 이렇게 하면 검정 데이터의 어떤 대국 정보도 훈련 데이터에 포함되지 않게 할 수 있어 모델 과적합을 미연에 방지할 수 있다.

훈련 데이터와 검정 데이터 나누기

데이터를 훈련 데이터와 검정 데이터로 나누려는 이유는 신뢰할 만한 성능 지표를 구하기 위해서다. 훈련 데이터로 모델을 훈련한 후 검정 데이터로 모델이 **이전에 접하지 못한 상황**에 얼마나 잘 적응하는지, 훈련 과정에서 학습한 것을 실제 상황에 얼마나 잘 활용하는지 평가한다. 적합한 데이터 수집과 구분은 모델의 결과에 대한 신뢰성 확보에 필수다.

우리가 가지고 있는 데이터를 단순히 모두 가져와서 섞은 후 임의로 훈련 데이터와 검정 데이터로 구분하면 끝이라고 생각할지도 모른다. 하지만 문제에 따라 이 간단한 방식은 좋을 수도 있고 아닐 수도 있다. 바둑 대국 기록의 경우 한 대국의 수는 각각 이전 혹은 이후의 수에 영향을 받는다. 검정 데이터에도 포함된 수를 사용해서 모델을 훈련시키면 모델이 강하다는 착각을 불러일으킬 수 있다. 하지만 실제로 봇이 생각만큼 강하지 않다는 것을 알게 될 것이다. 데이터 분석에 충분히 시간을 투자하고 합리적으로 데이터셋을 나눠야 한다.

데이터 다운로드와 샘플링 후 load_go_data( )는 데이터 전처리를 대부분 헬퍼 메서드에 의존한다. process_zip( )을 사용해서 각 zip 파일을 읽고, consolidate_games( )를 사용해서 각 zip 파일에서 나온 결과를 하나의 특징과 라벨 집합으로 묶는다. 이어서 process_zip( )을 어떻게 구현하는지 알아보자.

1 unzip_data( )를 사용해서 현재 파일의 압축을 푼다.
2 SGF 기록을 변환하기 위해 Encoder 인스턴스를 초기화한다.
3 특징과 라벨에 사용할 넘파이 배열을 올바른 형태로 초기화한다.
4 대국 리스트에 대해 반복하고 대국별로 하나하나 처리한다.
5 각 대국에 대해 모든 치석을 우선 적용한다.
6 그 후 SGF 기록에서 발견되는 수를 하나하나 읽어 들인다.
7 각 다음 수에 대해 수를 라벨로 변환한다.
8 현재 바둑판의 상태를 특징으로 변환한다.
9 바둑판에 다음 수를 두고 다시 처리를 진행한다.
10 특징과 라벨을 작은 단위로 묶어서 로컬 파일시스템에 저장한다.

process_zip( )에서 1~9단계를 구현하는 방법은 다음과 같다. 기술 유틸리티 메서드 unzip_data( )에 대한 설명은 지면 관계상 생략했으며, 깃허브 저장소에서 확인할 수 있다. [그림 7-3]을 보면 압축된 SGF 파일을 대국 상태로 어떻게 변환 처리하는지 확인할 수 있다.

그림 7-3 process_zip( ) 함수. 많은 SGF 파일이 들어 있는 zip 파일을 반복하여 처리한다. 각 SGF 파일에는 연속적인 바둑 수가 들어 있다. 이를 이용해서 GameState 객체를 다시 만든다. 그 후 Encoder 객체를 사용해서 각 대국 상태를 넘파이 배열로 바꾼다.

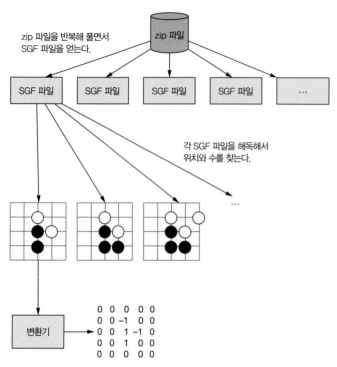

이제 process_zip( )을 정의할 수 있다.

예제 7-7 zip 파일에 저장된 바둑 기록 처리를 통해 특징과 라벨로 변환하기

이 zip 파일에 들어 있는 모든 대국의
전체 수를 구한다.

```
def process_zip(self, zip_file_name, data_file_name, game_list):
    tar_file = self.unzip_data(zip_file_name)
    zip_file = tarfile.open(self.data_dir + '/' + tar_file)
    name_list = zip_file.getnames()
    total_examples = self.num_total_examples(zip_file, game_list,
                                             name_list)


    shape = self.encoder.shape()
```

사용한 변환기로부터 특징과
라벨 배열의 크기를 추론한다.

```
    feature_shape = np.insert(shape, 0, np.asarray([total_examples]))
    features = np.zeros(feature_shape)
    labels = np.zeros((total_examples,))

    counter = 0
    for index in game_list:                              ← zip 파일을 추출한 후 SGF 내용을
        name = name_list[index + 1]                        문자열로 읽어 들인다.
        if not name.endswith('.sgf'):
            raise ValueError(name + ' is not a valid sgf')
        sgf_content = zip_file.extractfile(name).read()
        sgf = Sgf_game.from_string(sgf_content)

        game_state, first_move_done = self.get_handicap(sgf)   ←

        for item in sgf.main_sequence_iter():            ← 모든 치석을 적용하여
            color, move_tuple = item.get_move()            초기 대국 상태를 추론한다.
            point = None
            if color is not None:
                if move_tuple is not None:     ← 대국 진행에 놓일 돌의
                    row, col = move_tuple        좌표를 읽는다.
                    point = Point(row + 1, col + 1)
                    move = Move.play(point)
                else:                          ← 만약 돌이 없다면
                    move = Move.pass_turn()      차례를 넘긴 것으로 한다.
                if first_move_done and point is not None:
                    features[counter] = self.encoder.encode(game_state)
                    labels[counter] = self.encoder.encode_point(point)
                    counter += 1
                game_state = game_state.apply_move(move)    ←
            first_move_done = True                  그 후 각 수를 바둑판에 적용하고
                                                     그다음 수로 진행한다.
```

SGF 파일의 모든 수를 반복한다.

현재 대국 상태를 특징으로 변환한다.

다음 수를 특징의 라벨로 변환한다.

for 문 내의 과정은 [예제 7-2]와 비슷하므로 친숙할 것이다. process_zip( )은 다음에 구현할 두 헬퍼 메서드를 사용한다. 하나는 각 zip 파일마다 몇 개의 수를 가지고 있는지 미리 구해서 특징과 라벨 배열의 크기를 효율적으로 결정하도록 해주는 num_total_example( )이다.

예제 7-8 현재 zip 파일에서 가능한 수의 전체 개수 구하기

```
def num_total_examples(self, zip_file, game_list, name_list):
    total_examples = 0
    for index in game_list:
        name = name_list[index + 1]
```

```
            if name.endswith('.sgf'):
                sgf_content = zip_file.extractfile(name).read()
                sgf = Sgf_game.from_string(sgf_content)
                game_state, first_move_done = self.get_handicap(sgf)

                num_moves = 0
                for item in sgf.main_sequence_iter():
                    color, move = item.get_move()
                    if color is not None:
                        if first_move_done:
                            num_moves += 1
                        first_move_done = True
                total_examples = total_examples + num_moves
            else:
                raise ValueError(name + ' is not a valid sgf')
        return total_examples
```

다른 하나는 현재 대국에서 치석 개수를 구하고 이 수들을 빈 바둑판에 두는 get_handicap( ) 메서드다.

예제 7-9 치석을 찾아서 빈 바둑판에 놓기

```
    @staticmethod
    def get_handicap(sgf):
        go_board = Board(19, 19)
        first_move_done = False
        move = None
        game_state = GameState.new_game(19)
        if sgf.get_handicap() is not None and sgf.get_handicap() != 0:
            for setup in sgf.get_root().get_setup_stones():
                for move in setup:
                    row, col = move
                    go_board.place_stone(Player.black,
                                         Point(row + 1, col + 1))
            first_move_done = True
        game_state = GameState(go_board, Player.white, None, move)
        return game_state, first_move_done
```

process_zip( ) 구현을 마무리하기 위해 특징과 라벨의 묶음을 각 파일에 저장한다.

예제 7-10 특징과 라벨을 작은 묶음으로 나눠서 로컬에 저장하기

```
feature_file_base = self.data_dir + '/' + data_file_name + '_features_%d'
label_file_base = self.data_dir + '/' + data_file_name + '_labels_%d'
chunk = 0 # 파일 크기가 크므로 chunksize를 정의한 후 이 크기대로 나눈다.
chunksize = 1024
while features.shape[0] >= chunksize:          ◁─── 특징과 라벨을 1024 크기
    feature_file = feature_file_base % chunk          묶음으로 처리한다.
    label_file = label_file_base % chunk
    chunk += 1
    current_features, features = features[:chunksize], features[chunksize:]
    current_labels, labels = labels[:chunksize], labels[chunksize:]
    np.save(feature_file, current_features)
    np.save(label_file, current_labels)   ◁─┐
 현재 묶음은 특징과                          …그리고 각각
 라벨에서 차단된다…                          개별 파일에 저장된다.
```

작은 묶음으로 저장하는 이유는 넘파이 배열은 금방 커지므로 작은 파일로 저장하면 나중에 더 유연하게 사용할 수 있기 때문이다. 예를 들어 모든 묶음의 데이터를 하나로 합치거나, 작은 묶음을 메모리에 불러오거나 하는 방식 모두 가능하다. 이후 두 가지 방법을 모두 사용한다. 동적으로 데이터 묶음을 불러오는 방식은 약간 복잡하지만 데이터를 하나로 합치는 방식은 직관적이다. 참고로 이 구현에서는 while 문에서 마지막 데이터 부분이 손실될 가능성이 있지만 사용하는 데이터가 충분하므로 중요한 문제는 아니다.

processor.py에서 GoDataProcessor를 계속 정의하여 모든 배열을 하나로 합쳐보자.

예제 7-11 개별 넘파이 배열의 특징과 라벨을 하나로 합침

```
def consolidate_games(self, data_type, samples):
    files_needed = set(file_name for file_name, index in samples)
    file_names = []
    for zip_file_name in files_needed:
        file_name = zip_file_name.replace('.tar.gz', '') + data_type
        file_names.append(file_name)

    feature_list = []
    label_list = []
    for file_name in file_names:
        file_prefix = file_name.replace('.tar.gz', '')
        base = self.data_dir + '/' + file_prefix + '_features_*.npy'
```

```
        for feature_file in glob.glob(base):
            label_file = feature_file.replace('features', 'labels')
            x = np.load(feature_file)
            y = np.load(label_file)
            x = x.astype('float32')
            y = to_categorical(y.astype(int), 19 * 19)
            feature_list.append(x)
            label_list.append(y)
        features = np.concatenate(feature_list, axis=0)
        labels = np.concatenate(label_list, axis=0)
        np.save('{}/features_{}.npy'.format(self.data_dir, data_type), features)
        np.save('{}/labels_{}.npy'.format(self.data_dir, data_type), labels)

        return features, labels
```

다음과 같이 100개 대국의 특징과 라벨을 불러와서 지금까지 구현한 것을 테스트하자.

예제 7-12 100개 대국 기록에서 훈련 데이터 불러오기

```
from dlgo.data.processor import GoDataProcessor

processor = GoDataProcessor
features, labels = processor.load_go_data('train', 100)
```

이 특징과 라벨은 6장에서 만든 oneplane 변환기로 변환된다. 즉, 완전히 동일한 구조를 가지고 있다. 특히 방금 생성한 데이터로 6장에서 생성한 신경망 중 하나를 훈련시킬 수 있다. 하지만 평가 결과가 좋을 거라고 너무 기대하지는 말자. 이 실제 대국 데이터가 6장에서 생성한 데이터보다 훨씬 낫다고 하더라도 지금은 19×19 바둑 데이터를 사용하는 것이므로 9×9 바둑판에서 치른 대국보다 훨씬 복잡하다.

또한 많은 작은 파일을 메모리로 불러서 합치면 대량의 데이터를 불러올 때 메모리 부족 예외가 발생할 수 있다. 이 문제는 다음 절에서 **데이터 생성기**^{data generator}를 사용하여 모델 훈련에 필요한 데이터의 다음 미니배치만 제공함으로써 해결할 수 있다.

7.2.3 데이터를 효율적으로 불러오는 바둑 데이터 생성기 만들기

u-go.net/gamerecords에서 다운로드한 KGS 인덱스에는 대국 기록이 170,000여 개 들어

있고 이를 변환하면 예측에 사용할 수 있는 수가 수백만 개가 된다. 이런 수 데이터를 넘파이 배열 하나로 만드는 것은 대국 기록이 늘어날수록 더 어려운 작업이 될 것이다. 대국 기록을 통합하려는 작업은 어딘가에서 삐끗하게 되어 있다.

대신 GoDataProcessor 내의 consolidate_games()를 사용할 것을 권장한다. 결국 모든 신경망은 훈련을 할 때 특징과 라벨의 미니배치를 **하나하나** 넣어줘야 한다는 것을 떠올리자. 즉, 모든 데이터를 항상 메모리에 가지고 있을 필요가 없다. 따라서 다음에 만들 것은 바둑 데이터 **생성기**다. 파이썬의 생성기 개념을 알고 있다면 만들고 있는 생성기의 패턴을 바로 깨닫게 될 것이다. 그렇지 않다면 생성기란 필요한 다음 데이터의 배치를 효율적으로 만들어주는 함수라고 생각하자.

우선 DataGenerator를 초기화해보자. 이 코드를 data 모듈 내의 generator.py에 넣자. 이 생성기에 로컬 주소인 data_directory와 GoDataProcessor의 Sampler에서 만든 샘플을 넣어서 초기화하자.

예제 7-13 바둑 데이터 생성기의 특징

```
import glob
import numpy as np
from keras.utils import to_categorical

class DataGenerator:
    def __init__(self, data_directory, samples):      # 생성기는 이전에 샘플링해둔
        self.data_directory = data_directory              파일에 접근할 수 있다.
        self.samples = samples
        self.files = set(file_name for file_name, index in samples)
        self.num_samples = None

    def get_num_samples(self, batch_size=128, num_classes=19 * 19):
        if self.num_samples is not None:
            return self.num_samples                   # 프로그램에 따라 얼마나
        else:                                            많은 샘플이 있는지
            self.num_samples = 0                          알아둬야 한다.
            for X, y in self._generate(batch_size=batch_size,
                                       num_classes=num_classes):
                self.num_samples += X.shape[0]
            return self.num_samples
```

그다음에는 데이터 배치를 만들어서 반환하는 프라이빗 메서드 _generate( )를 구현한다. 이 메서드는 전반적으로 consolidate_games( )와 유사한 논리를 따르지만 한 가지 중요한 차이점이 있다. 데이터를 반환하거나 호출하는 데 있어 앞서 만든 특징과 라벨을 저장한 큰 용량의 넘파이 배열 대신 데이터 묶음을 사용한다.

예제 7-14 바둑 데이터의 다음 배치를 생성해서 불러오는 프라이빗 메서드

```
def _generate(self, batch_size, num_classes):
    for zip_file_name in self.files:
        file_name = zip_file_name.replace('.tar.gz', '') + 'train'
        base = self.data_directory + '/' + file_name + '_features_*.npy'
        for feature_file in glob.glob(base):
            label_file = feature_file.replace('features', 'labels')
            x = np.load(feature_file)
            y = np.load(label_file)
            x = x.astype('float32')
            y = to_categorical(y.astype(int), num_classes)
            while x.shape[0] >= batch_size:
                x_batch, x = x[:batch_size], x[batch_size:]
                y_batch, y = y[:batch_size], y[batch_size:]
                yield x_batch, y_batch
```

실행 내역에 따라 데이터 배치를 반환하거나 호출한다.

이제 생성기를 반환하는 메서드를 만들자. 생성기가 있으면 다음과 같이 명시적으로 next( )를 호출해서 각 사례에 맞는 데이터 묶음을 생성할 수 있다.

예제 7-15 모델 훈련에 생성기를 사용하기 위한 generate( ) 메서드 호출

```
def generate(self, batch_size=128, num_classes=19 * 19):
    while True:
        for item in self._generate(batch_size, num_classes):
            yield item
```

신경망 훈련에 이 생성기를 어떻게 사용하는지 살펴보기 전에 이런 개념을 GoDataProcessor에 어떻게 적용하는지 파악해야 한다.

7.2.4 바둑 데이터 처리 및 생성기의 병렬 실행

[예제 7-3]에서 100개의 대국 기록을 불러오는 것은 생각보다 시간이 오래 걸릴 것이다. 당연히 데이터를 먼저 다운로드해야 하지만 상대적으로 느린 것은 처리 자체다. zip 파일을 어떻게 처리했는지 기억을 더듬어보자. 한 파일을 처리한 후 다음 파일을 **순차** 처리하도록 구현했다. 하지만 자세히 살펴보면 우리가 살펴본 바둑 데이터는 **처치 곤란 병렬**^{embarrassingly parallel} 문제[2]다. 파이썬의 멀티프로세싱 라이브러리 등을 사용하면 컴퓨터의 모든 CPU에 작업을 분배해 zip 파일을 손쉽게 병렬 처리할 수 있다.

data 모듈의 parallel_processor.py에 데이터를 병렬 처리하는 GoDataProcessor를 구현해 두었다. 병렬화를 통한 속도 개선 외의 내용은 다소 복잡하여 상세한 설명은 생략한다(자세한 내용이 궁금하다면 깃허브의 코드를 따라 해보기 권장한다). GoDataProcessor의 병렬 버전을 사용하면 데이터 대신 변환기를 반환하는 DataGenerator를 사용할 수도 있다는 장점도 있다.

예제 **7-16** 생성기를 반환하는 옵션이 있는 load_go_data( )의 병렬 버전

```
def load_go_data(self, data_type='train', num_samples=1000,
                            use_generator=False):
    index = KGSIndex(data_directory=self.data_dir)
    index.download_files()

    sampler = Sampler(data_dir=self.data_dir)
    data = sampler.draw_data(data_type, num_samples)

    self.map_to_workers(data_type, data)      ◁─┤ 일을 CPU에 매핑한다.
    if use_generator:
        generator = DataGenerator(self.data_dir, data)
        return generator                      ◁── 바둑 데이터 생성기를
                                                   반환한다...
    else:
        features_and_labels = self.consolidate_games(data_type, data)
        return features_and_labels            ◁── ...또는 전과 마찬가지로
                                                   합쳐진 데이터를 반환한다.
```

---

2 옮긴이_ 병렬 컴퓨팅에서 처치 곤란 병렬 문제란 문제를 몇 개의 병렬 임무로 나누는 데 노력이 거의 들지 않거나 하나도 들지 않는 문제를 말한다. 처치 곤란 병렬 문제는 두 가지 작업 결과 사이에 소통이 없거나 적을 때 일어나는 경향을 보인다. en.wikipedia.org/wiki/Embarrassingly_parallel

병렬 확장 버전에서 use_generator 플래그로 예외 처리를 해서 GoDataProcessor 버전과 동일한 인터페이스를 사용할 수 있게 했다. dlgo.data.parallel_processor의 GoDataProcessor를 사용해서 다음과 같이 바둑 데이터를 만들어주는 생성기를 사용할 수 있다.

예제 7-17 100개의 대국 기록에서 훈련 데이터 가져오기

```
from dlgo.data.parallel_processor import GoDataProcessor

processor = GoDataProcessor
generator = processor.load_go_data('train', 100, use_generator=True)
print(generator.get_num_samples())
generator = generator.generate(batch_size=10)
X, y = generator.next()
```

컴퓨터 프로세서 수의 비율만큼 속도가 빨라지기는 하지만 초반에 데이터를 불러올 때는 여전히 시간이 걸린다. 생성기를 만들어 next()를 호출하면 곧바로 다음 데이터 묶음을 반환한다. 이런 식으로 하면 메모리 초과 문제를 겪지 않을 것이다.

7.3 인간의 대국 기록으로 딥러닝 모델 훈련하기

고수끼리 둔 바둑 데이터에 접근해서 수 예측 모델에 적합하게 처리했으니 지금까지의 내용을 엮어서 이 데이터를 사용하는 심층 신경망을 구축하자. 깃허브 저장소에 가면 dlgo 패키지에서 **network** 모듈을 찾을 수 있으며, 이를 사용하여 강력한 수 예측 모델을 구축하는 데 사용할 수 있는 신경망의 예시 아키텍처를 제공할 수 있다. 예를 들어 network 모듈에서 small.py, medium.py, large.py라고 불리는 복잡도가 다른 합성곱 신경망 3개를 찾을 수 있다. 각 파일에는 순차 케라스 모델에 추가할 수 있는 층 목록을 반환하는 layers() 함수가 포함되어 있다.

만들려는 합성곱 신경망은 합성곱층 4개에 최종 밀집층이 있고, ReLU 활성화 함수를 사용한다. 합성곱층 위에는 ZeroPadding2D라는 새로운 유틸리티 층을 사용한다. **제로패딩**[zero padding, 영 덧대기]은 입력 특징에 0을 **덧대는** 연산이다. 6장에서 사용한 1차 평면 변환기를 사용해서 바둑판을 19×19 행렬로 바꿨다고 해보자. 크기 2만큼을 덧대어 채운다고 하면 왼쪽과 오른쪽에 0으로 이루어진 두 열을 더하고, 위와 아래에도 0으로 이루어진 두 행을 더해서 23×23 행렬로

크기를 키우게 된다. 이 경우 합성곱 입력값에 제로패딩을 적용해서 크기를 수동으로 늘렸으므로 합성곱 연산을 통과해도 이미지가 과하게 줄어들지 않는다.

코드를 보기 전에 관련 이론을 좀 더 살펴보자. 합성곱의 입력과 출력 모두 4차원이었다. 여기서는 각각 2차원(정확히는 폭과 높이가 들어간다)인 무수한 필터를 가진 미니배치를 사용한다. 이 4차원(미니배치의 크기, 필터 수, 폭과 높이) **순서**는 일종의 형식으로, 일반적으로 사용하게 되는 이런 식의 순서는 두 가지다. 보통은 필터를 채널(C), 미니배치 크기를 예제의 숫자(N)로 표기한다. 폭(W)과 높이(H)도 줄여 쓴다. 이렇게 기호를 사용할 때 주로 사용하는 순서는 NWHC와 NCWH다. 케라스에서는 이 순서를 data_format이라 부르고, 다소 애매한 표기지만 NWHC는 channels_last(채널 말미), NCWH는 channels_first(채널 선두)라고 한다. 이에 따르면 처음 바둑판 변환기와 1차 평면 변환기를 만든 방식은 **채널 선두** 방식이다(변환된 바둑판은 1, 19, 19 형태로, 단일 변환 평면이 **선두**로 온다). 즉, 모든 합성곱층에 대해 인자로 data_format=channels_first를 넣어야 한다는 뜻이다. 그럼 small.py가 어떻게 생겼는지 살펴보자.

예제 7-18 바둑 수 예측용 작은 합성곱 신경망에 사용할 층 정의

```
from keras.layers.core import Dense, Activation, Flatten
from keras.layers.convolutional import Conv2D, ZeroPadding2D

def layers(input_shape):
    return [
        ZeroPadding2D(padding=3, input_shape=input_shape,
                      data_format='channels_first'),     ◁─── 층에 제로패딩을 사용해서
        Conv2D(48, (7, 7), data_format='channels_first'),     입력 이미지의 크기를 키운다.
        Activation('relu'),

        ZeroPadding2D(padding=2, data_format='channels_first'),  ◁── channels_first를
        Conv2D(32, (5, 5), data_format='channels_first'),        사용할 때 특징에
        Activation('relu'),                                      대한 입력 평면 차원을
                                                                 앞에 명시한다.
        ZeroPadding2D(padding=2, data_format='channels_first'),
        Conv2D(32, (5, 5), data_format='channels_first'),
        Activation('relu'),

        ZeroPadding2D(padding=2, data_format='channels_first'),
        Conv2D(32, (5, 5), data_format='channels_first'),
        Activation('relu'),
```

```
    Flatten(),
    Dense(512),
    Activation('relu'),
]
```

layers( ) 함수는 Sequential 모델에 하나하나 더할 수 있는 케라스층 목록을 반환한다. 이 층을 사용해서 [그림 7-1]에 대략적으로 나와 있는 처음 다섯 단계를 실행하는 애플리케이션(바둑 데이터를 다운로드하고, 데이터를 추출하고, 변환하여 신경망을 훈련하는 애플리케이션)을 구축할 수 있다. 훈련 부분에서는 앞서 만든 **데이터 생성기**를 사용한다. 하지만 우선 계속 성장 중인 바둑 머신러닝 라이브러리의 주요 컴포넌트를 몇 개 불러오자. 이 프로그램을 만드는 데 바둑 데이터 처리기, 변환기, 신경망 구조가 필요하다.

예제 7-19 바둑 데이터 신경망 구축에 필요한 주요 컴포넌트 불러오기

```
from dlgo.data.parallel_processor import GoDataProcessor
from dlgo.encoders.oneplane import OnePlaneEncoder

from dlgo.networks import small
from keras.models import Sequential
from keras.layers.core import Dense
from keras.callbacks import ModelCheckpoint  ◁    모델 체크포인트를 사용해서 시간이
                                                  걸리는 실험의 경우 진행 중인 상태로
                                                  저장할 수 있다.
```

이 코드의 마지막에서는 ModelCheckpoint라는 간편한 케라스 도구를 가져온다. 훈련에 사용할 데이터가 많으므로 몇 세대에 걸쳐 모델 훈련을 완료하려면 수 시간 혹은 수일이 걸릴지도 모른다. 실험이 여러 이유로 실패할 경우를 고려해서 백업을 해두는 것이 좋다. 모델 체크포인트를 사용하면 각 세대의 훈련이 끝날 때마다 스냅샷을 만들어둔다. 실험이 중간에 실패하면 최종 스냅샷(체크포인트)부터 훈련을 다시 시작할 수 있다.

지금부터 훈련 데이터와 검정 데이터를 정의하자. 우선 GoDataProcessor를 만드는 데 사용한 OnePlane Encoder를 초기화한다. 이 프로세서에서는 케라스 모델에 사용할 훈련 데이터와 검정 데이터 생성기를 인스턴스화할 수 있다.

예제 7-20 훈련 및 검정 데이터 생성기 만들기

```
go_board_rows, go_board_cols = 19, 19
num_classes = go_board_rows * go_board_cols
```

```
num_games = 100

encoder = OnePlaneEncoder((go_board_rows, go_board_cols))    ◁─── 먼저 바둑판 크기의
                                                                   변환기를 생성한다.

processor = GoDataProcessor(encoder=encoder.name())    ◁─── 이를 사용해서 바둑 데이터
                                                             처리기를 초기화한다.

generator = processor.load_go_data('train', num_games, use_generator=True)
test_generator = processor.load_go_data('test', num_games, use_generator=True)
```

처리기를 사용해서 훈련 데이터와
검정 데이터 생성기 2개를 만든다.

다음 단계로 dlgo.networks.small의 layers()를 사용해서 케라스의 신경망을 정의하자. 이 소형 신경망에 층을 하나씩 추가해서 새로운 순차 신경망을 만들고, 소프트맥스 활성화 함수를 사용하는 최종 Dense층을 추가해서 완료한다. 그 후 이 모델에 범주형 교차 엔트로피 손실 함수를 추가하여 컴파일하고 SGD로 훈련한다.

예제 7-21 적은 층 구조의 케라스 모델 정의하기

```
input_shape = (encoder.num_planes, go_board_rows, go_board_cols)
network_layers = small.layers(input_shape)
model = Sequential()
for layer in network_layers:
    model.add(layer)
model.add(Dense(num_classes, activation='softmax'))
model.compile(loss='categorical_crossentropy', optimizer='sgd',
metrics=['accuracy'])
```

생성기를 사용한 케라스 모델 훈련은 데이터셋을 사용한 훈련과 다소 다르다. 모델에 fit() 대신 fit_generator()를 호출해야 하고, evaluate() 대신 evaluate_generator()를 호출해야 한다. 또한 여기서 사용하는 메서드는 성격이 앞서 본 메서드들과 다소 다르다. fit_generator()를 사용하려면 generator, epochs 수, steps_per_epoch에 세대별 훈련 단계 수를 정의해야 한다. 이 세 인자를 사용해 모델을 훈련하는 최소한의 발판을 마련하게 된다. 그리고 이렇게 만든 훈련 과정을 검정 데이터를 사용해서 검증한다. 훈련 데이터 생성기를 validation_data에 적용하고 세대당 검증 단계 수를 validation_steps로 정의하면 된다. 마지막으로 모델에 콜백(callback)을 추가한다. 콜백을 사용해서 훈련 과정을 추적하고 추가 정보를 얻을 수 있다. 여기서는 ModelCheckpoint 유틸리티에 콜백을 걸어서 각 세대 후의 케라스 모델을 저장한다. 예를 들어 배치 크기 128에 세대 수가 5인 모델을 훈련한다고 가정하자.

배치 크기에 맞는
훈련 데이터 생성기와...

...실행한 세대별 훈련 단계 수를
정의한다.

```
  epochs = 5
  batch_size = 128
  model.fit_generator(
      generator=generator.generate(batch_size, num_classes),
      epochs=epochs,
      steps_per_epoch=generator.get_num_samples() / batch_size,
      validation_data=test_generator.generate(
          batch_size, num_classes),
      validation_steps=test_generator.get_num_samples() / batch_size,
      callbacks=[
          ModelCheckpoint('../checkpoints/small_model_epoch_{epoch}.h5')
      ])
  model.evaluate_generator(
      generator=test_generator.generate(batch_size, num_classes),
      steps=test_generator.get_num_samples() / batch_size)
```

나머지 생성기를
검증에 사용한다.

여기에는 단계 수도
필요하다.

각 세대 후 모델의
체크포인트를 저장한다.

생성기와 단계 수를 평가용으로도
명시해주어야 한다.

코드를 직접 실행하는 경우 실험 종료까지 오랜 시간이 걸릴 수 있다. CPU에서 실행한다면 한 세대를 훈련시키는 데 몇 시간이 걸릴 수도 있다. 이때 머신러닝에서 사용하는 수학은 컴퓨터 그래픽에서 사용하는 수학과 공통점이 많다. 따라서 몇몇의 경우 신경망 연산을 GPU로 옮기면 엄청난 속도 향상을 볼 수 있다. 연산에 GPU를 사용하면 속도가 엄청나게 빨라져서 합성곱 신경망의 경우 앞자리가 한두 자리 달라질 정도다. 컴퓨터에 알맞은 드라이버만 설치되어 있다면 텐서플로에서 연산을 GPU로 옮기는 확장 기능을 사용할 수 있다.

> **NOTE_** 머신러닝에서 GPU를 사용하려면 윈도우나 리눅스 OS에서 NVIDIA 칩을 사용하는 것이 가장 좋다. 다른 조합도 가능하지만 드라이버 설정과 씨름하는 데 많은 시간이 걸릴 것이다.

직접 시도하길 원치 않거나 지금 당장 시도하길 원치 않으면 우리가 미리 처리해둔 체크포인트 모델을 사용하기 바란다. 깃허브의 checkpoints에 체크포인트 모델을 세대당 하나씩 총 5개 올려두었다. 훈련 결과는 다음과 같다(노트북에 장착된 오래된 CPU로 계산한 결과다. 계산에 든 시간을 보면 당장 빠른 GPU를 사고 싶어질 것이다).

```
Epoch 1/5
12288/12288 [==============================] - 14053s 1s/step - loss: 3.5514
  - acc: 0.2834 - val_loss: 2.5023 - val_acc: 0.6669
Epoch 2/5
12288/12288 [==============================] - 15808s 1s/step - loss: 0.3028
  - acc: 0.9174 - val_loss: 2.2127 - val_acc: 0.8294
Epoch 3/5
12288/12288 [==============================] - 14410s 1s/step - loss: 0.0840
  - acc: 0.9791 - val_loss: 2.2512 - val_acc: 0.8413
Epoch 4/5
12288/12288 [==============================] - 14620s 1s/step - loss: 0.1113
  - acc: 0.9832 - val_loss: 2.2832 - val_acc: 0.8415
Epoch 5/5
12288/12288 [==============================] - 18688s 2s/step - loss: 0.1647
  - acc: 0.9816 - val_loss: 2.2928 - val_acc: 0.8461
```

보다시피 3세대 이후 훈련에서 98%, 검정 데이터에서 84%의 정확도에 도달했다. 이는 6장에서 만든 모델의 정확도에 비해 엄청나게 개선된 결과다. 아마도 실제 데이터를 더 큰 신경망에서 훈련시켰기 때문에 이런 결과가 나왔을 것이다. 대국 100회에서 거의 완벽하게 수를 예측하도록 학습된 신경망은 일반화도 합리적인 수준으로 이루어냈다. 84%의 검증 정확도로도 충분히 만족스러울 수 있다. 하지만 대국 100회에서 나온 수 데이터는 여전히 적다. 그리고 훨씬 더 큰 대국 데이터를 사용했을 때 얼마나 더 성능이 좋아질지는 아직 모른다. 궁극적인 목적은 간단한 데이터셋에 승리하는 것이 아니다. 강력한 상대와의 대국에서 이기는 강력한 바둑봇을 만드는 것이다.

정말로 강력한 상대를 만드는 다음 순서는 더 좋은 바둑 데이터 변환기를 만드는 것이다. 6장에서 만든 1차 평면 변환기는 초기에는 알맞았지만 지금 다루는 복잡도를 파악하기엔 충분하지 않다. 다음 절에서는 훈련 성능을 높일 더 복잡한 두 가지 변환기를 만들어보자.

7.4 더 실질적인 바둑 데이터 변환기 만들기

2장과 3장에서 바둑의 패 규칙을 알아보았다. 바둑에는 무한 반복을 피하는 패 규칙이 있다. 즉, 판 위에서 바로 직전에 있었던 모양으로 돌을 둘 수 없다. 임의의 바둑판 상태를 주고 여기에서 패가 발생했는지 판단해야 한다면 임의로 추측할 수밖에 없다. 이전 수 위치를 알 수 없기 때문이다. 특히 흑을 −1로, 백을 1로, 빈자리를 0으로 변환하는 1차 평면 변환기에서는 패에 대해 어떤 정보도 얻기 어렵다. 하나의 예시에 불과하지만 이를 통해 6장에서 만든 OnePlaneEncoder는 강한 바둑봇을 만들기 위해 필요한 모든 기능을 제공하지 못함을 알 수 있다.

이 절에서는 더 강한 수를 예측하는 더 정교한 변환기 두 개를 소개하겠다. 첫 번째 변환기는 SevenPlaneEncoder로, 7가지 특징 평면으로 구성되어 있다. 각 평면은 19×19 행렬이며 각각 다음과 같은 특징을 나타낸다.

- 첫 특징 평면에서는 활로가 1인 모든 **백돌**을 1로 나타냈고, 나머지는 0으로 나타냈다.
- 두 번째와 세 번째 특징 평면은 최소 두세 개의 활로가 있는 백돌을 1로 나타냈다.
- 네 번째에서 여섯 번째 특징 평면은 흑돌에 대해 동일한 값을 가진다. 활로가 1, 2, 3인 흑돌을 1로 표기한다.
- 마지막 특징 평면은 패가 발생해서 움직이지 못하는 돌을 1로 표기한다.

이런 특징 집합을 사용하면 위와 같이 패 개념을 명시적으로 나타낼 수 있고, 자유도 표기 및 흑백 구분도 가능하다. 활로가 하나인 돌은 다음 차례에 잡힐 수 있으니 추가로 살펴봐야 한다(바둑기사들은 활로가 하나인 돌을 **단수**atari라고 부른다). 모델은 이런 특성을 직접 볼 수 있으므로 개별 특성이 대국에 어떻게 영향을 미치는지 찾아내기 더 쉽다. 패나 활로 수 같은 개념을 적용한 평면을 만들려면 어떻게 혹은 왜 중요한지 설명하지 않고도 이런 개념이 중요하다는 것을 모델에 알려줄 수 있어야 한다.

encoders 모듈의 기본 Encoder 코드를 어떻게 확장해야 모델에 중요한 개념을 알려줄 수 있는지 살펴보자. 다음 코드를 sevenplane.py에 저장하자.

예제 7-23 간단한 7차 평면 변환기 초기화

```
import numpy as np

from dlgo.encoders.base import Encoder
from dlgo.goboard import Move, Point

class SevenPlaneEncoder(Encoder):
    def __init__(self, board_size):
        self.board_width, self.board_height = board_size
        self.num_planes = 7

    def name(self):
        return 'sevenplane'
```

여기서 흥미로운 부분은 다음과 같이 바둑판의 위치를 변환하는 것이다.

예제 7-24 SevenPlaneEncoder로 대국 상태 변환

```
def encode(self, game_state):
    board_tensor = np.zeros(self.shape())
    base_plane = {game_state.next_player: 0,
                        game_state.next_player.other: 3}
    for row in range(self.board_height):
        for col in range(self.board_width):
            p = Point(row=row + 1, col=col + 1)
            go_string = game_state.board.get_go_string(p)
            if go_string is None:
                if game_state.does_move_violate_ko(
                                game_state.next_player, Move.play(p)):
                    board_tensor[6][row][col] = 1
            else:
                liberty_plane = min(3, go_string.num_liberties) - 1
                liberty_plane += base_plane[go_string.color]
                board_tensor[liberty_plane][row][col] = 1
    return board_tensor
```

패 규칙으로 인해 ┌──▷
막힌 수를 변환

1, 2, 혹은 활로가 그 이상인 ◁────┐
흑돌과 백돌 변환

이 정의 외에도 Encoder 인터페이스에서 사용할 몇 가지 편리한 메서드를 구현하자.

예제 7-25 7차 평면 변환기용 Encoder( ) 메서드 구현

```
def encode_point(self, point):
    return self.board_width * (point.row - 1) + (point.col - 1)

def decode_point_index(self, index):
    row = index // self.board_width
    col = index % self.board_width
    return Point(row=row + 1, col=col + 1)

def num_points(self):
    return self.board_width * self.board_height

def shape(self):
    return self.num_planes, self.board_height, self.board_width

def create(board_size):
    return SevenPlaneEncoder(board_size)
```

여기서는 SevenPlaneEncoder 변환기와 유사한 특징 평면 변환기 11개를 사용한다(직접 구현하지 않고 깃허브의 코드를 사용). SimpleEncoder라고 불리는 이 변환기는 깃허브의 encoders 모듈의 simple.py에서 확인할 수 있다. 이 변환기는 다음 특징 평면을 사용한다.

- 처음 4개의 특징 평면은 1, 2, 3, 4개의 활로를 갖는 흑돌을 나타낸다.
- 다음 4개의 특징 평면은 1, 2, 3, 4개의 활로를 갖는 백돌을 나타낸다.
- 9번째 특징 평면은 흑의 차례를 1로 나타내고, 10번째 특징 평면은 백의 차례를 1로 나타낸다.
- 마지막 특징 평면은 패를 표시한다.

11개의 평면을 가진 이 변환기는 마지막 7차 평면 변환기와 비슷하지만 현재 누구 차례인지와 각 돌이 가진 활로를 더 명확하게 알려준다. 둘 다 모델 성능을 눈에 띄게 끌어올릴 좋은 변환기다.

5장과 6장에서 딥러닝 모델의 성능을 높이는 다양한 방법을 다뤘지만 모든 실험에서 공통적으로 사용된 기법이 있다. 바로 최적화기로 사용한 확률적 경사하강법이다. SGD가 훌륭한 기본 방안을 제시해주기는 하지만 다음 절에서는 훈련 과정을 이보다 훨씬 개선시켜 줄 최적화기인 **에이다그래드**[Adagrad]와 **에이다델타**[Adadelta]를 알아본다.

7.5 적응 경사법을 사용해서 효율적으로 훈련하기

바둑 수 예측 모델의 성능을 개선하는 새로운 도구를 알아보자(기존에는 확률적 경사하강법을 최적화기로 사용했다). 5장에서 SGD의 갱신 규칙이 꽤 단순하다고 했던 것을 기억해보자. SGD에서는 파라미터 W에 대해 ΔW 만큼의 역전파 오차를 얻었고 학습률이 α로 정의되어 있다면 단순히 $W - \alpha \Delta W$ 를 계산해서 파라미터를 갱신했다.

많은 경우 이 갱신 규칙을 사용해도 좋은 결과가 나오지만 몇 가지 약점이 있다. 이 약점을 해결하는 데 기본 SGD의 훌륭한 확장형들을 사용할 수 있다.

7.5.1 SGD에서의 붕괴와 모멘텀

예를 들어 시간에 따른 학습률 **붕괴**[decay]는 널리 사용되는 아이디어다. 이는 매 회 모델 갱신 단계에서 학습률을 점차 낮추는 기법이다. 보통 신경망 초기에는 학습한 것이 아무것도 없으므로 손실 함수의 값이 최대로 작아질 때까지는 갱신이 많이 되는 것은 당연하다. 하지만 훈련 과정이 어느 수준에 다다른 후에는 지금까지 나아진 것을 무너뜨리지 않을 정도로 적당한 내용만 다듬는 정도로 갱신해야 한다. 보통은 다음 단계에서 학습률을 몇 퍼센트나 낮출지 나타내는 **붕괴율**^{decay rate}을 사용해서 학습률 붕괴 정도를 정의한다.

널리 쓰이는 다른 기법은 마지막 갱신 단계의 얼마가 현재 갱신 단계에 반영되었는지 나타내는 학습률의 **모멘텀**^{momentum}이다. 예를 들어 갱신하려는 파라미터 벡터를 W라고 하면 ∂W는 W로부터 구한 현재의 경삿값이고, 최종 갱신에 U를 사용했다면 다음 갱신 단계는 아래와 같이 이루어진다.

$$W \leftarrow W - \alpha(\gamma U + (1 - \gamma)\partial W)$$

마지막 갱신 때 유지되는 정도를 **모멘텀 항**^{momentum term}이라고 한다. 만약 경사 항이 유사한 방향으로 진행된다면 다음 갱신 단계는 더 강화될 것이다(모멘텀을 받음). 경사가 반대로 진행된다면 서로 상쇄되면서 경사가 줄어들 것이다. 이 기법은 물리 개념에서 유사한 내용의 이름을 그대로 차용해서 **모멘텀**이라고 한다. 파라미터와 손실 함수가 공의 표면에 있다고 생각해보자. 그리고 공이 굴러가면 파라미터가 갱신된다고 하자. 경사하강법을 쓰고 있으니 공이 아래로 굴러간다고 생각할 수 있을 것이고 이때의 움직임이 하나하나 영향을 미칠 것이다. 만약 최종 몇 개의 (하강하는) 단계가 동일한 방향으로 진행된다면 공에 속도가 붙은 상태로 목적지에 도달하면서 표면상의 점은 더 빨리 움직일 것이다. 모멘텀 기법은 대략 이런 비유로 설명할 수 있다.

케라스의 SGD에서 붕괴나 모멘텀 혹은 둘 다 사용하는 것은 SGD 인스턴스에 비율값을 넣는 것만큼 쉽다. 만약 SGD의 학습률이 0.1이고, 1%의 붕괴율을 갖고, 90%의 모멘텀을 갖는다면 다음과 같이 하면 된다.

예제 7-26 모멘텀과 학습률 붕괴를 사용해서 케라스에서 SGD 초기화하기

```
from keras.optimizers import SGD
sgd = SGD(lr=0.1, momentum=0.9, decay=0.01)
```

7.5.2 에이다그래드로 신경망 최적화하기

학습률 낮추기와 모멘텀은 기본적인 SGD를 잘 조정해주지만 여전히 몇 가지 약점이 남아 있다. 예를 들어 바둑 고수라면 보통 처음 몇 번은 바둑판의 세 번째에서 다섯 번째 줄에 수를 두지, 특별한 경우가 아니고서는 절대 첫 번째나 두 번째 줄에 수를 두지 않을 것이다. 하지만 종국에는 이와 반대로 많은 수를 바둑판의 모서리 쪽에 둘 것이다. 여기서 사용하는 모든 딥러닝 모델에서 마지막 층은 바둑판 크기(여기서는 19×19)의 밀집층을 사용한다. 이 층의 각 뉴런은 바둑판의 위치에 대응한다. SGD를 사용하는 경우 모멘텀이나 붕괴 정도에 상관없이 **뉴런 모두가 동일한 학습률을 사용한다.** 이런 방식은 위험할 수 있다. 훈련 데이터가 제대로 섞이지 않으면 학습률이 무너질 것이고, 결국 첫 번째 줄이나 두 번째 줄에 두는 수의 근소하게 차이나는 정보를 찾을 수 없게 될 것이다. 한마디로 학습이 안 된다는 소리다. 일반적으로 자주 나타나는 패턴을 줄여서 자주 나타나지 않는 패턴도 정보가 갱신될 수 있도록 해줘야 한다.

전역 학습률을 사용할 때 나타나는 이런 문제를 해결하는 데 **적응 경사법** 방식을 활용한다. 여기서는 **에이다그래드**와 **에이다델타**라는 두 가지 기법을 소개한다.

에이다그래드에는 전역 학습률이 없다. 대신 **파라미터별로 학습률을 적용한다.** 데이터가 많고 데이터에서 패턴이 아주 가끔 발견되는 경우 에이다그래드를 사용하면 성능이 좋아진다. 여기서는 이 두 조건을 모두 충족한다. 바둑 데이터는 굉장히 많고, 고수의 바둑 대국은 표준적인 대국이라고 해도 매우 복잡해서 특정수의 조합은 아주 가끔 나타난다.

l 길이의 가중치 벡터 W를 사용하여 각 항목을 W_i로 사용하는 경우를 가정해보자(여기서는 간단히 하기 위해 벡터를 사용하지만 이 기법은 일반적으로 텐서를 사용한다). 파라미터별 기울기 ∂W가 주어졌다면 학습률 α를 사용하는 SGD에서 각 W_i의 갱신 규칙은 다음과 같다.

$$W_i \leftarrow W_i - \alpha \partial W_i$$

에이다그래드에서는 각 인덱스 i별로 과거에 W_i를 얼마나 갱신했는지 살펴보고 이에 따라 동적으로 적용 가능한 항목을 사용해서 α를 대체한다. 사실 에이다그래드에서 사용하는 학습률은 이전 갱신률의 역수를 사용한다. 더 정확히 설명하자면 에이다그래드에서는 다음과 같이 파라미터를 갱신한다.

$$W_i \leftarrow W_i - \frac{\alpha}{\sqrt{G_{i,i} + \varepsilon}} \cdot \partial W_i$$

이 식에서 ε은 0으로 나눠지지 않게 하기 위한 작은 양수고, $G_{i,i}$는 이 점에서 받게 되는 W_i의 기울기 제곱의 합이다. 이 값은 길이가 l인 정사각 행렬 G의 일부로 볼 수 있으므로 $G_{i,i}$라고 쓴다. 모든 대각선 항 $G_{j,j}$는 앞서 말한 형태로 모든 대각항을 제외한 항이 0인 행렬이다. 이런 형태의 행렬을 **대각행렬**^{diagonal matrix}이라고 한다. 각 파라미터를 갱신한 후 기울기가 직전에 갱신된 정도를 대각 원소에 더해서 G를 갱신한다. 이것이 에이다그래드의 전부지만 이런 갱신 규칙을 i와 무관하게 정형적인 방식으로 쓰고자 한다면 다음과 같이 할 수 있다.

$$W \leftarrow W - \frac{\alpha}{\sqrt{G+\varepsilon}} \cdot \partial W$$

여기서 G는 행렬이므로 각 $G_{i,j}$에 ε을 더한 후 α를 이 값으로 나눠줘야 한다. 또한 $G \cdot \partial W$는 G와 ∂W의 행렬곱으로 구해야 한다. 케라스에서 에이다그래드를 사용하려면 다음과 같이 모델에 이 최적화기를 넣어 컴파일해야 한다.

예제 7-27 케라스 모델에 에이다그래드 최적화기 사용하기

```
from keras.optimizers import Adagrad
adagrad = Adagrad()
```

다른 SGD 기법 대비 에이다그래드의 핵심적인 장점은 학습률을 수동으로 설정할 필요가 없다는 것이다. 따라서 걱정거리가 하나 줄어든다. 좋은 신경망 구조를 찾고 모델의 모든 파라미터를 조절하는 것만으로도 이미 충분히 힘들다. 사실 케라스에서 `Adagrad(lr=0.02)` 같은 식으로 초기 학습률을 설정할 수도 있지만 추천하지는 않는다.

7.5.3 에이다델타로 적응 경사법 조정하기

에이다그래드와 비슷한 최적화기로 에이다그래드의 확장판인 **에이다델타**가 있다. 이 최적화기는 G의 모든 과거 기울기값의 제곱을 취합하는 대신 모멘텀 기법에서 살펴본 것과 유사한 개념을 사용해서 **직전에 갱신된 비율**만을 취해서 현재 기울기에 더한다.

$$G \leftarrow \gamma G + (1-\gamma)\partial W$$

에이다델타의 작동 원리를 매우 간단히 설명했지만 기본적인 갱신을 수행하는 최적화기의 작동 방법은 복잡하므로 상세 설명은 생략한다. 상세한 내용은 에이다델타 구현 논문[3]을 살펴보기 바란다.

케라스에서 에이다델타 최적화기를 사용하는 방법은 다음과 같다.

예제 7-28 케라스 모델에서 에이다델타 최적화기 사용하기

```
from keras.optimizers import Adadelta
adadelta = Adadelta()
```

에이다그래드와 에이다델타 모두 확률적 경사하강법에 비해 바둑 데이터로 심층 신경망을 훈련하는 데 큰 이점이 있다. 지금부터 고수준 모델에서 최적화기를 사용할 때는 이 중 하나를 종종 사용하게 될 것이다.

7.6 직접 실험하고 성능 평가하기

5장과 6장 그리고 지금까지 많은 딥러닝 기법을 살펴보았다. 기초적으로 활용할 수 있는 몇 가지 힌트와 샘플 구조도 살펴봤으니 이제는 직접 모델을 훈련시킬 시간이다. 머신러닝 실험에서는 층수, 선택할 층, 훈련에 사용할 세대 수 등의 **하이퍼파라미터**('초매개변수'라고도 한다)를 다양하게 조합해보는 것이 중요하다. 특히 심층 신경망에서는 선택의 범위가 정말 넓다. 특정 파라미터만 조작해서 모델 성능에 영향을 얼마나 미칠 수 있는지 항상 명확하게 파악할 수 없다. 딥러닝 연구자는 직관을 뒷받침하기 위해 수많은 연구 결과와 수십 년간의 연구 결과로부터 끌어낸 추가적인 이론적 주장에 의존하기도 한다. 여기서는 이 정도의 깊이 있는 지식을 전달해주지는 못하지만 본인만의 직관을 만들 수 있도록 도와줄 수는 있다.

우리가 만드는 실험 설정에서 훌륭한 결과를 나오게 하는 중요한 요인은(즉, 가능한 한 좋은 바둑 수를 예측하는 신경망을 훈련시킬 수 있는 것은) **빠른 실험 주기**다. 모델 구조를 만들고, 모델 훈련을 시작하고, 성능 지표를 관측 및 평가하고, 돌아가서 다시 모델을 수정하고 새로운 프로세스를 시작하는 데 걸리는 시간이 짧아야 한다. kaggle.com에서 주최하는 데이터 과학

---

3 arxiv.org/abs/1212.5701

챌린지 같은 것을 보면 **가장 많은 시도를 해본** 팀이 종종 1등을 차지한다. 다행히도 케라스는 빠른 실험을 염두에 두고 만들어졌다. 이 사실은 이 책에서 딥러닝 프레임워크로 케라스를 선택한 주요 이유기도 하다. 여러분이 케라스로 신경망을 빠르게 만들고 실험 설정 변경을 자연스럽게 할 수 있게 되기 바란다.

7.6.1 모델 구조 및 하이퍼파라미터 검정 지침

수 예측 신경망을 구축할 때 몇 가지 실제 고려해야 할 사항을 살펴보자.

- 합성곱 신경망은 바둑 수 예측에 사용하기 좋다. 하지만 밀집층만 사용하면 예측 품질이 매우 낮아질 것이라는 것을 반드시 인지해야 한다. 여러 합성곱층에 한두 개의 밀집층을 끝에 붙여서 신경망을 만드는 것이 필수다. 이후 장에서는 더 복잡한 신경망 구조를 살펴보게 되겠지만 일단 지금은 합성곱 신경망을 사용하자.

- 합성곱 신경망에서 커널 크기를 다양하게 사용해서 이를 변경하는 경우 모델 성능이 얼마나 달라지는지 살펴보자. 경험적으로 커널 크기는 2에서 7 사이가 적합하고, 이보다 크면 안 된다.

- 풀링층을 사용하려면 최댓값 풀링과 평균 풀링 모두 실험을 해봐야 하고, 무엇보다도 풀링 크기를 너무 크게 잡으면 안 된다. 실질적으로 이런 경우는 3을 넘기지 않는다. 풀링층을 사용하지 않고 신경망을 만든다면 계산량이 훨씬 많아지겠지만 성능은 괜찮을 것이다.

- 표준화를 위해 드롭아웃층을 사용하자. 6장에서 드롭아웃을 사용해서 모델 과적합을 막는 것을 확인했다. 신경망에 드롭아웃층을 붙이면 보통 도움은 되지만 드롭아웃을 너무 많이 사용하지 말고 드롭아웃 비율을 너무 높게 잡지도 말자.

- 마지막 층에 소프트맥스 활성화 함수를 넣어서 확률분포를 생성하고 이를 범주형 크로스 엔트로피 손실 함수와 조합해서 사용하면 수 예측에 잘 들어맞을 것이다.

- 여러 활성화 함수를 실험해보자. 앞서 현재 기본으로 사용하고 있는 ReLU와 시그모이드 활성화 함수를 살펴봤다. 케라스에는 elu, selu, PReLU, LeakyReLU 등 여러 다른 활성화 함수가 많이 있다. 여기서 ReLU의 변형 형태는 다루지 않겠지만 케라스 문서[4]에 용례가 잘 나와 있다.

- 미니배치 크기에 따라 모델 성능이 달라질 것이다. 5장에서 사용한 MNIST 같은 예측 문제의 경우 보통 미니배치 수를 클래스 수의 배수로 잡을 것을 추천한다. MNIST의 경우 10에서 50을 사용한 것을 많이 보았을 것이다. 만약 데이터가 완벽히 임의로 분포한다면 각 경삿값은 각 클래스로부터 정보를 받아오게 되므로 SGD가 일반적으로 더 성능이 좋다. 여기서 만드는 바둑봇의 경우 몇 가지 수는 다른 수보다 더 자주 두게 된다. 예를 들어 바둑판의 네 귀퉁이는 화점에 비하면 훨씬 덜 사용된다. 우리는 이를 데이터의 **클래스가 불균형**하다고 한다. 이 경우 미니배치 조절만으로는 모든 클래스를 처리할 수 없으므로 미니배치 크기를 16에서 256(이는 문제에 따라 조절한다) 사이에서 다양하게 조율해봐야 한다.

---

[4] keras.io/activations/

최적화기를 선택하는 것 역시 신경망의 학습 정도에 의미 있는 영향력을 행사한다. 학습률 감소를 사용하거나 사용하지 않는 SGD, 에이다그래드, 에이다델타 등의 최적화기를 사용할 수 있다. 케라스 문서[5]에서 모델 훈련 과정에서 사용 가능한 다른 최적화기도 살펴볼 수 있다.

모델 훈련에 사용된 세대 수도 적절하게 정해야 한다. 모델 체크포인트를 사용해서 세대별로 여러 성능 지표를 확인하고 있다면 언제 훈련을 멈추는 것이 좋을지 효과적으로 측정할 수 있을 것이다. 7.6.2절에서는 성능 지표를 평가하는 방법을 간단히 설명한다. 일반적으로 컴퓨터의 여력이 충분하다면 세대 수는 과하게 높은 것이 과하게 낮은 것보다 낫다. 만약 모델 훈련 상태가 더 나아지지 않거나 과적합으로 인해 더 나빠진다고 해도 이전 체크포인트를 사용할 수 있다.

가중치 초기화기

심층 신경망 튜닝에서 또 다른 중요한 부분은 훈련 시작 전에 가중치를 어떻게 초기화하느냐 하는 것이다. 신경망 최적화는 결국 손실 평면의 최솟값에 대응하는 가중치 집합을 찾는 것이므로 가중치의 시작값이 중요하다. 5장의 신경망 구현에서는 초기 가중치를 임의로 할당했지만 이는 보통의 경우 그다지 좋은 선택은 아니다.

가중치 초기화는 흥미로운 연구 주제로 이 주제만으로도 한 장을 할당할 가치가 있다. 케라스에는 많은 가중치 초기화 방법이 있고, 가중치를 사용하는 각 층 역시 이에 따라 초기화한다. 이 책에서 이를 다루지 않는 것은 케라스에서 기본으로 사용하는 초기화기가 많은 경우 꽤 훌륭해서 변경할 필요가 없기 때문이다. 하지만 케라스 초기화기마다 어떤 차이가 있는지 알아두는 것도 좋고, 고급 사용자라면 여러 케라스 초기화기를 써보고 싶을 수 있다. 이런 경우에는 케라스 문서[6]를 살펴보자.

7.6.2 훈련 및 검정 데이터로 성능 지표 평가하기

7.3절에서는 적은 데이터셋을 사용한 모델 훈련 결과를 살펴보았다. 이때 사용한 신경망은 상대적으로 작은 합성곱 신경망으로 이 신경망을 5세대에 걸쳐 훈련시켰다. 이 실험에서 훈련 데이터에 대한 손실값과 정확도를 살펴보았고 검증하는 데 검정 데이터를 사용했다. 마지막으로 검정 데이터의 정확도를 구했다. 이것이 일반적으로 사용하는 워크플로지만 훈련을 멈출 때를 판단하거나 무언가가 빠졌는지 파악하려면 어떻게 해야 할까? 다음은 이에 대한 몇 가지 지침이다.

----

5 keras.io/optimizers/
6 keras.io/initializers

- 훈련 정확도와 손실값은 일반적으로 세대가 지날수록 향상되어야 한다. 뒤로 갈수록 이러한 지표가 점점 줄어들고 때로는 약간 흔들릴 것이다. 만약 몇 세대가 지나도록 더 이상 증가하지 않는다면 훈련을 멈추는 것이 좋을 지도 모른다.

- 또한 검증 손실값과 정확도를 살펴봐야 한다. 초기 세대에는 검증 손실값이 꾸준히 낮아지지만, 후기 세대에는 값이 일정해지다가 간혹 다시 증가하는 것도 보게 될 것이다. 이는 신경망이 훈련 데이터에 과적합되었다는 명백한 신호다.

- 모델 체크포인트[7]를 사용한다면 훈련 정확도가 가장 높으면서 검증 오차가 낮은 모델을 고르자.

- 훈련 오차와 검증 오차가 모두 높다면 층수가 많은 신경망 구조나 다른 하이퍼파라미터를 선택한다.

- 훈련 오차가 낮지만 검증 오차가 높은 경우 이 모델은 과적합 상태다. 정말 많은 훈련 데이터셋을 사용했다면 이런 경우는 보통 발생하지 않는다. 170,000회 이상의 바둑 대국과 수백만 개의 수를 사용하면 괜찮을 것이다.

- 훈련 데이터 크기를 하드웨어 성능에 적합하도록 맞춘다. 한 세대를 훈련하는 데 몇 시간이 걸린다면 그다지 즐겁지 않을 것이다. 대신 중간 크기의 데이터셋으로 여러 번 훈련할 수 있는 모델을 찾은 후 이 모델을 가능한 한 큰 크기의 데이터셋에서 다시 한 번 훈련시켜보자.

- 좋은 GPU를 갖추고 있지 않다면 클라우드에서 모델을 훈련시킬 수 있다. 부록 D에서는 아마존 웹 서비스(Amazon Web Services, AWS)에서 GPU를 사용해서 모델을 훈련시키는 방법을 소개한다.

- 실행 과정을 비교할 때 이전 실행 과정보다 나빠 보인다고 섣불리 실행을 멈추지 말자. 간혹 학습 과정이 다른 때보다 느려질 수도 있다. 하지만 결국은 다른 모델의 실행을 따라잡고 어떤 경우에는 더 좋은 성능을 보이기도 한다.

이 장에서 사용한 메서드가 봇을 얼마나 강하게 하는지 확인하고 싶을 것이다. 하지만 이 메서드를 사용해서 강해지는 데는 이론적 한계가 있다. 즉, 신경망은 입력한 바둑 기록보다 절대 바둑을 더 잘 둘 수 없다. 특히 지도 딥러닝 기법만을 사용해서는 이전 세 장에 걸쳐서 했던 것처럼 사람이 두는 바둑을 넘어설 수 없다. 컴퓨터 자원과 시간을 충분히 사용하면 2단 정도의 실력에 도달하는 것은 가능하다.

인간을 뛰어넘는 바둑 실력에 도달하려면 9~12장에서 소개할 **강화학습**reinforcement learning 기법이 필요하다. 그 후 13장과 14장에서는 4장에서 사용한 트리 탐색과 강화학습, 지도 딥러닝을 결합해서 더 강한 봇을 만들 것이다.

하지만 더 강한 봇을 만드는 기술을 더 심도 있게 배우기에 전에 다음 장에서 봇을 서버에 **배포**deploy한 후 사람 및 다른 봇과 겨루도록 환경을 설정하는 방법을 알아보자.

---

7 옮긴이_ 모델 훈련 중간에 모델을 저장하는 기능이다. keras.io/callbacks/#modelcheckpoint를 참고한다.

7.7 요약

- 바둑용 유비쿼터스 스마트 게임 포맷[SGF] 및 다른 대국 기록은 신경망용 데이터 구축에 유용하게 쓰인다.

- 바둑 데이터는 속도 개선을 위해 병렬로 전처리하고 생성기를 사용해서 처리된 데이터를 효율적으로 나타낼 수 있다.

- 상위 아마추어부터 프로의 대국 기록을 사용해서 바둑 수를 꽤 잘 예측하는 딥러닝 모델을 만들 수 있다.

- 훈련 데이터의 중요한 특성을 알고 있다면 이를 명시적으로 특징 평면에 나타나도록 변환할 수 있다. 그러면 모델은 **특징 평면**과 예측하고자 하는 결과 사이의 관계를 빠르게 학습할 수 있다. 바둑봇의 경우 연결된 돌들의 활로(근접한 빈 점) 수 같은 개념을 특징 평면에 추가할 수 있다.

- 에이다그래드나 에이다델타 같은 적응 경사법 기법을 사용해서 더 효율적으로 모델을 훈련시킬 수 있다. 이 알고리즘은 훈련 과정에서 바로 학습률을 조정할 수 있다.

- 모델 훈련의 전과정을 상대적으로 짧은 코드를 사용해서 구현할 수 있고, 이는 이후 직접 모델을 만들 때 템플릿으로 사용할 수 있다.

CHAPTER 8

맨땅에 봇 배포하기

> ### 이 장에서 다루는 내용
>
> - 바둑봇을 훈련하고 실행하는 프로그램을 처음부터 끝까지 만들기
> - 봇과 대국을 치르는 프론트엔드 실행하기
> - 만든 봇과 다른 봇이 로컬 환경에서 대국 치르기
> - 봇을 온라인 바둑 서버에 배포하기

이제 바둑 수 예측을 하는 강한 딥러닝 모델을 어떻게 만들고 훈련시키는지 알게 되었을 것이다. 하지만 이 지식을 상대방과 대국하는 프로그램과 어떻게 결합해야 할까? 신경망을 훈련시키는 것은 본인과 대국을 두거나 다른 봇과 대결하게 하는 완전한 봇 프로그램을 만드는 데 있어 일부분을 차지할 뿐이다. 대국을 두려면 훈련된 모델이 엔진과 융합되어야 한다.

이 장에서는 간단한 바둑 모델 서버와 두 프론트엔드를 만들 것이다. 먼저 봇과 직접 대국을 치르는 HTTP 프론트엔드를 보여줄 것이다. 그리고 바둑봇의 정보 교환에 널리 사용되는 바둑 텍스트 프로토콜$^{\text{Go Text Protocol, GTP}}$을 소개하고 GTP 기반의 무료 바둑 프로그램인 그누고나 파치 같은 다른 봇과 우리가 만든 봇이 대국을 치르도록 할 것이다. 마지막으로 바둑봇을 아마존 웹 서비스^{AWS}에 배포하고 이를 온라인 바둑 서버^{OGS}에 연결하는 방법을 설명한다. 그러면 우리가 만든 봇이 실제 환경에서 순위가 매겨지고, 전 세계적으로 다른 봇 및 사람과 대국을 치르게 되며, 토너먼트에 참여할 수도 있다. 이 모든 것을 하려면 다음과 같은 일을 해야 한다.

- **수 예측 에이전트 만들기** : 6장과 7장에서 훈련시킨 신경망을 대국에서 사용할 프레임워크에 통합해야 한다. 8.1절에서는 3장에서 사용한 **에이전트** 개념(3장에서 임의로 수를 두는 에이전트를 만들었다)을 기반으로 딥러닝 봇을 실행할 것이다.

- **그래픽 인터페이스 제공** : 사람이 바둑봇과 편하게 대국을 두려면 (그래픽) 인터페이스 같은 것이 필요하다. 지금까지는 커맨드 라인 인터페이스를 사용했지만 8.2절에서는 봇을 상대로 대국을 즐길 수 있는 프론트엔드를 만들 것이다.

- **클라우드에 봇 배포하기** : 컴퓨터에 고성능 GPU가 달려 있지 않다면 강력한 바둑봇을 훈련하기 쉽지 않을 것이다. 하지만 다행히도 큰 클라우드 회사에서 언제든지 GPU 인스턴스를 구할 수 있다. 물론 훈련하기에 충분히 강력한 GPU가 있다고 해도 이미 훈련한 모델을 서버에 올리고 싶을 수도 있다. 8.3절에서는 이를 어떻게 할지 설명하고 부록 D에서는 AWS 설정을 더 자세히 보여줄 것이다.

- **다른 봇과 의사소통하기** : 사람은 소통하는 데 시각 도구 등을 사용한다. 봇은 일반적으로 표준화된 프로토콜을 통해서 의사소통을 한다. 8.4절에서는 일반적인 바둑 텍스트 프로토콜(GTP)을 설명할 것이다. 이는 다음 두 관점에서 필수적인 요소다.

  - **다른 봇과 대국 치르기** : 8.5절에서는 봇에 GTP 프론트엔드를 달아서 다른 프로그램과 대국을 둘 수 있도록 할 것이다. 봇이 두 가지 바둑 프로그램과 로컬에서 대국을 두는 것을 보면서 지금까지 얼마나 봇을 잘 만들었는지 알 수 있을 것이다.

  - **온라인 바둑 서버에 봇 배포하기** : 8.6절에서는 봇을 온라인 바둑 플랫폼에 배포해서 그곳의 사용자나 다른 봇과 대국을 치르게 할 것이다. 이렇게 배포된 봇은 순위권에 진입하고 토너먼트에도 참여하게 될 것이다. 8.6절에서는 주로 기술적인 내용을 다루며, 상세한 내용은 부록 E에 들어 있다.

8.1 심층 신경망으로 수 예측 에이전트 만들기

바둑 데이터로 강력한 신경망을 만드는 데 필요한 요건을 모두 갖췄으니, 이 신경망을 **에이전트**에 통합해서 결과를 보여줄 수 있게 하자. 3장에서 Agent를 어떻게 만들었는지 떠올려보자. select_move() 메서드를 구현해서 현재 대국 상태에서 다음 수를 선택하는 클래스 형태로 에이전트를 만들었다. 그럼 케라스 모델과 바둑판 변환기(Encoder) 개념을 사용해서 DeepLearningAgent를 생성해보자(이 코드를 dlgo의 agent 모듈의 predict.py에 넣는다).

예제 8-1 케라스 모델과 바둑판 변환기를 사용하는 에이전트 초기화

```
import numpy as np

from dlgo.agent.base import Agent
from dlgo.agent.helpers import is_point_an_eye
from dlgo import encoders
from dlgo import goboard
from dlgo import kerasutil
```

```
class DeepLearningAgent(Agent):
    def __init__(self, model, encoder):
        Agent.__init__(self)
        self.model = model
        self.encoder = encoder
```

변환기를 사용해서 바둑판 상태를 특징으로 변환하고, 모델을 사용해서 다음 수를 예측할 것이다. 더 정확하게 말하면 모델을 사용해서 이후에 샘플링할 가능한 수의 전체 확률분포를 구할것이다.

예제 8-2 바둑판 상태를 변환한 후 모델로 수 확률 예측하기

```
    def predict(self, game_state):
        encoded_state = self.encoder.encode(game_state)
        input_tensor = np.array([encoded_state])
        return self.model.predict(input_tensor)[0]

    def select_move(self, game_state):
        num_moves = self.encoder.board_width * self.encoder.board_height
        move_probs = self.predict(game_state)
```

그다음에는 move_probs에 저장된 확률분포를 수정한다. 우선 세제곱해서 가장 가능성 높은 수와 가장 가능성 낮은 수의 격차를 극도로 증가시키자. 이 중 훨씬 더 많이 선택하게 될 최적의 수를 찾을 것이다. 그리고 0이나 1에 너무 가까운 확률을 가진 수를 피하는 **제한**^{clipping} 기법을 사용하자. 이 방법은 작은 양의 수 $\varepsilon = 0.000001$을 정의하고, ε보다 더 작은 수를 ε으로, $1-\varepsilon$보다 더 큰 수를 $1-\varepsilon$으로 정의하면 된다. 그 후 출력값을 정규화해서 확률분포로 나오도록 하면 된다.

예제 8-3 수 예측 분포의 스케일링, 제한, 재정규화

```
  가장 가능한 수와 가장 불가능한 수
  간의 차이를 늘림
  └─▷  move_probs = move_probs ** 3
       eps = 1e-6
       move_probs = np.clip(move_probs, eps, 1 - eps)   ◁──  수 예측값이 0이나 1에
                                                               가까워지는 것을 피함
       move_probs = = move_probs / np.sum(move_probs)   ◁──  다른 확률분포를 만들기
                                                               위한 재정규화
```

이런 변환을 통해 각 확률에 따른 분포로부터 샘플 수를 가져올 수 있다. 수를 샘플링하는 것 외의 다른 가능한 방법은 항상 가장 가능한 수(분포에서 가장 큰 확률을 보이는 수)를 선택하는 것이다. 이렇게 하면 좋은 점은 때때로 다른 수가 선택되기도 한다는 것인데, 이것은 다른 수에서 두드러지는 단 하나의 수가 없을 때 특히 유용할 수 있다.

예제 8-4 순위별 후보 리스트에서 수 적용하기

```
수별 확률을 사용해서 순위가
매겨진 수 리스트로 만든다.
        candidates = np.arange(num_moves)
        ranked_moves = np.random.choice(
            candidates, num_moves, replace=False, p=move_probs)   ← 가능한 후보 샘플
        for point_idx in ranked_moves:
            point = self.encoder.decode_point_index(point_idx)
            if game_state.is_valid_move(goboard.Move.play(point)) and \
                    not is_point_an_eye(game_state.board, point,
game_state.next_player):
                return goboard.Move.play(point)       ←   위에서부터 궁도[1]를
        return goboard.Move.pass_turn()    ←             줄이지 않는 가능한 수를
                                                         찾는다.
                            규칙에 맞고 자충수가 아닌 수가
                            남아 있지 않다면 넘어간다.
```

또한 편의를 위해 DeepLearningAgent를 유지하고 이를 나중에 가져와서 사용하도록 할 수 있다. 실제로 일어날 수 있는 이상적인 상황은 딥러닝 모델을 훈련하고 에이전트를 만들어서 이를 계속 사용하는 것이다. 나중에 이 에이전트가 역직렬화되고 제공되므로 사람이나 다른 봇이 이 봇과 대국을 치를 수 있다. 직렬화 단계에서는 케라스 직렬화 포맷을 사용한다. 케라스 모델은 효과적인 직렬화 포맷인 HDF5를 사용해서 값을 저장한다. HDF5 파일은 **메타 정보**와 **데이터** 저장에 사용되는 유연한 **그룹**을 저장한다. 케라스 모델에서 model.save("model_path.h5")를 호출해서 전체 모델(신경망 구조와 모든 가중치)을 로컬 파일인 model_path.h5에 저장할 수 있다. 케라스 모델을 이렇게 저장하려면 pip install h5py 명령어를 사용해서 파이썬 라이브러리 h5py를 설치해주기만 하면 된다.

전체 에이전트를 저장하려면 바둑판 변환기에 대한 정보를 다른 그룹에 추가한다.

---

1 옮긴이_ 한 색상의 돌이 에워싼 공간의 모양새

```python
def serialize(self, h5file):
    h5file.create_group('encoder')
    h5file['encoder'].attrs['name'] = self.encoder.name()
    h5file['encoder'].attrs['board_width'] = self.encoder.board_width
    h5file['encoder'].attrs['board_height'] = self.encoder.board_height
    h5file.create_group('model')
    kerasutil.save_model_to_hdf5_group(self.model, h5file['model'])
```

마지막으로 모델 직렬화 후 HDF5 파일에서 다시 불러오는 부분도 필요할 것이다.

예제 8-6 HDF5 파일에서 DeepLearningAgent 역직렬화

```python
def load_prediction_agent(h5file):
    model = kerasutil.load_model_from_hdf5_group(h5file['model'])
    encoder_name = h5file['encoder'].attrs['name']
    if not isinstance(encoder_name, str):
        encoder_name = encoder_name.decode('ascii')
    board_width = h5file['encoder'].attrs['board_width']
    board_height = h5file['encoder'].attrs['board_height']
    encoder = encoders.get_encoder_by_name(
        encoder_name, (board_width, board_height))
    return DeepLearningAgent(model, encoder)
```

이렇게 딥러닝 에이전트 정의가 끝났다. 이어서 이 에이전트에 연결해서 환경 설정을 해보자. 웹 애플리케이션에 DeepLearningAgent를 임베딩해서 사람이 각자의 브라우저에서 봇과 대국을 치르게 할 것이다.

8.2 바둑봇을 웹 프론트엔드로 제공하기

6장과 7장에서는 바둑에서 사람이 두는 수를 예측하는 신경망을 설계하고 훈련했다. 8.1절에서는 수 **예측** 모델을 DeepLearningAgent에 사용해서 수를 **선택**할 수 있도록 했다. 다음 단계는 봇이 경기를 치르게 하는 것이다! 3장에서는 수를 키보드로 입력하고 맹렬히 돌아가는 RandomBot이 그 결과를 콘솔에 출력하는 기본 인터페이스를 만들었다. 지금은 그때보다 더 복잡한 봇을 만들었으므로 사람과 수를 주고받을 수 있는 더 좋은 프론트엔드가 필요하다.

이 절에서는 DeepLearningAgent에 파이썬 웹 애플리케이션을 연결해서 웹브라우저를 통해 봇과 대국을 둘 수 있게 할 것이다. HTTP를 통해 이런 에이전트를 제공할 수 있도록 가벼운 플라스크^{Flask} 라이브러리를 사용할 것이다. 브라우저 쪽에서는 사람이 사용할 수 있도록 바둑 판을 렌더링해주는 jgoboard라는 자바스크립트 라이브러리를 사용할 것이다. 코드는 깃허브 저장소의 dlgo 내의 httpfrontend 모듈 안에 있다. 여기서는 바둑 AI를 만드는 것이 주목적 이므로 이 목적을 해치지 않기 위해 (HTML이나 자바스크립트 등의) 다른 언어를 사용하는 웹 개발 기법과 관련된 코드에 대해서는 명시적으로 논의하지 않을 것이다. 대신 애플리케이션 이 수행하는 작업과 사용 방법에 대한 개요를 예를 들어가며 간단히 살펴볼 것이다. [그림 8-1] 은 이 장에서 만들 애플리케이션의 개요다.

그림 8-1 바둑봇에 적용할 웹 프론트엔드 구축하기. httpfrontend 모듈은 HTTP 요청을 해석해서 1개 이상의 바둑 에 이전트에 전달하는 플라스크 웹 서버를 구동한다. 브라우저에서는 jgoboard 라이브러리 기반의 클라이언트가 HTTP 를 통해 서버와 통신한다.

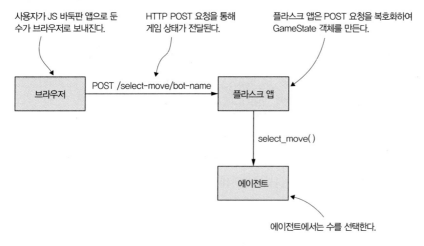

httpfrontend의 구조를 살펴보고 싶다면 server.py 파일을 보면 된다. get_web_app( ) 메서 드에 실행할 웹 애플리케이션에 대해 잘 정리되어 있다. 다음은 get_web_app( )으로 랜덤 봇을 불러와서 제공하는 예제다.

예제 8-7 랜덤 에이전트를 등록하고 이를 사용하는 웹 애플리케이션 구동하기

```
from dlgo.agent.naive import RandomBot
from dlgo.httpfrontend.server import get_web_app
```

```
random_agent = RandomBot()
web_app = get_web_app({'random': random_agent})
web_app.run()
```

이 예제를 실행하면 localhost (127.0.0.1)에서 시작하며, 플라스크 애플리케이션의 기본 포트인 5000번 포트를 사용할 것이다. random이라고 등록한 RandomBot은 httpfrontend/static/play_random_99.html이라는 HTML 파일에 연결되어 있다. 이 파일에서는 바둑판을 렌더링하고, 인간-봇 대국 규칙을 정의한다. 사람을 상대하는 경우 사람이 흑, 봇이 백을 잡는다. 사람이 자기 차례를 마치면 봇은 경로/수 선택/임의의 다음 수를 받게 된다. 봇이 수를 받으면 그 수가 바둑판에 표시되고, 사람에게 차례가 넘어간다. 봇을 상대로 대국을 두려면 브라우저에서 http://127.0.0.1:5000/static/play_random_99.html로 접속하면 된다. 그러면 [그림 8-2]와 같은 데모 경기를 보게 될 것이다.

그림 8-2 브라우저에서 바둑봇과 대국을 둘 수 있는 파이썬 웹 애플리케이션 실행하기

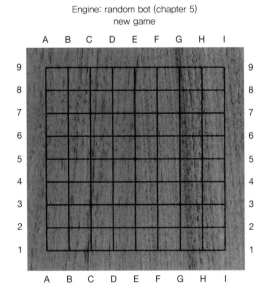

다음 장에서는 더욱 더 많은 봇을 추가할 것이지만 지금은 일단 다른 봇과 대국을 치르고 싶다면 play_predict_19.html에 접속하자. 이 웹 프론트엔드에서는 predict라는 봇과 19×19 바둑판에서 대국을 치를 수 있다. 바둑 데이터에 대해 케라스 신경망 모델을 훈련시키고 encoder

바둑판을 사용하려면 agent = DeepLearningAgent(model, encoder)를 만들고 web_app = get_web_app({'predict': agent})로 웹 애플리케이션을 등록하면 된다. 그러면 web_app. run()으로 실행할 수 있다.

8.2.1 바둑봇 예제 처음부터 끝까지 다루기

[그림 8-3]에서 예제의 전체 프로세스를 볼 수 있다(7장 초반에 소개한 것과 동일한 프로세스다). [예제 8-8]과 같이 필요한 라이브러리를 불러온 후 바둑 데이터를 가져오고 변환기와 바둑 데이터 처리기를 통해 특징 X와 라벨 y로 구분한다.

그림 8-3 딥러닝 바둑봇 훈련 과정

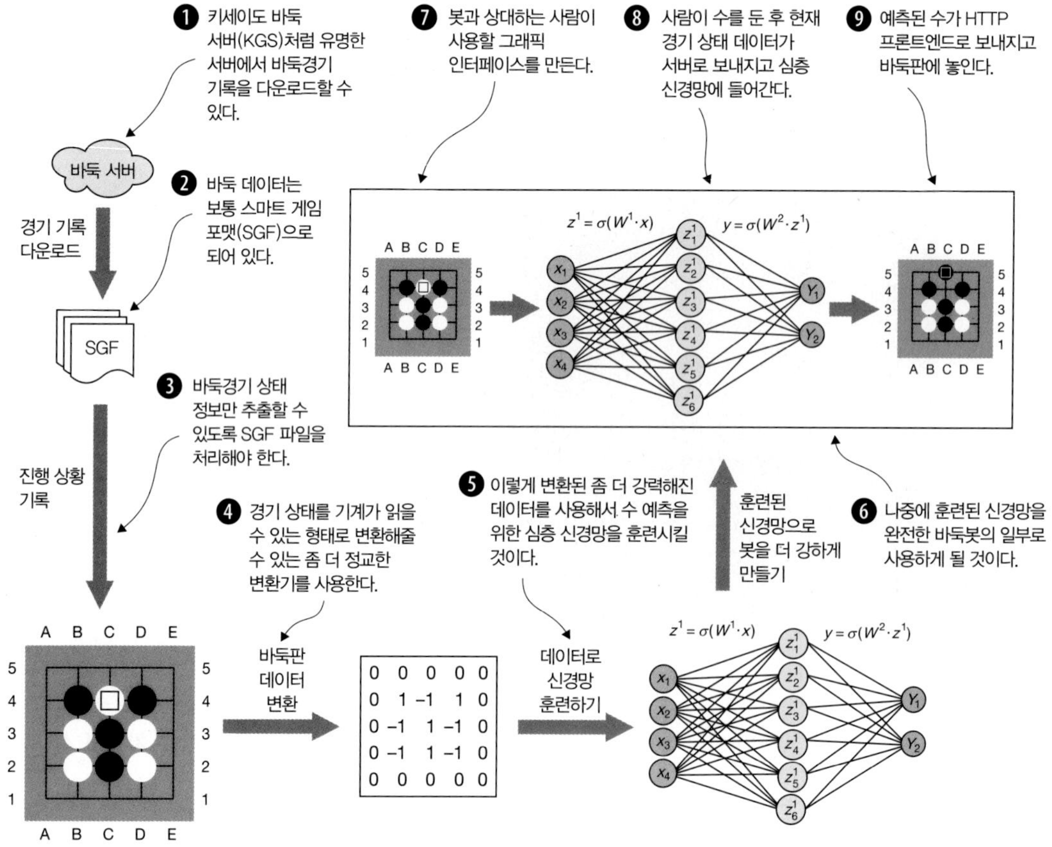

예제 8-8 전처리기를 사용해서 바둑 데이터에서 특징과 라벨 가져오기

```python
import h5py

from keras.models import Sequential
from keras.layers import Dense

from dlgo.agent.predict import DeepLearningAgent, load_prediction_agent
from dlgo.data.parallel_processor import GoDataProcessor
from dlgo.encoders.sevenplane import SevenPlaneEncoder
from dlgo.httpfrontend import get_web_app
from dlgo.networks import large

go_board_rows, go_board_cols = 19, 19
nb_classes = go_board_rows * go_board_cols
encoder = SevenPlaneEncoder((go_board_rows, go_board_cols))
processor = GoDataProcessor(encoder=encoder.name())

X, y = processor.load_go_data(num_samples=100)
```

특징과 라벨이 주어졌으면 이를 사용해서 심층 합성곱 신경망을 만들고 훈련할 수 있다. 여기서는 dlgo.networks에서 대형 신경망을 선택하고 최적화기로 에이다델타를 사용한다.

예제 8-9 에이다델타를 사용하는 대형 바둑 수 예측 모델을 만들어서 실행하기

```python
input_shape = (encoder.num_planes, go_board_rows, go_board_cols)
model = Sequential()
network_layers = large.layers(input_shape)
for layer in network_layers:
    model.add(layer)
model.add(Dense(nb_classes, activation='softmax'))
model.compile(loss='categorical_crossentropy', optimizer='adadelta',
              metrics=['accuracy'])

model.fit(X, y, batch_size=128, epochs=20, verbose=1)
```

모델이 훈련을 마치면 이 모델로 바둑봇을 만든 후 HDF5 포맷으로 저장한다.

예제 8-10 DeepLearningAgent 생성 및 적용

```python
deep_learning_bot = DeepLearningAgent(model, encoder)
deep_learning_bot.serialize("../agents/deep_bot.h5")
```

끝으로 파일에서 봇을 불러와서 웹 애플리케이션에 제공할 수 있다.

예제 8-11 메모리에서 봇을 불러와서 웹 애플리케이션에 제공하기

```
model_file = h5py.File("../agents/deep_bot.h5", "r")
bot_from_file = load_prediction_agent(model_file)

web_app = get_web_app({'predict': bot_from_file})
web_app.run()
```

물론 이미 강력한 봇을 훈련해두었다면 마지막 부분을 제외하고 모두 건너뛰어도 된다. 예를 들어 7장의 체크포인트에 저장된 모델 중 하나를 불러온 후 그에 따라 model_file을 변경하여 해당 모델이 어떻게 동작하는지 살펴볼 수 있다.

8.3 클라우드에서 바둑봇 훈련 후 배포하기

앞에서 본 모든 개발 내용은 집에서 개인 컴퓨터로 진행했다. 개인 컴퓨터에 사용 가능한 최신 GPU가 있다면 5~7장에서 만든 심층 신경망을 바로 훈련해서 사용할 수 있다. 하지만 강력한 GPU가 없거나 여기에 자원을 할당할 수 없는 상황이라면 **클라우드의 GPU 자원을 임대**하는 것이 일반적인 방법이다.

만약 지금 훈련 단계를 건너뛰고 싶고 이미 충분히 강한 봇이 있다면 이 봇을 클라우드에 손쉽게 제공할 수도 있다. 8.2절에서는 로컬에서 사용하던 봇을 웹 애플리케이션에서 실행시켜보았다. 봇을 친구 혹은 일반에 공유할 거라면 이는 아주 이상적인 방식은 아니다. 컴퓨터를 밤낮으로 계속 돌려야 할 뿐더러 컴퓨터 접근 권한을 모두에게 완전히 개방하고 싶지는 않을 것이다. 봇을 클라우드에서 서비스하면 실행과 개발 환경을 분리할 수 있고 봇과 대국을 치르고자 하는 사람들에게 간단히 URL만 공유하면 된다.

이 주제는 매우 중요하지만 머신러닝과 직접적으로 관련된 부분이 아니고 모두가 활용할 내용은 아니므로 부록 D에서 설명하겠다. 부록 D를 읽고 적용하는 것은 전적으로 자유지만 추천하는 바다. 부록 D에는 한 가지 클라우드 서비스인 아마존 웹서비스에서 사용하는 방법이 실려 있다. 부록 D에서 익히게 될 내용은 다음과 같다.

- AWS 계정 생성
- 유연한 가상 서버 인스턴스 설정, 실행, 종료
- 딥러닝 모델 훈련에 적합한 클라우드 GPU를 적절한 가격으로 활용할 수 있는 AWS 인스턴스 생성
- (거의) 무료 HTTP 서버에 바둑봇 배포

이러한 유용한 기술을 배우는 것 외에도 부록 D는 온라인 바둑 서버에 연결하는 완전한 바둑봇을 배치하기 위한 필수 조건이기도 하다. 이 주제는 8.6절 후반부에서 다룬다.

8.4 다른 봇과의 대화에 사용할 바둑 텍스트 프로토콜

8.2절에서는 현재 봇 프레임워크를 웹 프론트엔드와 통합하는 방법을 살펴보았다. 이때 봇과 바둑기사 간에 의사소통을 하는 데 웹의 핵심 프로토콜 중 하나인 하이퍼텍스트 전송 프로토콜 HTTP을 사용했다. 혼란을 줄이기 위해 자세한 내용은 생략하겠지만 적시적소에 **표준화된 프로토콜**을 사용하는 것은 꼭 필요하다. 바둑 수 진행에 있어서 사람과 봇이 동일한 언어를 사용하지 않지만 프로토콜은 이 둘 간의 가교 역할을 할 수 있다.

바둑 텍스트 프로토콜GTP은 전 세계 바둑 서버에서 사람과 봇을 연결하는 사실상의 표준이다. 많은 오프라인 바둑 프로그램 역시 GTP 기반이다. 이 절에서는 예를 들어가며 GTP를 설명할 것이다. 파이썬을 사용해서 프로토콜 중 일부를 구현하고 이를 사용해서 바둑봇이 다른 바둑 프로그램과 대국을 치르게 할 것이다.

부록 C에 모든 운영체제에서 사용 가능한 두 가지 유명한 바둑 프로그램인 그누고와 파치를 설치하는 내용을 소개했다. 두 가지를 다 설치하는 것을 추천하므로 시스템에 두 프로그램이 모두 설치되어 있는지 확인하자. 기본적인 명령어 기반 도구만 쓸 수 있으면 되고, 추가로 다른 프론트엔드는 필요 없다. 그누고를 설치하면 다음과 같이 GTP 모드로 실행할 수 있다.

```
gnugo --mode gtp
```

이 모드를 사용하면 GTP가 어떻게 동작하는지 살펴볼 수 있다. GTP는 텍스트 기반 프로토콜로, 터미널에 명령어를 입력하고 엔터키를 누르면 된다. 예를 들어 9×9 바둑판을 설정하려면 boardsize 9라고 입력하면 된다. 이렇게 입력하면 그누고에서 입력을 받게 되고 이를 통해 명

령어가 올바르게 실행되었음을 확인할 수 있다. GTP 명령어가 성공한 경우에는 = 기호로 시작하는 응답을 받게 되고, 실패한 경우에는 ? 기호로 시작하는 응답을 받게 된다. 현재 바둑판 상태를 확인하려면 showboard 명령어를 입력하면 된다. 그러면 예상대로 9×9의 빈 바둑판을 출력할 것이다.

실제 경기에서 가장 중요한 두 명령어는 genmove와 play다. genmove 명령어는 GTP 봇이 다음 수를 생성하도록 할 때 사용한다. GTP 봇은 보통 이 수를 내부적으로 게임 상태에 저장한다. 모든 명령어는 선수의 색(흑이나 백)을 인수로 사용한다. 예를 들어 백의 수를 생성하고 그누고의 바둑판에 두려면 genmove white라고 입력해야 한다. 그러면 = C4 같은 응답을 받게 될 것이다. 이는 그누고가 이 명령어를 받아들였고(=) 백돌을 C4에 놓았다는 것이다. 이처럼 GTP는 2장과 3장에서 소개한 표준 좌표를 사용한다.

play 명령어는 GTP 봇이 돌을 놓을 차례임을 알려준다. 예를 들어 play black D4라고 입력해서 그누고에 흑을 D4에 놓아야 한다고 알려줄 수 있다. 그러면 컴퓨터는 이 말을 알아듣고 =를 반환할 것이다. 두 봇이 서로 대국을 치른다면 서로에게 genmove라고 물어보고 이렇게 나온 수를 play에 입력하여 돌을 놓을 것이다. 이는 모두 직관적이며 많은 상세 내용은 생략한 것이다. 완전한 GTP 클라이언트는 접바둑부터 계가 및 시간제한에 이르기까지 무수한 명령어를 다룬다. GTP를 상세하게 알고자 한다면 그누고 문서[2]를 살펴보자. 하지만 딥러닝 봇이 그누고 및 파치와 경기를 치르는 정도의 기본 단계에서는 genmove와 play만 쓸 줄 알아도 충분하다.

GTP를 사용해서 바둑 수를 교환하는 컨셉으로 Agent를 만들려면 gtp라고 부르는 dlgo 모듈을 새로 만들어야 한다. 물론 이 책의 내용을 따라가면서 직접 구현을 해볼 수도 있지만, 이 장부터는 깃허브[3]에 올려둔 미리 구현된 내용을 바로 사용하길 권한다.

우선 GTP 명령어가 무엇인지 정의하자. 그에 앞서 많은 바둑 서버에서는 명령과 응답을 제대로 연결했는지 확인하는 순번을 명령어에 매긴다는 사실을 알아두자. 이 순번은 옵션으로 None이 될 수도 있다. 여기서는 순번과 명령어, 명령어에 필요한 여러 인자로 GTP 명령어를 구성한다. 이 정의를 gtp 모듈의 command.py에 구현한다.

2 mng.bz/MWNQ

3 mng.bz/a4Wj

예제 8-12 GTP 명령어를 파이썬으로 구현

```python
class Command:

    def __init__(self, sequence, name, args):
        self.sequence = sequence
        self.name = name
        self.args = tuple(args)

    def __eq__(self, other):
        return self.sequence == other.sequence and \
            self.name == other.name and \
            self.args == other.args

    def __repr__(self):
        return 'Command(%r, %r, %r)' % (self.sequence, self.name, self.args)

    def __str__(self):
        return repr(self)
```

그런 다음 커맨드 라인에서 Command로 텍스트 입력 내용을 구문 분석할 수 있다. 예를 들어 '999 play white D4'를 구문 분석하면 Command(999, 'play', ('white', 'D4'))가 된다. 이런 용도로 만든 parse() 함수도 command.py에 들어간다.

예제 8-13 일반 텍스트에서 GTP Command 구문 분석

```python
def parse(command_string):
    pieces = command_string.split()
    try:
        sequence = int(pieces[0])      ◁─── GTP 명령어는 선택적 순번으로
        pieces = pieces[1:]                   시작할 수 있다.
    except ValueError:                 ◁─── 만약 첫 부분이 숫자가 아니라면
        sequence = None                       순번이 없는 경우다.
    name, args = pieces[0], pieces[1:]
    return Command(sequence, name, args)
```

GTP 좌표를 입력받을 때는 해당 좌표가 GTP 표준 형태로 입력되므로 GTP 좌표를 바둑판 좌표로 변환하거나 반대 경우도 간단하다. 좌표와 위치를 변환할 board.py의 gtp 관련 두 헬퍼 함수만 만들면 된다.

```python
from dlgo.gotypes import Point
from dlgo.goboard_fast import Move

def coords_to_gtp_position(move):
    point = move.point
    return COLS[point.col - 1] + str(point.row)

def gtp_position_to_coords(gtp_position):
    col_str, row_str = gtp_position[0], gtp_position[1:]
    point = Point(int(row_str), COLS.find(col_str.upper()) + 1)
    return Move(point)
```

8.5 로컬에서 다른 봇과 대결하기

GTP 기본을 이해했으니 이를 응용해서 봇을 로딩한 후 그누고 및 파치와 대결하는 프로그램을 만들어보자. 일단 이 프로그램을 소개하기 전에 해결해야 할 기술적 문제가 남아 있다. 우리 봇이 언제 돌을 던지거나 차례를 넘길지 알아야 한다.

8.5.1 봇이 차례를 넘기거나 기권해야 할 때

현재 개발된 상태로는 우리 딥러닝 봇은 언제 대국을 그만두어야 할지 전혀 알지 못한다. 기존의 기획대로 봇은 항상 최선의 수를 선택할 것이다. 상황이 안 좋을 때는 경기를 굳이 끝까지 가져가느니 돌을 던지거나 차례를 넘기는 것이 더 좋은 선택일 수 있다. 이런 연유로 언제 돌을 던져야 하는지 봇에 명시적으로 말하는 **종료 전략**을 적용할 것이다. 13장과 14장에서는 이것을 완전히 쓸모없게 만드는 강력한 기술을 배울 것이다(봇이 현재의 바둑판 상태를 판단해서 언제 대국을 마치는 것이 가장 좋을지 익히는 방식으로). 하지만 지금은 다른 상대와 겨루는 봇을 배포하는 차원에서 이런 기초적인 방식을 사용하자.

dlgo의 agent 모듈에 있는 termination.py 파일에 다음과 같이 TerminationStrategy( )를 작성하자. 이 메서드는 언제 차례를 넘길지 또는 돌을 던져 기권할지 판단한다. 기본적으로는 차례를 넘기거나 돌을 던지지 않는다.

```python
from dlgo import goboard
from dlgo.agent.base import Agent
from dlgo import scoring

class TerminationStrategy:

    def __init__(self):
        pass

    def should_pass(self, game_state):
        return False

    def should_resign(self, game_state):
        return False
```

경기를 끝내는 간단한 방법은 상대가 차례를 넘기면 같이 넘기는 것이다. 이 경우 상대가 언제 차례를 넘기는지에 대한 정보에 의지해야 한다. 하지만 일단 처음 적용해보는 것이고, 이 방식은 그누고나 파치에서 잘 작동한다.

예제 8-16 상대방이 차례를 넘길 때 같이 넘기기

```python
class PassWhenOpponentPasses(TerminationStrategy):

    def should_pass(self, game_state):
        if game_state.last_move is not None:
            return True if game_state.last_move.is_pass else False

def get(termination):
    if termination == 'opponent_passes':
        return PassWhenOpponentPasses()
    else:
        raise ValueError("Unsupported termination strategy: {}"
                        .format(termination))
```

termination.py에는 경기의 추정 점수가 상대방과 너무 많이 차이가 날 때 돌을 던지는 ResignLargeMargin()이라는 전략 메서드도 있다. 이 외에도 이런 식으로 다양한 전략을 만들 수 있지만 머신러닝을 잘 사용하면 이런 임시방편을 제거할 수 있다는 것을 명심하자.

봇이 상대와 겨루도록 하기 위해 필요한 마지막 요소는 Agent에 TerminationStrategy를 장착하여 적절한 때 차례를 넘기거나 돌을 던지게 하는 것이다. 이를 위한 TerminationAgent 클래스 역시 termination.py에 넣는다.

예제 8-17 종료 전략을 에이전트에 넣기

```python
class TerminationAgent(Agent):

    def __init__(self, agent, strategy=None):
        Agent.__init__(self)
        self.agent = agent
        self.strategy = strategy if strategy is not None \
            else TerminationStrategy()

    def select_move(self, game_state):
        if self.strategy.should_pass(game_state):
            return goboard.Move.pass_turn()
        elif self.strategy.should_resign(game_state):
            return goboard.Move.resign()
        else:
            return self.agent.select_move(game_state)
```

8.5.2 봇과 다른 바둑 프로그램 간 대국 두기

종료 전략을 논의했으니 이제 바둑봇을 다른 프로그램과 연결해보자. gtp 모듈의 play_local.py에는 봇을 그누고나 파치와 대국 설정하는 스크립트가 있다. 먼저 중요한 모듈 불러온 뒤 이 스크립트를 하나하나 따라 가보자.

예제 8-18 로컬 봇 실행기를 위한 파이썬 모듈 불러오기

```python
import subprocess
import re
import h5py

from dlgo.agent.predict import load_prediction_agent
from dlgo.agent.termination import PassWhenOpponentPasses, TerminationAgent
from dlgo.goboard_fast import GameState, Move
from dlgo.gotypes import Player
from dlgo.gtp.board import gtp_position_to_coords, coords_to_gtp_position
from dlgo.gtp.utils import SGFWriter
```

```
from dlgo.utils import print_board
from dlgo.scoring import compute_game_result
```

SGFWriter를 제외한 대부분의 불러온 모듈에 대해서는 인지하고 있어야 한다. SGFWriter는 대국 내용을 따라가다 종국에 SGF 파일을 기록하는 모듈로 dlgo.gtp.utils에 있는 작은 유틸리티 클래스다.

경기 실행기 LocalGtpBot을 초기화하려면 딥러닝 에이전트를 넣고 선택적으로 종료 전략도 넣어주어야 한다. 또한 몇 점 접바둑을 둘 것이고 어떤 봇 상대와 경기할지도 명시해주어야 한다. 선택할 상대로는 gnugo와 pachi가 있다. LocalGtpBot은 이 프로그램 중 하나를 내부적으로 초기화할 것이고, 봇과 상대 프로그램은 GTP를 사용해서 통신할 수 있다.

예제 8-19 두 봇 상대를 맞붙이는 실행기 초기화

```
class LocalGtpBot:

    def __init__(self, go_bot, termination=None, handicap=0,
                 opponent='gnugo', output_sgf="out.sgf",
                 our_color='b'):                              ← 에이전트와 종료 전략을
        self.bot = TerminationAgent(go_bot, termination)  ←    통해 봇을 초기화한다.
        self.handicap = handicap
        self._stopped = False                    ←  어느 한쪽 선수로 인해 종료될
        self.game_state = GameState.new_game(19)     때까지 대국을 치른다.
        self.sgf = SGFWriter(output_sgf)         ←  종국에는 제공된 파일에
                                                     SGF 포맷으로 경기를 기록한다.
        self.our_color = Player.black if our_color == 'b' else Player.white
        self.their_color = self.our_color.other

        cmd = self.opponent_cmd(opponent)   ←  상대는 그누고나 파치 중
        pipe = subprocess.PIPE                  하나다.
        self.gtp_stream = subprocess.Popen(
            cmd, stdin=pipe, stdout=pipe      ←  커멘드 라인에서
        )                                        GTP 명령어를 읽고 쓴다.

    @staticmethod
    def opponent_cmd(opponent):
        if opponent == 'gnugo':
            return ["gnugo", "--mode", "gtp"]
        elif opponent == 'pachi':
            return ["pachi"]
        else:
            raise ValueError("Unknown bot name {}".format(opponent))
```

여기서 사용한 툴의 메인 메서드 중 하나는 command_and_response( )로, 이 메서드는 GTP 명령어를 전송하고 이 명령어에 대한 응답을 다시 읽어 들인다.

예제 8-20 GTP 명령어를 전송하고 응답을 받음

```python
def send_command(self, cmd):
    self.gtp_stream.stdin.write(cmd.encode('utf-8'))

def get_response(self):
    succeeded = False
    result = ''
    while not succeeded:
        line = self.gtp_stream.stdout.readline()
        if line[0] == '=':
            succeeded = True
            line = line.strip()
            result = re.sub('^= ?', '', line)
    return result

def command_and_response(self, cmd):
    self.send_command(cmd)
    return self.get_response()
```

경기는 다음과 같이 진행된다.

1 GTP boardsize 명령어로 바둑판을 설정한다. 여기서는 딥러닝 봇이 훈련에 사용한 19×19 바둑판만 사용할 수 있다.

2 set_handicap( ) 메서드로 적당히 접바둑을 설정한다.

3 play( ) 메서드로 대국을 시작한다.

4 대국 기록을 SGF 파일에 저장하도록 한다.

예제 8-21 바둑판 설정, 상대 설정, 경기 기록

```python
def run(self):
    self.command_and_response("boardsize 19\n")
    self.set_handicap()
    self.play()
    self.sgf.write_sgf()

def set_handicap(self):
    if self.handicap == 0:
```

```
                self.command_and_response("komi 7.5\n")
                self.sgf.append("KM[7.5]\n")
            else:
                stones = self.command_and_response("fixed_handicap{}\n".format(self.
handicap))
                sgf_handicap = "HA[{}]AB".format(self.handicap)

                for pos in stones.split(" "):
                    move = gtp_position_to_coords(pos)
                    self.game_state = self.game_state.apply_move(move)
                    sgf_handicap = sgf_handicap + "[" + self.sgf.coordinates(move) +
"]"

                self.sgf.append(sgf_handicap + "\n")
```

봇끼리 대국을 진행하는 방식은 간단하다. 두 선수 중 아무도 경기를 중단하지 않으면 번갈아 가며 수를 둔다. play_our_move( )와 이에 대응하는 play_their_move( ) 메서드로 봇끼리 경기를 진행한다. 명령어를 사용해 화면을 비우고, 현재 바둑판을 출력하고 대략의 승부 추정을 할 수 있다.

예제 8-22 상대가 경기를 중단하고자 할 때 대국을 마침

```
def play(self):
    while not self._stopped:
        if self.game_state.next_player == self.our_color:
            self.play_our_move()
        else:
            self.play_their_move()
    print(chr(27) + "[2J")
    print_board(self.game_state.board)
    print("Estimated result: ")
    print(compute_game_result(self.game_state))
```

봇이 두는 수는 select_move( )로 생성하여 바둑판에 적용한다. 이어서 GTP로 변환하여 전송한다. 여기에 차례 넘기기와 돌 던지기를 추가로 처리해야 한다.

예제 8-23 봇이 수를 생성해서 바둑판에 적용하고 GTP로 변환하기

```
def play_our_move(self):
    move = self.bot.select_move(self.game_state)
    self.game_state = self.game_state.apply_move(move)
```

```python
        our_name = self.our_color.name
        our_letter = our_name[0].upper()
        sgf_move = ""
        if move.is_pass:
            self.command_and_response("play {} pass\n".format(our_name))
        elif move.is_resign:
            self.command_and_response("play {} resign\n".format(our_name))
        else:
            pos = coords_to_gtp_position(move)
            self.command_and_response("play {} {}\n".format(our_name, pos))
            sgf_move = self.sgf.coordinates(move)
        self.sgf.append(";{}[{}]\n".format(our_letter, sgf_move))
```

상대가 두는 수도 마찬가지다. genmove 명령어로 그누고나 파치가 수를 두게 하고, 봇이 이해할 수 있도록 GTP 응답을 수로 변환한다. 하나 다른 것이라면 상대가 기권하거나 두 선수 모두 차례를 넘긴 경우 대국을 마치는 것뿐이다.

예제 8-24 genmove 명령어에 응답하여 상대가 수를 둔다.

```python
    def play_their_move(self):
        their_name = self.their_color.name
        their_letter = their_name[0].upper()

        pos = self.command_and_response("genmove {}\n".format(their_name))
        if pos.lower() == 'resign':
            self.game_state = self.game_state.apply_move(Move.resign())
            self._stopped = True
        elif pos.lower() == 'pass':
            self.game_state = self.game_state.apply_move(Move.pass_turn())
            self.sgf.append(";{}[]\n".format(their_letter))
            if self.game_state.last_move.is_pass:
                self._stopped = True
        else:
            move = gtp_position_to_coords(pos)
            self.game_state = self.game_state.apply_move(move)
            self.sgf.append(";{}[{}]\n".format(their_letter, self.sgf.
coordinates(move)))
```

이제 play_local.py 구현이 끝났으므로 다음과 같이 테스트한다.

예제 8-25 봇 중 하나를 파치에 풀어놓기

```
from dlgo.gtp.play_local import LocalGtpBot
from dlgo.agent.termination import PassWhenOpponentPasses
from dlgo.agent.predict import load_prediction_agent
import h5py

bot = load_prediction_agent(h5py.File("../agents/betago.hdf5", "r"))

gtp_bot = LocalGtpBot(go_bot=bot, termination=PassWhenOpponentPasses(), handicap=0,
                      opponent='pachi')
gtp_bot.run()
```

[그림 8-4]는 봇 간에 경기가 벌어지는 방식을 보여준다.

그림 8-4 파치와 봇이 둘 간의 경기를 보고 평가하는 방법에 대한 스냅샷

```
19 . . . . . . . . . . . . . . . . . . .
18 . x x x . o . . . . . . . o x . . .
17 . o x . x o . . . . . . . o x . . .
16 . o o x o . . . o . . . . o x . . .
15 . . x . . . . . . . . . . x . . .
14 . o . x . . . . . . . . . . . . .
13 . o x . . . . . . . . . . . . . .
12 . o x . . . . . . . . . . . . . .
11 . o x . . . . . . . . . . . . . .
10 . . o x . . . . . . . . . . . . .
 9 . o x . . . . . . . . . x . . .
 8 . . o . . . . . . . . x . x
 7 . . . . . . o o . . . . o o x .
 6 . . . . . x o x o . . o . . o .
 5 . x x . x . x . . . . . o . o .
 4 . x o o o x x x o . . . x o x .
 3 . x o . . x o x . . o . . x . x .
 2 . x o . . x o x o . . . . . . .
 1 . . . . . . . . . . . . . . . .
   A B C D E F G H J K L M N O P Q R S T
Estimated result:
W+3.5
IN: genmove white
Move:  85  Komi: 7.5  Handicap: 0  Captures B: 4 W: 2
    A B C D E F G H J K L M N O P Q R S T       A B C D E F G H J K L M N O P Q R S T
   +------------------------------------+      +------------------------------------+
19 | . . . . . . . . . . . . . . . . . . . |  19 | x x x x . o o o o o o . , , , x x x x |
18 | . X X X . O . . . . . . . O X . . . |  18 | , x x x . o o o o o . , , , o X x x x |
17 | . O X . X O . . . . . . . O X . . . |  17 | o o X x x x o o o o o . , , , o X x x x |
16 | . O O X O . . . O . . . . O X . . . |  16 | o o o X . . . o o o . , , , . X x x x |
15 | . . . X . . . . . . . . . . . . X). . . |  15 | o o , X , , , , , , , , , , x x x x |
14 | . O . X . . . . . . . . . . . . . |  14 | o o , X x , , , , , , , , , , , , , |
13 | . O X . . . . . . . . . . . . . . |  13 | o o X X x , , , , , , , , , , , , , |
12 | . O X . . . . . . . . . . . . . . |  12 | o o X X x , , , , , , , , , , , , , |
11 | . O X . . . . . . . . . . . . . . |  11 | o o X X x , , , , , , , , , , , . x |
10 | . . O X . . . . . . . . . . . . . |  10 | o o o X x , , , , , , , , , , , x x |
 9 | . . O X . . . . . . . . . X . |   9 | o o o X x , , , , , , , , , , x x |
 8 | . . . O . . . . . . . . . . X . X . |   8 | o o o o , , , , , , o , , , , x x x |
 7 | . . . . . . O O . . . . . O O X . |   7 | , , , , , , , o o o o o o , o o o x x |
 6 | . . . . . X O X . O . . . . O . O . |   6 | , , , , x x X O x o O o o o o o o , |
 5 | . . X X . X . X . . . . . O . O . |   5 | x x X X X X X X X , o o o , , O o o o |
 4 | . . X O O O X X X O . . . . X O X . |   4 | X X X X X X X X X O o o , , , x o x , |
 3 | . X O . . X O X . O . . . . X . X . |   3 | X X X X X X X X , , O o , , x , x , |
 2 | . X O . . X O X O . . . . . . . . . |   2 | X X X X X O o o o o , , , , , , x x |
 1 | . . . . . . . . . . . . . . . . . . . |   1 | X X X X X X X X , , o , , , , , , x x |
   +------------------------------------+      +------------------------------------+
```

위에는 현재의 바둑판 현황과 본인의 추정 점수가 나온다. 아래에는 왼쪽에 파치의 바둑판 현황(본인 것과 반대일 것이다)이 나오고, 오른쪽에 바둑판의 각 부분이 현재 누구에게 속했는지 판단해서 파치가 현재 경기를 평가하는 내용이 나온다.

이를 보면 현재 봇이 무엇을 할 수 있는지 파악할 수 있어 매우 흥미롭다. 하지만 이 데모가 끝이 아니다. 다음 절에서는 봇을 실제 바둑 서버에 연결하는 방법을 알아본다.

8.6 바둑봇을 온라인 바둑 서버에 배포하기

play_local.py는 두 바둑봇끼리 대국을 둘 수 있는 정말 작은 바둑 서버다. 여기서는 GTP 명령어를 송신/수신하여 경기를 언제 시작하고 끝내야 하는지 인식한다. 이 경우 프로그램에서 두 선수의 대국을 조정하는 심판 역할을 하므로 과부하가 발생하게 된다.

실제 바둑 서버에 봇을 연결하면 서버에서 모든 경기 규칙을 파악하고 있으므로 여기서는 GTP 명령어를 주고받는 데만 신경을 쓰면 된다. 따라서 걱정해야 할 것이 줄어들므로 해야 할 것이 명확해진다. 반면에 어떤 바둑 서버에 연결하려면 봇이 오작동을 하지 않도록 이 서버에서 지원하는 모든 GTP 명령어를 지원해야 한다.

GTP 명령어 처리 형식을 좀 더 명확히 만들어 봇의 오작동을 막아보자. 우선 성공과 실패 명령어에 맞는 GTP 응답 클래스를 구현하자.

예제 8-26 GTP 응답 변환 및 연결

```
class Response:
    def __init__(self, status, body):
        self.success = status
        self.body = body

    def success(body=''):          ◀─┤ 성공 GTP 응답에 응답 내용 생성
        return Response(status=True, body=body)

    def error(body=''):            ◀─┤ 오류 GTP 응답 생성
        return Response(status=False, body=body)

    def bool_response(boolean):    ◀─┤ 파이썬 불리언 유형을 GTP로 변환
        return success('true') if boolean is True else success('false')
```

```
def serialize(gtp_command, gtp_response):     ◁─┤ GTP 명령어를 문자열로 연결
    return '{}{} {}\n\n'.format(
        '=' if gtp_response.success else '?',
        '' if gtp_command.sequence is None else str(gtp_command.sequence),
        gtp_response.body
    )
```

이 부분의 메인 클래스인 GTPFrontend를 구현하는 부분이 남았다. 이 클래스를 gtp 모듈의 frontend.py에 넣자. 그리고 다음과 같이 gtp 모듈의 command, response 등을 불러오자.

예제 8-27 GTP 프론트엔드를 위한 파이썬 모듈 불러오기

```
import sys

from dlgo.gtp import command, response
from dlgo.gtp.board import gtp_position_to_coords, coords_to_gtp_position
from dlgo.goboard_fast import GameState, Move
from dlgo.agent.termination import TerminationAgent
from dlgo.utils import print_board
```

GTP 프론트엔드 초기화를 하려면 Agent 인스턴스를 명시하고 선택적으로 종료 방법을 선택해야 한다. 그러면 GTPFrontend에서 사용할 GTP 이벤트 딕셔너리를 초기화할 것이다. play 등과 같은 일반적인 명령어를 포함하는 각 이벤트는 직접 구현해야 한다.

예제 8-28 GTP 이벤트 핸들러를 정의하는 GTPFrontend 초기화

```
HANDICAP_STONES = {
    2: ['D4', 'Q16'],
    3: ['D4', 'Q16', 'D16'],
    4: ['D4', 'Q16', 'D16', 'Q4'],
    5: ['D4', 'Q16', 'D16', 'Q4', 'K10'],
    6: ['D4', 'Q16', 'D16', 'Q4', 'D10', 'Q10'],
    7: ['D4', 'Q16', 'D16', 'Q4', 'D10', 'Q10', 'K10'],
    8: ['D4', 'Q16', 'D16', 'Q4', 'D10', 'Q10', 'K4', 'K16'],
    9: ['D4', 'Q16', 'D16', 'Q4', 'D10', 'Q10', 'K4', 'K16', 'K10'],
}

class GTPFrontend:

    def __init__(self, termination_agent, termination=None):
```

```
            self.agent = termination_agent
            self.game_state = GameState.new_game(19)
            self._input = sys.stdin
            self._output = sys.stdout
            self._stopped = False

            self.handlers = {
                'boardsize': self.handle_boardsize,
                'clear_board': self.handle_clear_board,
                'fixed_handicap': self.handle_fixed_handicap,
                'genmove': self.handle_genmove,
                'known_command': self.handle_known_command,
                'komi': self.ignore,
                'showboard': self.handle_showboard,
                'time_settings': self.ignore,
                'time_left': self.ignore,
                'play': self.handle_play,
                'protocol_version': self.handle_protocol_version,
                'quit': self.handle_quit,
            }
```

다음과 같은 run() 메서드를 사용해서 대국을 시작하면 process() 메서드로 상대방의 이벤트 핸들러에서 넘어온 GTP 명령어를 읽어 들이게 된다.

예제 8-29 프론트엔드에서 대국이 끝날 때까지 입력 스트림을 해석함

```
        def run(self):
            while not self._stopped:
                input_line = self._input.readline().strip()
                cmd = command.parse(input_line)
                resp = self.process(cmd)
                self._output.write(response.serialize(cmd, resp))
                self._output.flush()

        def process(self, cmd):
            handler = self.handlers.get(cmd.name, self.handle_unknown)
            return handler(*cmd.args)
```

GTPFrontend를 마무리하려면 개별 GTP 명령어를 구현해야 한다. 다음 코드에는 가장 중요한 세 가지 명령어가 구현되어 있다. 나머지는 깃허브 저장소를 참고하자.

예제 8-30 GTP 프론트엔드에 필요한 몇 가지 이벤트 응답

```python
    def handle_play(self, color, move):
        if move.lower() == 'pass':
            self.game_state = self.game_state.apply_move(Move.pass_turn())
        elif move.lower() == 'resign':
            self.game_state = self.game_state.apply_move(Move.resign())
        else:
            self.game_state = self.game_state.apply_move(gtp_position_to_
coords(move))
        return response.success()

    def handle_genmove(self, color):
        move = self.agent.select_move(self.game_state)
        self.game_state = self.game_state.apply_move(move)
        if move.is_pass:
            return response.success('pass')
        if move.is_resign:
            return response.success('resign')
        return response.success(coords_to_gtp_position(move))

    def handle_fixed_handicap(self, nstones):
        nstones = int(nstones)
        for stone in HANDICAP_STONES[nstones]:
            self.game_state = self.game_state.apply_move(
                gtp_position_to_coords(stone))
        return response.success()
```

이제 명령줄에 간단한 스크립트를 입력해서 GTP 프론트엔드를 실행할 수 있다.

예제 8-31 명령어를 사용해서 GTP 인터페이스 시작하기

```python
from dlgo.gtp import GTPFrontend
from dlgo.agent.predict import load_prediction_agent
from dlgo.agent import termination
import h5py

model_file = h5py.File("agents/betago.hdf5", "r")
agent = load_prediction_agent(model_file)
strategy = termination.get("opponent_passes")
termination_agent = termination.TerminationAgent(agent, strategy)

frontend = GTPFrontend(termination_agent)
frontend.run()
```

프로그램이 실행되면 8.4절에서 그누고를 시행했던 것과 완전히 동일한 방식으로 진행하면 된다. GTP 명령어를 보내면 그에 따라 서버에서 진행할 것이다. genmove로 수를 생성하고 showboard로 바둑판의 상태를 출력해보자. GTPFrontend의 이벤트 핸들러에서 처리 가능한 어떤 명령어도 사용할 수 있다.

8.6.1 온라인 바둑 서버에 봇 등록하기

이제 GTP 프런트엔드가 완성되어 그누고나 파치와 같은 방식으로 로컬에서 작동하므로 GTP를 사용해서 통신하는 온라인 플랫폼에 바둑봇을 등록할 수 있다. 대부분 유명한 바둑 서버는 GTP를 기반으로 한다. 부록 C에서는 이 중 세 서버를 명시해두었다. 유럽과 북미에서 가장 유명한 서버는 온라인 바둑 서버[OGS]다. 여기서는 OGS 플랫폼에서 봇이 어떻게 동작하는지 보여줄 것이다(다른 플랫폼에서도 이와 동일하다).

봇을 OGS에 등록하는 부분 일부와 봇을 OGS에 연결하는 소프트웨어는 자바스크립트로 만들어졌으며, 이에 대해서는 부록 E에서 설명한다. 지금 부록 E를 읽고 다시 돌아와도 되고, 봇을 온라인에서 실행하고 싶지 않다면 이 부분은 넘어가도 된다. 부록 E에서는 다음과 같은 내용을 익히게 될 것이다.

- OGS에 봇 계정 하나와 봇 계정을 등록할 본인 계정 하나, 총 두 개의 계정을 만든다.
- 테스트를 수행하려면 봇을 컴퓨터 내의 OGS에 연결한다.
- 봇을 AWS 인스턴스에 배포해서 원하는 만큼 OGS에 연결해둔다.

이렇게 하면 온라인에 본인이 만든 봇이 (순위) 대국을 치를 수 있다. 또한 OGS 계정을 가진 사람이라면 누구든지 본인의 봇과 대국을 치를 수 있고, 이를 보면 좋은 자극을 받을 수 있을 것이다. 게다가 이 봇은 OGS의 토너먼트에도 참여할 수 있다!

8.7 요약

- 에이전트 프레임워크에 심층 신경망을 구축해서 모델이 주변 환경과 상호 작용할 수 있게 할 수 있다.

- HTTP 프론트엔드를 만들어서 에이전트를 웹 애플리케이션에 등록하면 그래픽 인터페이스를 사용해서 봇과 대국을 치를 수 있다.

- AWS 같은 클라우드 서비스의 GPU를 사용해서 딥러닝 실험을 효율적으로 할 수 있다.

- AWS에 웹 애플리케이션을 배포해서 손쉽게 봇을 공유하고 다른 사람과 대국하도록 할 수 있다.

- 봇이 GTP^{Go Text Protocol} 명령어를 송신/수신할 수 있게 함으로써 표준화된 방식으로 로컬에서 다른 바둑 프로그램과 대국을 치를 수 있다.

- 온라인 바둑 플랫폼에 봇을 등록하기 위한 가장 중요한 단계는 봇에 GTP 프론트엔드를 구축하는 것이다.

- 봇을 클라우드에 배포하면 온라인 바둑 서버에서 일반 경기 및 토너먼트에 참여해서 언제든지 대국을 치를 수 있다.

CHAPTER 9

체험을 통한 학습 : 강화학습

이 장에서 다루는 내용

- 강화학습을 위한 작업 정의
- 게임에서 사용할 학습 에이전트 구축
- 훈련을 위한 자체 경기 결과 수집

내가 읽은 훌륭한 한중일 선수가 쓴 바둑책이 아마도 수십 권은 될 것이다. 그런데 난 아직 중급 아마추어 바둑기사다. 왜 난 아직 전설적인 기사 수준에 이르지 못했을까? 내가 책에 실린 내용들을 잊은 걸까? 아마도 그건 아닐 것이다. 나는 토시로 카게야마의 『Lessons in the Fundamentals of Go』(Ishi Press, 1978)를 실제로 (속으로) 다 외울 수 있다. 어쩌면 더 많은 책을 읽어야 할지도 모른다.

나는 최고의 바둑 스타가 되는 완전한 방법을 알지는 못하지만 최소한 나와 바둑 프로기사 간에 한 가지 차이가 있다는 것은 안다. 바로 연습이다. 바둑기사는 프로로 인정받기까지 대국을 대략 5천~만 번 치른다. 연습은 지식을 낳으며, 가끔 이런 지식은 말로 직접 설명하기 어려운 것이다. 이런 지식을 **요약**해서 책에 넣을 수 있다. 하지만 미묘한 부분은 **빠져버리게** 된다. 내가 읽은 책에 담긴 내용을 모두 익혔다고 하더라도 익힌 정도만큼 직접 바둑을 둬봐야 한다.

사람에게 연습은 매우 중요하다. 컴퓨터는 어떨까? 컴퓨터 프로그램이 연습을 통해 무언가를 익힐 수 있을까? **강화학습**reinforcement learning, RL이라면 가능하다. 강화학습은 작업을 반복 수행하면서 프로그램을 향상시킨다. 좋은 결과를 내는 결정은 프로그램에 반복하도록 지시하고, 그렇지 못한 결정은 피하게 한다. 그렇다고 각 평가마다 코드를 새로 고쳐야 한다는 것은 아니다. RL 알고리즘에는 자동으로 이런 조정을 해주는 메서드가 있다.

하지만 강화학습은 그렇게 호락호락하지 않다. 일단 느리다. 봇이 어느 정도의 성능 향상을 보이려면 대국을 수천 번 치러야 한다. 게다가 훈련 과정은 귀찮고 디버깅도 어렵다. 하지만 이 기술이 제대로 작동하게 된다면 큰 보상을 얻게 될 것이다. 다양한 상황에 대한 복잡한 전략을 일일이 작성하지 않아도 알맞게 대처하는 소프트웨어를 만들 수 있다.

이 장에서는 우선 강화학습 주기를 개괄적으로 살펴본다. 강화학습 주기에 적합한 방식으로 바둑봇이 자체 대국을 둘 수 있도록 설정하는 방법도 살펴볼 것이다. 10장에서는 봇의 성능 향상에 자체 대국 데이터를 사용하는 방법을 배운다.

9.1 강화학습 주기

많은 알고리즘에서 강화학습 기법을 구현하는데, 이 알고리즘은 모두 표준 프레임워크에서 돌아간다. 이 절에서는 컴퓨터가 작업을 반복적으로 수행하면서 향상되는 과정인 강화학습 주기를 설명한다. [그림 9-1]은 이 주기를 보여준다.

강화학습 맥락에서 보면 바둑봇은 작업을 수행하는 결정을 내리는 프로그램인 **에이전트**다. 이 책의 전반부에서 바둑 수 선택을 위한 여러 버전의 Agent 클래스를 구현했다. 이때 GameState 객체 상태에 따라 에이전트를 제공했고 여기서는 다음에 둘 수를 고르는 결정을 내렸다. 이때는 강화학습을 사용하지 않았지만 에이전트 개념은 동일하다.

강화학습의 목표는 에이전트의 성능을 최대한 좋게 만드는 것이다. 여기서는 에이전트가 바둑에서 이기게 하는 것이다. 우선 바둑봇이 자체 대국을 수회 두게 한다. 이때 각 대국의 모든 차례와 결과를 기록해둬야 한다. 이 경기 기록을 **경험**experience이라고 한다.

그리고 자체 대국에서 일어난 결과에 따라 행동을 갱신하도록 봇을 **훈련**시킨다. 이 과정은 6장과 7장에서 다루었던 신경망 훈련과 비슷하다. 여기에서 핵심 개념은 봇이 이긴 경기에서 했던 결정은 반복하고, 진 경기에서 했던 결정은 하지 않도록 하는 것이다. 훈련 알고리즘은 에이전트의 실행 과정을 처리하는 형태로 만들어진다. 따라서 훈련 시 에이전트의 행동을 체계적으로 수정할 수 있어야 한다. 훈련 알고리즘은 에이전트의 실행 과정 안에 녹아 있다. 따라서 훈련 시 에이전트의 행동이 체계적으로 갱신되도록 해야 한다. 이를 위한 알고리즘은 여러 가지가 있고 이 책에서는 세 가지를 다룬다. 이 장과 다음 장에서는 **정책 경사 알고리즘**policy gradient algorithm을 다룬다. 11장에서는 **Q-학습**^{Q-learning} 알고리즘을 다룬다. 12장에서는 **행위자-비평가**^{actor-critic} 알고리즘을 소개한다.

그림 9-1 강화학습 주기. 여러 방법으로 강화학습을 구현할 수 있지만 전반적인 과정은 공통된 구조로 이루어진다. 첫 번째는 컴퓨터 프로그램이 작업을 반복 수행하는 것이다. 이 수행 기록은 **경험 데이터**라고 한다. 다음에는 더 성공적이었던 수행을 따라하도록 행동을 수정한다. 이 과정을 **훈련**이라고 한다. 그 후 주기적으로 프로그램이 개선되고 있는지 성능을 측정한다. 일반적으로 이 과정을 여러 번 반복한다.

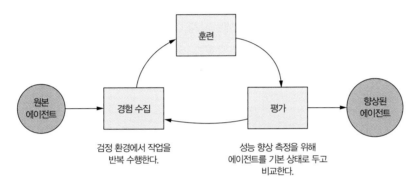

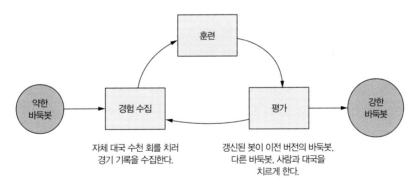

훈련을 하면 봇이 좀 더 강해질 것이라고 기대한다. 하지만 훈련 과정 중 잘못될 여지는 다양하다. 따라서 봇의 성장 정도를 평가하여 봇의 능력을 확인하는 것이 좋다. 경기를 하는 에이전트를 평가하는 방법은 더 많은 경기를 하게 하는 것이다. 에이전트가 이전 버전의 자신과 경기를 치르게 함으로써 나아진 정도를 측정할 수 있다. 기본적인 타당성 평가를 위해 봇을 주기적으로 다른 AI와 비교하거나 자체 대국을 두게 할 수도 있다.

그러면 다음 전체 주기를 무한정 반복할 수 있다.

- 경험 수집
- 훈련
- 평가

이 주기를 여러 스크립트로 나눌 것이다. 이 장에서는 자체 대국을 시뮬레이션해서 그 경험 데이터를 디스크에 저장하는 self_play 스크립트를 구현할 것이고, 다음 장에서는 경험 데이터를 입력으로 두고 그에 따라 에이전트를 갱신한 후 새 에이전트를 저장하는 train 스크립트를 구현할 것이다.

9.2 경험을 통해 어떻게 달라질까

3장에서 바둑경기를 나타내는 데이터 구조를 만들었다. Move, GoBoard, GameState 같은 클래스를 사용해서 전체 경기 기록을 어떻게 저장할 수 있는지 상상할 수 있다. 하지만 강화학습 알고리즘은 이보다 일반적이다. 강화학습에서는 문제를 매우 추상적인 형태로 사용하므로 동일한 알고리즘이 가능한 한 많은 분야의 문제에 적용될 수 있다. 이 절에서는 바둑 기록을 강화학습의 언어로 표현하는 방법을 알아본다.

게임에서는 경험치를 개별 게임이나 **에피소드** 단위로 나눌 수 있다. 에피소드는 명확히 끝이 있고, 한 에피소드 내에서 내린 결정은 그 다음 에피소드에 영향을 미치지 않는다. 다른 분야에서는 경험치를 에피소드 단위로 나누는 명확한 방안이 없을 수도 있다. 예를 들어 연속적으로 일을 처리하는 로봇은 끝없이 결정을 내려야 한다. 이런 문제에 대해 여전히 강화학습을 사용할 수 있지만 에피소드 범위로 나누는 것이 훨씬 간단하다.

에피소드가 있는 경우 에이전트는 각 환경에 대한 **상태**를 처리할 수 있다. 에이전트는 현재 상태 기반으로 다음 **행동**을 결정한다. 행동을 결정한 후 에이전트의 상탯값이 바뀐다. 다음 상태는 선택한 행동과 환경 변화 모두에 영향을 받는다. 바둑의 경우 AI는 바둑판 현황(상태)을 보고, 맞는 수(행동)를 선택한다. 그러면 다음 차례에 AI가 새로 바뀐 바둑판 현황(다음 상태)을 접하게 될 것이다.

에이전트가 다음 행동을 선택했을 때 다음 상탯값에는 상대방 수까지 포함된다는 것을 기억하자. 현재 상태와 행동으로 다음 값을 선택할 수 없으므로 상대방 수가 나올 때까지 기다려야 한다. 상대방의 행동은 에이전트가 탐색하기 위해 학습해야 하는 **환경** 요인 중 하나다.

탐색 능력을 향상시키려면 에이전트가 목표를 달성했는지 피드백을 주어야 한다. 목표를 달성했는지 여부에 따라 계산한 점수로 피드백하는 **보상** 방법을 사용할 수 있다. 이 바둑 AI의 목표는 경기에서 이기는 것이므로 매번 이길 때마다 1점을 주고, 질 때마다 −1점을 주는 식으로 진행한다. 강화학습 알고리즘은 누적 보상량을 증가시키는 방식으로 에이전트의 행동을 변경한다. [그림 9-2]는 상태, 행동, 보상을 사용하여 바둑경기를 나타낸 것이다.

바둑과 비슷한 게임은 보상을 게임 종료 후 한 번에 받게 되는 독특한 경우다. 또한 보상은 두 종류뿐이다. 이기거나 지는 것에 대한 것으로, 경기 중 무슨 일이 일어나든 상관없다. 다른 분야에서는 보상이 다양하다. 스크래블Scrabble[1]을 두는 AI를 생각해보자. 각 차례에 AI는 알파벳을 놓고 점수를 얻고, 상대방도 마찬가지다. 이 경우 AI 점수는 양의 보상이 될 것이고, 상대방의 점수는 음의 보상이 된다. 보상을 받고자 AI가 에피소드 종료까지 기다릴 필요가 전혀 없다. 매 행동에서 단어를 만들 때마다 보상을 조금씩 받을 것이기 때문이다.

강화학습의 핵심 개념은 행동이 한참 후에 받을 보상에도 영향을 미친다는 점이다. 바둑에서 35번째에 강수를 두어서 200수 후에 이기게 되는 경우를 생각해보자. 초기에 잘 둔 수가 경기 승리 후 보상으로 나타날 것이다. 또한 실수로 전체 경기의 보상을 날려버릴 수도 있다. 에이전트가 행동 후에 받게 되는 보상을 행동의 **반환값**return이라고 한다.

---

1 옮긴이_ 알파벳이 새겨진 타일을 보드 위에 번갈아가며 가로나 세로로 단어를 만들며 타일에 적힌 점수를 얻게 되는 방식의 보드게임

그림 9-2 강화학습 언어로 변경된 5×5 바둑경기. 훈련 대상 에이전트는 흑을 쥔 쪽이다. 에이전트는 누적 상태(바둑판 현황)를 보고 행동(올바른 수)을 선택한다. 에피소드(완전한 한 경기)의 끝에는 목표를 달성했는지에 따라 보상을 받는 다. 이 경우에는 흑이 이겼으므로 에이전트가 +1의 보상을 받는다.

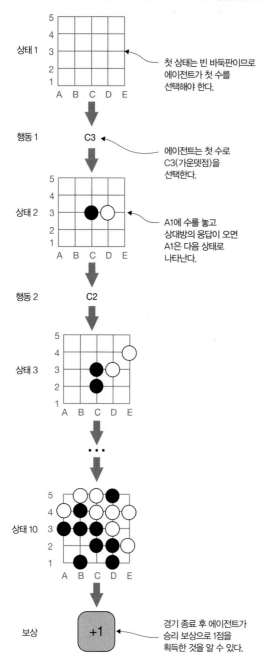

상태 1 ← 첫 상태는 빈 바둑판이므로 에이전트가 첫 수를 선택해야 한다.

행동 1 C3 ← 에이전트는 첫 수로 C3(가운뎃점)을 선택한다.

상태 2 ← A1에 수를 놓고 상대방의 응답이 오면 A1은 다음 상태로 나타난다.

행동 2 C2

상태 3

상태 10

보상 +1 ← 경기 종료 후 에이전트가 승리 보상으로 1점을 획득한 것을 알 수 있다.

행동의 반환값은 [예제 9-1]과 같이 행동 후 에피소드 종료까지 에이전트가 획득한 모든 보상을 더해 구한다. 게다가 어떤 수가 승패를 좌우했는지도 파악할 수 있다. 매 수에 대해 점수를 나누거나 평가하는 것은 학습 알고리즘의 몫이다.

예제 9-1 행동의 반환값 구하기

```
reward[i]는 행동 i 후 바로 에이전트가
얻게 되는 보상이다.
  for exp_idx in range(exp_length):
      total_return[exp_idx] = reward[exp_idx]
      for future_reward_idx in range(exp_idx + 1, exp_length):
          total_return[exp_idx] += reward[future_reward_idx]
```

모든 이후 보상에 대해 반복한 후 보상값을 다 더해서 반환값으로 부여한다.

이러한 가정은 모든 문제에 통용되지는 않는다. 스크래블 예제를 다시 생각해보자. 첫 차례에 결정한 것은 세 번째 차례의 점수에 그럭저럭 영향을 미칠 것이고, 혹은 보너스 사각형과 연결할 수 있을 때까지 높은 점수를 유지할 수도 있다. 하지만 세 번째 차례의 결정이 20번째 결정에 얼마나 영향을 미칠지는 파악하기 어렵다. 이를 반환값 계산의 개념으로 나타내려면 매 행동에 대한 보상의 가중합을 구해야 한다. 가중치는 행동이 점점 멀어질수록 작아져야 먼 미래의 보상이 직전의 보상보다 적게 영향을 미친다.

이 기법을 **보상 감소**라고 한다. [예제 9-2]에 보상 감소를 구하는 방법을 나타냈다. 이 예제에서 각 행동은 즉시 얻는 보상은 전체를 사용한다. 하지만 다음 단계에서는 보상을 75%만 계산한다. 두 단계 후에는 보상이 75% × 75% = 56%가 되고, 이후도 이런 방식이다. 75%를 고른 것은 한 가지 예일 뿐이다. 정확한 감소율은 각 도메인에 따라 다르고, 가장 효과적인 숫자를 찾기 위해 좀 더 실험을 해봐야 한다.

예제 9-2 보상 감소 구하기

```
  for exp_idx in range(exp_length):
      discounted_return[exp_idx] = reward[exp_idx]
      discount_amount = 0.75
      for future_reward_idx in range(exp_idx + 1, exp_length):
          discounted_return[exp_idx] +=
              discount_amount * reward[future_reward_idx]
          discount_amount *= 0.75
```

discount_amount는 원래 행동에서 멀어질수록 작아진다.

바둑 AI에 주는 보상은 승패뿐이다. 이는 반환값 계산을 간단하게 해준다. 에이전트가 이기면 대국을 치르며 행한 모든 행동의 반환값이 1이 된다. 지면 모든 행동의 반환값은 −1이 된다.

9.3 학습 가능한 에이전트 만들기

강화학습이 갑자기 바둑 AI나 다른 종류의 에이전트를 만들어낼 수는 없다. 강화학습은 그저 경기의 파라미터를 사용하는 봇 능력을 **향상**시킬 뿐이다. 일단 지금 필요한 것은 경기를 끝낼 수 있는 에이전트면 된다. 이 절에서는 신경망을 사용해서 수를 선택하는 바둑봇을 만드는 방법을 설명한다. 훈련되지 않은 신경망부터 시작하면 봇은 3장에서 사용한 원래의 RandomAgent 만큼 엉망으로 대국을 치를 것이다. 하지만 점차 강화학습을 사용해서 신경망을 향상시킬 수 있다.

정책policy은 주어진 상태에서 행동을 선택하는 함수다. 이전 장에서 select_move( ) 함수를 사용하는 Agent 클래스를 여러 가지로 구현했다. 각 select_move( ) 함수는 정책이다. 경기 상태를 입력받고 수를 출력한다. 구현한 모든 정책은 올바른 수만 나온다면 유효하다. 하지만 항상 다 좋은 것만은 아니다. 4장의 MCTSAgent는 3장의 RandomAgent에 더 자주 질 것이다. 만약 이 에이전트 중 하나의 성능을 높이고 싶다면 알고리즘 향상에 대해 고려하고, 새로 코드를 작성하고, 테스트해야 한다. 이는 표준 소프트웨어 개발 프로세스다.

강화학습을 사용하는 경우에는 다른 컴퓨터 프로그램을 사용해서 정책을 자동으로 갱신해야 한다. 6장에서는 정확히 그것을 할 수 있게 해주는 합성곱 신경망을 배웠다. 심층 합성곱 신경망은 복잡한 논리를 처리할 수 있으므로 경사하강법 알고리즘을 사용해서 행동을 갱신할 수 있다.

6장과 7장에서 만든 수 예측 신경망은 바둑판의 각 점에 대한 값을 벡터로 출력한다. 이 값은 다음 수에 대한 신경망의 신뢰도를 나타낸다. 이런 결과로부터 어떻게 정책을 구성할까? 한 가지 방법은 단순히 가장 높은 값의 수를 선택하는 것이다. 이는 네트워크가 좋은 수를 선택하도록 잘 훈련되어 있다면 좋은 결과를 낼 것이다. 하지만 어떤 바둑판 상태가 주어지든 동일한 수를 선택한다. 강화학습의 경우 이런 문제가 발생한다. 강화학습을 통해 이런 문제를 강화하고 싶다면 다양한 수를 선택해야 한다. 어떤 경우에는 더 나아질 것이고, 어떤 경우에는 더 엉망이 될 것이다. 이때 나오는 결과를 보고 어떤 수가 좋은 수인지 알아챌 수 있다. 하지만 성능 향상을 위해서는 다양성이 필요하다.

항상 가장 높은 수치의 수를 선택하는 대신 확률적 정책을 만들어보자. 여기서 '**확률적**'은 동일한 바둑판 상태가 두 번 주어졌을 때 에이전트가 다른 수를 선택하도록 하는 것을 의미한다. 여기에는 임의성이 포함되지만 3장에서 사용한 RandomAgent 같은 방식은 아니다. RandomAgent는 경기 중에 어떤 일이 일어났는지 전혀 고려하지 않고 수를 선택한다. 확률적 정책이란 수 선택은 바둑판 상태에 기반하지만 100% 신뢰할 수는 없다는 것이다.

9.3.1 확률분포에 따른 샘플링

어떤 바둑판 상태든 신경망에서는 각 바둑판 상태에 대해 단일 원소를 가진 벡터를 부여한다. 여기서 정책을 생성하려면 각 벡터의 원소를 특정 수에 대한 확률값으로 인식해야 한다. 이 절에서는 이 확률에 대해 수를 선택하는 방법을 다룬다.

예를 들어 가위바위보를 한다고 했을 때 경기 중 50%는 바위를 내고, 30%는 보를 내고, 20%는 가위를 내는 정책을 따를 수 있다. 이 50%-30%-20% 분할은 세 선택지에 대한 **확률분포**다. 확률값의 합은 100%여야 한다. 그래야 정책이 항상 선택지 중 하나를 고를 수 있다. 이는 확률분포에서 필요한 특성이다. 50%-30%-10% 정책을 사용하면 10%의 경우 어떤 선택도 하지 않을 수 있다.

이 비율로 선택지를 임의로 선택하는 과정을 확률분포에 따른 **샘플링**이라고 한다. 다음 예제는 정책에 따라 옵션 중 하나를 선택하는 파이썬 함수를 보여준다.

예제 9-3 확률분포에 다른 샘플링 예제

```
import random

def rps():
    randval = random.random()
    if 0.0 <= randval < 0.5:
        return 'rock'
    elif 0.5 <= randval < 0.8:
        return 'paper'
    else:
        return 'scissors'
```

이 코드를 몇 번 실행해보고 어떻게 동작하는지 살펴보자. 주먹(rock)이 보(paper)보다 많이 나오고, 보(paper)가 가위(scissors)보다 많이 나올 것이다. 세 가지는 일정한 비율로 나타날 것이다.

확률분포에 따른 샘플링 논리는 넘파이의 np.random.choice()에 들어 있다. 다음 예제에서는 넘파이를 사용해서 동일한 행동을 구현한다.

예제 9-4 넘파이로 구현한 확률분포 샘플링

```
import numpy as np

def rps():
    return np.random.choice(
        ['rock', 'paper', 'scissors'],
        p=[0.5, 0.3, 0.2])
```

추가로 np.random.choice()는 동일한 분포로 **반복적**으로 샘플링하는 경우도 처리할 수 있다. 주어진 분포에서 일단 샘플링하고, 샘플링된 데이터를 리스트에서 제거한 후 나머지 리스트에서 다시 샘플링한다. 이렇게 반임의의 순서 리스트를 구할 수도 있다. 높은 확률의 선택지는 리스트의 앞에 나타날 가능성이 많지만 여러 다양한 결과가 가능하다. [예제 9-5]에서는 np.random.choice()를 사용해서 반복 샘플링하는 방법을 보여준다. size=3은 선택지가 3개라는 것이고, replace=False는 어떤 결과도 반복하지 않겠다는 것을 나타낸다.

예제 9-5 넘파이를 사용한 확률분포 반복 샘플링

```
import numpy as np

def repeated_rps():
    return np.random.choice(
        ['rock', 'paper', 'scissors'],
        size=3,
        replace=False,
        p=[0.5, 0.3, 0.2])
```

반복 샘플링은 바둑 정책에서 유효하지 않은 수를 추천하는 경우에 유용하다. 이를 사용하면 다른 수를 고를 수 있다. np.random.choice()를 한 번 호출한 후 생성되는 리스트를 가지고 작업하면 된다.

9.3.2 확률분포 제한

강화학습 과정은 초반에는 꽤 불안정하다. 에이전트는 일부 승리에 대해 과하게 반응하고 그다지 좋지 않은 수에 임의로 높은 확률을 부여하기도 한다(사실 초보 선수도 마찬가지다). 확률이 특정 수에 1을 몰아주기도 한다. 이런 경우는 다소 문제가 될 수 있다. 특정 수에 1이 몰리면 에이전트는 항상 동일한 수를 선택할 것이고, 다시 돌아갈 방법도 없기 때문이다.

이를 방지하려면 확률 분포를 **제한**하여 확률이 0 또는 1이 되지 않도록 해야 한다. 8장의 DeepLearningAgent에서도 동일한 작업을 수행했다. 넘파이의 np.clip() 함수는 여기서 대부분의 작업을 처리한다.

예제 9-6 확률분포 제한

```
def clip_probs(original_probs):
    min_p = 1e-5
    max_p = 1 - min_p
    clipped_probs = np.clip(original_probs, min_p, max_p)    ◁── 결과도 여전히 유효한
    clipped_probs = clipped_probs / np.sum(clipped_probs)         확률분포다.
    return clipped_probs
```

9.3.3 에이전트 초기화

그럼 확률 정책에 따라 수를 선택하고 경험 데이터를 통해 학습하는 새로운 형태의 에이전트인 PolicyAgent를 만들어보자. 이 모델은 6장과 7장의 수 예측 모델과 동일하다. 유일한 차이점은 이를 어떻게 학습시키느냐다. 이 내용을 dlgo/agent/pg.py에 있는 dlgo 라이브러리에 추가한다.

이전 장에서 모델에 바둑판 변환 방식이 필요했던 것을 기억해보자. PolicyAgent 클래스는 생성자에 모델과 바둑판 변환기를 포함한다. 이런 식으로 하면 문제를 간단히 해결할 수 있다. PolicyAgent 클래스는 모델에 따라 수를 선택하고 경험 내용에 따라 행동을 변경하는 역할을 한다. 하지만 모델 구조와 바둑판 변경 구조는 무시할 수 있다.

예제 9-7 PolicyAgent 클래스 생성자

```
class PolicyAgent(Agent):
    def __init__(self, model, encoder):
        self.model = model          ◁────┐  케라스 순차모델 인스턴스
        self.encoder = encoder    ◁──┐ Encoder 인터페이스 구현
```

강화학습 프로세스를 시작하면 바둑판 변환기, 모델, 에이전트를 순서대로 생성한다. [예제 9-8]은 이 과정을 나타낸다.

예제 9-8 새 학습 에이전트 생성하기

```
encoder = encoders.simple.SimpleEncoder((board_size, board_size))
model = Sequential()
for layer in dlgo.networks.large.layers(encoder.shape()):    (6장에서 다룬) dlgo.networks.
    model.add(layer)                                          large의 층 바깥에 순차모델 생성
                                                              하기
model.add(Dense(encoder.num_points()))
model.add(Activation('softmax'))          ┐ 바둑판의 점에 대한 확률분포를
new_agent = agent.PolicyAgent(model, encoder)  반환하는 출력층 추가
```

이와 같은 에이전트를 구성할 때 새로 만들어진 모델을 사용하는 경우 케라스에서는 모델 가중치를 작은 임의의 값으로 초기화한다. 이 시점에서 에이전트의 정책은 **균등 난수**^{uniform random}에 근접하게 된다. 즉, 거의 동일한 확률로 유효한 수를 선택할 것이다. 이후 모델을 훈련하면서 결정 구조를 추가하게 될 것이다.

9.3.4 물리 장치로부터 에이전트 불러오고 저장하기

강화학습 과정은 무한정 계속될 수 있으며, 봇 훈련에 며칠 또는 수 주가 걸릴 수도 있다. 따라서 봇을 주기적으로 디스크에 저장해서 훈련 과정을 시작 및 중지하고 훈련 주기의 각기 다른 지점에서 성능을 비교해보고 싶을 것이다.

에이전트 저장에는 8장에서 소개한 HDF5 파일 포맷을 사용한다. HDF5 포맷은 수치 행렬을 저장하기 편리하며 넘파이와 케라스에 적합하다.

PolicyAgent 클래스의 serialize() 메서드는 모델을 변환해서 디스크에 저장할 수 있고, 이를 사용해서 에이전트를 재생성할 수 있다.

예제 9-9 PolicyAgent를 디스크에 기록하기

```
class PolicyAgent(Agent):
...
    def serialize(self, h5file):
    h5file.create_group('encoder')
    h5file['encoder'].attrs['name'] = self.encoder.name()
    h5file['encoder'].attrs['board_width'] = \
        self.encoder.board_width                          바둑판 변환기를 재생성하기에
    h5file['encoder'].attrs['board_height'] = \           충분한 정보를 저장한다.
        self.encoder.board_height
    h5file.create_group('model')
    kerasutil.save_model_to_hdf5_group(        내장 케라스 기능을 사용하여
        self._model, h5file['model'])          모델과 가중치를 저장한다.
```

h5file 인자는 h5py.File 객체로 만들어지거나 h5py.File 내 그룹 형태가 된다. 이런 식으로 단일 HDF5 파일에 에이전트와 다른 데이터를 묶어서 저장할 수 있다.

이 serialize() 메서드를 사용하려면 일단 새 HDF5 파일을 만든 후 이 파일에 대해 처리하도록 한다.

예제 9-10 serialize() 함수 용례

```
import h5py
with h5py.File(output_file, 'w') as outf:
    agent.serialize(outf)
```

이에 대응하는 load_policy_agent() 함수는 이 과정을 반대로 한다.

예제 9-11 파일에서 정책 에이전트 불러오기

```
def load_policy_agent(h5file):
    model = kerasutil.load_model_from_hdf5_group(   내장 케라스 함수를 사용해서
        h5file['model'])                             모델 구조와 가중치를 불러온다.
    encoder_name = h5file['encoder'].attrs['name']
    board_width = h5file['encoder'].attrs['board_width']
    board_height = h5file['encoder'].attrs['board_height']
    encoder = encoders.get_encoder_by_name(          바둑판 변환기를 복구한다
        encoder_name,
        (board_width, board_height))
    return PolicyAgent(model, encoder)  ◁─┤ 에이전트를 재생성한다.
```

9.3.5 수 선택 구현

PolicyAgent로 자체 대국을 시작하려면 한 가지 함수가 더 필요하다. 바로 select_move()를 구현해야 한다. 이 함수는 8장에서 DeepLearningAgent에 추가한 select_move() 함수와 유사하다. 일단 바둑판을 모델에 넣어주기 적합한 텐서(겹겹이 쌓인 행렬. 부록 A 참조) 형태로 변환한다. 그 후 바둑판 텐서를 모델에 넣고 수의 확률분포를 구한다. 이후 확률이 0이나 1이 되지 않도록 확률분포를 제한한다. [그림 9-3]에 이 절차의 흐름을 나타냈다. [예제 9-12]는 이를 단계별로 어떻게 구현하는지 보여준다.

그림 9-3 수 선택 과정. 우선 경기 상태를 수치 텐서로 변환한 후 텐서를 모델에 넣어 수 확률을 구한다. 바둑판의 모든 점으로부터 다음에 시도할 수의 확률에 대해 순서를 매긴 후 상위권을 가져온다.

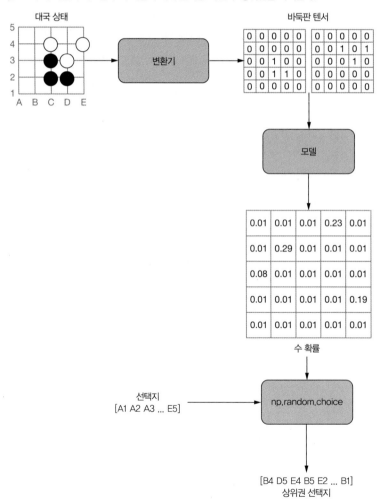

```
class PolicyAgent(Agent):
...
    def select_move(self, game_state):
        board_tensor = self._encoder.encode(game_state)
        X = np.array([board_tensor])
        move_probs = self._model.predict(X)[0]

        move_probs = clip_probs(move_probs)

        num_moves = self._encoder.board_width * \
            self._encoder.board_height
        candidates = np.arange(num_moves)
        ranked_moves = np.random.choice(
            candidates, num_moves,
            replace=False, p=move_probs)

        for point_idx in ranked_moves:
            point = self._encoder.decode_point_index(point_idx)
            move = goboard.Move.play(point)
            is_valid = game_state.is_valid_move(move)
            is_an_eye = is_point_an_eye(
                game_state.board,
                point,
                game_state.next_player)
            if is_valid and (not is_an_eye):
                return goboard.Move.play(point)
        return goboard.Move.pass_turn()
```

케라스의 predic() 함수는 예측값을 배치로 만들므로 단일 바둑판을 배열로 만들어서 결과 배열에서 첫 번째 선택지를 가져온다.

바둑판의 모든 점의 인덱스를 가지고 있는 배열을 만든다.

정책에 따라 바둑판의 점을 샘플링해서 시도할 점의 순서 리스트를 만든다.

각 점을 반복하면서 유효한 수인지 확인하고, 최초의 유효한 수를 선택한다.

여기서 실패할 경우 가능한 수는 더 없다.

9.4 자체 대국 : 컴퓨터 프로그램이 연습하는 방법

이제 경기를 완료할 수 있는 학습 에이전트를 만들었으므로 경험 데이터를 수집할 수 있다. 바둑 AI의 경우에는 수천 경기를 치를 준비가 되었다는 뜻이다. 이 절에서는 이 과정을 어떻게 만드는지 알아볼 것이다. 우선 경험 데이터를 더 편리하게 처리할 수 있는 몇 가지 데이터 구조를 살펴보자. 그리고 자체 대국 드라이버 프로그램을 만드는 방법을 알아본다.

9.4.1 경험 데이터 나타내기

경험 데이터는 세 부분으로 나뉜다. 바로 상태, 행동, 보상이다. 이 세 부분을 잘 구조화하려면 이 셋을 같이 가지고 있는 단일 데이터 구조를 만들어야 한다.

ExperienceBuffer 클래스는 최소의 경험 데이터셋 컨테이너로, states, actions, rewards 요소를 갖는다. 이 요소는 모두 넘파이 배열로 되어 있다. 따라서 에이전트에서는 상태와 행동 값을 수치 구조로 만들어야 한다. ExperienceBuffer는 데이터셋을 전달하는 컨테이너의 기능만 수행하므로 이에 대한 구현에서는 정책 경사 학습에 대한 내용은 들어 있지 않다. 이후 장에서 이 클래스를 다른 RL 알고리즘에 적용한다. 그러므로 이 클래스를 dlgo/rl/experience.py에 추가해두자.

예제 9-13 경험 버퍼 생성자

```
class ExperienceBuffer:
    def __init__(self, states, actions, rewards):
        self.states = states
        self.actions = actions
        self.rewards = rewards
```

대량의 경험 버퍼를 수집하면 이를 디스크에 저장할 필요가 있다. 여기에는 HDF5 파일 포맷이 적합하다. 이를 위해 ExperienceBuffer 클래스에 serialize() 함수를 추가하자.

예제 9-14 경험 버퍼를 디스크에 저장하기

```
class ExperienceBuffer:
...
    def serialize(self, h5file):
        h5file.create_group('experience')
        h5file['experience'].create_dataset(
            'states', data=self.states)
        h5file['experience'].create_dataset(
            'actions', data=self.actions)
        h5file['experience'].create_dataset(
            'rewards', data=self.rewards)
```

serialize()와 대응하는 함수, 즉 디스크에 저장되어 있는 파일에서 경험 버퍼를 꺼내오는 역할을 하는 load_experience() 함수도 작성한다. 데이터를 읽어 들일 때는 각 데이터셋을

np.array 형태로 변환해야 한다는 것을 기억하자. 이 함수는 전체 데이터셋을 메모리로 읽어 올 것이다.

예제 9-15 HDF5 파일에서 ExperienceBuffer 꺼내오기

```
def load_experience(h5file):
    return ExperienceBuffer(
        states=np.array(h5file['experience']['states']),
        actions=np.array(h5file['experience']['actions']),
        rewards=np.array(h5file['experience']['rewards']))
```

이제 경험 데이터를 처리할 간단한 컨테이너가 생겼다. 하지만 이 데이터를 에이전트의 의사결정에 사용할 방안을 찾아야 한다. 여기서 골치 아픈 점은 에이전트는 한 번에 하나씩 결정을 내리지만 경기가 끝나서 누가 이겼는지 판별하기 전까지는 보상을 받지 못한다는 것이다. 이 문제를 해결하려면 현재 에피소드가 끝날 때까지의 모든 결정을 추적하고 있어야 한다. 한 가지 방법은 이 논리 절차를 에이전트에 직접 심는 것이지만 이는 PolicyAgent 구현 내용을 엉망진창으로 만든다. 대신 에피소드별로 결정 내용을 장부에 적어놓는 역할을 하는 ExperienceCollector 객체를 따로 분리해서 만드는 방법이 있다.

ExperienceCollector는 네 가지 메서드를 가지고 있다.

- begin_episode()와 complete_episode() : 단일 경기의 시작과 끝을 나타내는 자체 대국 드라이버다.
- record_decision() : 에이전트가 선택한 행동을 나타내기 위해 호출한다.
- to_buffer() : ExperienceCollector가 기록한 모든 내용을 묶어서 ExperienceBuffer로 반환해준다. 자체 대국 드라이버는 자체 대국 세션 끝에서 이 메서드를 호출한다.

전체 구현 내용은 다음과 같다.

예제 9-16 단일 에피소드 상의 결정을 추적하는 객체

```
class ExperienceCollector:
    def __init__(self):
        self.states = []
        self.actions = []
        self.rewards = []
        self.current_episode_states = []
        self.current_episode_actions = []
```

```python
def begin_episode(self):
    self.current_episode_states = []
    self.current_episode_actions = []

def record_decision(self, state, action):
    self.current_episode_states.append(state)        현재 에피소드의 단일 결정을
    self.current_episode_actions.append(action)       기록한다. 에이전트가 상태와
                                                       행동을 변환해서 전달한다.

def complete_episode(self, reward):
    num_states = len(self.current_episode_states)
    self.states += self.current_episode_states
    self.actions += self.current_episode_actions        최종 보상을 대국의
    self.rewards += [reward for _ in range(num_states)]  모든 행동에 전달한다.

    self.current_episode_states = []
    self.current_episode_actions = []

def to_buffer(self):
    return ExperienceBuffer(
        states=np.array(self.states),          ExperienceCollector는 파이썬
        actions=np.array(self.actions),        리스트를 수집한 후 넘파이 배열로
        rewards=np.array(self.rewards)         변환한다.
    )
```

ExperienceCollector와 에이전트를 결합하려면 에이전트가 경험 내용을 어디로 보내야 하는지 알려주는 set_collector( )를 추가해야 한다. 그러면 select_move( ) 내부에서 에이전트가 결정 내용을 매번 수집기에 알려준다.

예제 9-17 ExperienceCollector와 PolicyAgent 결합하기

```python
class PolicyAgent:
...
    def set_collector(self, collector):     자체 대국 드라이버 프로그램이 수집기를
        self.collector = collector          에이전트에 붙일 수 있도록 한다.
...
    def select_move(self, game_state):
...
        if self.collector is not None:
            self.collector.record_decision(
                state=board_tensor,
                action=point_idx            수를 선택하면 결정 수집기에
            )                               알려준다.
        return goboard.Move.play(point)
```

9.4.2 대국 시뮬레이션

다음 단계는 바둑을 두는 것이다. 이미 3장의 bot_v_bot 데모와 4장의 몬테카를로 트리 탐색을 구현하면서 대국을 치러봤다. 이때와 동일한 simulate_game()을 사용한다.

예제 9-18 두 에이전트 간의 대국 시뮬레이션

```
def simulate_game(black_player, white_player):
    game = GameState.new_game(BOARD_SIZE)
    agents = {
        Player.black: black_player,
        Player.white: white_player,
    }
    while not game.is_over():
        next_move = agents[game.next_player].select_move(game)
        game = game.apply_move(next_move)
    game_result = scoring.compute_game_result(game)
    return game_result.winner
```

이 함수에서 black_player와 white_player는 Agent 클래스의 어떤 인스턴스든지 될 수 있다. 훈련 상대가 어떤 것이든 거기에 PolicyAgent를 연결할 수 있다. 이론적으로는 상대가 사람인 기사여야 하지만, 이 경우 경험 데이터를 충분히 수집하려면 수 세기가 걸릴 것이다. 바둑봇이 다른 종류의 바둑봇과 대국을 두게 되는 경우 상호 의사소통은 8장에서 다룬 GTP 프레임워크를 사용할 수 있다.

바둑봇이 자신의 복제본과 대국을 두는 것도 가능하다. 이 방법은 간단하다는 장점 외에도 다음 두 가지 장점이 더 있다.

첫 번째로 강화학습은 성공과 실패 사례 모두 많이 필요하다. 체스나 바둑 고수를 상대로 처음 두는 상황을 생각해보자. 초보인 여러분은 어디에 수를 둬야 할지 모르므로 손쉽게 고수가 이길 것이다. 이 경우 어느 한쪽도 경기에서 그다지 얻게 되는 것은 없다. 초심자는 보통 다른 초심자와 상대하면서 천천히 배워나갈 수 있다. 강화학습에서도 동일한 원리가 적용된다. 봇이 자신과 두게 되면 항상 자신과 동일한 능력의 상대를 갖게 될 것이다.

두 번째로 에이전트가 자체 대국을 두면 한 번에 두 경기 결과를 얻게 된다. 같은 의사결정 과정이 경기의 양쪽에 들어갔기 때문에 승리한 쪽과 실패한 쪽의 경우를 모두 학습할 수 있게 되는 것이다. 강화학습에는 방대한 양의 경기 기록이 필요하므로 한 번에 두 경기 결과를 얻게 된다는 것은 상당한 이점이다.

자체 대국 과정을 시작하려면 동일한 에이전트 두 개를 각각 ExperienceCollector에 할당한다. 각 에이전트는 양쪽의 결과가 서로 다르게 되므로 각 수집기를 가지고 있어야 한다. [예제 9-19]에 이에 대한 초기화 단계가 나와 있다.

게임 분야를 넘어선 강화학습

자체 경기는 보드게임에서 경험 데이터를 수집하는 매우 훌륭한 기법이다. 다른 분야의 경우 에이전트를 실행할 시뮬레이션 환경을 따로 구축해야 한다. 예를 들어 로봇 제어 시스템에 강화학습을 사용할 경우 로봇을 작동시킬 물리적 환경에 대한 시뮬레이션이 필요하다.

이후 강화학습을 더 시험해보고 싶다면 오픈에이아이 짐^{OpenAI Gym}[2]이 도움 될 것이다. 여기서 다양한 보드게임, 비디오게임, 물리적 시뮬레이션 환경을 사용할 수 있다.

예제 9-19 경험치 배치 생성 초기화

```
agent1 = agent.load_policy_agent(h5py.File(agent_filename))
agent2 = agent.load_policy_agent(h5py.File(agent_filename))
collector1 = rl.ExperienceCollector()
collector2 = rl.ExperienceCollector()
agent1.set_collector(collector1)
agent2.set_collector(collector2)
```

이제 자체 대국 시뮬레이션을 위한 주요 반복 과정을 구현할 준비가 다 되었다. 이 반복 과정에서 agent1은 항상 흑이고 agent2는 항상 백이다. agent1과 agent2가 동일하고 두 에이전트의 경험을 모두 훈련에 사용할 것이므로 이 정도면 충분하다. 만약 다른 레퍼런스 에이전트와 대국을 두게 되면 흑과 백을 번갈아가면서 훈련해야 한다. 바둑에서는 흑이 먼저 시작하기 때문에 흑과 백의 특성이 약간 다를 수 있다. 따라서 학습 에이전트는 이 두 경우 모두 학습해두어야 한다.

예제 9-20 대국 배치 실행

```
for i in range(num_games):
    collector1.begin_episode()
    collector2.begin_episode()
```

---

2 github.com/openai/gym

```
game_record = simulate_game(agent1, agent2)
if game_record.winner == Player.black:
    collector1.complete_episode(reward=1)
    collector2.complete_episode(reward=-1)
else:
    collector2.complete_episode(reward=1)
    collector1.complete_episode(reward=-1)
```

agent1이 경기에서 이겼기 때문에 긍정적인 보상을 받는다.

agent2가 경기에서 이겼다.

자체 대국이 종료되면 최종 단계에서 수집한 경험치를 합쳐서 파일로 저장한다. 다음 장에서 다루겠지만 이 파일은 훈련 단계에서 입력으로 사용된다.

예제 9-21 경험 데이터 배치 저장

```
experience = rl.combine_experience([
    collector1,
    collector2])
with h5py.File(experience_filename, 'w') as experience_outf:
    experience.serialize(experience_outf)
```

두 에이전트의 경험치를 단일 버퍼로 모은다.

HDFS5 파일로 저장한다.

이제 자체 대국 경기를 생성할 수 있게 되었다. 다음 장에서는 봇이 자체 대국 데이터를 사용해서 성능을 향상시키는 내용을 다룬다.

9.5 요약

- **에이전트**는 특정 작업을 수행하는 컴퓨터 프로그램이다. 예를 들어 우리의 바둑봇 AI는 바둑 대국을 두어 이기는 것을 목표로 하는 에이전트다.

- 강화학습 주기에는 실험 데이터를 수집하고, 에이전트를 이 실험 데이터로 훈련시키고, 갱신된 에이전트를 평가하는 역할을 포함한다. 사이클 끝에서는 에이전트 성능이 어느 정도 향상되는 것을 기대할 수 있다. 이상적으로는 이 사이클을 여러 번 반복해서 에이전트의 성능을 지속적으로 향상시킬 수 있다.

- 강화학습에 문제를 적용할 때는 문제의 **상태, 행동, 보상**을 명시해야 한다.

- 보상을 주어 강화학습 에이전트의 행동을 조정한다. 에이전트가 달성했으면 하는 결과에 대해 긍정적인 보상을 제공하고 피했으면 하는 결과에 대해 부정적인 보상을 제공한다.

- **정책**은 주어진 상태에서 의사결정을 하는 규칙이다. 바둑 AI 경우 바둑판 상태로부터 다음 수를 정하는 알고리즘이 정책이 된다.

- 출력 벡터를 가능한 행동에 대한 **확률 분포**로 보고 이 확률 분포에서 **표본을 추출**하여 신경망에서 정책을 만들 수 있다.

- 강화학습을 바둑에 적용할 때는 에이전트와 에이전트의 복사본끼리 대국을 치르는 식의 **자체 대국**을 통해 실험 데이터를 수집할 수 있다.

CHAPTER 10

정책 경사를 사용하는 강화학습

이 장에서 다루는 내용

- 정책 경사 학습을 사용하여 경기 내용 향상
- 케라스에서 정책 경사 학습 구현하기
- 정책 경사 학습용 최적화기 튜닝

9장에서는 자체 대국 결과를 경험 데이터로 저장하는 바둑 프로그램을 만드는 방법을 살펴보았다. 이는 강화학습의 전반부에 지나지 않는다. 이어서 경험 데이터를 사용해서 더 자주 이기도록 에이전트 성능을 향상시켜보자. 앞 장의 에이전트는 신경망을 사용해서 어떤 수를 둘지 선택했다. 신경망에서 모든 가중치를 임의의 값으로 변경한다고 상상해보자. 그럼 에이전트는 매번 다른 수를 선택할 것이다. 운이 좋다면 수 몇 개는 이전보다 나을 것이고, 아니면 더 안 좋을 것이다. 이를 모두 감안하면 갱신된 에이전트는 이전 에이전트보다 약간 더 강하거나 약할 것이다. 어찌됐든 결과는 운에 달렸다.

이를 향상시킬 수 있을까? 이 장에서는 **정책 경사 학습**policy gradient learning을 다룬다. 정책 경사 체계는 에이전트가 주어진 일을 더 잘하도록 가중치를 어떻게 변경할지 방향을 추정하는 방안을 제공한다. 각 가중치를 임의로 움직이는 대신 경험 데이터를 분석해서 특정 가중치를 늘리거나 줄이는 게 나을지 추측할 수 있다. 여전히 무작위성이 사용되지만 정책 경사 학습은 이로 인한 결과를 좀 더 낫게 만들어준다.

앞 장에서 에이전트가 구한 각 수의 확률을 특정하는 확률적 정책을 사용해서 결정을 내렸던 것을 떠올려보자. 이 장에서 다룰 정책 경사 체계는 다음과 같다.

1 에이전트가 이긴 경우 : 이 경기에서 사용한 수에 대한 확률을 높인다.

2 에이전트가 진 경우 : 이 경기에서 사용한 수에 대한 확률을 낮춘다.

우선 간단한 예제를 살펴보며 이 기법으로 어떻게 정책을 향상시켜서 더 많은 경기에서 이길 수 있는지 알아보자. 그리고 경사하강법을 사용해서 신경망을 원하는 대로 변경하는(특정 수의 확률을 높이거나 줄이는) 방법을 살펴볼 것이다. 그리고 훈련 과정을 관리하는 몇 가지 실용적인 팁을 제시하며 마무리하도록 하겠다.

10.1 임의의 경기에서 좋은 결정을 정의하는 방법

우선 바둑보다 훨씬 간단한 게임을 사용해서 정책 학습을 알아보자. 이 게임을 '다 더하기^{Add It Up}'라고 하자. 규칙은 다음과 같다.

- 각 차례에서 각 선수는 1부터 5 중 하나의 숫자를 선택한다.
- 100번째 차례가 지난 후 각 선수는 본인이 선택한 숫자를 모두 더한다.
- 총 합이 가장 높은 선수가 이긴다.

그렇다. 이 게임의 최적의 전략은 매 차례에 5를 고르는 것이다. 물론 이것은 좋은 게임이 아니다. 우리는 이 게임을 게임 결과에 따라 확률적 정책을 점진적으로 향상시키는 **정책 학습**을 나타내는 데 사용할 것이다. 모두 이 게임의 최적 전략을 알고 있으므로 정책 학습이 완벽한 대국을 치르는 모습을 보게 될 것이다.

다 더하기는 단순한 게임이지만 이를 사용해서 바둑과 같이 훨씬 더 진지한 게임에 적용해볼 수 있다. 바둑과 마찬가지로 다 더하기는 끝날 때까지 오래 걸리고, 한 게임 내에서도 선수에게는 게임을 흥미진진하게 풀거나 망칠 기회가 여러 번 주어진다. 경기 결과를 사용해서 정책을 갱신하려면 어떤 수가 점수를 얻을 것인지 라든가 경기 승패에 영향을 미쳤는지 정의할 수 있어야 한다. 이를 **점수 할당 문제**^{credit assignment problem}라고 한다. 이는 강화학습의 핵심 문제다. 이 절에서는 각 결정에 점수를 부여해 수많은 경기 결과에 대한 평균을 구하는 방법을 설명할 것이다. 12장에서는 이 기법을 사용해서 더 복잡하고 탄탄한 점수 할당 알고리즘을 만들게 될 것이다.

그럼 동일한 확률로 5개 옵션 중 아무거나 하나 선택하는 완전한 임의의 정책을 사용하는 것부터 시작해보자(이런 정책을 **균등분포 난수**라고 한다). 전 게임에 걸쳐 이 정책을 적용하면

1번을 20번, 2번을 20번, 3번을 20번 선택하는 식이 될 것이다. 하지만 물론 1이 **정확하게** 20번 나올 거라고 생각하지는 않을 것이다. 그것은 게임마다 다를 것이다. [예제 10-1]에서는 게임 내에서 이런 선택을 하는 에이전트를 시뮬레이션하는 파이썬 함수를 확인할 수 있다. [그림 10-1]은 몇 개의 예를 선택했을 때의 결과를 보여준다. 직접 이 코드를 몇 번 실행하고 확인해 볼 수도 있다.

예제 10-1 1부터 5 사이의 숫자를 임의로 선택하기

```
import numpy as np

counts = {1: 0, 2: 0, 3: 0, 4: 0, 5: 0}
for i in range(100):
    choice = np.random.choice([1, 2, 3, 4, 5],
                              p=[0.2, 0.2, 0.2, 0.2, 0.2])
    counts[choice] += 1
print(counts)
```

그림 10-1 이 그래프는 랜덤 에이전트를 사용한 네 번의 샘플 경기에 대한 내용이다. 그래프의 막대는 에이전트가 각 경기에서 가능한 다섯 가지 수 각각을 몇 회나 선택했는지 보여준다. 에이전트가 모든 경기에서 동일한 정책을 사용했지만 실제 정확한 개수는 경기마다 조금씩 다르다.

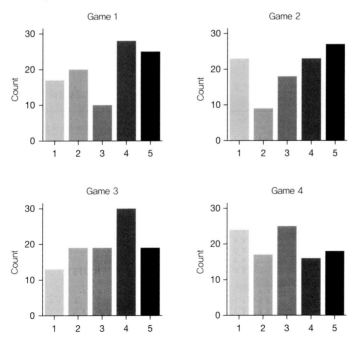

에이전트가 모든 경기에서 완전히 동일한 정책을 사용한다고 하더라도 정책의 확률적 특성상 경기마다 조금씩 값이 다르게 나오게 된다. 이 분산을 좀 더 살펴보고 정책을 개선해보자.

[예제 10-2]는 다 더하기 경기 전반을 시뮬레이션해서 각 선수가 내리는 결정을 추적한 후 승자를 구하는 함수다.

예제 10-2 다 더하기 게임 시뮬레이션

```python
def simulate_game(policy):
    """ (좋은 선택, 나쁜 선택)의 튜플을 반환함 """
    player_1_choices = {1: 0, 2: 0, 3: 0, 4: 0, 5: 0}
    player_1_total = 0
    player_2_choices = {1: 0, 2: 0, 3: 0, 4: 0, 5: 0}
    player_2_total = 0
    for i in range(100):
        player_1_choice = np.random.choice([1, 2, 3, 4, 5],
                                           p=policy)
        player_1_choices[player_1_choice] += 1
        player_1_total += player_1_choice
        player_2_choice = np.random.choice([1, 2, 3, 4, 5],
                                           p=policy)
        player_2_choices[player_2_choice] += 1
        player_2_total += player_2_choice
    if player_1_total > player_2_total:
        winner_choices = player_1_choices
        loser_choices = player_2_choices
    else:
        winner_choices = player_2_choices
        loser_choices = player_1_choices
    return (winner_choices, loser_choices)
```

게임을 몇 번 실행한 후 결과를 살펴보자. [예제 10-3]은 몇 가지 실행 예를 보여준다. 보통 승자는 1을 적게 선택하지만 항상 그렇지는 않다. 가끔 승자가 5를 더 자주 선택하기도 하지만 역시 이런 경우 항상 이기는 것은 아니다.

예제 10-3 [예제 10-2]의 샘플 출력

```
>>> policy = [0.2, 0.2, 0.2, 0.2, 0.2]
>>> simulate_game(policy)
({1: 20, 2: 23, 3: 15, 4: 25, 5: 17},    ⟵┘ 좋은 선택
{1: 21, 2: 20, 3: 24, 4: 16, 5: 19})    ⟵┐ 나쁜 선택
```

```
>>> simulate_game(policy)
({1: 22, 2: 22, 3: 19, 4: 20, 5: 17},
 {1: 28, 2: 23, 3: 17, 4: 13, 5: 19})
>>> simulate_game(policy)
({1: 13, 2: 21, 3: 19, 4: 23, 5: 24},
 {1: 22, 2: 20, 3: 19, 4: 19, 5: 20})
>>> simulate_game(policy)
({1: 20, 2: 19, 3: 15, 4: 21, 5: 25},
 {1: 19, 2: 23, 3: 20, 4: 17, 5: 21})
```

[예제 10-3]에서 4개 예시 경기를 치른 후 이를 평균 내면 승자는 한 경기당 1을 평균 18.75번 선택하고, 패자는 1을 평균 22.5번 선택한 것을 알 수 있다. 1은 안 좋은 수이므로 이는 충분히 납득된다. 모든 경기가 동일한 정책을 사용했지만 1을 더 많이 선택한 에이전트가 패배하는 경우가 많았기 때문에 승자와 패자 간에 분포가 다르다.

이긴 에이전트가 선택한 수와 패한 에이전트가 선택한 수의 개수를 비교해 더 나은 수를 알 수 있다. 이런 차이를 확률적으로 반영하면 정책을 향상시킬 수 있다. 이런 경우 좋은 수는 어느 정도 이상 항상 나오도록 하고, 나쁜 수는 어느 정도 이상 나오지 않도록 설정할 수 있다. 그러면 확률분포가 좀 더 좋은(좋다고 추정하는) 수가 많이 나오는 쪽으로 천천히 이동할 것이다. 다 더하기에는 이 알고리즘이 잘 작동한다. 바둑처럼 복잡한 경기에는 확률 갱신이 좀 더 복잡하다. 이는 10.2절에서 다룰 것이다.

예제 10-4 다 더하기 게임의 정책 학습 구현

```
def normalize(policy):                          정책이 다 더하면 1이 되는
    policy = np.clip(policy, 0, 1)              유효한 확률분포인지 확인한다.
    return policy / np.sum(policy)

choices = [1, 2, 3, 4, 5]                       정책 갱신을 얼마나
policy = np.array([0.2, 0.2, 0.2, 0.2, 0.2])    자주 할지 설정한다.
learning_rate = 0.0001
for i in range(num_games):
    win_counts, lose_counts = simulate_game(policy)          해당 수가 졌을 때보다
    for i, choice in enumerate(choices):                     이겼을 때 더 많이
        net_wins = win_counts[choice] - lose_counts[choice]  나타났으면 net_wins가
        policy[i] += learning_rate * net_wins                양수가 될 것이다. 반대의
    policy = normalize(policy)                               경우에는 음수가 될 것이다.
    print('%d: %s' % (i, policy))
```

[그림 10-2]는 이 데모를 통해 정책이 변화하는 모습을 보여준다. 1000여 번 경기를 하면 알고리즘은 최악의 수를 선택하지 않게 된다. 1000번 가량을 더 연습하면 완벽한 정책에 좀 더 다다르게 된다(매회 5를 선택하게 된다). 학습 곡선이 완전히 완만한 것은 아니다. 간혹 에이전트는 1을 많이 선택하고 이기기도 한다. 이런 경우 정책은 (맞지 않는데도 불구하고) 1을 선택하는 쪽으로 기울 것이다. 우리는 그저 이런 실수가 무수한 경기 연습을 통해 나아지기를 기대할 뿐이다.

그림 10-2 이 그래프는 단순한 정책-학습 구조에서 정책이 어떻게 발전하는지 보여준다. 수백 경기를 치르며 에이전트는 점차 최악의 수(1을 선택)를 선택하지 않게 된다. 마찬가지로 에이전트는 점차 최고의 수(5를 선택)를 더 자주 선택하게 된다. 정책이 종종 잘못된 방향으로 진행되기도 하므로 양쪽 곡선 모두 다소 들쭉날쭉하다.

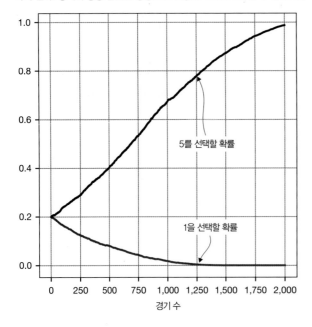

10.2 경사하강법을 사용해서 신경망 정책 수정하기

다 더하기 경기 학습과 바둑 학습 간에는 한 가지 확연한 차이가 있다. 다 더하기 예제에서 사용했던 정책은 현재 경기 상태와 상관없다는 것이다. 5는 언제 선택해도 좋은 수고, 1은 언제나 나쁜 수다. 바둑에서 특정 수의 확률을 높인다는 것은 실제로는 **어떤 부류의 상황**에 대해 특정 수의 확률을 높이는 것이다. 하지만 **어떤 부류의 상황**이라는 것은 매우 모호하다. 따라서 여기서는 '**어떤 부류의 상황**'이 무엇을 의미하는지 구분하는 것은 신경망의 능력에 맡길 것이다.

9장에서 신경망 정책을 만들었을 때 바둑판의 상태를 입력으로 사용해서 수의 확률분포를 출력으로 하는 함수를 만들었다. 실험 데이터의 각 바둑판의 상태에 따라 특정 수의 확률이 늘거나(이기는 경우) 줄었다(지는 경우). 하지만 9.1절에서 했던 것처럼 정책의 확률을 강제로 수정할 수는 없다. 대신 원하는 결과가 나오도록 신경망의 가중치를 조절해야 한다. 이는 경사하강법을 사용하면 가능하다. 경사하강법으로 정책을 수정하는 것을 **정책 경사 학습**policy gradient learning이라고 한다. 이 개념을 활용한 것이 몇 가지 있다. 이 장에서 사용할 학습 알고리즘은 **몬테카를로 정책 경사**Monte Carlo policy gradient 또는 REINFORCE 방법이라 불린다. [그림 10-3]에 이 절차가 경기에 적용되는 고차원 순서도가 나와 있다.

그림 10-3 정책 경사 학습 순서도. 대국 기록 및 승패 결과를 사용해서 학습을 시작한다. 에이전트가 선택한 각 수에 대해 해당 수의 확률을 높이거나(에이전트가 이긴 경우) 확률을 낮출 것이다(에이전트가 진 경우). 경사하강법을 사용해서 정책 가중치 갱신 방법을 조정한다. 경사하강법 사용 후 확률이 원하는 방향으로 이동한 것을 볼 수 있다.

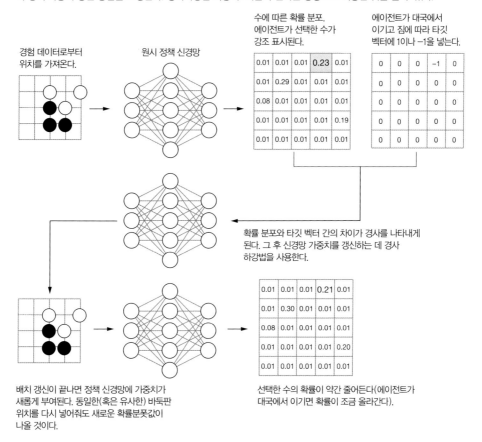

수에 따른 확률 분포.
에이전트가 선택한 수가
강조 표시된다.

에이전트가 대국에서
이기고 짐에 따라 타깃
벡터에 1이나 −1을 넣는다.

경험 데이터로부터
위치를 가져온다.

원시 정책 신경망

확률 분포와 타깃 벡터 간의 차이가 경사를 나타내게
된다. 그 후 신경망 가중치를 갱신하는 데 경사
하강법을 사용한다.

배치 갱신이 끝나면 정책 신경망에 가중치가
새롭게 부여된다. 동일한(혹은 유사한) 바둑판
위치를 다시 넣어줘도 새로운 확률분폿값이
나올 것이다.

선택한 수의 확률이 약간 줄어든다(에이전트가
대국에서 이기면 확률이 조금 올라간다).

경사하강법을 사용하는 지도학습이 어떻게 작동하는지 살펴보자. 손실 함수를 사용해서 주어진 훈련 데이터가 함수에 얼마나 부적합한지 나타낸 후 이를 사용해서 경사를 구한다. 경사를 구하는 목적은 손실 함수의 값을 더 작게 하는 것, 즉 학습 함수가 더 훈련 데이터에 적합하게 만드는 것이다. 손실 함수의 경사 방향으로 가중치를 점진적으로 갱신하는 방식의 경사하강법을 사용하면 손실 함수의 값을 낮출 수 있다. 경사를 보면 손실 함수를 줄이는 가중치 이동 방향을 알 수 있다.

정책 학습에서 특정 수에 대한(혹은 특정 수와 떨어진) 정책의 편향 정도를 조절하려면 가중치를 어느 방향으로 움직여야 하는지 알아야 한다. 손실 함수를 만들 때 기울기가 이런 특성을 갖도록 할 수 있다. 이 특성을 사용해서 케라스가 제공하는 빠르고 유연한 인프라스트럭처에서 정책 신경망의 가중치를 수정할 수 있다.

7장에서 배운 지도학습을 떠올려보자. 각 대국 상태를 보고 대국에서 사람이 둔 수를 알 수 있다. 각 바둑판 위치에서 사람이 둔 수를 1로 두고 나머지를 0으로 채운 타깃 벡터를 만들었다. 손실 함수로 예측확률분포의 차이를 측정하고, 경사는 이 차이를 줄이기 위해 따라야 할 방향을 나타낸다. 경사하강 배치를 완료한 후 사람의 수 예측확률이 약간 높아졌다.

특정 수의 확률을 높이는 것이 바로 바라던 효과다. 에이전트가 이기기를 원하는 경기라면 실제 경기 기록으로 사람의 수에 대해 만들었던 것과 완전히 동일한 방식으로 에이전트의 수를 타깃 벡터로 만들 수 있다. 그러면 케라스 fit() 함수는 정책을 올바른 방향으로 갱신한다.

진 대국은 어떨까? 선택한 수의 확률을 낮추면 될 것 같지만 실제로 최적의 수가 무엇인지 모른다. 이상적으로는 이 대국을 통해 일어나는 갱신은 이긴 대국과는 완전히 반대의 효과를 주면 될 것이다.

결과적으로 교차 엔트로피 손실 함수를 사용해서 신경망을 훈련시킬 때는 타깃 벡터에 1 대신 −1을 넣어주면 된다. 이렇게 해서 손실 함수의 경사 표시를 반대로 주면 가중치가 정확히 반대 방향으로 이동하게 되어 확률을 감소시킨다.

이 트릭을 사용할 때는 교차 엔트로피 손실 함수를 사용해야 한다. 평균제곱오차 같은 다른 손실 함수를 사용하는 경우에는 이 방법을 그대로 적용할 수 없다. 7장에서 몇 가지 옵션 중 하나를 선택하는 신경망을 훈련시킬 때 교차 엔트로피 손실 함수가 가장 효율적인 방법이라는 것을 살펴보았다. 여기서는 다른 속성 때문에 교차 엔트로피를 선택했다. 타깃 벡터의 1을 −1로 바꿈으로써 경사의 방향을 뒤집을 수 있기 때문이다.

경험 데이터가 세 개의 병렬 배열로 구성되었다는 것을 떠올려보자.

- states[i]는 에이전트가 자체 대국 중에 접한 특정 바둑판 위치를 나타낸다.
- actions[i]는 해당 위치에서 에이전트가 선택한 수를 나타낸다.
- rewards[i]는 에이전트가 이겼을 때 1, 졌을 때 −1이다.

다음 예제는 경험 데이터 버퍼를 케라스 fit() 함수에서 사용할 수 있는 형식의 타깃 배열로 만들어 넣는 prepare_experience_data() 함수다.

예제 10-5 경험 데이터를 타깃 벡터로 변환하기

```
def prepare_experience_data(experience, board_width, board_height):
    experience_size = experience.actions.shape[0]
    target_vectors = np.zeros((experience_size, board_width * board_height))
    for i in range(experience_size):
        action = experience.actions[i]
        reward = experience.rewards[i]
        target_vectors[i][action] = reward
    return target_vectors
```

[예제 10-6]은 PolicyAgent 클래스에 train() 함수를 구현한 내용이다.

예제 10-6 정책 경사 학습을 사용해서 경험 데이터로 에이전트 훈련하기

```
class PolicyAgent(Agent):
...
    def train(self, experience, lr, clipnorm, batch_size):
        self._model.compile(
            loss='categorical_crossentropy',
            optimizer=SGD(lr=lr, clipnorm=clipnorm))

        target_vectors = prepare_experience_data(
            experience,
            self._encoder.board_width,
            self._encoder.board_height)
```

lr(학습률), clipnorm, batch_size를 조율해서 훈련 과정을 다듬을 수 있다. 이에 대한 자세한 내용은 뒤에서 다룰 것이다.

compile() 메서드에서는 모델에 대한 최적화기를 할당한다. 여기서는 SGD(확률적 경사하강법) 최적화기를 사용한다.

```
self._model.fit(
    experience.states, target_vectors,
    batch_size=batch_size,
    epochs=1)
```

경험 버퍼 외에도 train() 함수는 최적화기의 동작을 정하는 세 가지 파라미터를 사용한다.

- lr은 **학습률**이다. 각 단계에서 가중치를 얼마나 조절할 수 있는지 조정한다.
- clipnorm은 각 단계에서 가중치를 얼마나 조절할 수 있는지 최대치를 제한한다.
- batch_size는 경험 데이터에서 한 번의 가중치 갱신으로 변화할 수 있는 수의 개수를 조절한다.

이 파라미터들을 잘 조정하면 정책 경사 학습에서 좋은 결과를 얻을 수 있다. 10.3절에서는 설정을 잘하는 데 도움이 되는 팁을 설명할 것이다.

7장에서는 훈련 과정에서 학습률을 자동으로 맞추는 에이다델타와 에이다그래드 최적화기를 사용했다. 하지만 불행히도 이 둘은 정책 경사 학습에 항상 적용할 수 없는 가정을 사용한다. 대신 기본 확률적 경사하강법 최적화기를 사용해서 학습률을 수동으로 조절해야 한다. 보통 95% 정도는 에이다델타나 에이다그래드 같은 적응형 최적화기가 가장 좋은 선택이라고 강조한다. 이를 사용하면 골치 아픈 일 없이 훈련을 빠르게 할 수 있다. 하지만 일부 경우에는 일반 SGD를 사용할 수밖에 없고, 이런 때에 쓸 수 있도록 수동으로 학습률을 조정하는 방법을 알아 두는 것이 좋다.

혹은 경험 버퍼를 단일 세대에 대해서만 훈련할 수밖에 없는 경우도 있다. 이는 동일한 훈련 데이터셋을 여러 세대에 거쳐 실행하던 7장의 내용과는 다르다. 가장 다른 부분은 7장의 훈련 데이터는 품질이 좋다는 것이다. 이 데이터셋의 수는 실력 있는 기사가 실제 경기에서 사용한 수다. 자체 대국 데이터에서 경기 결과는 다소 임의적이며, 어느 수가 승리에 기여해서 승점을 얻은 것인지 알기 어렵다. 오차를 줄이려면 무수히 많은 대국을 치러야 한다. 따라서 어떤 경기 기록도 재사용하지 않을 것이다. 재사용하면 좋지 않은 데이터가 중복해서 사용될 수 있다.

다행히 강화학습에서는 훈련 데이터를 무제한으로 사용할 수 있다. 동일한 훈련 데이터셋을 여러 세대에 걸쳐 사용하는 게 아니라 자체 대국 배치를 다시 돌려서 새로운 훈련 데이터셋을 만든다.

train() 함수는 이미 만들어져 있고, 다음 예제에서는 훈련 스크립트를 살펴볼 것이다. 전체 스크립트는 깃허브의 train_pg.py를 참고하라. 이 스크립트를 실행하려면 9장의 self_play 스크립트에서 만든 경험 데이터 파일이 필요하다.

```
learning_agent = agent.load_policy_agent(h5py.File(learning_agent_filename))
for exp_filename in experience_files:
    exp_buffer = rl.load_experience(h5py.File(exp_filename))
    learning_agent.train(
        exp_buffer,
        lr=learning_rate,
        clipnorm=clipnorm,
        batch_size=batch_size)
with h5py.File(updated_agent_filename, 'w') as updated_agent_outf:
    learning_agent.serialize(updated_agent_outf)
```

> 훈련 데이터가 메모리에 한 번에
> 들어갈 분량보다 더 많을 수 있다.
> 이 코드에서는 한 번에 여러 파일을
> 하나의 묶음으로 읽어 들인다.

10.3 자체 대국 훈련 팁

훈련 과정 조정은 어려울 수 있다. 큰 신경망 훈련은 느려서 결과를 확인하려면 오래 기다려야
한다. 또한 몇 번의 시행착오와 잘못 시작한 경우에 대비해야 한다. 이 절에서는 긴 훈련 과정
을 다루는 몇 가지 팁을 살펴본다. 우선 봇의 향상 정도를 테스트하고 확인하는 방법을 설명할
것이다. 또한 훈련 과정에 영향을 미치는 파라미터를 조정하는 방법을 살펴볼 것이다.

강화학습은 느리다. 바둑 AI를 훈련시켜 봇이 가시적으로 향상되려면 10,000회 이상 자체 대
국을 둬야 한다. 일단 9×9나 5×5의 작은 바둑판에서 실험해보기 바란다. 작은 바둑판에서는
경기가 일찍 끝나므로 자체 대국 결과를 빠르게 생성할 수 있다. 또한 경기가 훨씬 단순해지므
로 봇이 나아졌는지 확인할 때 살펴봐야 하는 데이터가 훨씬 적다. 이런 식으로 코드를 테스트
하고 훈련 과정을 빠르게 조정할 수 있다. 코드가 잘 만들어졌다는 확신이 들 때 더 큰 바둑판
으로 바꾸면 된다.

10.3.1 성능 향상 평가하기

바둑과 같이 복잡한 게임에서 강화학습은 매우 오래 걸린다(특히 좋은 하드웨어를 사용할 수
없는 경우). 몇 시간 전에 잘못한 것을 발견해서 훈련 과정을 다시 돌리는 데 수 일이 걸리는
것만큼 끔찍한 일도 없을 것이다. 따라서 학습 에이전트의 성능을 주기적으로 확인해야 한다.
더 많은 경기를 시뮬레이션해서 성능 확인을 할 수 있다. 두 버전의 봇끼리 경기를 시킬 때는
eval_pg_bot.py 스크립트가 적당하다. 다음 예제에서 이 스크립트를 확인할 수 있다.

```
wins = 0                        스크립트는 agent1의 관점에서
losses = 0                      승패를 추적한다.
color1 = Player.black     ←──            color1은 agent1의 색이고,
for i in range(num_games):               agent2는 나머지 색이다.
    print('Simulating game %d/%d...' % (i + 1, num_games))
    if color1 == Player.black:
        black_player, white_player = agent1, agent2
    else:
        white_player, black_player = agent1, agent2
    game_record = simulate_game(black_player, white_player)
    if game_record.winner == color1:
        wins += 1
    else:                       각 경기가 끝난 후 색을 바꿔서
        losses += 1             어떤 에이전트가 특정 색에서
    color1 = color1.other  ←──  더 성능이 좋은지 확인한다.
print('Agent 1 record: %d/%d' % (wins, wins + losses))
```

매 훈련 배치가 끝난 후 원시 에이전트와 갱신된 에이전트 간에 경기를 시켜서 이 결과를 확인하여 갱신된 에이전트 성능이 더 좋은지 혹은 더 나빠지지는 않았는지 확인할 수 있다.

10.3.2 작은 성능 차이 측정하기

수천 번 자체 대국 결과로 훈련해도 봇은 전 세대에 비해 겨우 몇 퍼센트밖에 성능이 향상되지 않을 수도 있다. 작은 차이를 측정하는 것은 꽤 어려운 일이다. 훈련 한 라운드를 완전히 끝냈다고 해보자. 그리고 이를 평가할 때 갱신된 봇과 이전 버전 봇 간 대국을 100번 치르게 했다. 그리고 갱신된 봇이 53회 이겼다. 그렇다면 새 봇은 이전 봇보다 겨우 3% 강해진 것일까? 아니면 이것은 운에 의한 것일까? 봇 성능을 정확히 측정하는 데 데이터가 얼마나 필요한지 알 수 있어야 한다.

만약 훈련 성과가 전혀 없고, 봇을 갱신했지만 이전 버전과 완전히 동일하다고 해보자. 이때 이 동일한 봇이 최소 53회 이길 확률은 얼마일까? 통계학자들은 이 확률을 구하는 데 **이항 검정** binomial test이라는 식을 사용한다. 사이파이Scipy 파이썬 패키지를 사용하면 이항 검정을 간단히 할 수 있다.

```
>>> from scipy.stats import binom_test
>>> binom_test(53, 100, 0.5)
0.61729941358925255
```

위 예시에서 각 수치가 의미하는 바는 다음과 같다.

- 53은 실제 이긴 횟수다.
- 100은 전체 시뮬레이션 경기 수다.
- 0.5는 현재 봇이 한 게임에서 이길 확률로, 현재는 상대 봇과 확률이 동일하다.

이항 검정 결과로 61.7%가 나왔다. 만약 우리 봇이 상대 봇과 완전히 동일하다면 이 봇이 53회 이상 이길 수 있는 확률이 61.7%인 것이다. 이 확률값을 p-값$^{p-value}$이라고도 한다. 이것은 봇이 학습한 것이 없을 확률이 61.7%임을 의미하는 것은 아니다. 단지 우리가 이에 대해 판단할 충분한 근거가 없다는 것을 의미한다. 만약 봇이 향상되었다는 것을 확인하려면 시도를 더 많이 해봐야 한다.

여기서 나타난 것처럼 작은 차이에 대해서도 얼마나 더 성능이 나아졌는지 알아보려면 몇 번의 시도를 거쳐야 한다. 1,000번 경기를 치러 530번을 이겼다면 이항 검정 결과 p-값은 6% 정도다. 일반적으로 p-값이 5%보다 낮아지면 이 값을 사용해서 의사결정을 하라고 권고한다. 하지만 5%라는 제한값에 큰 의미가 있는 것은 아니다. 다만 p-값은 봇의 승률에 대해 얼마나 회의적으로 봐야 하는지 정도로 사용하면 된다.

10.3.3 확률적 경사하강(SGD) 최적화기

SGD 최적화기 성능에 영향을 미치는 파라미터가 몇 가지 있다. 일반적으로 속도와 정확도 간에는 트레이드오프가 있다. 정책 경사 학습은 일반적으로 지도학습보다 정확도에 좀 더 민감하므로 이에 따라 파라미터를 적절히 설정해야 한다.

가장 먼저 설정할 것은 학습률이다. 학습률을 올바르게 설정하려면 잘못된 학습률이 야기할 수 있는 문제를 이해해야 한다. [그림 10-4]의 그래프를 살펴보며 알아보자. 이 그래프는 최소화하고자 하는 가상의 목적 함수에 대한 것이다. 개념적으로 이 그림은 5.4절에서 살펴본 그래프와 동일하다. 하지만 여기서는 특정 점을 1차원으로 나타냈다. 실제로는 보통 수천 차원의 함수를 최적화한다.

그림 10-4 이 그래프는 가설적 목적 함수가 학습 가중치에 따라 어떻게 달라지는지 보여준다. θ값을 현재 위치에서 최솟값으로 이동시키려면 경사하강을 통해 가중치가 아래로 내려가도록 해야 한다.

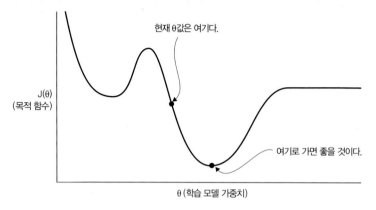

5장에서는 예측값과 이미 아는 정답 간 오차를 측정해서 손실 함수를 최적화했다. 이 경우 목적 함수는 봇의 승률이다(기술적으로 승률의 경우 값을 최대화해야 한다. 이는 손실 함수에도 그대로 적용되며, 다만 이를 반대로 뒤집으면 된다). 손실 함수와 달리 승률은 바로 구할 수 없지만 자체 대국 데이터를 이용해서 경사를 추정할 수 있다. [그림 10-4]에서 x축은 신경망의 가중치를 나타내고, y축은 이 가중치일 때의 목적 함수의 값이 어떻게 달라지는지 보여준다. 점으로 표시한 부분이 현재 신경망의 상태다. 이상적인 경우 경사하강법을 이용해 점이 아래로 내려가서 최솟값에 도달할 것이다.

학습률이 [그림 10-5]와 같이 너무 작으면 최적화기는 가중치를 옳은 방향으로 이동시킬 것이지만 최솟값 도달까지 정말로 무수한 훈련을 거쳐야 할 것이다. 효율성을 고려했을 때 문제가 일어나지 않는 선에서 학습률을 가능한 한 크게 해야 할 것이다.

그림 10-5 예를 들어 학습률이 매우 작으면 최솟값에 도달할 때까지 수차례 갱신해야 한다.

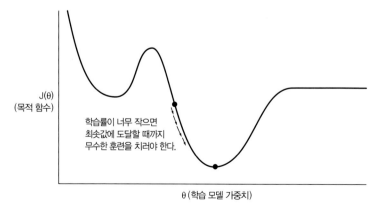

만약 학습률이 다소 크면 목적 함수의 값은 그다지 향상되지 않을 것이다. 하지만 다음 기울기가 올바른 방향으로 가고 있다면 [그림 10-6]과 같이 왔다 갔다 하는 현상이 일어날 수 있다.

그림 10-6 이 그림의 학습률은 너무 크다. 가중치는 목표에 제대로 다다르지 못한다. 다음 학습에서 경삿값은 제대로 된 방향으로 가지만 다음 라운드에는 너무 멀리 나갈 것이다. 그러면 다시 가중치가 원래대로 돌아왔다가 다시 나가면서 실제 최솟값 주위를 맴도는 일을 반복하게 된다.

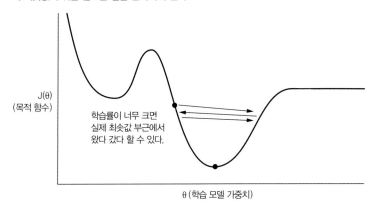

[그림 10-6]의 목적 함수의 학습률을 너무 크게 잡으면 가중치는 그래프 우측의 평평한 부분으로 가버릴 것이다. [그림 10-7]은 이런 현상이 어떻게 발생하는지 보여주고 있다.

그림 10-7 학습률이 너무 커져서 오른쪽의 평평한 부분으로 가중치가 건너가 버렸다. 이 부분의 경사는 0이므로 최적화기가 방향을 잡지 못하게 된다. 그러면 가중치는 이 부분에서 계속 머물게 된다. 이는 정류 선형 유닛을 사용하는 신경망에서 일반적으로 나타나는 문제다.

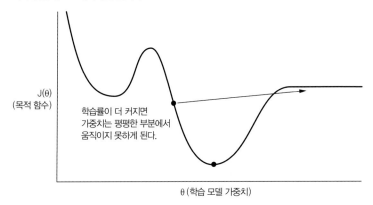

이곳의 기울기는 0에 가깝다. 이는 경사하강이 더 이상 가중치를 어느 방향으로 이동시킬 것인지에 대한 단서를 제공하지 않는다는 것을 의미한다. 이 경우 목적 함수의 값은 고정될 것이다. 이는 이론적으로만 가능한 문제가 아니다. 이런 평평한 부분은 6장에서 사용한 정류 선형 유닛을 사용하는 신경망의 경우 흔하게 나타난다. 딥러닝 분야에서 이런 문제는 종종 **죽은 ReLU**^{dead ReLU}라고 한다. 값이 0에 머물고 전체 학습 과정에 아무 영향도 미치지 못하기 때문에 '죽었다'라고 표현한다.

옳은 방향으로 가중치를 너무 크게 했을 때 일어나는 문제는 위와 같다. 정책 경사 학습의 경우에는 어느 경사를 따르는지 알 수 없기 때문에 문제가 더 복잡하다. 이 세상 어딘가에는 에이전트 능력과 정책 신경망의 가중치를 잘 연결해주는 이론적인 함수가 존재할지도 모르겠다. 하지만 이러한 함수를 만들 방법이 없기 때문에 할 수 있는 최선은 훈련 데이터로부터 경사를 추정하는 것이다. 이 추정치는 지저분하고 간혹 잘못된 방향을 가리킬 수도 있다(10.1절의 [그림 10-2]를 떠올려보자. 최선의 수를 고르는 확률은 종종 잘못된 방향으로 나아가기도 한다. 바둑 또는 유사하게 복잡한 게임의 자체 재생 데이터는 이보다 훨씬 더 지저분할 수 있다).

잘못된 방향으로 너무 멀리 나가버리면 가중치는 왼쪽의 다른 최솟값에 머물게 될 수도 있다. [그림 10-8]은 이 경우를 보여준다. 이를 **망각**^{forgetting}이라고 한다. 신경망이 이런 종류의 데이터셋을 사용해서 학습하면 갑자기 학습을 멈출 수 있다.

그림 10-8 정책 경사 학습에서는 매우 지저분한 신호로부터 실제 기울기를 추정해야 한다. 간혹 단일 추정치가 잘못된 방향을 가리키기도 한다. 잘못된 방향으로 가중치를 너무 많이 이동할 경우 그림 가운데의 실제 최솟값 근처에서 왼쪽의 전역 최솟값으로 이동해서 머무르게 될 수 있다.

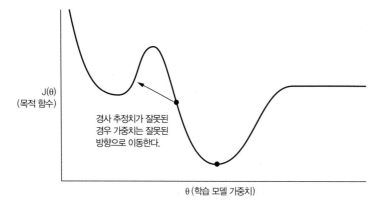

경사 추정치를 향상시켜 나갈 수 있다. 확률적 경사하강법을 미니배치로 실행했던 것을 기억해보자. 훈련 데이터 중 적은 부분을 최적화기에 넣어 이 값만으로 기울기를 구하고 전체 기울기를 갱신한다. 더 큰 배치 크기를 사용하면 보통 오차 간 차이가 좀 더 줄어든다. 케라스에서의 기본 배치 크기는 32인데, 이 값은 많은 지도학습 문제에 적당한 크기로 사용된다. 정책 학습에서는 훨씬 큰 1,024나 2,048로 배치 크기를 두기 바란다.

마지막으로 정책 경사 학습은 **전역 최댓값**에 머물 수 있다. 이 경우 정책이 증가하는 방향으로 변경되어도 봇이 더 약해질 수 있다. 간혹 자체 대국에 약간의 임의의 값을 추가하여 전역 최댓값에서 벗어나기도 한다. 아주 작은 시간(차례의 1%나 0.5%) 동안 에이전트가 정책을 벗어나서 완전히 임의의 수를 두게 하는 것이다.

이때 실제 정책 경사 훈련 과정은 다음과 같다.

1 자체 대국의 대형 배치를 만든다(메모리에 넣을 수 있는 만큼).
2 훈련한다.
3 이전 버전과 갱신된 봇을 대국시켜 결과를 확인한다.
4 만약 봇이 매우 강해졌다면 이 새로운 봇을 사용한다.
5 봇 성능이 비슷하면 경기를 더 생성해서 다시 훈련한다.
6 봇이 상당히 약해진 경우 최적화기 설정을 조정하고 다시 훈련한다.

최적화기 설정을 조정하는 것이 다소 까다로워 보이지만 조금만 파악하고 실험해보면 성능 개선에 큰 도움이 된다는 것을 알 수 있을 것이다. [표 10-1]은 이 절에서 다룬 팁을 요약한 것이다.

표 10-1 정책 학습 트러블슈팅

증상	추정 원인	처방
승률이 50%에서 멈췄다.	학습률이 너무 작다.	학습률을 늘린다.
	정책값이 전역 최솟값이다.	자체 대국에 임의성을 늘린다.
승률이 눈에 띄게 낮아졌다.	값이 너무 커졌다.	학습률을 줄인다.
	경사 추정치가 안 좋다.	배치 크기를 늘린다.
		자체 대국 결과를 더 수집한다.

10.4 요약

- 정책 학습은 경험 데이터를 사용해서 정책을 갱신하는 방식의 강화학습 기법이다. 게임의 경우 에이전트의 게임 결과를 기반으로 봇이 더 나은 수를 둘 수 있도록 갱신한다.

- 정책 학습의 한 가지 방식은 승리를 이끈 모든 수의 확률을 높이고, 경기에서 지는 데 일조한 수의 확률은 낮추는 것이다. 수천 번의 경기를 통해 알고리즘은 정책을 천천히 갱신해서 좀 더 자주 이기게 될 것이다. 이 알고리즘을 **정책 경사 학습**이라고 한다.

- **교차 엔트로피 손실 함수**는 정해진 옵션 중 하나를 선택해야 할 때의 상황을 설계하는 손실 함수다. 7장에서는 인간 선수가 주어진 경기에서 수를 선택하는 확률을 예측하면서 교차 엔트로피 손실 함수를 사용했다. 교차 엔트로피 손실 함수는 정책 경사 학습에도 적용할 수 있다.

- 케라스 프레임워크를 사용하면 경험을 올바르게 적합한 형식으로 변환한 후 교차 엔트로피 손실 함수를 사용해서 훈련시키는 방식의 정책 경사 학습을 효율적으로 구현할 수 있다.

- 정책 경사 학습은 최적화기 설정을 직접 해줘야 한다. 정책 경사학습에서는 지도학습에 사용했던 것보다 더 작은 학습률과 더 큰 배치 크기를 사용해야 할 수도 있다.

CHAPTER 11

가치 기법을 사용하는 강화학습

> **이 장에서 다루는 내용**
> - Q-학습 알고리즘을 사용해서 자체 향상 게임 AI를 만든다.
> - 케라스를 사용해서 다중 입력 신경망을 정의하고 훈련한다.
> - 케라스를 사용해서 Q-학습 에이전트를 만들고 훈련한다.

고수준 체스나 바둑경기에 대한 전문가 해설을 읽어본 적이 있는가? 만약 그렇다면 '이 시점에서는 흑이 한참 뒤처져 있다'라거나 '현재 결과로는 백이 조금 더 우세하다' 같은 문장을 보았을 것이다. 그러한 전략 게임 중간에 말하는 '우세하다'라든가 '뒤처져 있다'는 것은 무슨 뜻일까? 바둑이나 체스가 농구처럼 점수가 계속 나오는 게임도 아닌데 말이다. 여기서 해설자는 현재 바둑판의 상태가 특정 선수에게 유리하다는 것을 말하는 것이다. 이를 좀 더 정확하게 알고 싶다면 사고 실험을 이용해서 살펴본다. 많은 경기를 같이 치른 두 선수를 찾는다. 이 선수들의 기존 경기 중간부터 다시 경기를 진행해보라고 한다. 흑을 잡은 선수가 조금 더 많이 이겼다고 하면(보통 100 중 55는 이겼다고 해보자) 해당 위치가 흑에게 조금 더 우세하다고 말할 수 있을 것이다.

물론 해설자는 이런 식으로 해설을 하지는 않는다. 단지 수천 경기를 치르면서 쌓은 직감을 이용해서 어떤 일이 일어날지 판단할 뿐이다. 이 장에서는 컴퓨터 바둑기사가 유사한 판단을 하도록 훈련하는 방법을 살펴본다.

이 장에서는 **Q-학습** 알고리즘을 소개한다. Q-학습은 나중에 얼마나 많은 보상을 받을 수 있을지 예측하는 강화학습 에이전트를 훈련하는 기법이다(경기 측면에서 보면 **보상**은 **게임 승리**다). 우선 Q-학습 에이전트가 어떻게 판단을 내리고 시간이 흐름에 따라 어떻게 성능이 나아지는지 살펴본다. 그 후 케라스 프레임워크를 사용해서 Q-학습을 구현한다. 그러면 10장에서 배운 정책 학습 알고리즘과는 다른 성격의 자체 향상 게임 AI도 훈련할 수 있다.

11.1 Q-학습을 사용한 대국

특정 수를 둔 후 종국에 이길 확률이 얼마인지 알려주는 함수가 있다고 해보자. 이를 **행동-가치 함수**^{action-value function}라고 하며, 이 함수는 특정 행동의 가치가 얼마나 되는지 알려준다. 이 함수를 사용하면 경기가 쉬워진다. 매 차례 가장 가치가 높은 수를 두면 된다. 하지만 이때 궁금한 것은 행동-가치 함수를 어떻게 만드느냐다.

이 절에서는 강화학습으로 행동-가치 함수를 훈련하는 기법인 **Q-학습**을 알아본다. 물론 바둑의 수에 대한 실제 행동-가치 함수가 어떻게 생겼는지는 알 수 없다. 이를 이해하려면 무수한 확률값을 사용하는 전체 게임 트리를 읽어야 한다. 하지만 자체 대국을 진행하면서 행동-가치 함수의 **추정치**를 반복적으로 향상시킬 수 있다. 이 과정을 거치면서 추정치는 더 정확해지고, 이 추정치를 사용하는 봇은 더 강해질 것이다.

Q-학습이란 이름은 표준 수학 기호에서 왔다. 전통적으로 $Q(s,a)$라는 기호는 행동-가치 함수를 뜻한다. 이 함수는 두 가지 변수를 사용한다. s는 에이전트가 접하는 상태(바둑판의 상태 등)고, a는 에이전트가 고려하는 행동(다음에 둘만한 수)이다. [그림 11-1]은 행동-가치 함수의 입력을 나타낸 것이다. 이 장에서는 신경망을 사용해서 Q 함수를 추정하는 **심층 Q-학습**을 주로 다룬다. 하지만 대부분의 기본적인 내용은 고전 Q-학습에도 동일하게 적용할 수 있다. 고전 Q-학습에서는 가능한 상태를 행으로 갖고 가능한 행동을 열로 갖는 간단한 표를 바탕으로 Q 함수를 추정한다.

그림 11-1 상태(바둑판 상태)와 행동(수 제시)의 두 입력값을 갖는 행동-가치 함수. 이 함수는 에이전트가 이 행동을 선택했을 때의 기댓값(경기 승리 확률)의 추정치를 반환한다. 행동-가치 함수는 전통적으로 수학 표기법에서 Q라고 한다.

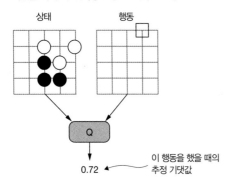

앞 장에서는 직접 수를 선택하는 규칙인 정책을 학습시키는 강화학습을 살펴봤다. Q-학습의

구조도 비슷하다. 우선 자체 대국을 두는 에이전트를 만들고, 모든 의사결정과 경기 결과를 저장한다. 경기 결과를 보면 의사결정이 잘 되었는지 아닌지 알 수 있고, 이에 따라 에이전트 행동을 갱신할 수 있다. Q-학습은 에이전트가 경기 내에서 의사결정을 하는 방법과 결과를 이용해서 행동을 갱신하는 방법에서 정책 학습과 차이를 보인다.

Q 함수를 사용하는 바둑 대국 에이전트를 만들려면 정책에 Q 함수를 적용해야 한다. [그림 11-2]와 같이 모든 가능한 수를 Q 함수에 연결한 후 가장 높은 기대 수익으로 수를 선택하는 방법이 있다. 이를 **탐욕**greedy 정책이라고 한다.

그림 11-2 탐욕 행동-가치 정책에서는 모든 가능한 수의 행동값을 추정한다. 그리고 그중 추정치가 가장 높은 행동을 선택한다(가능한 다른 많은 수는 지면상 생략했다).

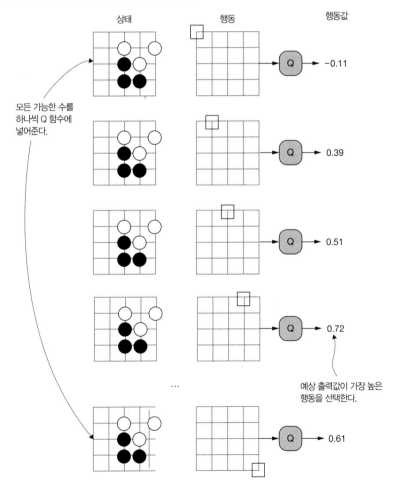

행동값 추정이 믿을 만하다면 탐욕 정책만한 것이 없다. 하지만 추정을 **향상**시켜야 한다면 봇이 간헐적으로 미지의 값을 탐색하도록 해야 한다. 이를 **ε-탐욕** 정책이라고 한다. 일부 시간 동안 정책이 수를 완전히 임의로 선택하도록 하고, 나머지 시간에는 일반 탐욕 정책을 실행한다. 이 과정을 [그림 11-3]의 순서도에서 확인할 수 있다.

그림 11-3 ε-탐욕 행동-가치 정책 순서도. 이 정책은 최선의 수를 두는 것과 미지의 수를 탐색하는 것 간의 균형을 맞춘다. ε값을 조절하여 균형을 맞출 수 있다.

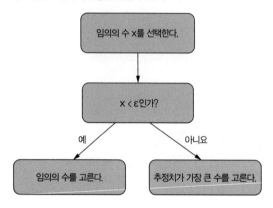

NOTE_ ε은 그리스 문자 엡실론으로, 주로 작은 비율을 나타낼 때 사용한다.

예제 11-1 ε-탐욕 정책 의사코드

```
def select_action(state, epsilon):
    possible_actions = get_possible_actions(state)
    if random.random() < epsilon:
        return random.choice(possible_actions)      임의 탐색의 경우
    best_action = None
    best_value = MIN_VALUE
    for action in get_possible_actions(state):
        action_value = self.estimate_action_value(state, action)   최선의 수 선택
        if action_value > best_value:
            best_action = action
            best_value = action_value
    return best_action
```

ε의 크기를 정하는 데에는 트레이드오프가 따른다. ε이 0에 가까울수록 에이전트는 현재의 행동-가치 추정치에 따라 최선의 수를 고르게 될 것이고, 에이전트는 새 수를 탐색하면서 성능이 향상될 수 있는 기회를 잃게 될 것이다. ε이 클수록 에이전트는 더 많은 경기에서 지게 되겠지만 많은 미지의 수를 익히게 될 것이다.

바둑을 두든 피아노를 치든 인간이 기술을 배우는 방식을 유추할 수 있다. 사람은 누구나 학습 중에 특정 기술에 대해 적당히 편안하지만 더 이상 향상되지 않는 시점인 정체기를 겪는다. 이 시기를 극복하려면 편안하게 느끼는 영역에서 밖으로 나와서 새로운 것을 경험해봐야 한다. 피아노의 경우 새로운 타법이나 리듬을 배우는 것일 수도 있고, 바둑의 경우 새로운 포석이나 전략이 될 것이다. 익숙하지 않은 상황에서 자신을 발견하는 동안 실력은 점점 안 좋아지겠지만, 새로운 기법을 익히고 나면 전보다도 더 잘하게 될 것이다.

Q-학습에서 처음에는 보통 ε값을 0.5 정도로 꽤 높게 두고 시작한다. 에이전트의 성능이 향상될수록 점차 ε을 줄여나간다. 이때 ε이 0까지 떨어지면 에이전트는 더 이상 학습을 하지 않는다는 것을 명심하자. 에이전트는 반복해서 동일한 경기를 진행하게 될 뿐이다. 이렇게 무수한 경기 데이터셋을 만들고 나면 Q-학습의 훈련 과정은 지도학습 훈련과 유사하다. 에이전트가 만든 행동을 훈련 데이터셋으로 사용하고, 경기 결과를 데이터의 라벨로 사용한다. 물론 훈련 데이터셋에 있는 결과 중 운이 좋아서 이겼던 결과도 있을 것이다. 하지만 수천 경기의 결과를 사용하면 운이 나빠서 진 결과 역시 비슷하게 나타날 것이므로 상쇄될 것이다.

7장에서 다룬 수 예측 모델이 이전에 본 적이 없는 경기에서 사람의 수를 예측하기 위해 학습했던 것과 같은 방식으로 행동-가치 모델은 전혀 둔 적 없는 수의 가치를 예측하도록 학습할 수 있다. [그림 11-4]처럼 경기 결과를 훈련 과정의 목적값으로 사용하면 된다. 이 방식을 일반화하려면 적절히 신경망을 구성해야 하고 여기에 사용할 무수한 훈련 데이터가 필요하다.

그림 11-4 심층 Q-학습용 훈련 데이터 만들기. 위에는 6장과 7장에서 사용한 수 예측 신경망에 사용하는 훈련 데이터를 어떻게 만드는지 나타냈다. 바둑판 상태가 입력, 실제의 수가 출력이다. 아래에는 Q-학습용 훈련 데이터 구조를 나타냈다. 바둑판 상태 및 선택한 수가 입력이고, 경기 결과가 출력이다. 이긴 경우 1이고 진 경우 –1이다.

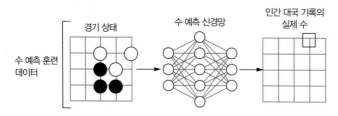

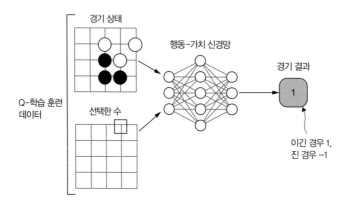

11.2 케라스로 Q-학습 만들기

이 절에서는 케라스 프레임워크에서 Q-학습 알고리즘을 만드는 방법을 설명한다. 지금까지는 케라스를 사용해서 입력과 출력이 각각 하나인 함수를 훈련했다. 하지만 행동-가치 함수의 입력은 두 개이므로 이에 적당한 신경망을 구성하려면 케라스의 새로운 기능을 사용해야 한다. 케라스에서 두 입력을 사용하는 신경망을 알아본 후, 수를 평가하고, 훈련 데이터를 만들고, 에이전트를 훈련하는 방법을 살펴보자.

11.2.1 케라스로 입력값이 둘인 신경망 만들기

앞서 케라스의 Sequential 모델을 사용해서 신경망을 정의했다. 다음 예제는 순차형 API를 사용해서 정의한 예시 모델이다.

예제 11-2 케라스 순차형 API를 사용한 모델 정의

```
from keras.models import Sequential
from keras.layers import Dense

model = Sequential()
model.add(Dense(32, input_shape=(19, 19)))
model.add(Dense(24))
```

케라스는 이 외에도 다른 신경망 정의용 API인 **함수형 API**를 제공한다. 함수형 API는 순차형 API의 함수적 기능도 포함한다. 순차형 신경망은 함수형 방식으로 다시 만들 수 있고, 순차형 방식으로 나타낼 수 없는 복잡한 신경망도 함수형으로 만들 수 있다.

이 둘의 중요한 차이는 신경망 층 사이의 연결을 정의하는 방식이다. 순차형 모델에서 층을 연결할 때는 모델 객체에 add() 함수를 반복적으로 호출한다. 그러면 마지막 출력값이 새 층의 입력값으로 자동 연결된다. 함수형 모델에서 층을 연결할 때는 함수 호출 같은 구문으로 입력 층을 다음 층으로 넘긴다. 명시적으로 각 연결을 생성해주므로 더 복잡한 신경망을 묘사할 수도 있다. 다음 예제는 [예제 11-2]에서 정의한 것과 동일한 신경망을 함수형 방식으로 만드는 방법을 보여준다.

예제 11-3 케라스 함수형 API로 동일한 모델 정의하기

```
from keras.models import Model
from keras.layers import Dense, Input

model_input = Input(shape=(19, 19))
hidden_layer = Dense(32)(model_input)        ◁── model_input을 Dense층의 입력값에
output_layer = Dense(24)(hidden_layer)            연결하고, 이 층을 hidden_layer라고
                                                  명명한다.
model = Model(inputs=[model_input], outputs=[output_layer])
```

hidden_layer를 새 Dense층의 입력값에 연결하고,
이 층을 output_layer라고 명명한다.

이 두 모델은 동일하다. 순차형 API는 가장 일반적인 신경망을 나타내기 용이하고, 함수형 API는 여러 입력과 출력, 또는 복잡한 연결을 지정할 수 있는 유연성을 제공한다.

행동-가치 신경망은 입력값 두 개와 출력값 하나를 사용하므로 어느 지점에서는 두 입력값을
서로 연결해주어야 한다. 케라스의 Concatenate 층에서 이 역할을 할 것이다. Concatenate 층
은 다른 연산은 하지 않는다. 이 층에서는 [그림 11-5]와 같이 두 벡터나 텐서를 하나로 연결
한다. 옵션인 axis 인자를 사용하면 어느 차원을 연결할 것인지 명시할 수 있다. 기본값으로는
마지막 차원을 연결하고, 여기서는 이 기본값을 그대로 사용할 것이다. 나머지 다른 차원은 동
일한 크기여야 한다.

그림 11-5 케라스의 Concatenate 층은 두 텐서를 하나로 이어 붙인다.

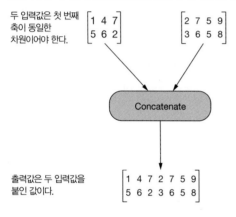

이제 행동-가치 함수를 학습하는 신경망을 구성할 수 있게 되었다. 6장과 7장에서 수 예측에
사용했던 합성곱 신경망을 떠올려보자. 신경망을 개념적으로 두 단계로 나눌 수 있다(우선 합
성곱층에서 바둑판의 주요 수 모양을 정의한다. 그 후 밀집층이 이 모양을 기반으로 판단을 내
린다). [그림 11-6]은 수 예측 신경망의 층이 어떻게 두 가지 구분된 역할을 수행하는지 나타
낸다.

행동-가치 신경망에서도 여전히 바둑판에서 주요 수 모양 및 집을 처리하고 싶을 것이다. 수
예측과 관련된 모양은 행동-가치 추정과도 연관이 있을 것이므로 신경망에서 이를 처리하는
부분은 동일한 형태를 빌려와도 될 것이다. 차이는 가치 판단 단계에서 생긴다. 정의된 돌의 집
기반으로 판단하는 대신 바둑판과 제안된 행동을 기반으로 가치를 추정한다. 그러므로 합성곱
층 후 제안된 수 벡터를 가지고 와야 한다. [그림 11-8]에 나오는 신경망이 이런 형태다.

그림 11-6 6장과 7장에서 이미 다룬 수 예측 신경망. 이 신경망에서는 여러 층을 사용하지만 개념적으로 크게 두 단계로 나눌 수 있다. 합성곱층에서는 원래의 바둑돌 데이터를 처리해서 이를 논리적 그룹과 전략적 형태로 구분한다. 이렇게 나타낸 것을 사용해서 밀집층에서 행동을 선택한다.

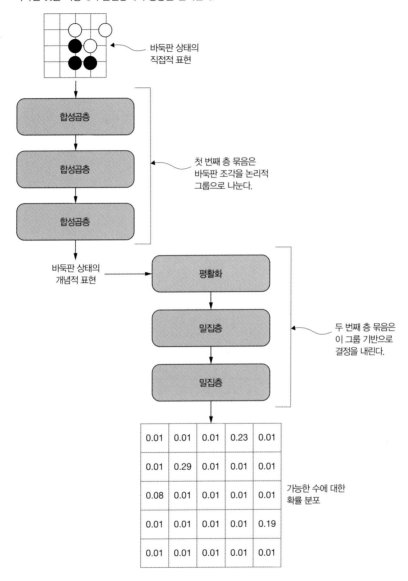

지면 −1을, 이기면 1을 사용하므로 행동-가치는 −1과 1 사이의 단일값이다. 이 작업을 수행하려면 크기가 1인 Dense층을 만들고 tanh 활성화 함수를 넣는다. tanh는 삼각함수의 쌍곡탄젠트 ^hyperbolic tangent 함수다. 딥러닝에서는 tanh의 삼각함수 성질에 대해서는 신경 쓰지 않아도 된다. 여기서 이 함수를 사용하는 이유는 −1과 1 사이에서 움직이는 평활 함수이기 때문이다. 신경망의 초기 층에서 어떤 연산을 했든 이 평활 함수를 거치면 출력값이 원하는 범위 내에서 나올 것이다. [그림 11-7]은 tanh 함수 그래프다.

그림 11-7 tanh 함수. 값은 −1과 1 사이에서 움직인다.

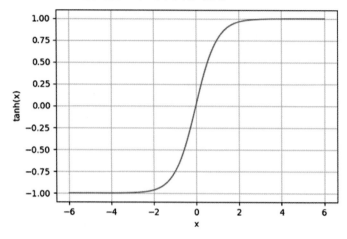

행동-가치 신경망의 전체 모양은 다음 예제와 같다.

예제 11-4 두 입력값을 갖는 행동-가치 신경망

```
from keras.models import Model
from keras.layers import Conv2D, Dense, Flatten, Input
from keras.layers import ZeroPadding2D, concatenate

board_input = Input(shape=encoder.shape(), name='board_input')
action_input = Input(shape=(encoder.num_points(),),
    name='action_input')

conv1a = ZeroPadding2D((2, 2))(board_input)
conv1b = Conv2D(64, (5, 5), activation='relu')(conv1a)

conv2a = ZeroPadding2D((1, 1))(conv1b)
conv2b = Conv2D(64, (3, 3), actionvation='relu')(conv2a)

flat = Flatten()(conv2b)
processed_board = Dense(512)(flat)
```

원하는 만큼 합성곱층을 추가하자. 수 예측에서 잘 돌아가는 것은 무엇이든 여기서도 잘 돌아갈 것이다.

```
      board_and_action = concatenate([action_input, processed_board])
      hidden_layer = Dense(256, activation='relu')(board_and_action)
   ┌▷value_output = Dense(1, activation='tanh')(hidden_layer)

     model = Model(inputs=[board_input, action_input],
          outputs=value_output)
```

은닉층의 크기를
조절해보고 싶다면
여기를 살펴보자.

tanh 활성화층은 출력값을
−1과 1 사이로 만든다.

그림 11-8 [예제 11-4]에 나온 두 입력값을 사용하는 신경망. 바둑판은 7장의 수 예측 신경망에서와 마찬가지로 여러 합성곱층을 통과한다. 제안된 수는 다른 쪽의 입력값으로 들어간다. 제안된 수는 합성곱층의 출력값과 결합하여 다른 밀집층을 통과한다.

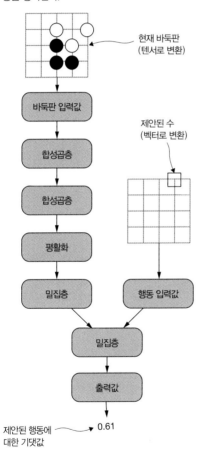

현재 바둑판
(텐서로 변환)

바둑판 입력값

제안된 수
(벡터로 변환)

합성곱층

합성곱층

평활화

밀집층

행동 입력값

밀집층

출력값

제안된 행동에
대한 기댓값   → 0.61

11.2.2 케라스로 ε-탐욕 정책 구현하기

이제 Q-학습을 사용해서 학습하는 QAgent를 만들자. 이 코드는 dlgo/rl/q.py 모듈에 들어 있다. [예제 11-5]는 이 정책 학습 에이전트의 생성자로, 모델과 바둑판 변환기를 필요로 한다. 또한 다음 두 유틸리티 메서드를 정의할 것이다. set_temperature() 메서드는 훈련 과정에 따라 다양하게 ε값을 변경할 수 있다. 9장에서와 마찬가지로 set_collector() 메서드는 이후 학습에 사용할 경험 데이터를 저장할 수 있도록 ExperienceCollector 오브젝트를 연결한다.

예제 11-5 Q-학습 에이전트 생성자 및 유틸리티 메서드

```
class QAgent(Agent):
    def init (self, model, encoder):
        self.model =  model
        self.encoder = encoder
        self.collector = None
        self.temperature = 0.0

    def set_temperature(self, temperature):        temperature는 정책의 임의성
        self.temperature = temperature             정도를 조절하는 ε값이다.

    def set_collector(self, collector):        에이전트의 경험을 기록하는 수집기 객체에
        self.collector = collector             대한 자세한 정보는 9장을 참조하자.
```

다음으로 ε-탐욕 정책을 구현할 것이다. 가장 우수한 수를 선택하는 대신 모든 수를 나열한 후 순서대로 시도해볼 것이다. 9장에서와 마찬가지로 이런 방식은 에이전트가 이긴 경기의 끝에서 무너지는 것을 방지해준다.

예제 11-6 Q-학습 에이전트에서 수 선택하기

```
class QAgent(Agent):
    ...
    def select_move(self, game_state):
        board_tensor = self.encoder.encode(game_state)

        moves = []
        board_tensors = []
        for move in game_state.legal_moves():        모든 가능한 수의 리스트를
            if not move.is_play:                      생성한다.
                continue
            moves.append(self.encoder.encode_point(move.point))
            board_tensors.append(board_tensor)
```

```python
        if not moves:
            return goboard.Move.pass_turn()
```

가능한 수가 남아 있지 않다면
에이전트는 차례를 넘길 수 있다.

```python
    num_moves = len(moves)
    board_tensors = np.array(board_tensors)
    move_vectors = np.zeros(
        (num_moves, self.encoder.num_points()))
    for i, move in enumerate(moves):
        move_vectors[i][move] = 1
```

모든 가능한 수에 대해 원-핫 인코딩을 취한다(원-핫 인코딩에 대한 자세한 정보는 5장을 참조한다).

```python
    values = self.model.predict(
        [board_tensors, move_vectors])
    values = values.reshape(len(moves))
```

예측에는 두 가지 입력값을 사용한다. 두 입력값은 리스트 형태로 만들어서 넘긴다.

가치값은 $N \times 1$ 행렬로, 이때 N은 유효한 수의 개수다. reshape() 함수를 호출해서 이 행렬을 크기 N의 벡터로 변경한다.

```python
    ranked_moves = self.rank_moves_eps_greedy(values)
```

ε-탐욕 정책에 따라 수의 순위를 매긴다.

```python
    for move_idx in ranked_moves:
        point = self.encoder.decode_point_index(
            moves[move_idx])
        if not is_point_an_eye(game_state.board,
                               point,
                               game_state.next_player):
```

9장의 자체 대국 에이전트와 유사하게 리스트에서 가장 앞의 유효한 수를 선택한다.

```python
            if self.collector is not None:
                self.collector.record_decision(
                    state=board_tensor,
                    action=moves[move_idx],
                )
            return goboard.Move.play(point)
    return goboard.Move.pass_turn()
```

9장에서와 마찬가지로 경험 버퍼에 해당 결정을 기록한다.

만약 모든 유효한 수가 자기 파괴적인 것으로 결정된다면 차례를 넘긴다.

Q-학습과 트리 탐색

select_move() 구현 구조는 4장에서 살펴본 트리 탐색 알고리즘과 유사하다. 예를 들어 알파-베타 탐색은 바둑판 상태를 취한 후 어느 선수가 얼마나 앞서고 있는지 추정하는 바둑판 평가 함수에 의존한다. 이런 것은 이 장에서 다룬 행동-가치 함수와 유사하지만 완전히 동일하지는 않다. 에이전트가 흑을 잡고 몇 개의 수 X를 두었다고 가정하자. 이때 X의 행동-가치 추정치는 0.65다. 그럼 X를 놓은 후 바둑판의 상태가 어떨지 완벽하게 알 수 있고, 흑이 이기면 백이 진다는 사실도 안다. 그럼 다음 바둑판 상태에서 백의 가치는 -0.65일 것이다.

수학적으로 이를 다음과 같이 표현한다.

$$Q(s, a) = -V(s')$$

이때 s'는 흑이 수 a를 선택한 후 백이 보게 되는 대국 상태다.

일반적으로 Q-학습은 어떤 환경에도 적용될 수 있지만 한 상태에 대한 행동-가치와 다음 상태의 가치 사이의 이러한 동등성은 결정론적 게임에서만 나타난다.

12장에서는 행동-가치 함수 대신 가치 함수를 직접 학습시키는 강화학습 기법을 다룬다. 13장과 14장에서는 이런 가치 함수를 트리 탐색 알고리즘과 통합하는 방법을 설명할 것이다.

이제 남은 것은 가장 가치가 높은 것부터 낮은 것 순으로 수를 정렬하는 코드다. 이 코드의 결과로 두 행렬 values와 moves가 나올 것이다. 넘파이의 argsort() 함수를 사용해서 이를 간단히 처리할 수 있다. argsort()는 행렬을 직접 정렬하는 대신 인덱스 리스트를 반환한다. 그러면 이 인덱스 순서대로 행렬의 원소들을 나열하면 된다. argsort()에 대한 동작 방식은 [그림 11-9]에서 볼 수 있다. [예제 11-7]은 argsort()를 이용해서 수의 순위를 매기는 방법을 보여준다.

그림 11-9 넘파이 라이브러리의 argsort() 함수 동작 방식. argsort()는 정렬하고자 하는 값의 벡터를 입력값으로 받는다. 이 벡터를 직접 정렬하는 대신 정렬 순서로 인덱스를 저장한 벡터를 반환한다. 결과 벡터의 첫 번째 값은 입력 벡터의 최솟값 원소의 인덱스며, 마지막 값은 입력 벡터의 최댓값 원소의 인덱스다.

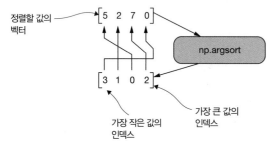

정렬할 값의 벡터

np.argsort

가장 작은 값의 인덱스

가장 큰 값의 인덱스

예제 11-7 Q-학습 에이전트의 수 선택

```
class QAgent(Agent):
    ...
    def rank_moves_eps_greedy(self, values):
        if np.random.random() < self.temperature:
            values = np.random.random(values.shape)
```
탐색 시 실제 수 대신 임의의 숫자로 수의 순위를 부여한다.

```
        ranked_moves = np.argsort(values)     ◁──┐  작은 값부터 높은 값 순으로
    ┌─▷  return ranked_moves[::-1]                  수의 인덱스를 가져온다.
    │
    └─ [::-1]은 넘파이에서 벡터를 뒤집는 데 가장
       효율적인 방법이다. 이렇게 하면 수를
       높은 값부터 낮은 값 순으로 정렬한다.
```

이제 Q-학습 에이전트를 사용해서 자체 대국을 치를 수 있게 되었다. 그럼 행동-가치 신경망 훈련 방법을 알아보도록 하자.

11.2.3 행동-가치 함수 훈련

경험 데이터가 생겼으니 이제 이를 사용해서 에이전트의 신경망을 갱신할 수 있다. 정책 경사 학습을 사용하면 필요한 추정 기울기를 알 수 있지만 이를 케라스 프레임워크에서 갱신하도록 반영해주는 것은 복잡한 일이다. 이와 대조적으로 Q-학습으로 훈련하는 것은 케라스 fit( ) 함수로 직관적으로 처리할 수 있다. 대국 결과를 타깃 벡터에 바로 넣으면 된다.

6장에서 평균제곱오차와 교차 엔트로피 손실 함수를 다뤘다. 개별 항목 집합 중 하나를 일치시키려 할 때 교차 엔트로피 손실 함수를 사용했다. 이 경우에는 바둑판의 점 중 하나를 고르는 일이었다. 반면에 Q 함수는 −1부터 1 사이의 연속적인 값을 사용한다. 이 문제를 위해 우리는 평균제곱오차를 선호한다.

다음 예제는 QAgent 클래스의 train( )을 구현한 것이다.

예제 11-8 경험 데이터로 Q-학습 에이전트 훈련하기

```
class QAgent(Agent):                      lr과 batch_size는 훈련 과정을 세부적으로 조절할 때
...                                        사용하는 옵션이다. 자세한 내용은 10장을 참조하자.
    def train(self, experience, lr=0.1, batch_size=128):    ◁──┘
        opt = SGD(lr=lr)
        self.model.compile(loss='mse', optimizer=opt)  ◁── mse는 평균제곱오차다. 여기서는
                                                            연속적 값을 사용하고자 하므로
        n = experience.states.shape[0]                      categorical_crossentropy 대신
        num_moves = self.encoder.num_points()               mse를 사용한다.
        y = np.zeros((n,))
        actions = np.zeros((n, num_moves))
        for i in range(n):
            action = experience.actions[i]
```

```
        reward = experience.rewards[i]
        actions[i][action] = 1
        y[i] = reward

    self.model.fit(
        [experience.states, actions], y,   ◁── 두 가지의 다른 입력값을 리스트로 넘긴다.
        batch_size=batch_size,
        epochs=1)
```

11.3 요약

- **행동-가치 함수**는 특정 행동을 취한 후 에이전트가 보상을 얼마나 얻을지 예측한다. 게임의 경우 예상 우승 확률을 예측한다.

- **Q-학습**은 행동-가치 함수(전통적으로 Q로 표기)를 추정하는 강화학습 기법이다.

- Q-학습 에이전트 훈련 시 보통 ε**-탐욕 정책**을 사용한다. 이 정책에서는 에이전트가 일정 시간 동안 가장 큰 예측값을 선택하며, 나머지 시간에는 임의의 값을 선택한다. 파라미터 ε은 에이전트가 예측한 값을 사용하는 대신 미지의 수를 탐색해야 하는 정도를 나타낸다.

- 케라스 함수 API를 사용해서 다중 입력, 다중 출력, 복잡한 내부 연결을 사용하는 신경망을 만들 수 있다. Q-학습에서는 함수 API를 사용해서 경기 상태와 예측 수에 따라 입력을 다르게 하는 신경망을 구축할 수 있다.

행위자-비평가 방식 강화학습

바둑을 배우는 사람이 바둑을 더 잘 두게 되는 최선의 방법은 경기를 복기해줄 더 잘하는 선수를 곁에 두는 것이다. 가끔은 어느 부분으로 인해 경기를 이기고 졌는지 짚어주기만 해도 유용한 피드백이 될 수 있다. 복기해주는 사람이 '30수부터 이미 앞섰네', '110수부터 승리 상황에 있었지만 상대가 130수에서 뒤집었네' 같은 말을 했다고 해보자.

이런 복기가 왜 도움이 될까? 대국의 300수 모두를 하나하나 뜯어볼 시간은 없지만 10수 혹은 20수 정도의 흐름을 집중해서 살펴볼 수는 있기 때문이다. 그래서 복기자가 대국에서 어떤 부분이 중요했는지 짚어주는 것은 중요하다.

강화학습 연구자는 이 원리를 **행위자-비평가 학습**^{actor-critic learning}에 적용했다. 이 학습 방식은 (10장에서 다룬) 정책 학습과 (11장에서 다룬) 가치 학습을 조합한 것이다. 정책 학습은 **행위자**^{actor} 역할을 한다. 여기서는 어떤 수를 둘지 정한다. 가치 함수는 **비평가**^{critic} 역할을 한다. 여기서는 에이전트가 경기에서 우세인지 열세인지 살펴본다. 경기를 복기해 학습을 하는 것처럼 이 피드백을 훈련 과정에 적용한다.

이 장에서는 행위자-비평가 학습을 자체 향상 게임 AI에 적용하는 방법을 살펴볼 것이다. 이를 가능하게 하는 주요 개념은 실제 경기 결과와 예상 경기 결과의 차잇값인 **어드밴티지**^{advantage}다.

어드밴티지가 훈련 과정을 어떻게 향상시킬 수 있는지 설명하는 것부터 시작해보자. 그 후 행위자-비평가 대국 에이전트를 만들 것이다. 우선 수를 어떻게 선택하는지 구현하고, 새로운 훈련 과정을 구현할 것이다. 이 두 함수는 모두 10장과 11장의 코드 예제에서 상당수를 그대로 가져올 것이다. 그리고 결과는 양측 모두에 대해 훌륭하다. 이 방식은 정책 학습과 Q-학습의 장점을 하나의 에이전트에서 결합한 것이다.

12.1 어느 결정이 중요한지는 어드밴티지가 알려준다

10장에서 점수 할당 문제를 간단히 살펴보았다. 학습 에이전트가 200수의 대국을 치렀고 완전히 이겼다고 해보자. 에이전트가 이겼으므로 에이전트가 둔 수 중 최소 몇 수는 좋은 수라고 가정할 수 있겠지만 몇 번 나쁜 수를 뒀을 수도 있다. **점수 할당**credit assignment은 무시해야 하는 나쁜 수 사이에서 강화해야 하는 좋은 수를 구분해내는 문제다. 이 절에서는 특정 결정이 최종 결과에 얼마나 많은 영향을 미치는지 추정하는 **어드밴티지**advantage 개념을 소개한다. 우선 어드밴티지가 어떻게 점수 할당을 하는지 설명하고 이를 구하는 코드 샘플을 제시할 것이다.

12.1.1 어드밴티지란 무엇인가

농구 경기를 보고 있다고 하자. 4쿼터가 끝나가는 시점에서 가장 좋아하는 선수가 3점 슛을 넣었다. 얼마나 흥분되는 일인가? 이는 경기 상태에 따라 달라진다. 만약 현재 점수가 80대 78이면 놀라서 나도 모르게 자리에서 벌떡 일어날 것이다. 하지만 점수가 110대 80이라면 큰 감흥은 없을 것이다. 여기엔 어떤 차이가 있을까? 접전을 치르는 경기라면 3점은 경기 결과에 매우 큰 변화를 불러올 수 있다. 하지만 경기가 어느 한쪽이 압도적으로 이기고 있다면 한 번 득점한 것으로는 결과에 영향을 주지 못한다. 가장 중요한 승부는 결과가 팽팽할 때 생기는 법이다. 강화학습에서 어드밴티지는 이 개념을 수량화한 식이다.

어드밴티지를 구하려면 가장 먼저 추정 상탯값이 필요하다. 여기서는 이를 $V(s)$로 나타내겠다. 이는 에이전트가 보게 될 예상값으로, 특정 상태 s에 따라서 주어진다. 바둑의 경우 $V(s)$는 바둑판 상태가 흑 또는 백 어느 쪽에 유리한지 나타낸다고 보면 된다. $V(s)$가 1에 가까운 경우 에이전트가 앞서고 있다는 뜻이고, −1에 가까운 경우 에이전트가 지고 있다는 뜻이다.

이는 앞 장에서 배운 행동-가치 함수 $Q(s,a)$의 개념과 유사하다. 차이점은 $V(s)$는 수를 선택하기 **전**에 현재 바둑판의 상태가 얼마나 유리한지 나타내는 것이고, $Q(s,a)$는 수를 선택한 **후** 바둑판 상태가 얼마나 유리하게 되었는지 나타낸다는 것이다.

어드밴티지의 정의는 보통 다음과 같다.

$$A = Q(s,a) - V(s)$$

어드밴티지의 예를 하나 들면 지금 상태가 좋은데($V(s)$가 높음) 수를 잘못 선택하면($Q(s,a)$가 낮음) 어드밴티지를 포기해야 한다는 것이다. 따라서 이 값은 음의 수가 된다. 하지만 여기서 한 가지 문제는 $Q(s,a)$를 어떻게 구하는지 모른다는 것이다. 하지만 대국 종료 시 받는 승점을 실제 Q의 비편향 추정치로 사용할 수 있다. 그러면 승점 R을 받을 때까지 기다린 후 다음과 같이 어드밴티지를 구할 수 있다.

$$A = R - V(s)$$

이 수식이 이 장에서 어드밴티지를 추정할 때 사용할 식이다. 이 값이 어떻게 유용하게 쓰일 수 있는지 살펴보자.

이를 설명하는 이유는 $V(s)$를 추정할 수 있는 정확한 방식을 이미 알고 있다고 착각할 수 있기 때문이다. 실제로 에이전트는 가치 추정 학습과 정책 함수를 반복적으로 사용해서 이 값을 구하게 된다. 다음 절에서는 이 방식이 어떻게 작동하는지 다룬다.

몇 가지 예제를 살펴보자.

- 경기 시작 시 $V(s) = 0$으로 각 선수는 동일한 기회를 가진다. 에이전트가 경기에서 이긴 경우 승점은 1이 될 것이고 이 경우 첫 수의 어드밴티지는 1 − 0 = 1이다.
- 경기가 완전히 끝나고 에이전트가 실제로 경기를 장악했다면 $V(s) = 0.95$다. 만약 에이전트가 실제로 이겼다면 이 상태의 어드밴티지는 1 − 0.95 = 0.05다.
- 에이전트가 다른 경기에서 이기고 있다고 가정해보자. 그러면 다시 $V(s) = 0.95$가 된다. 하지만 이 경기에서 봇이 막판에 삐끗해서 졌다면 −1의 승점을 얻게 된다. 이때의 어드밴티지는 −1 − 0.95 = −1.95다.

[그림 12-1]과 [그림 12-2]는 가상 경기에서의 어드밴티지 계산법을 나타낸다. 이 경기에서 학습 에이전트는 천천히 처음 몇 수를 버린다. 이는 큰 실수를 만들어내고 점점 열세한 상태가 된다. 150수 이전 어딘가에서 갑자기 경기가 뒤집히고 결국 에이전트가 이긴다. 10장의 정책 경사 기법 하에서는 대국 내 모든 수의 가중치가 동일하다. 하지만 행위자-비평가 학습에서는 가

장 중요한 수를 찾아내서 가중치를 가장 높게 부여한다. 이는 어드밴티지 계산을 사용해서 일어 난다.

그림 12-1 가상의 경기에서의 예상 가치. 이 경기는 200수에 걸쳐 이루어졌다. 초반에는 학습 에이전트가 약간 앞섰으 나 이후 뒤처졌다. 그러다 갑자기 경기가 역전되어 승리로 끝났다.

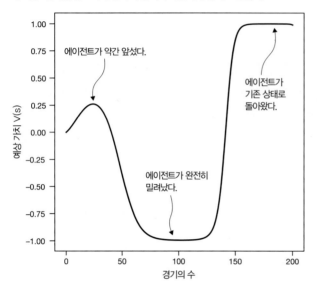

그림 12-2 가상의 경기에서의 각 수의 우셋값. 학습 에이전트는 경기에서 이겼으므로 최종 승점은 1이다. 다시 앞선 상 태로 돌아오게 한 수의 어드밴티지는 거의 2에 가까우므로 이 수는 훈련 과정에서 매우 강화될 것이다. 경기 종반에는 거 의 결과가 정해진 상태이므로 이때의 수의 어드밴티지는 0에 가깝다. 이 수는 훈련에서 거의 사용되지 않을 것이다.

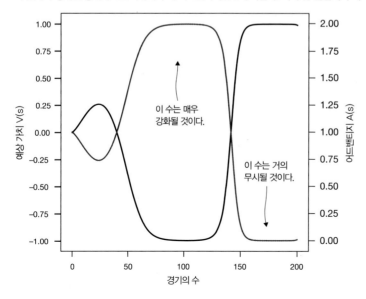

학습 에이전트가 이겼으므로 어드밴티지는 $A(s) = 1 - V(s)$로 주어진다. [그림 12-2]에서 어드밴티지 곡선은 예상 가치 곡선과 동일한 모양을 띠고 있으나 갑자기 확 꺾어지는 것을 알 수 있다. 에이전트가 한참 앞서고 있을 때 어드밴티지가 가장 크다. 보통 대부분의 선수가 상황이 안 좋을 때 지기 때문에 에이전트는 이런 경우 매우 좋은 수를 두어야 한다.

에이전트가 160수 부근에서 상황을 뒤집으면 이후 결정은 재미가 없다. 경기가 거의 끝났기 때문이다. 이쯤에서의 어드밴티지는 거의 0에 가깝다.

이 장 후반에서는 어드밴티지 기반으로 훈련 과정을 조절하는 방법을 살펴볼 것이다. 이에 앞서 자체 대국 과정에서 어드밴티지를 구하고 저장해둬야 한다.

12.1.2 자체 대국 중에 어드밴티지 구하기

어드밴티지를 구하려면 9장에서 정의한 ExperienceCollector를 갱신해야 한다. 원래 경험 버퍼는 상태, 행동, 보상을 나타내는 병렬 배열 세 개를 사용한다. 여기에 어드밴티지를 기록할 네 번째 병렬 배열을 추가할 것이다. 이 배열을 채우려면 각 상태의 추정 가치와 최종 경기 출력값이 필요하다. 최종 경기 출력값은 경기가 끝날 때까지 알 수 없으므로 경기 중간에는 추정치를 집계해두고 경기가 끝난 후 이 값을 어드밴티지로 변환한다.

예제 12-1 어드밴티지 기록을 위한 ExperienceCollector 갱신

```
class ExperienceCollector:
    def init (self):
        self.states = []
        self.actions = []                              이를 여러 에피소드로
        self.rewards = []                              확장할 수 있다.
        self.advantages = []
        self._current_episode_states = []
        self._current_episode_actions = []             이 기록은 매 에피소드 끝에서
        self._current_episode_estimated_values = []    초기화된다.
```

비슷한 방식으로 각 상태와 행동에 따른 추정치를 넣어서 record_decision() 메서드를 갱신해야 한다.

예제 12-2 추정치를 저장하도록 ExperienceCollector 갱신

```python
class ExperienceCollector:
...
    def record_decision(self, state, action, estimated_value=0):
        self._current_episode_states.append(state)
        self._current_episode_actions.append(action)
        self._current_episode_estimated_values.append(estimated_value)
```

이제 complete_episode( ) 메서드에서 에이전트가 내린 각 결정의 어드밴티지를 계산할 수 있다.

예제 12-3 에피소드 끝에서 어드밴티지 구하기

```python
class ExperienceCollector:
...
    def complete_episode(self, reward):
        num_states = len(self._current_episode_states)
        self.states += self._current_episode_states
        self.actions += self._current_episode_actions
        self.rewards += [reward for _ in range(num_states)]

        for i in range(num_states):
            advantage = reward - \
                self._current_episode_estimated_values[i]      ◁ 각 결정의 어드밴티지 구하기
            self.advantages.append(advantage)

        self._current_episode_states = []
        self._current_episode_actions = []                     ◁ 에피소드 버퍼별 갱신
        self._current_episode_estimated_values = []
```

또한 어드밴티지를 다루려면 combine_experience( ) 헬퍼 함수와 ExperienceBuffer 클래스도 갱신해야 한다.

예제 12-4 ExperienceBuffer 구조에 어드밴티지 추가

```python
class ExperienceBuffer:
    def init (self, states, actions, rewards, advantages):
        self.states = states
        self.actions = actions
```

```python
        self.rewards = rewards
        self.advantages = advantages

    def serialize(self, h5file):
        h5file.create_group('experience')
        h5file['experience'].create_dataset('states', data=self.states)
        h5file['experience'].create_dataset('actions', data=self.actions)
        h5file['experience'].create_dataset('rewards', data=self.rewards)
        h5file['experience'].create_dataset('advantages', data=self.advantages)

    def combine_experience(collectors):
        combined_states = np.concatenate([np.array(c.states) for c in collectors])
        combined_actions = np.concatenate([np.array(c.actions) for c in
collectors])
        combined_rewards = np.concatenate([np.array(c.rewards) for c in
collectors])
        combined_advantages = np.concatenate([np.array(c.advantages) for c in
collectors])

        return ExperienceBuffer(
            combined_states,
            combined_actions,
            combined_rewards,
            combined_advantages)
```

이제 경험 클래스로 어드밴티지를 처리할 수 있다. 이 클래스에서는 어드밴티지를 사용하지 않는 기법도 여전히 사용할 수 있다. 훈련 도중 advantages 버퍼 내용만 사용하지 않으면 된다.

12.2 행위자-비평가 학습용 신경망 설계

11장에서는 입력이 둘인 신경망을 케라스로 설계하는 방법을 살펴보았다. Q-학습 신경망에서는 바둑판에 대한 입력값 하나와 제안된 수에 대한 다른 입력값 하나를 받았다. 행위자-비평가 모델에서는 입력값 하나와 출력값 두 개를 갖는 신경망이 필요하다. 입력값은 바둑판 상태를 표현한 것이다. 하나의 출력값은 수(행위자)의 확률분포다. 다른 출력값은 현재 위치의 예상 반환값(비평)을 나타낸다.

두 출력값을 갖는 신경망을 만들게 되면 의도치 않게 흥미로운 결과를 추가로 얻게 된다. 각 출력값은 다른 출력값의 표준화 형태로 나타난다(6장에서 **표준화**는 모델이 학습 데이터에 **과적합**되는 것을 피하는 기법이라고 설명했다). 바둑판 위의 돌이 잡히기 직전인 상태라고 해보자. 약한 돌이 뒤쳐져 있기 때문에 이는 가치 출력값과도 관련이 있다. 또한 약한 돌을 따내거나 공격을 막아야 하므로 이는 행동 출력값과도 연관된다. 만약 신경망이 초기 층에서 '약한 말'을 골라내는 방법을 배웠다면 이는 두 출력값에 영향을 미칠 것이다. 두 출력값을 훈련하면 신경망이 두 목표 모두에 적합한 표현형을 학습하게 된다. 이를 통해 일반화 능력이 향상되고 훈련 속도 역시 빨라지기도 한다.

그림 12-3 바둑용 행위자-비평가 학습 신경망. 이 신경망은 현재 바둑판 위치 표현형을 단일 입력값으로 가진다. 신경망의 출력값은 두 개다. 하나는 두어야 할 수를 나타낸다. 이는 정책 출력값으로, 행위자에 해당한다. 다른 출력값은 어떤 기사가 앞서는지에 대한 것이다. 이는 가치 출력값으로 비평가에 해당한다. 비평가는 대국 진행에는 사용되지 않지만 훈련할 때 사용된다.

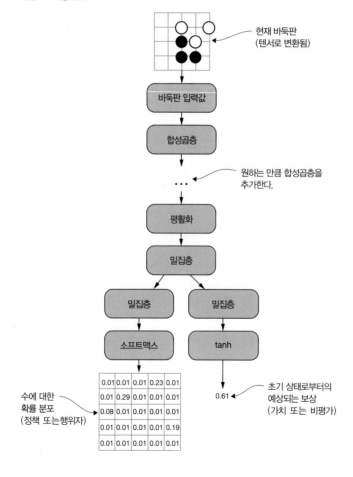

11장에서는 필요한 대로 신경망에 층을 자유롭게 추가할 수 있는 케라스 함수형 API를 소개했다. [그림 12-3]에서 볼 수 있듯이 이 API를 여기서도 사용한다. 이 코드는 init_ac_agent.py 스크립트에 있다.

예제 12-5 정책과 가치 출력값을 출력하는 신경망

```python
from keras.models import Model
from keras.layers import Conv2D, Dense, Flatten, Input

board_input = Input(shape=encoder.shape(), name='board_input')

conv1 = Conv2D(64, (3, 3),
               padding='same',
               activation='relu')(board_input)
conv2 = Conv2D(64, (3, 3),
               padding='same',
               activation='relu')(conv1)
conv3 = Conv2D(64, (3, 3),
               padding='same',
               activation='relu')(conv2)
```

원하는 만큼 합성곱층을 추가한다.

```python
flat = Flatten()(conv3)
processed_board = Dense(512)(flat)
```

← 이 예제에서는 은닉층 512개를 사용한다. 최적의 크기를 찾는 실험을 거친다. 세 은닉층이 동일한 크기일 필요는 없다.

```python
policy_hidden_layer = Dense(
    512, activation='relu')(processed_board)
policy_output = Dense(
    encoder.num_points(), activation='softmax')(
    policy_hidden_layer)
```

이 출력값은 정책 함수를 호출한다.

```python
value_hidden_layer = Dense(
    512, activation='relu')(
    processed_board)
value_output = Dense(1, activation='tanh')(
    value_hidden_layer)
```

이 출력값은 가치 함수를 호출한다.

```python
model = Model(inputs=board_input,
    outputs=[policy_output, value_output])
```

이 신경망은 각각 64개 필터로 구성된 합성곱층 3개를 가진다. 이는 바둑용 신경망 치고는 작은 축에 속하지만 훈련을 빠르게 할 수 있다는 이점이 있다. 늘 그렇듯이 여러 신경망 구조를 실험해보기 바란다.

정책 출력값은 가능한 수의 확률분포를 나타낸다. 차원은 바둑판의 점 개수와 동일하며, 소프트맥스 함수를 사용해서 정책의 합이 1이 되도록 한다.

가치 출력값은 −1부터 1 사이의 단일 숫자다. 이 출력값의 차원은 1로, tanh 활성화 함수를 사용해서 이 값을 고정한다.

12.3 행위자-비평가 에이전트를 사용한 대국

수 선택은 10장의 정책 에이전트와 거의 동일하다. 바뀌는 건 두 가지다. 하나는 이 모델은 출력값이 두 개이므로 결과를 풀려면 코드를 조금 더 구현해야 한다. 다른 하나는 추정치를 상태 및 행동과 함께 경험 수집기에 넣어주어야 한다. 확률분포에서 수를 선택하는 과정은 동일하다. 다음 예제는 갱신된 select_move() 구현 내용을 보여준다. 10장의 정책 에이전트 구현 내용과 다른 부분을 나타냈다.

예제 12-6 행위자-비평가 에이전트로 수 선택하기

```
class ACAgent(Agent):
...
    def select_move(self, game_state):
        num_moves = self.encoder.board_width * \
self.encoder.board_height
        board_tensor = self.encoder.encode(game_state)
        X = np.array([board_tensor])

        actions, values = self.model.predict(X)       ◁─ 출력값이 두 개인 모델이므로
        move_probs = actions[0]                           predict()는 두 넘파이 배열을
        estimated_value = values[0][0]                    가진 튜플을 반환한다.

                                                       ◁─ predict()는 여러 바둑판을
        eps = 1e-6                                         한 번에 처리하는 배치이므로
        move_probs = np.clip(move_probs, eps, 1 - eps)     수 분포가 필요한 배열의
        move_probs = move_probs / np.sum(move_probs)       첫 번째 원소를 선택해야 한다.

        candidates = np.arange(num_moves)
        ranked_moves = np.random.choice(
            candidates, num_moves, replace=False, p=move_probs)
```
가치는 1차원 벡터로 나타나므로 일반적인 숫자를 값으로
가져오려면 벡터의 첫 번째 원소를 가져와야 한다.

```
for point_idx in ranked_moves:
    point = self.encoder.decode_point_index(point_idx)
    move = goboard.Move.play(point)
    move_is_valid = game_state.is_valid_move(move)
    fills_own_eye = is_point_an_eye(
        game_state.board, point, game_state.next_player)
    if move_is_valid and (not fills_own_eye):
        if self.collector is not None:
            self.collector.record_decision(
                state=board_tensor,
                action=point_idx,
                estimated_value=estimated_value
            )
        return goboard.Move.play(point)
return goboard.Move.pass_turn()
```

경험 버퍼의 추정치를
포함한다.

12.4 경험 데이터로 행위자-비평가 에이전트 훈련하기

행위자-비평가 신경망은 10장에서 다룬 정책 신경망과 11장에서 다룬 가치 신경망의 조합처럼 생겼다. 두 출력값을 가지는 신경망을 훈련할 때는 각 출력값의 훈련 목표를 따로 설정하고, 손실 함수도 각 출력값에 따라 따로 만들어야 한다. 이 절에서는 경험 데이터를 훈련 목표에 맞게 변환하고, 여러 출력값에 케라스의 fit() 함수를 사용하는 방법을 설명할 것이다.

정책 경사 학습에서 훈련 데이터를 변환했던 방법을 상기해보자. 어떤 대국 위치에서도 훈련 목표는 바둑판과 동일한 크기 벡터로, 선택한 수에 대해 1이나 −1로 나타난다. 1은 이긴 경우고, −1은 진 경우다. 행위자-비평가 학습의 경우 훈련 데이터에 동일한 구조를 사용하지만 1이나 −1 값을 수의 어드밴티지로 바꿀 것이다. 어드밴티지는 최종 보상과 동일한 형태이므로 대국에서의 결정에 대한 확률값은 단순 정책 학습 때와 동일한 방향으로 움직일 것이다. 하지만 중요할 것으로 간주되는 행동에 대해서는 많이 움직이고, 0에 가까운 어드밴티지를 갖는 행동에 대해서는 적게 움직일 것이다.

가치 출력값에서 훈련 목표는 전체 보상값이다. 이는 Q-학습 때의 훈련 목표와 같다. [그림 12-4]에서 훈련 과정을 확인할 수 있다.

한 신경망의 출력값이 여럿이면 각 출력값마다 서로 다른 손실 함수를 사용한다. 정책 출력값에는 범주형 교차 엔트로피를 사용하고, 가치 출력값에는 평균제곱오차를 사용할 것이다(10장과 11장에서 이런 손실 함수를 사용했을 때의 설명을 참조하자).

그림 12-4 행위자-비평가 학습에 대한 훈련 과정. 신경망 출력값은 두 가지다(정책과 가치). 각 출력값은 훈련 목표를 가진다. 정책 출력값은 바둑판과 같은 크기의 벡터에 대해 훈련된다. 선택한 수에 해당하는 벡터의 셀은 해당 수에 대해 계산된 어드밴티지로 채워지고, 나머지는 0이다. 가치 출력값은 대국의 최종 출력값에 대비하여 훈련된다.

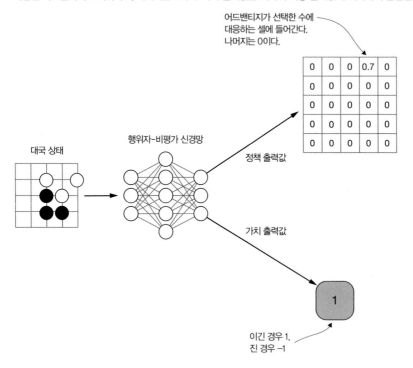

여기서 사용할 새로운 케라스 특징은 **손실 가중치**^{loss weights}다. 기본적으로 케라스는 각 출력값의 손실 함숫값을 더해서 전체 손실 함숫값을 구한다. 만약 손실 가중치를 명시하면 케라스에서는 각 손실 함숫값을 더하기 전에 가중치별로 손실 함숫값을 변환한다. 이를 통해 각 결과의 상대적 중요도를 조절할 수 있다. 실험 결과 가치 손실값이 정책 손실값 대비 크게 나오므로 가치 손실값을 반으로 줄였다. 실제로 신경망을 훈련해보고 손실 가중치를 다르게 조절할 수 있다.

TIP 케라스는 fit( )을 호출할 때마다 계산된 손실값을 출력한다. 출력값이 둘인 신경망은 손실값 두 개를 따로 출력한다. 이를 참고해서 설정한 값이 적당한지 확인할 수 있다. 만약 한 손실값이 다른 값 대비 너무 크다면 가중치를 조절해본다. 정밀도에 너무 얽매이지 말자.

다음 예제에서는 경험 데이터를 훈련 데이터로 변환한 후 훈련 목표에 대해 fit( )을 호출한다. 전반적인 구조는 10장과 11장에서 다룬 train( )과 유사하다.

예제 12-7 행위자-비평가 에이전트로 수 선택하기

```python
class ACAgent(Agent):
...
    def train(self, experience, lr=0.1, batch_size=128):
        opt = SGD(lr=lr)
        self.model.compile(
            optimizer=opt,
            loss=['categorical_crossentropy', 'mse'],
loss_weights=[1.0, 0.5])

        n = experience.states.shape[0]
        num_moves = self.encoder.num_points()
        policy_target = np.zeros((n, num_moves))
        value_target = np.zeros((n,))
        for i in range(n):
            action = experience.actions[i]
            policy_target[i][action] = experience.advantages[i]
            reward = experience.rewards[i]
            value_target[i] = reward

        self.model.fit(
            experience.states,
            [policy_target, value_target],
            batch_size=batch_size,
            epochs=1)
```

> lr(학습률)과 batch_size는 최적화기의 파라미터다. 이 내용은 10장을 참조하자.

> categorical_crossentropy는 10장에서와 마찬가지로 정책 출력값에 대한 것이다. mse(평균제곱오차)는 11장에서와 마찬가지로 가치 출력값에 대한 것이다. 여기서 값은 [예제 12-5]의 Model 생성자의 값과 같다.

> 가중치 1.0은 정책 출력값에 적용되고, 가중치 0.5는 가치 출력값에 적용된다.

> 10장의 인코딩 방식과 동일하지만 어드밴티지에 따라 가중치가 부여된다.

> 11장의 변환 구조와 동일하다.

이제 필요한 모든 요소를 갖췄으니 행위자-비평가 학습을 완전히 실행해보자. 결과를 빠르게 확인하기 위해 9×9 봇을 사용할 것이다. 전체 주기는 다음과 같다.

1 자체 대국 5000회를 한 단위로 실행한다.

2 한 단위가 끝날 때마다 에이전트를 훈련시켜서 이전 봇과 비교한다.

3 새 봇이 이전 봇에 대해 100 경기 중 60 경기 이상 이기면 에이전트가 성공적으로 향상되고 있는 것이다. 그럼 이 프로세스를 새 봇에 대해 실행한다.

4 갱신된 봇이 100 경기 중 60 경기 이상 이기지 못하면 다음 단위로 넘어가서 새로 훈련시킨다. 새 봇이 충분히 강해질 때까지 훈련을 진행한다.

100전 60승이란 기준은 다소 임의적이다. 봇이 운이 아니라 실력으로 충분히 강해졌다고 생각하는 횟수를 사용할 수 있다.

init_ac_agent 스크립트([예제 12-5] 참조)를 사용해서 봇을 초기화하자.

```
python init_ac_agent.py --board-size 9 ac_v1.hdf5
```

그러면 봇의 가중치가 기록된 ac_v1.hdf5라는 새 파일이 생긴다. 이때 봇의 경기 및 가치 추정치는 완전히 임의의 숫자다. 이제 자체 대국을 시작할 수 있다.

```
python self_play_ac.py \
--board-size 9 \
--learning-agent ac_v1.hdf5 \
--num-games 5000 \
--experience-out exp_0001.hdf5
```

자신의 GPU가 빠르지 않다면 나가서 커피를 사오거나 강아지와 산책하고 돌아와도 된다. self_play 스크립트가 끝나면 결과는 다음과 같을 것이다.

```
Simulating game 1/5000...
 9 ooxxxxxxx
 8 ooox.xx.x
 7 oxxxxooxx
 6 oxxxxxox.
 5 ooooxoxxx
 4 ooo.oooxo
 3 ooooooooo
 2 .oo.ooo.o
 1 ooooooooo
   ABCDEFGHJ
W+28.5
...
Simulating game 5000/5000...
 9 x.x.xxxxx
 8 xxxxx.xxx
 7 .x.xxxxoo
 6 xxxx.xo.o
 5 xxxxxxooo
 4 xooooooxo
```

```
 3 xoooxxxxo
 2 o.o.oxxxx
 1 ooooox.x.
   ABCDEFGHJ
B+15.5
```

그러면 경기 결과 묶음이 들어 있는 exp_0001.hdf5 파일이 생길 것이다. 다음에는 훈련에 들어간다.

```
python train_ac.py \
--learning-agent bots/ac_v1.hdf5 \
--agent-out bots/ac_v2.hdf5 \
--lr 0.01 --bs 1024 \
exp_0001.hdf5
```

이 명령에서는 ac_v1.hdf1에 들어 있는 신경망을 가지고 와서 exp_0001.hdf의 데이터에 대해 한 세대를 실행하고, ac_v2.hdf5에 갱신된 에이전트를 저장한다. 최적화기의 학습률은 0.01이고 배치 크기는 1024다. 결과는 다음과 같을 것이다.

```
Epoch 1/1
574234/574234 [==============================] - 15s 26us/step - loss:
    1.0277 - dense_3_loss: 0.6403 - dense_5_loss: 0.7750
```

이때 손실값은 dense_3_loss와 dense_5_loss로 나뉘어서 나온다는 걸 염두에 두자. 각각은 정책 출력값과 가치 출력값이다.

이제 eval_ac_bot.py 스크립트로 새로 갱신된 봇과 이전 봇을 비교해보자.

```
python eval_ac_bot.py \
--agent1 bots/ac_v2.hdf5 \
--agent2 bots/ac_v1.hdf5 \
--num-games 100
```

출력은 대략 다음과 같다.

```
...
Simulating game 100/100...
 9 oooxxxxx.
 8 .oox.xxxx
 7 ooxxxxxxx
 6 .oxx.xxxx
 5 oooxxx.xx
 4 o.ox.xx.x
 3 ooxxxxxxx
 2 ooxx.xxxx
 1 oxxxxxxx.
   ABCDEFGHJ
B+31.5
Agent 1 record: 60/100
```

이 경우 출력값은 100전 60승의 한계치를 넘었다는 것을 알 수 있다. 이를 통해 봇이 나름 유용하다는 합리적인 믿음을 가질 수 있다(위 내용은 단순한 예시므로 실제 결과는 다소 다를 수 있다). ac_v2 봇이 ac_v1 봇 대비 수치적으로 강하므로 ac_v2 봇이 자체 대국을 생성하도록 변경할 수 있다.

```
python self_play_ac.py \
--board-size 9 \
--learning-agent ac_v2.hdf5 \
--num-games 5000 \
--experience-out exp_0002.hdf5
```

변경이 완료되었으면 다시 훈련해서 평가한다.

```
python train_ac.py \
--learning-agent bots/ac_v2.hdf5 \
--agent-out bots/ac_v3.hdf5 \
--lr 0.01 --bs 1024 \
exp_0002.hdf5
python eval_ac_bot.py \
--agent1 bots/ac_v3.hdf5 \
--agent2 bots/ac_v2.hdf5 \
--num-games 100
```

이 경우는 이전처럼 성공적이지 않다.

```
Agent 1 record: 51/100
```

ac_v3 봇은 ac_v2 봇에 100전 51승밖에 거두지 못했다. 이 결과로는 ac_v3가 조금 더 강한지 아닌지 판별하기 어렵다. 안전한 결론은 기본적으로 ac_v2와 대략 비슷하다는 것이다. 하지만 실망하지 말자. 훈련 데이터를 좀 더 생성해서 다시 시도해보자.

```
python self_play_ac.py \
--board-size 9 \
--learning-agent ac_v2.hdf5 \
--num-games 5000 \
--experience-out exp_0002a.hdf5
```

train_ac 스크립트에 명령어로 여러 훈련 데이터를 넣어줄 수 있다.

```
python train_ac.py \
--learning-agent ac_v2.hdf5 \
--agent-out ac_v3.hdf5 \
--lr 0.01 --bs 1024 \
exp_0002.hdf5 exp_0002a.hdf5
```

각 경기 배치가 끝난 후 다시 ac_v2와 대결하자. 여기서는 만족스러운 결과가 나올 때까지 총 15000 경기(세 배치)를 실행했다.

```
Agent 1 record: 62/100
```

성공이다! ac_v2를 상대로 62승을 거두었고, 이 정도면 ac_v2보다 ac_v3가 더 강하다고 할 수 있다. 이제 자체 대국 생성용 봇을 ac_v3로 바꾸고, 이 주기를 반복할 것이다.

바둑봇이 이 행위자-비평가 구현만으로 얼마나 더 강해졌는지 판단하기는 불명확하다. 봇이 기본 전술을 학습할 수 있다는 것은 확인할 수 있었지만 이 능력은 어느 순간에는 멈출 것이다. 강화학습과 트리 탐색을 제대로 결합하면 봇이 어떤 사람보다 강해지도록 **훈련시킬 수 있을 것이다**. 이 내용은 14장에서 살펴본다.

12.5 요약

- **행위자-비평가 학습**은 정책 함수와 가치 함수를 한 번에 사용하는 강화학습 기법이다. 정책 함수는 결정을 어떻게 내려야 하는지 알려주고, 가치 함수는 훈련 과정을 향상시켜준다. 기존의 정책 경사 학습을 적용했던 문제에 행위자-비평가 학습을 적용할 수 있지만 행위자-비평가 학습이 보통 더 안정적이다.

- **어드밴티지**는 에이전트가 확인할 실제 보상값과 에피소드 중간에서의 기대 보상값 간 차이다. 바둑에서는 실제 경기 결과(승패)와 예상 가치(에이전트의 가치 함수에서 추정) 간 차이다.

- **어드밴티지**는 경기에서 중요한 결정을 명확하게 해준다. 학습 에이전트가 이기면 비기거나 지고 있다가 승리로 전환한 수의 어드밴티지값이 가장 커진다. 대국 결과가 정해진 후에 둔 수의 어드밴티지는 0에 가깝다.

- 케라스의 순차 신경망은 출력값을 여럿 가질 수 있다. 행위자-비평가 학습에서 이를 사용해서 단일 신경망에서 정책 함수와 가치 함수 모두를 사용할 수 있다.

Part **III**

전체는 부분의 합보다 크다

지금까지 전통적인 트리 탐색, 머신러닝, 강화학습과 관련된 많은 AI 기법을 학습했다. 각 기법 모두 강력하지만 모두 나름의 제약이 있다. 정말로 강한 바둑 AI를 만들려면 지금까지 배운 모든 것을 결합해야 한다. 이 조각을 맞추는 것은 고난도 기술적 노력이다. 3부에서는 바둑계와 AI계를 제패한 AI인 알파고의 구조를 다룰 것이다. 이 책의 끝에서는 알파고의 다음 버전인 알파고 제로의 우아하고 단순한 설계도를 볼 수 있을 것이다.

Part III

전체는 부분의 합보다 크다

13장 알파고 : 모든 AI 기법의 합작품

14장 알파고 제로 : 강화학습과 트리 탐색의 결합

알파고 : 모든 AI 기법의 합작품

이 장에서 다루는 내용

- 초인적인 능력을 갖춘 바둑봇 만들기 기본 원칙
- 트리 탐색, 지도 딥러닝, 강화학습을 사용해서 초인적 바둑봇 만들기
- 나만의 딥마인드 알파고 엔진 구현

딥마인드의 바둑봇인 알파고와 이세돌이 펼친 2016년 2국에서 37수를 두는 순간 바둑계는 충격에 휩싸였다. 천 번 가량의 대국을 둔 프로 기사인 마이클 레드먼드 $^{Michael\ Redmond}$ 는 생방송 중 놀라서 해설용 바둑판에 돌을 잘못 놓았다. 심지어 알파고가 수를 잘못 둔 줄 알고 해설용 바둑판에서 황급히 돌을 치우기도 했다. '나는 아직도 그 수가 어떻게 나왔는지 모르겠어요.' 다음날 레드먼드는 아메리칸 바둑 전자 저널 $^{American\ Go\ E-Journal}$ 에서 이렇게 말했다. 이전 시대 전 세계를 제패한 이세돌은 다음 수를 놓기 전에 이 판을 이해하는 데 12분이 걸렸다. [그림 13-1]은 이 전설의 수를 나타낸 것이다.

이 수를 일반적인 바둑 이론으로 설명하기란 불가능에 가깝다. 흑이 마늘모 $^{diagonal\ approach}$ 나 **어깨짚기** $^{shoulder\ hit}$ 를 두면 백이 우변을 따라 늘어서서 세를 구축하기 좋다. 만약 백이 세 번째 줄에 있고 흑이 네 번째 줄에 있다면 이는 흑은 중앙에 세를 구축하고 백은 우변에서 실익을 챙기는 바꿔치기가 될 수 있다. 하지만 백이 네 번째 줄에 있다면 백의 실리가 너무 커진다(이 책을 읽는 바둑기사가 있다면 과잉 단순화한 측면에 대해 사과드린다). 5번째 줄의 어깨짚기는 다소 초보적인 수로 보인다. 적어도 '알파 박사'가 전설과의 대국에서 5전 4승을 거두기 전까지는 그랬다. 어깨짚기는 알파고가 둔 신기한 수 중 첫 번째였다. 그리고 이제는 고수부터 바둑 동호회 회원까지 누구나 알파고의 수를 확인해보고 있다.

그림 13-1 알파고가 이세돌과의 2국에서 둔 전설의 어깨짚기. 이 수는 많은 프로 기사를 혼란에 빠뜨렸다.

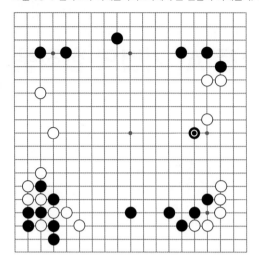

이제부터 알파고의 모든 구성 요소를 구현해보면서 알파고가 어떻게 동작하는지 학습하자. 알파고는 프로의 바둑 대국 기록을 사용하는 지도 딥러닝(5~8장), 자체 대국을 두는 심층 강화학습(9~12장), 심층 신경망으로 성능을 높이는 트리 탐색을 근사하게 결합해서 만든 산물이다. 여러분이 알파고 구성 성분을 이미 얼마나 알고 있는지 알면 깜짝 놀랄 것이다. 좀 더 정확히 말하면 여기서 상세히 소개할 알파고 시스템은 다음과 같이 작동한다.

- 먼저 수 예측을 위해 **두 심층 합성곱 신경망**(**정책 신경망**, policy network)을 훈련시킨다. 이 신경망 구조에서 하나는 좀 더 복잡하여 **더 정확한 결과**를 내고, 다른 하나는 더 작으며 **빠르게 결과**를 낸다. 그래서 이를 각각 **강한** 정책 신경망과 **빠른** 정책 신경망이라고 한다.

- 강하고 빠른 정책 신경망은 48개의 특징 평면과 이에 적합한 다소 복잡한 바둑판 변환기를 사용한다. 여기서는 6~7장에서 본 것보다 더 복잡한 구조를 사용하지만 익숙하게 느껴질 것이다. 13.1절에서는 알파고의 정책 신경망 구조를 다룬다.

- 정책 신경망의 훈련 단계를 마치면 13.2절에서 강한 정책 신경망을 사용해서 자체 대국을 둔다. 여기에 컴퓨팅 자원을 많이 사용하면 봇 성능도 엄청나게 향상될 것이다.

- 13.3절에서는 강한 자체 대국 신경망으로부터 **가치 신경망**(value network)을 만들어낼 것이다. 이로서 신경망 훈련이 끝나고, 여기서부터는 더 이상 딥러닝을 사용하지 않는다.

- 바둑을 둘 때는 기본적으로는 트리 탐색을 사용하지만 4장에서 배운 몬테카를로 롤아웃 대신 다음 단계를 알려주는 빠른 정책 신경망을 사용할 것이다. 또한 가치 함수의 결과에 따라 트리 탐색 알고리즘의 결과의 균형을 맞출 것이다. 이 놀라운 변화에 대해서는 13.4절에서 설명할 것이다.

- 훈련 정책의 전체 과정을 수행하고, 자체 대국을 치르고, 인간을 뛰어넘는 실력으로 대국을 치르는 데까지는 어마어마한 컴퓨터 자원과 시간이 필요하다. 13.5절에서는 알파고가 어떻게 지금처럼 강해졌는지 살펴보고 자체적으로 실험할 때 필요한 것을 알려줄 것이다.

[그림 13-2]는 지금까지 대략적으로 살펴본 전체 과정을 보여준다. 이 장 전반에 걸쳐 이 그림의 각 부분을 자세히 알아볼 것이다.

그림 13-2 알파고 AI를 움직이게 하는 세 개의 신경망을 훈련하는 방법. 사람의 대국 기록 모음으로 우선 작고 바른 신경망과 크고 강한 신경망 두 개가 다음 수를 예측할 수 있도록 훈련한다. 그 후 강화학습으로 큰 신경망의 성능을 훨씬 더 향상시킨다. 자체 대국 데이터로 가치 신경망을 훈련한다. 알파고는 이 세 신경망을 트리 탐색에 사용해서 놀랍도록 강력한 대국을 치르게 된다.

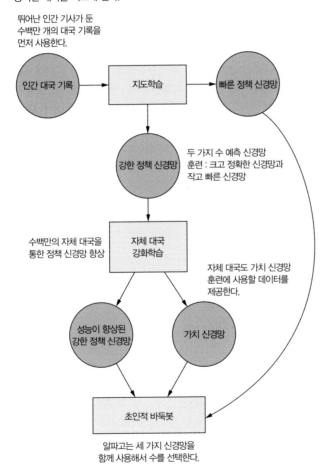

13.1 알파고의 신경망 훈련

알파고는 정책 신경망 두 개와 가치 신경망 하나, 총 세 개의 심층 신경망을 사용한다. 신경망이 세 개라고 하면 처음에는 많아 보인다. 하지만 이 절을 따라가다 보면 세 개의 신경망에서 사용하는 구조 및 입력 특징이 비슷하다는 것을 알게 될 것이다. 알파고에서 사용하는 딥러닝은 $5\sim12$장을 배우면서 매우 많은 부분을 알게 되었을 것이다. 세 개의 신경망을 만들고 훈련시키는 방법을 자세히 살펴보기 전에 알파고 시스템에서 각 신경망의 역할을 짧게 훑어보자.

- **빠른 정책 신경망**(fast policy network) : 이 바둑 수 예측 신경망은 7장과 8장에서 훈련시킨 신경망과 비슷한 크기다. 이 신경망의 목적은 가장 정확한 수 예측기가 아니라 수를 매우 빠르게 예측할 수 있는 좋은 예측기다. 이 신경망은 13.4절의 트리 탐색 롤아웃에서 사용된다. 4장에서 트리 탐색을 사용하려면 많은 것을 빠르게 만들어야 한다고 배웠다. 이 신경망에 대해서는 이 정도로 하고 다음 두 신경망에 초점을 맞출 것이다.
- **강한 정책 신경망**(strong policy network) : 이 바둑 수 예측 신경망은 속도가 아닌 정확도에 초점이 맞춰져 있다. 이 신경망은 빠른 신경망보다 더 단계가 많고 바둑 수를 두 배 이상 잘 예측한다. 빠른 신경망에 비해 이 신경망은 7장에서 했던 것처럼 사람의 대국 데이터로 훈련한다. 이 훈련 단계가 끝난 뒤 9장과 10장의 강화학습 기법을 활용해 강한 정책 신경망을 자체 대국의 출발점으로 삼는다. 이 단계에서 이 정책 신경망은 더 강해질 것이다.
- **가치 신경망**(value network) : 강한 정책 신경망이 둔 자체 대국에서 만들어지는 새 데이터셋은 가치 신경망을 훈련하는 데 사용된다. 구체적으로 말해 새 데이터셋과 11~12장에서 소개한 기법으로 이 가치 신경망을 훈련한다. 가치 신경망은 13.4절에서 필수적인 역할을 수행할 것이다.

13.1.1 알파고의 신경망 구조

이제 알파고에서 세 심층 신경망이 각각 어떤 역할을 하는지 알게 되었으니, 이제 이를 파이썬에서 케라스를 사용해서 어떻게 구축하는지 살펴보자. 코드를 보기 전에 신경망 구조를 간단히 살펴보자(합성곱 신경망의 용어가 잘 기억나지 않는다면 7장을 다시 살펴보도록 하자).

- 강한 정책 신경망은 13개 층으로 구성된 합성곱 신경망이다. 각 층에는 19×19 필터가 있다. 전체 신경망에 걸쳐 원래의 바둑판 크기를 일관되게 유지한다. 이를 위해 7장에서 했던 것처럼 입력값 크기도 조절해주어야 한다. 첫 번째 합성곱층의 커널 크기는 5고, 나머지 층의 커널 크기는 3이다. 마지막 층은 소프트맥스 활성화 함수를 사용하고 출력 필터 하나를 가지며, 이전 12개 층은 ReLU 활성화 함수를 사용하고 각각 출력 필터 192개를 가진다.
- 가치 신경망은 16개 층으로 구성된 합성곱 신경망으로, 처음 12개 층은 **강한 정책 신경망과 완전히 같다**. 13번째 층은 합성곱층이 하나 추가된 것으로, 2~12번째 층과 같은 구조. 14번째 층은 커널 크기 1에 출력 필터 하나를 갖는 합성곱층이다. 신경망은 두 밀집층으로 덮여 있다. 밀집층 하나는 256개 출력값과 ReLU 활성화 함수를 가지고, 마지막 층은 출력값 하나와 tanh 활성화 함수를 사용한다.

이렇듯 알파고 정책 신경망과 가치 신경망은 이미 6장에서 살펴본 합성곱 신경망과 같은 종류다. 이 두 신경망은 매우 비슷해서 같은 파이썬 함수 하나로 이 둘을 모두 정의할 수 있다. 하지만 그전에 케라스로 좀 더 간단하게 신경망을 정의할 수 있는 지름길을 소개하겠다. 7장에서 케라스의 ZeroPadding2D 유틸리티층으로 입력 이미지의 주변을 덧댔던 것을 기억해보자. 이렇게 해도 괜찮지만 덧대는 부분을 Conv2D층으로 옮기면 모델을 정의할 때 타이핑을 조금 덜할 수 있다. 가치 신경망과 정책 신경망 모두에서 합성곱층에 입력 이미지를 넣을 때 주변을 덧대서 크기를 19×19로 맞춰야 출력 필터에서 **동일한** 크기를 얻을 수 있다. 예를 들어 커널 크기 5의 다음 합성곱층에서 19×19 출력 필터를 생성하도록 첫 번째 층의 19×19 입력을 23×23 크기의 이미지로 만들도록 덧대는 대신 합성곱층이 입력 크기를 자동으로 처리하도록 하는 것이다. 합성곱층에 padding='same'이라고 명시하면 알아서 덧댈 것이다. 이 간편한 옵션을 활용해서 알파고의 정책 신경망과 가치 신경망에서 공통으로 사용되는 앞의 11개 층을 정의해보자. 이 정의는 깃허브 저장소의 dlgo.networks 모듈의 alphago.py에서 찾을 수 있다.

예제 13-1 알파고의 정책 신경망과 가치 신경망의 신경망 부분 초기화

```python
from keras.models import Sequential
from keras.layers.core import Dense, Flatten
from keras.layers.convolutional import Conv2D
```
> 이 불리언 표기를 사용해서 정책 신경망과 가치 신경망 중 어느 것을 정의하고 싶은지 명시할 수 있다.

```python
def alphago_model(input_shape, is_policy_net=False,
                  num_filters=192,
                  first_kernel_size=5,
                  other_kernel_size=3):
```
> 마지막 합성곱층을 제외한 모든 층은 필터 수가 같다.

> 첫 층은 크기가 5인 커널을 사용하고, 다른 층은 모두 크기가 3인 커널을 사용한다.

```python
    model = Sequential()
    model.add(
        Conv2D(num_filters, first_kernel_size, input_shape=input_shape,
        padding='same', data_format='channels_first', activation='relu'))

    for i in range(2, 12):
        model.add(
            Conv2D(num_filters, other_kernel_size, padding='same',
                data_format='channels_first', activation='relu'))
```
> 알파고의 정책과 가치 신경망의 처음 12개 층은 같다.

첫 층의 입력값 형태를 아직 정하지 않았다는 점을 염두에 두자. 정책 신경망과 가치 신경망의 형태가 다소 달라질 수 있기 때문이다. 다음 절에서 알파고 바둑판 변환기를 보게 되면 차이를

알 수 있을 것이다. 모델 정의를 계속하자. 강한 정책 신경망 정의에서 마지막 합성곱층 하나만 더 살펴보면 된다.

예제 13-2 케라스로 알파고의 강한 정책 신경망 만들기

```
if is_policy_net:
    model.add(
        Conv2D(filters=1, kernel_size=1, padding='same',
            data_format='channels_first', activation='softmax'))
    model.add(Flatten())
    return model
```

위 코드에서는 예측값을 평활화하고 5~8장에서 정의한 이전 모델 정의와의 일관성을 유지하기 위해 최종 Flatten층을 추가했다. 만약 이 대신 알파고의 가치 신경망을 반환하려고 한다면 두 개의 Conv2D층과 두 개의 Dense층, 이를 연결할 Flatten층 하나를 연결하면 된다.

예제 13-3 케라스로 알파고 가치 신경망 구축하기

```
else:
    model.add(
        Conv2D(num_filters, other_kernel_size, padding='same',
            data_format='channels_first', activation='relu'))
    model.add(
        Conv2D(filters=1, kernel_size=1, padding='same',
            data_format='channels_first', activation='relu'))
    model.add(Flatten())
    model.add(Dense(256, activation='relu'))
    model.add(Dense(1, activation='tanh'))
    return model
```

여기서 빠른 정책 신경망의 구조는 명시적으로 설명하지 않겠다. 빠른 정책의 입력 특징과 신경망 구조의 정의는 기술적으로 관련되어 있고, 이 신경망이 알파고 시스템을 더 깊이 이해하는 데 도움을 주지 않기 때문이다. 본인이 혼자 실험해볼 목적이라면 dlgo.networks 모듈의 작거나 중간 혹은 큰 크기(small, medium, large)의 신경망 중 하나를 사용하면 된다. 빠른 신경망의 핵심 개념은 빠르게 평가할 수 있도록 강한 정책 신경망보다 더 작은 신경망을 사용하는 것이다. 훈련 과정은 다음 절에서 더 자세히 설명할 것이다.

13.1.2 알파고 바둑판 변환기

알파고에서 사용하는 신경망 구조는 다 살펴봤으니 이제는 알파고 방식으로 바둑판 데이터를 변환하는 방법을 살펴보자. 이미 6장과 7장에서 dlgo.encoders 모듈에 저장해둔 몇 가지 바둑판 변환기(oneplane, sevenplane, simple 등)를 구현해봤다. 알파고에서 사용한 특징 평면은 지금까지 살펴봤던 것보다 아주 조금 더 복잡하지만 변환기의 본질적 특성은 마찬가지다.

알파고의 정책 신경망용 바둑판 변환기는 48개 특징 평면을 가진다. 가치 신경망은 평면 하나를 추가해서 이 특징을 강화한다. 이 48개 평면은 11개 개념으로 구성되어 있다. 그중 일부는 전에 사용했고 몇 가지는 처음 소개하는 것이다. 각각에 대한 자세한 내용도 살펴볼 것이다. 기본적으로 알파고는 지금껏 설명한 바둑판 변환기 예제보다 좀 더 바둑에 대한 전술적 상황을 반영한다. 대표적인 예가 **축 캡처**^{ladder captures}**와 활로**의 개념을 만드는 것이다(그림 13-3).

그림 13-3 알파고는 축을 포함하여 많은 바둑 전략 개념을 특징 평면에 직접 변환해 넣었다. 첫 번째 예시의 경우 백의 활로는 하나다. 즉, 흑이 다음 차례에 이 백을 따낼 수 있다. 백을 잡은 기사는 백돌의 활로를 늘린다. 하지만 흑이 다시 백의 활로를 하나로 줄인다. 이런 수가 바둑판 끝에 다다라서 흑이 백을 따낼 때까지 계속된다. 하지만 만약 백이 축에 있다면 잡히지 않을 수 있다. 알파고는 축의 성공 여부를 나타내는 특징 평면을 추가했다.

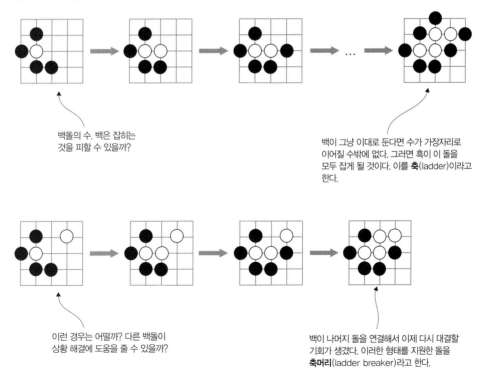

백돌의 수. 백은 잡히는 것을 피할 수 있을까?

백이 그냥 이대로 둔다면 수가 가장자리로 이어질 수밖에 없다. 그러면 흑이 이 돌을 모두 잡게 될 것이다. 이를 **축**(ladder)이라고 한다.

이런 경우는 어떨까? 다른 백돌이 상황 해결에 도움을 줄 수 있을까?

백이 나머지 돌을 연결해서 이제 다시 대결할 기회가 생겼다. 이러한 형태를 지원한 돌을 **축머리**(ladder breaker)라고 한다.

알파고의 모든 바둑판 변환기에서 꾸준히 사용한 기술은 **이항 특징**binary features이다. 예를 들어 활로(인접한 빈 점)를 막은 경우 바둑판의 각 돌에 대한 활로 수를 셀 때 하나의 특징 평면만 사용하는 것이 아니라 돌이 1, 2, 3, 혹은 그 이상의 활로를 가지고 있는지 명시하기 위한 평면을 이항적으로 나타내야 할 수 있다. 알파고에서도 동일한 개념을 사용하지만 8개 평면을 사용해서 숫자를 이진법으로 나타낸다. 활로의 예를 들면 돌이 1, 2, 3, 4, 5, 6, 7, 8개 활로를 갖는다면 이는 평면 8개가 필요하다는 뜻이다.

6~8장에서와 유일한 다른 점은 **각** 특징 평면에 대해 알파고에서는 돌 색을 명시적으로 표기한다는 점이다. 7장의 sevenplane 변환기를 보면 흑과 백에 대해 모두 활로용 평면이 있었다. 알파고에서는 활로를 세는 부분이 하나의 특징 집합뿐이다. 또한 모든 특징은 다음에 플레이할 선수의 관점에서 표현된다. 예를 들어 특정한 수로 잡힐 것 같은 돌 수를 세는 특징 집합은 현재 돌색이 무엇이든 **현재** 선수가 캡처할 돌 수를 세게 된다.

[표 13-1]에 알파고에서 사용한 모든 특징이 정리되어 있다. 처음 48개 평면은 정책 신경망에서 사용하고 나머지 하나만 가치 신경망에서 사용한다.

표 13-1 알파고의 특징 평면

특징 이름	평면 수	상세
돌 색	3	세 가지 특징 평면은 돌 색을 나타낸다. 현재 선수, 상대, 바둑판의 빈 점에 각각 하나씩 사용된다.
1	1	1로 꽉 찬 특징 평면
0	1	0으로 꽉 찬 특징 평면
적합한 수	1	가능한 수이면서 현재 선수의 눈을 채우지 않으면 1이고, 그렇지 않으면 0이다.
몇 회 전의 수	8	8개의 이항 평면으로 어떤 수가 놓인 후 몇 수가 지났는지를 센다.
활로	8	이 수와 관련된 이음의 활로를 특징 평면 8개에 나누어서 나타낸다.
수 이후의 활로	8	이 수를 두면 활로가 얼마나 생길까?
잡은 돌의 수	8	이 수로 주변의 돌이 몇 개나 잡힐까?
자충수	8	이 수를 두면 본인의 돌이 몇 개나 단수 상태에 빠지고, 다음 동작에서 상대에게 얼마나 잡힐까?
축잡기	1	이 돌이 축으로 잡힐까?
축에서 벗어남	1	가능한 축에서 모두 빠져나갈 수 있을까?
현재 돌 색	1	현재 플레이어가 흑이면 1, 백이면 0으로 채워진 평면이다.

이러한 특징을 구현한 내용은 깃허브 저장소의 dlgo.encoders 모듈의 alphago.py에서 찾아볼 수 있다. [표 13-1]의 각 특징 집합을 구현한 내용은 그리 어렵지 않으며, 우리 앞에 놓인 알파고를 구성하는 모든 흥미로운 부분과 비교했을 때 특별히 흥미롭지도 않다. 축 캡처(축으로 잡는 부분)를 구현하는 것은 다소 까다로우며, 수를 놓은 후 차례 개수를 변환하는 것은 바둑판 정의를 수정해야 한다. 이 기능을 어떻게 구현했는지 궁금하다면 깃허브의 구현 내용을 살펴보자.

AlphaGoEncoder가 어떻게 초기화되는지 짧게 살펴보고, 이를 심층 신경망 훈련에 사용해보자. 초기화에는 바둑판 크기와 49번째 특징 평면을 사용할지 명시하는 use_player_plane이라는 부울린값이 필요하다. 자세한 내용은 다음 예제를 참조하자.

예제 13-4 알파고 바둑판 변환기를 정의하고 초기화하기

```
class AlphaGoEncoder(Encoder):
    def __init__(self, board_size, use_player_plane=False):
        self.board_width, self.board_height = board_size
        self.use_player_plane = use_player_plane
        self.num_planes = 48 + use_player_plane
```

13.1.3 알파고 스타일의 정책 신경망 훈련하기

신경망 구조와 입력 특징이 준비된 상태에서 알파고의 정책 신경망 훈련의 첫 번째 단계는 7장에서 소개한 내용과 같다. 바로 바둑판 변환기와 에이전트를 정하고 바둑 데이터를 불러온 후이 데이터로 에이전트를 훈련하는 것이다. [그림 13-4]에 이 과정이 나와 있다. 좀 더 정교한 특징과 신경망을 사용한다고 이 내용이 달라지지는 않는다.

그림 13-4 알파고 정책 신경망의 지도 훈련 과정은 6장과 7장에서 다룬 내용과 완전히 같다. 사람의 경기 기록을 재생하며 경기 상태를 새로 생성한다. 각 경기 상태는 텐서로 변환한다(이 그림에서는 두 개의 평면으로 이루어진 텐서가 나오지만 알파고의 텐서는 48개 평면을 사용한다). 훈련 목표는 사람이 실제로 경기를 한 부분이 1로 채워진 바둑판과 같은 크기의 벡터다.

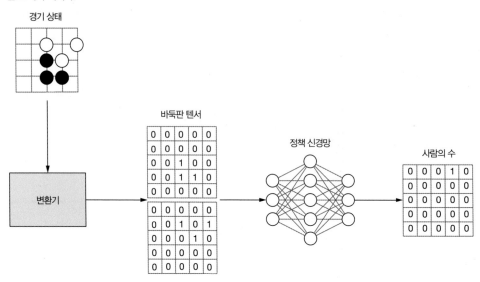

알파고의 강한 정책 신경망을 초기화하고 훈련하려면 7장에서 했던 것처럼 AlphaGoEncoder를 초기화하고, 훈련과 테스트에 사용할 두 바둑 데이터 생성기를 만들어야 한다. 깃허브의 examples/alphago/alphago_policy_sl.py에 이 단계의 내용이 들어 있다.

예제 13-5 알파고의 정책 신경망 훈련의 첫 번째 단계에 사용할 데이터 불러오기

```
from dlgo.data.parallel_processor import GoDataProcessor
from dlgo.encoders.alphago import AlphaGoEncoder
from dlgo.agent.predict import DeepLearningAgent
from dlgo.networks.alphago import alphago_model

from keras.callbacks import ModelCheckpoint
import h5py

rows, cols = 19, 19
num_classes = rows * cols
num_games = 10000

encoder = AlphaGoEncoder()
processor = GoDataProcessor(encoder=encoder.name())
generator = processor.load_go_data('train', num_games, use_generator=True)
test_generator = processor.load_go_data('test', num_games, use_generator=True)
```

다음으로 이 장 초반에서 정의한 alphago_model() 함수를 사용해서 알파고의 정책 신경망을 불러오고 범주형 교차 엔트로피와 확률적 경사하강법을 사용하는 케라스 모델을 컴파일할 수 있다. 이 모델은 지도학습^{supervised learning, sl}을 사용하는 정책 신경망이므로 alphago_sl_policy 라고 부르도록 하겠다.

예제 13-6 케라스를 사용해서 알파고 정책 신경망 만들기

```
input_shape = (encoder.num_planes, rows, cols)
alphago_sl_policy = alphago_model(input_shape, is_policy_net=True)

alphago_sl_policy.compile('sgd', 'categorical_crossentropy', metrics=['accuracy'])
```

이제 훈련의 첫 단계에서 남은 것은 7장에서 했던 것처럼 훈련 데이터 및 검정 데이터 생성기를 사용하여 이 정책 네트워크에서 fit_generator()를 호출하는 것이다. 더 큰 신경망과 더 복잡한 변환기를 사용하는 것과는 별개로 이는 기본적으로 6장부터 8장까지에서 했던 내용이다.

훈련이 끝나면 모델과 변환기를 사용하는 DeepLearningAgent를 만들고 저장해서 다음에 논의할 두 훈련 과정에 사용하자.

예제 13-7 정책 신경망 훈련 및 유지

```
epochs = 200
batch_size = 128
alphago_sl_policy.fit_generator(
    generator=generator.generate(batch_size, num_classes),
    epochs=epochs,
    steps_per_epoch=generator.get_num_samples() / batch_size,
    validation_data=test_generator.generate(batch_size, num_classes),
    validation_steps=test_generator.get_num_samples() / batch_size,
    callbacks=[ModelCheckpoint('alphago_sl_policy_{epoch}.h5')]
)

alphago_sl_agent = DeepLearningAgent(alphago_sl_policy, encoder)

with h5py.File('alphago_sl_policy.h5', 'w') as sl_agent_out:
    alphago_sl_agent.serialize(sl_agent_out)
```

단순하게 하기 위해 이 장에서는 알파고 논문에서와 같이 빠른 정책 신경망과 강한 정책 신경망을 따로 훈련할 필요가 없도록 했다. 작고 빠른 두 번째 정책 신경망을 훈련하는 대신 빠른

정책 신경망으로 alphago_sl_agent를 사용하면 된다. 다음 절에서는 이 에이전트를 강화학습의 출발점으로 삼아 정책 신경망을 강화하는 방법을 살펴보자.

13.2 정책 신경망으로 자체 대국 부트스트래핑

alphago_sl_agent로 상대적으로 강한 정책 에이전트를 훈련시켰으므로 이제 10장에서 다룬 정책 경사 알고리즘을 사용해서 이 에이전트가 자체 대국을 두도록 할 수 있다. 딥마인드의 알파고는 현재 가장 강한 버전과 **서로 다른 강한 정책 신경망**을 맞붙인다. 이는 13.5절에서 확인할 수 있다. 이 방식을 사용하면 과적합을 방지하고 전반적으로 성능이 더 나아지지만 alphago_sl_agent가 자체 대국을 두게 하는 단순한 접근 방식은 정책 에이전트를 더 강하게 만들기 위해 자기 플레이를 사용하자는 일반적인 생각을 전달한다.

다음 훈련 단계에서는 일단 지도학습 정책 신경망 alphago_sl_agent를 두 번 불러온다. 첫 번째 불러온 것은 alphago_rl_agent라고 부르는 새로운 강화학습 에이전트로 사용할 것이고, 두 번째는 이 에이전트의 상대 역할을 할 것이다. 이 단계는 깃허브의 examples/alphago/alphago_policy_sl.py에서 확인할 수 있다.

예제 13-8 두 자체 대국 상대를 만들기 위해 훈련 정책 신경망을 두 번 불러오기

```
from dlgo.agent.pg import PolicyAgent
from dlgo.agent.predict import load_prediction_agent
from dlgo.encoders.alphago import AlphaGoEncoder
from dlgo.rl.simulate import experience_simulation
import h5py

encoder = AlphaGoEncoder()

sl_agent = load_prediction_agent(h5py.File('alphago_sl_policy.h5'))
sl_opponent = load_prediction_agent(h5py.File('alphago_sl_policy.h5'))

alphago_rl_agent = PolicyAgent(sl_agent.model, encoder)
opponent = PolicyAgent(sl_opponent.model, encoder)
```

이어서 이 두 에이전트가 자체 대국을 두게 한 후 다음 훈련에 사용할 결과 경험 데이터를 저장하자. 이 경험 데이터는 alphago_rl_agent를 훈련하는 데 사용한다. 다음으로 훈련한 강화학

습 정책 에이전트와 자체 대국을 두어 얻은 경험 데이터를 저장하자. 이 데이터는 알파고의 가치 신경망을 훈련하는 데도 사용할 수 있다.

예제 13-9 PolicyAgent 학습에 사용할 자체 대국 데이터 생성

```
num_games = 1000
experience = experience_simulation(num_games, alphago_rl_agent, opponent)

alphago_rl_agent.train(experience)

with h5py.File('alphago_rl_policy.h5', 'w') as rl_agent_out:
    alphago_rl_agent.serialize(rl_agent_out)

with h5py.File('alphago_rl_experience.h5', 'w') as exp_out:
    experience.serialize(exp_out)
```

이 예제는 dlgo.rl.simulate의 experience_simulation( )이라는 유틸리티 함수를 사용한다는 것을 기억하자. 이 함수의 구현 내용은 깃허브에서 확인할 수 있다. 이 함수가 하는 역할은 두 에이전트가 특정 경기 수(num_games)만큼 자체 대국을 하도록 설정하고 9장에서 소개한 개념인 ExperienceCollector 형태로 경험 데이터를 반환하는 것이다.

알파고가 데뷔한 2016년 당시 가장 강한 오픈소스 바둑봇은 **파치**(부록 C에서 자세히 확인할 수 있다)로, 아마추어 2단 수준이었다. 알파고에서 간단히 강화학습 에이전트인 alphago_rl_agent로 다음 동작을 선택하게 하는 것만으로도 알파고의 파치전 승률이 85%에 달했다. 합성곱 신경망을 바둑 수 예측에 사용하는 것은 전에도 시도되었으나 파치와의 대국에서 10% 이상의 승률을 넘긴 적이 없었다. 이를 보면 심층 신경망을 사용해서 순수하게 지도학습만을 사용한 자체 대국으로도 꽤 강해질 수 있다는 것을 알 수 있다. 혼자서 실험하는 경우 봇이 이렇게 높은 등수에 들 수 있을 것이라고는 기대하지 말자. 아마도 많은 사람에게는 이만큼 등수를 올리기 위해 필요한 컴퓨팅 파워가 없을 것이다(투자하기도 어려울 것이다).

13.3 자체 대국 데이터로 가치 신경망 도출하기

알파고의 신경망 훈련 과정 중 세 번째이자 마지막 단계는 바로 앞에서 alphago_rl_agent에 사용했던 것과 **동일한 자체 대국 경험 데이터**를 사용해서 가치 신경망을 훈련하는 것이다. 이 단

계는 구조적으로 이전 단계와 비슷하다. 우선 알파고 가치 신경망을 초기화한 후 알파고 바둑판 변환기를 사용해서 ValueAgent를 초기화한다. 이 훈련 단계는 깃허브의 examples/alphago/alphago_value.py에도 나와 있다.

예제 13-10 알파고 가치 신경망 초기화

```
from dlgo.networks.alphago import alphago_model
from dlgo.encoders.alphago import AlphaGoEncoder
from dlgo.rl import ValueAgent, load_experience
import h5py

rows, cols = 19, 19
encoder = AlphaGoEncoder()

input_shape = (encoder.num_planes, rows, cols)
alphago_value_network = alphago_model(input_shape)

alphago_value = ValueAgent(alphago_value_network, encoder)
```

이제 자체 대국 경험 데이터를 다시 가져와서 다른 두 신경망처럼 이 데이터로 가치 에이전트를 훈련시킬 수 있다.

예제 13-11 경험 데이터로 가치 신경망 훈련하기

```
experience = load_experience(h5py.File('alphago_rl_experience.h5', 'r'))

alphago_value.train(experience)

with h5py.File('alphago_value.h5', 'w') as value_agent_out:
    alphago_value.serialize(value_agent_out)
```

이 시점에 만약 딥마인드의 알파고 팀 본부에 침입하여(그러면 안 된다) 본인이 알파고를 훈련시킨 것과 같은 방식으로 알파고 팀 사람들이 케라스를 사용하도록 한 후(그럴 리 없다) 빠른 정책 신경망, 강한 정책 신경망, 가치 신경망의 신경망 파라미터를 손에 넣는다면 초인 수준의 바둑봇을 갖게 될 것이다. 즉, 트리 탐색 알고리즘에서 이 세 심층 신경망을 적절하게 사용하는 방법을 알게 된다는 것이다. 다음 절에 이에 대한 내용이 모두 나와 있다.

13.4 정책 신경망과 가치 신경망을 사용한 탐색 개선

4장에서 순수 몬테카를로 탐색 트리를 바둑에 적용했을 때 게임 상태 트리를 다음과 같은 4단계로 구성했다.

1. **선택** : **하위 노드** 중에서 임의로 선택하는 방식으로 게임 트리를 횡단
2. **확장** : 트리에 새 **노드**(새 게임 상태) 추가
3. **평가** : 단말 노드가 추가된 상태에서 경기를 임의로 완전히 종료하는 것까지 시뮬레이션
4. **갱신** : 시뮬레이션이 완료되면 그에 따라 트리 상태를 갱신

많은 대국을 시뮬레이션할수록 통계량이 정확해지고 이를 사용해서 다음 수를 선택할 수 있다.

알파고 시스템은 보다 정교한 트리 탐색 알고리즘을 사용하며, 이 알고리즘의 많은 부분을 이미 앞에서 배웠다. 위 네 단계는 알파고의 MCTS 알고리즘에서도 마찬가지로 중요한 부분이지만 심층 신경망을 사용해서 위치 평가, 노드 확장, 통계 부분을 더 매끄럽게 처리할 수 있게 될 것이다. 이 장의 나머지 부분에서는 알파고의 트리 탐색 방식과 개선 방법을 다룬다.

13.4.1 신경망으로 몬테카를로 롤아웃 개선하기

13.1~13.3절에서 알파고의 빠른 정책 신경망, 강한 정책 신경망, 가치 신경망을 훈련하는 방법을 자세히 살펴봤다. 이 신경망을 몬테카를로 트리 탐색 개선에 어떻게 사용할 수 있을까? 우선 고려해야 할 것은 임의로 대국을 치르는 걸 멈추고 정책 신경망을 사용해서 롤아웃을 진행하는 것이다. **빠른** 정책 신경망은 바로 이 역할에 제격인데, 그 이유는 이미 이름에서 설명하고 있다. 롤아웃은 많은 것을 **빠르게** 해결해야 하기 때문이다.

다음 예제는 주어진 바둑판 상태에서 정책 신경망을 사용해서 수를 선택하는 방법을 보여준다. 경기가 끝날 때까지 가장 최선의 수를 선택한 후 현재 선수가 이기면 1을 반환하고 지면 −1을 반환한다.

예제 13-12 빠른 정책 신경망을 사용해서 롤아웃 실행하기

```
def policy_rollout(game_state, fast_policy):
    next_player = game_state.next_player()
    while not game_state.is_over():
```

```
        move_probabilities = fast_policy.predict(game_state)
        greedy_move = max(move_probabilities)
        game_state = game_state.apply_move(greedy_move)

    winner = game_state.winner()
    return 1 if winner == next_player else -1
```

정책 신경망은 기본적으로 동전 던지기보다 수 선택을 더 잘하므로 롤아웃 정책을 사용하는 것이 일단 더 낫긴 하다. 하지만 여전히 개선할 부분이 많다.

예를 들어 트리의 단말 노드에 있고 이를 확장해야 하는 경우 임의로 확장할 새 노드를 선택하지 말고 **좋은 수를 강한 정책 신경망에 물어볼 수 있다**. 정책 신경망은 모든 다음 수에 대한 확률분포를 제공하고, 각 노드는 이 확률을 따르므로 (정책에 따랐을 때의) 강한 수가 다른 수보다 선택될 확률이 더 높다. 이 노드의 확률은 다른 트리 탐색 전에 수가 얼마나 강한지에 대한 사전 지식을 제공하므로 이를 **사전확률**^prior probability 이라고 한다.

마지막으로 가치 신경망이 경기에 어떻게 사용될 수 있는지 살펴보자. 이미 임의로 추측하는 부분을 정책 신경망으로 대체함으로써 롤아웃의 성능을 향상시켰다. 하지만 여전히 각 노드는 단일 경기의 결과만 계산해서 이 노드가 얼마나 가치 있는지 구한다. 위치의 가치 추정은 가치 네트워크가 어떤 것이 좋은 것이라고 판단하는지 훈련한 것이므로 이에 대해서 이미 정교하게 추정하고 있을 것이다. 알파고가 하는 일은 가치 신경망의 출력에 따라 롤아웃의 결과에 **가중치를 매기는** 것이다. 이는 사람이 게임을 할 때 결정을 내리는 방식과 유사하다. 실제로 가능한 많은 수를 내다보고, 이전에 게임을 할 때 어땠는지도 고려한다. 좋은 것 같은 수 진행을 읽었다고 하면 이 위치가 좋지 않을 것 같다고 해도 수를 놓게 되고, 그 반대도 마찬가지다.

이제 알파고에 사용되는 세 심층 신경망이 각각 어떤 역할을 하고 그것들로 트리 탐색을 어떻게 개선시키는지 대충 감을 잡았을 테니 각각을 좀 더 자세히 살펴보도록 하자.

13.4.2 결합 가치 함수를 사용한 트리 탐색

11장에서는 **Q값**이라고도 하는 행동값을 바둑에 어떻게 적용하는지 살펴봤다. 그 내용을 잠시 요약해보면 현재 바둑판 상태 s와 가능한 다음 수 a가 있을 때 행동값 $Q(s,a)$는 현재 수 a가 상태 s에서 얼마나 좋은 수인지 추정한다. $Q(s,a)$의 정의도 곧 살펴볼 것이다. 일단은 알파고 탐색 트리의 각 노드에서 Q값을 저장한다는 것만 기억해두자. 또한 각 노드는 **방문수**를 추적하며, 이는 탐색에 의해 이 노드가 얼마나 자주 통과되었는지, **사전확률** $P(s, a)$나 강한 정책 신경망이 s에서 행동 a가 얼마나 가치 있는지 파악하는 데 쓰인다.

트리의 각 노드는 정확히 하나의 부모 노드를 가지지만 잠재적으로 여러 개의 **자식 노드**를 가질 수 있다. 따라서 파이썬 딕셔너리 매핑으로 수를 다른 노드에 연결할 수 있다. 이런 방식으로 다음과 같이 AlphaGoNode를 정의할 수 있다.

예제 13-13 알파고 트리의 노드 간단히 살펴보기

```python
class AlphaGoNode:
    def __init__(self, parent, probability):
        self.parent = parent
        self.children = {}

        self.visit_count = 0
        self.q_value = 0
        self.prior_value = probability
```

현재 진행 중인 경기를 살펴본다고 해보자. 이미 큰 트리가 만들어져 있고, 방문수와 행동값의 추정치도 있다. 이제 필요한 건 많은 경기를 시뮬레이션하고 경기 통계량을 얻어서 시뮬레이션이 끝난 후 가장 좋은 수를 선택하는 것이다. 경기 시뮬레이션을 하려면 트리를 어떻게 지나가야 할까? 현재의 경기 상태가 s고 방문수가 $N(s)$라고 한다면 다음과 같이 행동을 선택할 수 있다.

$$a' = \text{argmax}_a Q(s, a) + \frac{P(s, a)}{1 + N(s, a)}$$

이 식은 처음 보기에는 다소 복잡해보일 것이다. 그러므로 식을 하나하나 나눠서 살펴보자.

- argmax 표기는 공식 $Q(s, a) + P(s, a)/(1 + N(s, a))$를 최대로 만들 수 있는 파라미터 a를 구하는 것이다.
- 최대로 만들 항목은 Q값과 방문수로 **정규화**된 사전확률로 구성되어 있다.
- 처음에 방문수는 0으로, 동일한 가중치를 가진 $Q(s, a) + P(s, a)$를 최대로 만들게 된다.
- 방문수가 매우 크면 $P(s, a)/(1 + N(s, a))$는 무시해도 될 수준으로 작아질 것이므로 $Q(s, a)$에만 신경 쓰는 것이 효과적이다.
- 이 유틸리티 함수를 $u(s, a) = P(s, a)/(1 + N(s, a))$라고 하자. 다음 절에서는 $u(s, a)$를 살짝 고칠 것이지만 이 버전에서도 필요한 내용은 다 가지고 있다. 이 표기법을 사용하면 수를 선택할 때 $a' = \text{argmax}_a Q(s, a) + u(s, a)$라고 쓸 수 있다.

요약하면 Q값에 따라 사전확률에 가중치를 준 값으로 행동을 선택하는 것이다. 트리를 가로지르면서 방문수를 요약하고, Q에 대해 좀 더 나은 추정을 하면 천천히 **사전 추정치**^{prior estimation}보다 Q값을 더 신뢰할 수 있게 될 것이다. 이런 현상을 두고 사전 지식에 덜 의존하고 탐색을 더 많이 한다고 말할 수 있다. 본인의 게임 경험도 이와 유사할 것이다. 좋아하는 전략 보드게임을 밤새도록 한다고 생각해보자. 막 밤이 되었을 즈음에는 모든 사전 지식을 테이블에 늘어놓지만 밤이 점점 깊어갈수록 새로운 것을 발견하고 가능한 것과 안 되는 것들에 대한 믿음이 (아마도) 바뀔 것이다.

이것이 알파고가 기존의 트리에서 수를 **선택**하는 방식이다. 하지만 노드 l에서 트리를 **확장**할 때는 어떻게 할까? [그림 13-5]를 보자.

그림 13-5 알파고는 가능한 바둑판 위치별 평가에 사용할 두 독립 평갓값을 결합한다. 우선 바둑판 위치를 가치 신경망에 넣어서 추정 승리 확률을 바로 구한다. 다음으로 빠른 정책 신경망을 사용해서 해당 위치에서 경기가 끝났을 때 누가 이겼는지 구한다. 트리 탐색을 사용한 평가는 이 두 부분의 가중합이다.

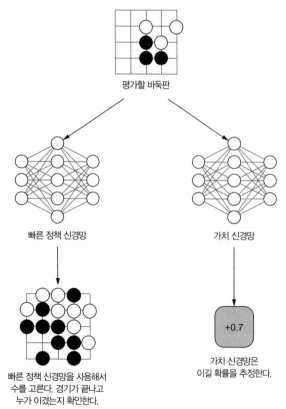

우선 강한 정책 신경망 $P(l)$의 예측값을 구하고 이를 l의 각 자식의 사전확률로 저장한다. 그리고 **정책 롤아웃과 가치 신경망을 결합**하여 다음과 같이 노드를 **평가**한다.

$$V(l) = \lambda \cdot \text{value}(l) + (1 - \lambda) \cdot \text{rollout}(l)$$

이 식에서 $\text{value}(l)$은 l의 가치 신경망 값이고, $\text{rollout}(l)$은 l에서의 빠른 정책 신경망 롤아웃의 경기 결과를 나타내며, λ는 0과 1 사이의 값으로 기본값은 0.5다.

한발짝 물러서서 트리 탐색으로 총 n 경기를 시뮬레이션하는 이유는 결국 수 선택을 위한 것임을 명심하자. 수 선택이 제대로 이루어지려면 시뮬레이션이 끝나고 방문수와 Q값을 갱신해야 한다. 방문수 갱신은 쉽다. 탐색에 걸린 노드에 방문수를 1 늘려주면 된다. Q값을 갱신하려면 모든 방문된 노드에 대해 $V(l)$을 더하고 이를 방문수로 나눈다.

$$Q(s,a) = \sum_{i=1}^{n} \frac{V(l_i)}{N(s,a)}$$

n번의 시뮬레이션에 대한 모든 값을 더하고 i번째 시뮬레이션에서 (s,a)에 해당하는 노드를 탐색한 경우 이 노드값도 더한다. 전체 과정을 요약하면 다음과 같다. 4장에서 학습한 4단계의 트리 탐색 과정을 어떻게 수정했는지 살펴보자.

1 **선택** : $Q(s,a) + u(s,a)$를 최대로 하는 행동을 선택하며 게임 트리를 돌아다닌다.
2 **확장** : 새 노드를 확장할 때 강한 신경망에 사전확률을 각 자식 노드에 저장하도록 요청한다.
3 **평가** : 시뮬레이션이 끝나면 빠른 정책 신경망을 사용한 롤아웃의 결과와 가치 신경망의 결과의 평균을 구해서 단말 노드를 평가한다.
4 **갱신** : 모든 시뮬레이션이 끝난 뒤 시뮬레이션에서 탐색한 노드의 방문수와 Q값을 갱신한다.

아직 논의하지 않은 한 가지는 시뮬레이션이 끝난 후 **경기**에서 수를 어떻게 선택하느냐에 관한 것이다. 이는 간단하다. 가장 많이 방문한 노드를 선택한다. 너무 간단하다고 생각할 수도 있지만 노드의 Q값이 높아질수록 해당 노드의 방문수도 더 많아질 것이라는 것을 기억하자. 시뮬레이션 후 노드의 방문수는 수의 상대적 가치를 알려주는 훌륭한 이정표가 된다.

13.4.3 알파고의 탐색 알고리즘 구현

알파고가 트리 탐색에 신경망을 어떻게 결합해서 사용하는지 논의했으니 파이썬으로 이 알고리즘을 구현해보자. 여기서는 알파고 방식에서 정의한 select_move( ) 메서드를 사용하는 에이전트를 만드는 것이 목적이다. 이 절의 코드는 깃허브의 dlgo/agent/alphago.py에 있다.

앞 절에서 살펴본 알파고 트리 노드의 전체 정의는 이미 완료된 상태에서 시작하도록 한다. AlphaGoNode의 부모와 자식 노드는 수 딕셔너리 형태로 다른 노드와 연결된다. 노드에는 visit_count, q_value, prior_value도 있다. 또한 이 노드의 **유틸리티 함수** u_value도 저장한다.

예제 13-14 파이썬으로 알파고 트리 노드 정의하기

```python
import numpy as np
from dlgo.agent.base import Agent
from dlgo.goboard_fast import Move
from dlgo import kerasutil
import operator


class AlphaGoNode:
    def __init__(self, parent=None, probability=1.0):
        self.parent = parent            # 트리 노드는 하나의 부모와
        self.children = {}              # 하나 이상의 자식을 가진다.

        self.visit_count = 0            # 노드의 초깃값은
        self.q_value = 0                # 사전확률이다.
        self.prior_value = probability  ←┘
        self.u_value = probability      ←─ 유틸리티 함수는
                                           탐색 중에 갱신된다.
```

노드는 트리 탐색 알고리즘의 세 부분에서 사용된다.

1 select_child( ) : 시뮬레이션에서 트리를 돌아다니면서 $\mathrm{argmax}_a Q(s, a) + u(s, a)$에 따라 노드의 자식 노드를 선택한다. 이때 Q값과 유틸리티 함수의 합을 최대로 하는 작업을 선택한다.

2 expand_children( ) : 단말 노드에서는 이 위치에서 가능한 모든 수를 평가하는 강한 정책 신경망을 호출하고 각각에 AlphaGoNode 인스턴스를 추가한다.

3 update_values( ) : 모든 시뮬레이션을 끝낸 후 결과에 따라 visit_count, q_value, u_value를 갱신한다.

처음 두 메서드는 다음 예제에서 볼 수 있듯이 매우 직관적이다.

예제 13-15 Q값을 최대화하는 알파고 자식 노드 선택

```
class AlphaGoNode():
    ...
    def select_child(self):
        return max(self.children.items(),
                key=lambda child: child[1].q_value + \
                child[1].u_value)

    def expand_children(self, moves, probabilities):
        for move, prob in zip(moves, probabilities):
            if move not in self.children:
                self.children[move] = AlphaGoNode(probability=prob)
```

알파고 노드의 요약 통계량을 갱신하는 세 번째 메서드는 조금 복잡하다. 우선 좀 더 복잡한 버전의 유틸리티 함수를 사용한다.

$$u(s,a) = c_u \sqrt{N_p(s,a)} \frac{P(s,a)}{1+N(s,a)}$$

이 유틸리티 함수에는 앞 절에서 소개한 버전보다 항이 두 개 더 있다. 하나는 c_u로, 코드에서는 c_u로 표현했다. 이 항은 모든 노드를 고정 **상수**배로 크게 하며, 기본값은 5다. 다음 항은 부모의 방문수에 제곱근을 취하는 유틸리티 함수다(해당 노드의 부모는 Np로 나타낸다). 이 항은 더 많이 방문된 부모 노드를 가진 노드가 더 많이 활용되도록 한다.

예제 13-16 방문수, Q값, 알파고 노드의 유틸리티 함수 갱신

```
class AlphaGoNode():
    ...
    def update_values(self, leaf_value):         ┌ 트리를 위에서 아래로 가로
        if self.parent is not None:              │ 지르도록 먼저 부모 노드를
            self.parent.update_values(leaf_value) ◁─┘ 갱신한다.

        self.visit_count += 1     ◁─┤ 이 노드의 방문수를 늘린다.

                                              ┌ 방문수 기준으로 정규화한
                                              │ Q값을 특정 단말 노드에
        self.q_value += leaf_value / self.visit_count  ◁─┘ 추가한다.
```

```
        if self.parent is not None:
            c_u = 5
            self.u_value = c_u * np.sqrt(self.parent.visit_count) \
                    * self.prior_value / (1 + self.visit_count)
```

현재 방문수로 유틸리티
함수를 갱신한다.

이제 `AlphaGoNode` 정의가 끝났다. 드디어 알파고의 탐색 알고리즘 트리 구조를 사용할 수 있게 되었다. 곧 구현할 `AlphaGoMCTS` 클래스는 여러 인수를 사용해서 초기화하는 에이전트다. 우선 이 에이전트에 빠른 정책 신경망, 강한 정책 신경망, 가치 신경망을 넣어주어야 한다. 다음으로 롤아웃, 평가와 관련해 알파고에서만 사용하는 다음 파라미터를 정의해주어야 한다.

- `lambda_value` : 롤아웃과 가치 함수 각각에 가중치를 추가할 때 사용하는 값이다.
  $$V(l) = \lambda \cdot \text{value}(l) + (1 - \lambda) \cdot \text{rollout}(l)$$
- `num_simulations` : 이 값은 수 선택 과정 중 얼마나 많은 시뮬레이션을 사용할지 명시한다.
- `depth` : 알고리즘에서 시뮬레이션별로 얼마나 많은 수를 내다볼지(탐색 깊이) 정한다.
- `rollout_limit` : 단말값을 결정할 때 정책 롤아웃 rollout(*l*)을 실행한다. 결과를 판단하기 전에 `rollout_limit` 파라미터를 사용하여 롤아웃할 수를 알파고에 알려준다.

예제 **13-17** 바둑 에이전트 AlphaGoMCTS 초기화

```
class AlphaGoMCTS(Agent):
    def __init__(self, policy_agent, fast_policy_agent, value_agent,
                 lambda_value=0.5, num_simulations=1000,
                 depth=50, rollout_limit=100):
        self.policy = policy_agent
        self.rollout_policy = fast_policy_agent
        self.value = value_agent

        self.lambda_value = lambda_value
        self.num_simulations = num_simulations
        self.depth = depth
        self.rollout_limit = rollout_limit
        self.root = AlphaGoNode()
```

그럼 이제 이 새 에이전트의 알고리즘에 묵직한 추를 매달 select_move() 메서드를 구현할 차례다. 앞서 알파고의 트리 탐색 과정을 살펴보았지만 그 과정을 다시 한 번 짚고 넘어가자.

- 수를 둘 때 해야 할 첫 번째 일은 게임 트리 시뮬레이션을 num_siumulations회 실행하는 것이다.
- 각 시뮬레이션에서 지정된 깊이(depth)까지 내다보는 탐색을 실행한다.
- 노드에 자식 노드가 없다면 가능한 각 수에 새 AlphaGoNode를 추가하고, 사전확률을 구하는 강한 정책 신경망을 사용해서 트리를 **확장**한다.
- 노드에 자식 노드가 있다면 Q값과 유틸리티를 최대로 만드는 수를 **선택**하여 노드를 선택한다.
- 이 시뮬레이션에서 사용한 수를 바둑판에 놓는다.
- 지정된 깊이에 도달하면 가치 신경망과 정책 롤아웃이 결합된 가치 함수의 값을 구하여 단말 노드를 **평가**한다.
- 모든 알파고의 노드를 시뮬레이션에서의 단말값을 사용해서 갱신한다.

이 과정이 바로 select_move( )에 구현할 내용이다. 이 메서드는 나중에 설명할 다른 두 유틸리티 메서드 policy_probabilities( ), policy_rollout( )에서 사용된다.

예제 13-18 알파고의 트리 탐색 과정의 핵심 메서드

```
class AlphaGoMCTS(Agent):
...
    def select_move(self, game_state):
        for simulation in range(self.num_simulations):      ← 현재 상태에서 수많은
            current_state = game_state                          시뮬레이션을 한다.
            node = self.root
            for depth in range(self.depth):                 특정 깊이에 도달할
                if not node.children:                       때까지 수를 둔다.
                    if current_state.is_over():    ← 현재 노드에 자식 노드가 없다면...
                        break
                    moves, probabilities =         ...강한 정책 신경망에서
        self.policy_probabilities(current_state)   확률을 받아와서 노드를
                    node.expand_children(moves, probabilities)   확장한다.

                move, node = node.select_child()             자식 노드가 있다면
                current_state = current_state.apply_move(move)   그중 하나를 선택한 후
                                                              해당하는 수를 둔다.
            value = self.value.predict(current_state)       가치 신경망과 빠른 정책 신경망
            rollout = self.policy_rollout(current_state)    롤아웃의 출력을 계산한다.

            weighted_value = (1 - self.lambda_value) * value + \
                self.lambda_value * rollout        ← 결합 가치 함수를
                                                      구한다.
            node.update_values(weighted_value)
        이 노드의 값을 백업 단계에서 갱신한다.
```

시뮬레이션을 모두 돌렸지만 아직 어떤 수도 두지 않았다는 것을 눈치 챘을 것이다. 가장 많이 방문된 노드의 수를 두면 된다. 이제 남은 것은 새 시작 노드를 설정하고 필요한 노드를 반환하는 것뿐이다.

예제 13-19 가장 많이 방문된 노드를 선택하고 트리의 시작 노드를 갱신한다.

```
class AlphaGoMCTS(Agent):
...
    def select_move(self, game_state):
    ...

        move = max(self.root.children, key=lambda move:          시작 노드로부터 가장
                    self.root.children.get(move).visit_count)     많이 방문된 자식 노드를
                                                                  다음 수로 선택한다.

        self.root = AlphaGoNode()                        선택된 수가 자식 노드인 경우 새 시작
        if move in self.root.children:              ◄─── 노드를 이 자식 노드로 설정한다.
            self.root = self.root.children[move]
            self.root.parent = None

        return move
```

알파고의 트리 탐색의 중심 과정이 끝났으니 앞서 남겨둔 두 유틸리티 메서드를 살펴보도록 하자. 노드 확장에 사용된 policy_probabilities( )는 강한 정책 신경망 예측값을 구하고, 이 예측을 가능한 수의 경우에만 적용한 후 정규화한다. 이 메서드는 가능한 수와 정규화된 정책 신경망 예측값을 모두 반환한다.

예제 13-20 바둑판에서 가능한 수에 대해 정규화된 강한 정책값 구하기

```
class AlphaGoMCTS(Agent):
...
    def policy_probabilities(self, game_state):
        encoder = self.policy._encoder
        outputs = self.policy.predict(game_state)
        legal_moves = game_state.legal_moves()
        if not legal_moves:
            return [], []
        encoded_points = [encoder.encode_point(move.point) for move in legal_moves
if move.point]
        legal_outputs = outputs[encoded_points]
```

```
normalized_outputs = legal_outputs / np.sum(legal_outputs)
return legal_moves, normalized_outputs
```

나머지 헬퍼 메서드는 빠른 정책 신경망 롤아웃을 사용해서 경기 결과를 계산하는 policy_rollout( )이다. 이 메서드의 역할은 롤아웃 한계에 도달할 때까지 빠른 정책 신경망에 따라 강한 수를 **적당히** 선택하고 누가 이겼는지 보는 것이다. 만약 다음에 둘 선수가 이기면 1, 다른 선수가 이기면 −1, 비기면 0을 반환한다.

예제 13-21 rollout_limit에 도달할 때까지 경기 진행하기

```
class AlphaGoMCTS(Agent):
...
    def policy_rollout(self, game_state):
        for step in range(self.rollout_limit):
            if game_state.is_over():
                break
            move_probabilities = self.rollout_policy.predict(game_state)
            encoder = self.rollout_policy.encoder
            valid_moves = [m for idx, m in enumerate(move_probabilities)
                            if Move(encoder.decode_point_index(idx)) in game_state.
legal_moves()]
            max_index, max_value = max(enumerate(valid_moves), key=operator.
itemgetter(1))
            max_point = encoder.decode_point_index(max_index)
            greedy_move = Move(max_point)
            if greedy_move in game_state.legal_moves():
                game_state = game_state.apply_move(greedy_move)

        next_player = game_state.next_player
        winner = game_state.winner()
        if winner is not None:
            return 1 if winner == next_player else -1
        else:
            return 0
```

지금까지 Agent 프레임워크를 개발하고 AlphaGo 에이전트를 구현하면서 사용한 것을 활용하면 AlphaGoMCTS 인스턴스로 바둑을 쉽게 둘 수 있다.

```
from dlgo.agent import load_prediction_agent, load_policy_agent, AlphaGoMCTS
from dlgo.rl import load_value_agent
import h5py

fast_policy = load_prediction_agent(h5py.File('alphago_sl_policy.h5', 'r'))
strong_policy = load_policy_agent(h5py.File('alphago_rl_policy.h5', 'r'))
value = load_value_agent(h5py.File('alphago_value.h5', 'r'))

alphago = AlphaGoMCTS(strong_policy, fast_policy, value)
```

이 에이전트는 7장부터 12장까지 개발했던 다른 모든 에이전트와 완전히 동일한 방식으로 사용할 수 있다. 특히 8장에서 했던 것처럼 이 에이전트에 대해 HTTP와 GTP 프론트엔드를 등록할 수 있다. 이렇게 하면 알파고 봇을 상대로 대국을 둘 수도 있고, 다른 봇과 대국을 시킬 수도 있으며, 온라인 바둑 서버(부록 E에서 설명할 OGS 같은)에 등록한 후 실행할 수도 있다.

13.5 각자의 알파고를 훈련할 때 실제로 고민해야 할 부분

앞 절에서 알파고에서 사용하는 트리 탐색 알고리즘의 가장 기본적인 버전을 만들었다. 이 알고리즘은 초인적으로 바둑을 둘 수 있게 하지만 그렇게 되려면 세부적인 내용도 살펴봐야 한다. 알파고에서 사용하는 세 심층 신경망 훈련이 잘되어야 할 뿐 아니라 트리 탐색 시뮬레이션이 충분히 빨리 실행되어 알파고가 다음 수를 제시할 때까지 무수한 시간 동안 기다리지 않도록 해야 한다. 다음은 알파고를 최대한 잘 사용하기 위해 짚고 넘어가야 할 점이다.

- 훈련의 첫 번째 단계인 정책 신경망 지도학습은 KGS의 160,000 경기 데이터에서 3천만 개의 상태를 변환해서 실행했다. 딥마인드의 알파고팀은 총 3억 4천만 개의 훈련 단계를 계산했다.

- 좋은 소식이라면 여러분도 동일한 데이터셋을 사용할 수 있다는 것이다. 딥마인드에서 사용한 데이터셋은 7장에서 소개한 KGS 훈련 데이터셋이다. 기본적으로 동일한 훈련 단계를 실행한다고 해도 아무런 문제가 없다. 하지만 나쁜 소식도 있다. 최신 GPU를 가지고 있더라도 훈련 과정이 몇 년은 걸리지 않을 수 있지만 몇 달은 걸린다는 것이다.

- 알파고 팀은 이 문제를 해결하기 위해 50개 GPU로 훈련 과정을 **분산**시켰고, 훈련에 3주가 걸렸다. 이는 여러분을 위해 좋은 방법은 아니다. 여기서는 심층 신경망을 분산 환경에서 실행하는 방법을 설명하지 않았다.

- 따라서 만족스런 결과를 얻으려면 각 연산 부분을 간단히 만들어야 한다. 7장이나 8장에서 설명한 바둑판 변

환기 중 하나를 사용하고 이 장에서 설명한 알파고의 정책 신경망과 가치 신경망보다 훨씬 작은 신경망을 사용하자. 또한 일단 작은 훈련 데이터셋으로 시작하면 훈련 과정이 진행되는 것을 볼 수 있을 것이다.

- 자체 대국의 경우 딥마인드에서는 3천만 개의 서로 다른 수를 생성했다. 이는 실제로 만들 수 있을 거라 생각하는 수의 개수보다 엄청나게 많은 숫자다. 일단 지도학습으로 사람이 두는 수만큼 많은 자체 대국 수를 만들어보자.

- 이 장에 나온 큰 신경망을 그대로 가져다 매우 적은 데이터로 훈련하면 더 많은 데이터로 작은 신경망을 훈련하는 것보다 더 안 좋은 결과가 나올 것이다.

- 빠른 정책 신경망은 롤아웃에서 빈번하게 사용되므로 트리 탐색 속도를 빠르게 하려면 빠른 정책 신경망이 초반에는 6장에서 사용한 신경망 같이 정말 작은 크기여야 한다.

- 앞에서 구현한 트리 탐색 알고리즘은 시뮬레이션 결과를 **순차적으로** 구한다. 이 과정을 빠르게 하기 위해 딥마인드에서는 탐색 스레드를 총 40개 사용해서 탐색 과정을 **병렬**로 처리했다. 병렬 버전에서는 여러 GPU를 사용해서 병렬로 심층 신경망을 평가하고, 여러 CPU를 사용해서 트리 탐색의 다른 부분을 실행했다.

- 여러 CPU를 사용해서 트리 탐색을 실행하는 것은 기본적으로는 가능하지만(7장에서 데이터 준비에 멀티스레드를 사용한 것을 생각해보자) 여기에서 다룰 내용은 아니다.

- 대국 경험 향상을 위해서는 정확도와 성능의 트레이드오프가 필요하고, 이를 위해 시뮬레이션 수와 탐색 깊이를 줄일 수 있다. 이렇게 하면 초인적 성능은 안 나오겠지만 컴퓨터와 경기를 진행할 정도는 될 것이다.

이 시점에서 알 수 있듯이 이 새로운 방식으로 지도학습과 강화학습에 트리 탐색을 결합한 방식은 매우 놀라운 위업임을 알 수 있었으며, 신경망 훈련, 평가, 트리 탐색을 확장하려는 기술적인 노력이 고수보다 더 바둑을 잘 두는 최초의 봇을 만드는 데 기여한 공이 크다.

마지막 장에서는 알파고 시스템의 다음 단계를 살펴볼 것이다. 알파고의 다음 버전은 인간 기사의 대국 기록을 통한 지도학습 단계를 건너뛰지만 이 장에서 구현한 원래의 알파고 시스템보다 더 강하다.

13.6 요약

- 알파고 시스템을 강력하게 하는 데 정책 신경망 두 개와 가치 신경망 하나, 총 세 개의 심층 신경망을 훈련한다.

- 빠른 정책 신경망은 인간 기사의 대국 데이터를 사용해서 훈련한다. 이 신경망은 알파고의 트리 탐색 알고리즘의 많은 롤아웃을 실행할 수 있을 정도로 빨라야 한다. 롤아웃의 결과는 단말 노드 위치를 평가하는 데 사용한다.

- 강한 정책 신경망은 처음에는 사람의 데이터로 훈련하지만 이후 정책 경사 알고리즘을 사용한 자체 대국을 두어 성능을 향상시킨다. 알파고의 이 신경망은 노드 선택 시 사전확률을 구하는 데 사용한다.
- 가치 신경망은 자체 대국을 통해 생성된 경험 데이터를 사용해서 훈련하고, 정책 롤아웃과 결합해서 단말 노드의 위치 평가를 하는 데 사용한다.
- 알파고에서 수를 선택한다는 것은 무수한 시뮬레이션을 생성하고, 게임 트리를 돌아다니는 것을 의미한다. 시뮬레이션 단계가 끝난 후 가장 많이 방문된 노드를 선택한다.
- 시뮬레이션에서 Q값에 유틸리티를 더한 값을 최대로 하는 노드를 **선택**한다.
- 단말 노드에 도달하면 강한 정책 신경망으로 사전확률을 생성한 후 이를 사용해서 노드를 **확장**한다.
- 가치 신경망의 출력과 빠른 정책 롤아웃의 결과를 합친 결합 가치 함수를 사용해서 단말 노드를 평가한다.
- 알고리즘의 백업 단계에서는 선택한 행동에 따라 방문수, Q값, 유틸리티값을 갱신한다.

CHAPTER 14

알파고 제로 : 강화학습과 트리 탐색의 결합

이 장에서 다루는 내용

- 몬테카를로 트리 탐색을 변형해서 게임에 사용하기
- 트리 탐색과 자체 경기를 결합해서 강화학습에 적용하기
- 트리 탐색 알고리즘 강화를 위해 신경망 훈련하기

딥마인드가 알파고의 두 번째 버전인 코드명 '마스터'를 공개하자 전 세계의 바둑팬은 이 마스터의 충격적인 경기 방식을 하나씩 뜯어봤다. 마스터의 경기 방식은 한 수 한 수가 놀라웠다. 마스터는 사람의 대국 기록에서 무작위로 수를 선택하는 부트스트랩 방식을 사용했지만 지속적인 강화학습으로 실력을 향상시켜서 사람이 두지 않은 새로운 수를 발견할 수 있게 되었다.

여기서 우리는 빤한 질문을 하게 된다. 만약 알파고가 기존에 사람이 둔 수를 전혀 참고하지 않고 완전히 강화학습만으로 학습을 한다면 어떨까? 그래도 바둑계의 초인 수준일까 아니면 초심자 단계로 떨어질까? 혼자서도 고수들이 둔 패턴을 만들어낼 수 있을까 아니면 아예 외계인처럼 바둑을 두게 될까? 이에 대한 모든 답은 2017년에 발표한 알파고 제로^{AlphaGo Zero, AGZ}를 통해 만나볼 수 있다.

알파고 제로는 향상된 강화학습 시스템을 사용해서 만들어졌고, 사람이 둔 대국 기록도 전혀 사용하지 않고 완전히 처음부터 훈련해서 만들어졌다. 알파고 제로의 첫 경기는 웬만한 초심자의 경기보다도 엉망이었지만 AGZ의 실력은 꾸준히 향상해서 기존 알파고의 능력을 빠르게 넘어섰다.

가장 놀라운 점은 알파고 제로가 어떻게 더 적은 자원으로 훨씬 더 많은 능력을 갖추게 되었는

지다. AGZ는 기존 알파고보다 훨씬 단순하다. 직접 만들어야 하는 특징 평면도 없다. 사람이 둔 대국 기록도 없다. 몬테카를로 롤아웃도 없다. 기존 버전에서는 두 신경망과 세 훈련 과정을 사용했지만 알파고 제로는 하나의 신경망과 하나의 훈련 과정만 사용한다.

하지만 알파고 제로는 기존 알파고보다 강하다! 어떻게 이럴 수 있을까?

첫 번째로 AGZ는 정말 큰 신경망을 사용한다. 가장 강력한 AGZ 버전은 기존 알파고 신경망의 4배 이상 크기인 80개 합성곱층을 사용하는 거대한 신경망을 사용한다.

두 번째로 AGZ는 혁신적이고 새로운 강화학습 기법을 사용한다. 기존 알파고는 10장에서 설명한 것과 같은 방식으로 정책 신경망을 단독으로 훈련한 후 이를 트리 탐색을 강화하는 데 사용했다. 반면 AGZ는 트리 탐색과 강화학습을 처음부터 결합해서 사용한다. 이 알고리즘이 이 장의 주 내용이다.

일단 AGZ에서 훈련하는 신경망 구조를 살펴보자. 그리고 트리 탐색 알고리즘을 좀 더 자세히 들여다보자(AGZ는 자체 대국과 실제 경기에서 같은 트리 탐색을 사용한다). 그 후 AGZ가 경험 데이터로부터 신경망을 훈련시키는 방법을 살펴보고, 마지막으로 AGZ가 훈련 과정을 안정적이고 효율적으로 만드는 데 사용하는 몇 가지 실질적인 트릭을 짧게 살펴본다.

14.1 트리 탐색용 신경망 만들기

알파고 제로는 입력값 하나와 출력값 둘을 가지는 단일 신경망을 사용한다. 하나의 출력값은 수의 확률분포를, 다른 하나는 이 경기가 흑이 이길 것 같은지 백이 이길 것 같은지 나타내는 단일 수치를 생성한다. 이는 12장의 행위자-비평가 학습 방식과 같은 구조다.

12장에서 다룬 신경망과 AGZ 신경망의 출력에는 작은 차이점 하나뿐이다. 바로 차례를 넘기는 방법이다. 이전에 자체 대국을 구현했을 때는 차례를 넘기는 방법을 직접 코드에 작성했다. 9장의 PolicyAgent를 사용하는 자체 대국봇에는 눈을 채우지 못했을 때는 본인의 돌을 치우는 자체 규칙이 들어 있었다. 유일한 가능한 수가 자충수이면 PolicyAgent는 차례를 넘긴다. 이를 통해 자체 대국이 합리적으로 이루어진다.

AGZ는 자체 대국 시 트리 탐색을 사용하므로 따로 규칙을 추가할 필요가 없다. 차례를 넘기는 것도 수를 두는 것과 마찬가지로 처리하면 되고, 봇이 언제 차례를 넘기는 것이 적절한지 알아서 배우기를 기대하면 된다. 트리 탐색을 통해서 돌을 두면 질 것 같다고 판단하게 되면 차례를 넘기는 것을 선택하면 된다. 이는 행동 후 바둑판의 모든 점에 대해 차례를 넘기는 것에 대한 확률을 구해야 한다는 것을 의미한다. 신경망이 바둑판의 각 점을 나타내는 $19 \times 19 = 361$ 크기 벡터 대신 $19 \times 19 + 1 = 362$ 크기 벡터를 생성해서 각 점의 확률과 차례를 넘기는 것에 대한 확률을 모두 만들어내는 것이다. [그림 14-1]에 이 새로운 수를 변환하는 과정을 나타냈다.

그림 14-1 가능한 수를 벡터로 변환하는 과정. 이전 장에서와 마찬가지로 AGZ는 각 원소가 바둑판의 점에 대응되는 벡터를 사용한다. AGZ에서는 이 벡터 끝에 차례를 넘기는 것에 대응하는 원소를 추가한다. 이 예시는 5×5 바둑판을 예로 든 것으로, 이 벡터는 25개 각 점에 차례 넘기는 것 1개가 추가된 26차원이다.

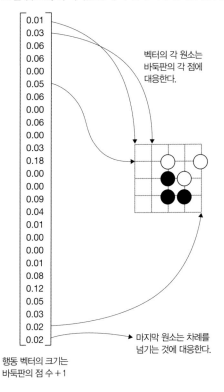

이는 바둑판 변환기를 약간 고쳐야 함을 의미한다. 이전 바둑판 변환기에서는 벡터의 원소와 바둑판의 점 간에 변환을 시켜주는 encode_point( )와 decode_point_index( )를 구현했다. AGZ 스타일 바둑봇에서는 이 두 함수를 encode_move( )와 decode_move_index( )로 대체해야 한다. 돌을 놓는 것을 변환하는 것은 그대로다. 마지막 인덱스가 차례를 넘길 때 사용하는 것만 고쳐주면 된다.

```
class ZeroEncoder(Encoder):
...
    def encode_move(self, move):
        if move.is_play:
            return (self.board_size * (move.point.row - 1) +
                (move.point.col - 1))
        elif move.is_pass:
            return self.board_size * self.board_size
        raise ValueError('Cannot encode resign move')

    def decode_move_index(self, index):
        if index == self.board_size * self.board_size:
            return Move.pass_turn()
        row = index // self.board_size
        col = index % self.board_size
        return Move.play(Point(row=row + 1, col=col + 1))

    def num_moves(self):
        return self.board_size * self.board_size + 1
```

이전 변환기에서 사용한 것과 동일한 점 변환기

다음 인덱스는 차례 넘기기를 나타낸다.

신경망은 돌 던지는 것을 학습하지 않았다.

차례 넘기기를 제외하면 AGZ 신경망의 입력값과 출력값은 12장에서 다룬 내용과 같다. 신경망의 내부 층에서 AGZ는 훈련을 더 부드럽게 만드는 몇 가지 현대적 장치(이 장의 끝에서 간단히 다룰 것이다)를 더한 극도로 깊은 합성곱층의 스택을 사용했다. 큰 신경망은 강력하지만 훈련하고 자체 대국을 두는 데 더 많은 연산을 요구한다. 딥마인드와 같은 종류의 하드웨어를 사용할 수 없다면 더 작은 신경망을 사용할 수 있다. 필요에 따라 실험 시 정확도와 속도 간에 적당한 균형을 찾도록 하자.

바둑판 변환에는 6장에서 다룬 기본 변환기부터 13장에서 다룬 48개 평면 변환기까지 필요한 형태를 아무거나 사용하면 된다. 알파고 제로에서는 가장 단순한 변환기를 사용한다. 바둑판에서의 흑과 백의 위치에 다음 차례가 어느 쪽인지 나타내는 정보만 변환한다(패를 다루면서 AGZ는 이전 7번의 바둑판 위치도 특징 평면에 저장한다). 하지만 경기 관련 특징 평면을 사용하지 않는 특별한 기술적 이유는 없다. 단지 학습을 빠르게 하기 위함이다. 간혹 연구자들은 가능성만을 증명할 목적으로 사람의 지식을 최대한 제거하기도 한다. 각자 실험에서는 AGZ 강화학습 알고리즘을 사용할 때 원하는 대로 서로 다른 특징 평면의 조합을 시도해볼 수 있다.

14.2 신경망으로 트리 탐색 안내하기

강화학습에서 **정책**은 어떻게 결정할지 에이전트에 알려주는 알고리즘이다. 앞서 강화학습 예제로 다룬 정책은 상대적으로 단순했다. 10장에서 다룬 정책 경사 학습과 12장에서 다룬 행위자-비평가 학습에서 신경망이 어떤 수를 직접 골라야 할지 알려줬다. 이런 것이 정책이다. 11장에서 다룬 Q-학습에서 정책은 각 가능한 수에 대한 Q값을 구하는 데 관여했고, 그중 가장 높은 Q값을 가진 수를 선택했다.

AGZ 정책은 트리 탐색 형태를 포함한다. 이 정책에서도 여전히 신경망을 사용하지만 여기서의 신경망의 목적은 직접 수를 고르거나 평가하는 것이 아닌 트리 탐색을 안내하는 역할이다. 자체 대국 중 트리 탐색을 포함함으로써 자체 대국을 더 실제적으로 두게 된다. 즉, 훈련 과정이 더 안정적이다.

트리 탐색 알고리즘의 개념은 이미 앞에서 배웠다. 4장의 몬테카를로 트리 탐색 알고리즘과 13장에 나온 원래의 알파고 내용을 학습했다면 알파고 제로 트리 탐색 알고리즘도 익숙할 것이다. [표 14-1]은 이 세 알고리즘을 비교한 것이다. 우선 AGZ가 게임 트리를 나타내는 데 사용하는 데이터 구조를 알아본 뒤 AGZ가 게임 트리에 새 위치를 추가할 때 사용하는 알고리즘을 살펴볼 것이다.

표 14-1 트리 탐색 알고리즘 비교

	MCTS	알파고	알파고 제로
가지 선택	UCT 점수	UCT 점수 + 정책 신경망의 사전확률	UCT 점수 + 결합 신경망의 사전확률
가지 평가	임의 경기 진행	가치 신경망 + 임의 경기 진행	결합 신경망의 가치

보드게임에 적용하는 트리 탐색 알고리즘의 기본 개념은 최상의 결과를 내는 수를 탐색하는 것이다. 이는 다음에 올 수에서 가능한 이음을 탐색하는 방식으로 이루어진다. 하지만 가능한 이음의 수는 어마어마하므로 매우 작은 비율의 가능한 이음만을 탐색하여 결정을 내리도록 해야 한다. 트리 탐색 알고리즘의 기술과 과학은 가장 짧은 시간에 최적의 결과를 얻기 위해 탐색할 가지를 선택하는 방법에 있다.

MCTS에서와 마찬가지로 AGZ 트리 탐색 알고리즘은 여러 라운드에 대해 진행되고, 매 라운드에서 트리에 새로운 바둑판 위치를 추가한다. 더욱 더 많은 라운드를 진행할수록 트리는 점점 더 커지고, 알고리즘은 점점 더 정확히 예측하게 된다. 더 빠른 이해를 위해 이미 알고리즘을 진행 중이라고 생각해보자. 이미 부분적으로 트리를 구축했으며, 그 트리에 새 바둑판 위치를 추가해서 확장할 것이다. [그림 14-2]는 이런 게임 트리 예제를 보여주고 있다.

게임 트리의 각 노드는 가능한 바둑판 위치를 나타낸다. 이 위치에서 다음에 이어질 수가 가능한 수라는 것도 알고 있다. 알고리즘은 이 중 몇 개의 다음 수를 이미 방문했지만 모든 수를 다 방문한 것은 아니다. 각각 다음 수(방문한 것이든 아니든)에 대한 **가지**를 만든다. 각 가지는 다음 값을 추적한다.

- **수의 사전확률** : 방문하기 전에 이 수가 얼마나 좋을지 나타낸다.
- **방문수** : 트리 탐색 중 이 가지를 몇 번 방문했는지 나타낸다. 이 값은 0이 될 수도 있다.
- **이 가지를 통과한 모든 방문에 대한 기댓값** : 이 트리의 모든 방문에 대한 평균값이다. 이 평균값을 쉽게 갱신하려면 모든 값의 합을 저장한 후 평균을 구하기 위해 방문수로 나누면 된다.

그림 14-2 AGZ 방식 탐색 트리의 일부. 현재 수를 둘 차례는 흑돌이고, 탐색을 통해 그림과 같이 세 가능한 상태를 찾아냈다. 트리에는 탐색으로 기존에 둬본 적 없던 수도 포함되어 있다. 이런 수는 굉장히 많지만 지면상 생략했다.

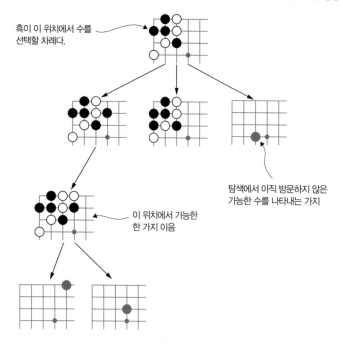

흑이 이 위치에서 수를
선택할 차례다.

이 위치에서 가능한
한 가지 이음

탐색에서 아직 방문하지 않은
가능한 수를 나타내는 가지

방문한 가지의 노드는 **자식 노드**에 대한 포인터도 가지고 있다. 다음 예제는 가지별 통계를 저장하기 위한 간단한 Branch의 구조를 정의한다.

예제 14-2 가지 통계 추적용 구조

```
class Branch:
    def __init__(self, prior):
        self.prior = prior
        self.visit_count = 0
        self.total_value = 0.0
```

이제 탐색 트리를 나타내는 구조를 만들 수 있다. 다음 예제는 ZeroTreeNode 클래스를 정의한 예다.

예제 14-3 AGZ 방식 탐색 트리의 노드

```
class ZeroTreeNode:
    def __init__(self, state, value, priors, parent, last_move):
        self.state = state
        self.value = value
        self.parent = parent                 │ 트리의 첫 부분에서 parent와
        self.last_move = last_move           │ last_move는 모두 None이다.
        self.total_visit_count = 1
        self.branches = {}

        for move, p in priors.items():
            if state.is_valid_move(move):                 │ 자식 노드는 Move에서
                self.branches[move] = Branch(p)           │ 다음 ZeroTreeNode로
        self.children = {}                           ◁─── │ 연결된다.

    def moves(self):                     │ 이 노드에서 모든 가능한 수의
        return self.branches.keys()      │ 리스트를 반환한다.

    def add_child(self, move, child_node):       │
        self.children[move] = child_node         │ 새 노드를 트리에 추가할 수 있다.

    def has_child(self, move):           ◁───│ 특정 수에 자식 노드가 있는지 확인한다.
        return move in self.children   ◁─
                                             │ 특정 자식 노드를 반환한다.
```

ZeroTreeNode 클래스에는 자식 노드의 통계를 읽어내는 헬퍼도 포함하고 있다.

예제 14-4 트리 노드로부터 가지 정보를 읽어오는 헬퍼

```
class ZeroTreeNode:
...
    def expected_value(self, move):
        branch = self.branches[move]
        if branch.visit_count == 0:
            return 0.0
        return branch.total_value / branch.visit_count

    def prior(self, move):
        return self.branches[move].prior

    def visit_count(self, move):
        if move in self.branches:
            return self.branches[move].visit_count
        return 0
```

14.2.1 트리 따라 내려가기

탐색할 때마다 우리는 트리를 따라 내려가기 시작한다. 여기서 중요한 점은 어느 것이 다음에 가능한 바둑판 위치인지 알아야 한다는 것이다. 그래야 이것이 좋은지 아닌지 판단할 수 있다. 정확한 평가를 위해 여러분의 수에 대해 상대는 가능한 방법 중 가장 강한 방법으로 맞대응하고 있다고 가정하자. 물론 가장 강한 대응법이 뭔지 아직 모른다. 무수한 수 중 어느 수가 좋은지 찾아내야 한다. 이 절에서는 불확실성과 마주한 채로 강한 수를 선택하는 알고리즘을 설명할 것이다.

기댓값은 각 가능한 수가 얼마나 좋은지 추정한 값이다. 하지만 추정 정확도가 항상 동일한 것은 아니다. 만약 특정 가지를 읽는 데 더 많은 시간을 소비했다면 이 가지의 추정치는 다른 가지보다 더 정확할 것이다.

가장 좋은 변화 중 하나를 더 자세히 읽을 수 있고, 이는 추정을 더 정확하게 해줄 것이다. 그래서 좀 더 적게 탐색한 가지를 더 읽어서 추정의 정확도를 높일 수 있다. 처음에 생각했던 것보다 어떤 수가 더 좋을 수도 있다. 이를 증명할 방법은 이 수를 좀 더 확장해보는 것뿐이다. 다시 한번 **탐험**과 **탐색**이 추구하는 방향이 서로 다른 것을 볼 수 있다.

원래의 MCTS 알고리즘은 UCT(트리 신뢰도 상한선. 4장을 확인하자) 방식으로 이 두 목표의 균형을 맞춘다. UCT의 식은 다음 두 우선순위에 대한 균형을 맞춘다.

- 만약 가지를 여러 번 방문했다면 이 가지의 기댓값을 신뢰하는 것이다. 이 경우 추정치가 더 높은 가지를 선호한다.
- 몇 번 방문하지 않은 가지의 경우 기댓값은 실제와 다를 것이다. 기댓값이 좋든 나쁘든 몇 번 더 방문해서 추정치의 정확도를 높이고 싶을 것이다.

AGZ는 여기에 세 번째 요소[factor]를 추가한다.

- 거의 방문하지 않은 가지 중에서는 사전확률이 높은 가지를 선택할 것이다. 이는 경기에 대해 정확히 살펴본 내용을 고려하기 전에 직관적으로 좋아 보이는 수다.

수학적으로 AGZ 점수 함수는 다음과 같다.

$$Q + cP \frac{\sqrt{N}}{1+n}$$

방정식의 각 부분은 다음과 같다.

- Q는 가지별 모든 방문에 대한 평균 기댓값이다(방문하지 않은 가지의 기댓값은 0이다).
- P는 후보 수의 사전확률이다.
- N은 **부모** 노드의 방문 횟수다.
- n은 **자식** 가지의 방문 횟수다.
- c는 탐험 대 탐색의 균형을 맞추는 요소다(보통 이 값은 시행착오를 거쳐 결정하게 된다).

[그림 14-3]의 예제를 보자. 가지 A는 두 번 방문되었고 Q = 0.1로 평가가 약간 양호하다. 가지 B는 한 번 방문되었고 Q = −0.5로 평가가 좋지 않다. 가지 C는 한 번도 방문된 적이 없지만 사전확률 P = 0.038이다.

[표 14-2]는 불확실한 성분을 어떻게 계산하는지 보여준다. 가지 A는 Q의 값이 가장 크므로 그 아래에서 몇 가지 좋은 보드 위치를 보았다는 것을 나타낸다. 가지 C는 UCT 성분이 가장 높다. 방문한 적이 없으므로 이 가지에서 불확실성이 가장 높다. 가지 B는 A보다 평가가 낮고, C보다 방문 횟수가 많으므로 현재로서는 좋은 선택지가 아니다.

	Q	n	N	P	P√N / (n + 1)
가지 A	0.1	2	3	0.068	0.039
가지 B	−0.5	1	3	0.042	0.036
가지 C	0	0	3	0.038	0.065

그림 14-3 AGZ 트리 탐색 시 따라갈 가지 선택. 이 예시에서는 시작점에서 선택할 수 있는 가지가 3개다(실제로는 가능한 수가 훨씬 더 많지만 지면상 생략했다). 따라갈 가지 선택 시 현재 해당 가지를 몇 번 방문했는지, 가지의 추정값이 얼마인지, 수의 사전확률을 고려한다.

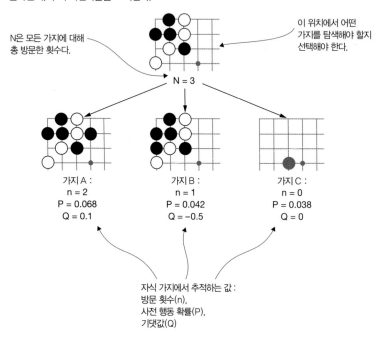

가지 B를 제거했다고 가정하면 A와 C 중에서는 어느 것을 선택할 것인가? 이는 c값에 따라 달라진다. c가 작으면 값이 큰 가지(여기서는 A)를 선택한다. c가 크면 불확실성이 큰 가지(여기서는 C)를 선택한다. 예를 들어 $c = 1.0$이면 A($C : 0.065$, A $: 0.139$)를 선택한다. $c = 4.0$이면 C(A $: 0.256$, C $: 0.260$)를 선택한다. 어느 것도 절대적으로 옳은 것은 아니다. 이것은 단순한 트레이드오프일 뿐이다. 다음 예제는 파이썬으로 이 점수를 계산하는 방법을 보여준다.

예제 14-5 자식 가지 선택하기

```python
class ZeroAgent(Agent):
...
    def select_branch(self, node):
        total_n = node.total_visit_count

        def score_branch(move):
            q = node.expected_value(move)
            p = node.prior(move)
            n = node.visit_count(move)
            return q + self.c * p * np.sqrt(total_n) / (n + 1)

        return max(node.moves(), key=score_branch)
```

node.moves()는 수 리스트다.
key=score_branch를 지날 때
max는 score_brach() 함수의
가장 큰 값을 가진 수를 반환한다.

가지를 선택한 후 자식 노드에서 동일한 계산을 반복해 다음 가지를 선택한다. 동일한 과정을
자식 노드가 없어질 때까지 반복한다.

예제 14-6 탐색 트리 따라 내려가기

```python
class ZeroAgent(Agent):
...
    def select_move(self, game_state):
        root = self.create_node(game_state)

        for i in range(self.num_rounds):
            node = root
            next_move = self.select_branch(node)
            while node.has_child(next_move):
                node = node.get_child(next_move)
                next_move = self.select_branch(node)
```

다음 절에서는 create_node()를
구현한 내용을 볼 수 있다.

이 부분은 수마다 여러 번 반복되는 과정의
첫 번째 단계다. self.num_moves는 탐색
과정을 반복하는 횟수를 제어한다.

has_child가 False를 반환하면
트리 맨 끝에 도달했다는 뜻이다.

14.2.2 트리 확장

이제 트리가 더 확장되지 않은 가지까지 왔다. 트리에 현재 수에 대응하는 노드가 없으므로 더
이상 탐색을 진행할 수 없다. 다음 단계는 새 노드를 만들어서 트리에 붙이는 것이다.

새 노드를 만들려면 이전 경기 상태를 가져와서 현재 수에 적용하여 새 경기 상태를 가져올 수 있도록 해야 한다. 그 후 신경망에 새 경기 상태를 넣어 두 가지 값을 얻는다. 하나는 새 경기 상태에서 가능한 모든 다음 수의 사전 추정치고, 다른 하나는 새 게임 상태에 대한 추정치다. 이 정보를 사용해서 새 노드에 대한 가지 통계를 초기화한다.

예제 14-7 탐색 트리에 새 노드 만들기

```
class ZeroAgent(Agent):                           케라스의 predict() 함수는 예제 배열을 사용하는 배치 함수다.
...                                                 board_tensor를 행렬 형태로 만들어줘야 한다.
    def create_node(self, game_state, move=None, parent=None):
        state_tensor = self.encoder.encode(game_state)
        model_input = np.array([state_tensor])
        priors, values = self.model.predict(model_input)  ◁─────────┘
        priors = priors[0]
        value = values[0][0]                        마찬가지로 predict()는 여러 결과의 배열을
                                                    반환하므로 이 중 첫 번째 값을 꺼내야 한다.
        move_priors = {
            self.encoder.decode_move_index(idx): p  Move 객체와 연결된 사전확률
            for idx, p in enumerate(priors)         딕셔너리에 priors 벡터를 넣는다.
        }
        new_node = ZeroTreeNode(
            game_state, value,
            move_priors,
            parent, move)
        if parent is not None:
            parent.add_child(move, new_node)
    return new_node
```

마지막으로 [그림 14-4]와 같이 트리를 거슬러 올라가서 이 노드와 연결된 각 부모 노드의 통계량을 갱신한다. 이 경로에 있는 각 노드에 대해 방문수를 증가시키고 총 기댓값을 갱신한다. 각 노드의 관점은 흑과 백 선수 간에 전환되므로 각 단계에서 값 부호를 뒤집어야 한다.

그림 14-4 AGZ 유형의 탐색 트리 확장. 우선 새 경기 상태를 구한다. 경기 상태로부터 새 노드를 만들어서 트리에 더한다. 그러면 신경망이 경기 상태의 추정치를 구할 것이다. 마지막으로 새 노드의 부모의 값을 갱신한다. 방문수 N에 1을 더하고 평균값 V를 갱신한다. 여기서 T는 노드를 통과하는 모든 방문수다. 이 변수는 평균 재계산을 쉽게 하기 위한 기록용이다.

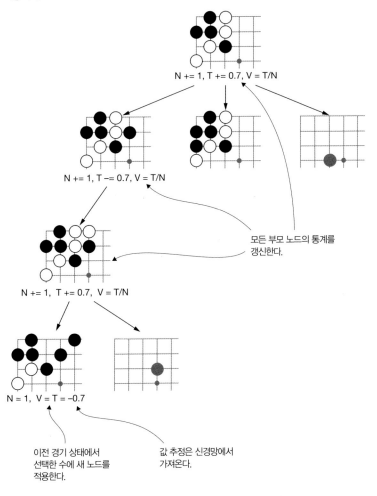

예제 14-8 탐색 트리를 확장하고 모든 노드 통계량을 갱신

```
class ZeroTreeNode:
...
    def record_visit(self, move, value):
        self.total_visit_count += 1
        self.branches[move].visit_count += 1
        self.branches[move].total_value += value
```

```
class ZeroAgent(Agent):
...
    def select_move(self, game_state):
...
            new_state = node.state.apply_move(next_move)
            child_node = self.create_node(
                new_state, parent=node)

            move = next_move
            value = -1 * child_node.value
            while node is not None:
                node.record_visit(move, value)
                move = node.last_move
                node = node.parent
                value = -1 * value
```

트리의 각 단계마다 두 선수 간의 관점을 바꾼다. 따라서 -1을 곱해준다. 흑에 유리한 것은 백에 불리하고, 반대도 마찬가지다.

모든 과정은 계속 반복되고, 트리는 매번 확장된다. AGZ는 자체 대국 과정에서 한 수당 1,600회를 사용했다. 대국 시에는 시간이 허락하는 만큼 매 수 알고리즘을 실행해야 한다. 매 수가 진행될수록 봇은 더 나은 수를 선택할 것이다.

14.2.3 수 선택

탐색 트리를 가능한 한 깊게 만들었다면 이제 수를 선택할 차례다. 수 선택의 가장 간단한 규칙은 가장 높은 방문수를 가진 수를 선택하는 것이다.

왜 기댓값이 아닌 방문수일까? 가장 많이 방문된 가지가 가장 큰 기댓값을 가질 것이라고 예상할 수 있다. 그 이유는 다음과 같다. 이전 가지 선택 식을 참조하자. 가지의 방문 횟수가 늘어나면 $1/(n+1)$은 점점 줄어든다. 따라서 가지 선택 함수는 Q값으로만 수를 선택한다. 높은 Q값을 가진 가지일수록 방문수가 크다.

이제 몇 번 방문되지 않은 가지는 아무것도 할 수 없다. Q값이 작건 크건 방문수가 작으면 그 추정치를 믿을 수 없다. 만약 Q가 큰 가지를 무작정 선택했다면 그 가지는 한 번 방문되었을 뿐이고 실젯값은 훨씬 더 작을 수도 있다. 이것이 방문수 기반으로 선택해야 하는 이유다. 이렇게 선택하면 높은 추정치와 신뢰할 만한 추정치를 가진 가지를 선택할 수 있다.

예제 14-9 방문수가 가장 큰 수 선택하기

```python
class ZeroAgent(Agent):
...
    def select_move(self, game_state):
...
        return max(root.moves(), key=root.visit_count)
```

이 책의 다른 자체 대국 에이전트와 달리 ZeroAgent( )는 수를 넘기는 특별한 규칙이 없다. 이는 탐색 트리에 수를 넘기는 부분도 포함하고 있기 때문이다. 수를 넘기는 것도 다른 수와 마찬가지로 취급된다.

ZeroAgent( )의 구현이 끝났으므로 자체 대국용 함수인 simulate_game( )을 구현할 수 있다.

예제 14-10 자체 대국 시뮬레이션

```python
def simulate_game(
        board_size,
        black_agent, black_collector,
        white_agent, white_collector):
    print('Starting the game!')
    game = GameState.new_game(board_size)
    agents = {
        Player.black: black_agent,
        Player.white: white_agent,
    }

    black_collector.begin_episode()
    white_collector.begin_episode()
    while not game.is_over():
        next_move = agents[game.next_player].select_move(game)
        game = game.apply_move(next_move)

    game_result = scoring.compute_game_result(game)
    if game_result.winner == Player.black:
        black_collector.complete_episode(1)
        white_collector.complete_episode(-1)
    else:
        black_collector.complete_episode(-1)
        white_collector.complete_episode(1)
```

14.3 훈련

가치 출력의 훈련 목표는 에이전트가 이겼을 때는 1, 졌을 때는 −1이다. 많은 경기 후 출력값의 평균을 구하면 이 극단 사이의 값을 통해 봇의 이길 확률이 얼마인지 알게 된다. 이는 Q-학습 (11장)과 행위자-비평가 학습(12장)에서와 완전히 같은 설정이다.

행동 출력은 다소 다르다. 정책 학습(10장)과 행위자-비평가 학습(12장)과 마찬가지로 신경 망은 가능한 수 간의 확률분포를 출력으로 만들어낸다. 정책 학습에서는 에이전트가 선택한(에 이전트가 두어서 이겼던) 수와 정확히 일치하도록 신경망을 훈련시켰다. AGZ는 다소 다르게 작동한다. 여기서는 신경망이 트리 탐색 중 방문한 횟수와 일치하도록 신경망을 훈련시킨다.

이런 방식이 어떻게 경기 능력을 향상시키는지 나타내기 위해 MCTS 방식 탐색 알고리즘이 작 동하는 방법을 생각해보자. 여기서는 그럭저럭 맞는 가치 함수를 가지고 있다고 가정하자. 이 함수는 엄청나게 정확하지는 않지만 대충 이기는 위치와 지는 위치를 구분할 정도는 된다. 그 리고 사전확률 같은 것은 신경 쓰지 말고 탐색 알고리즘을 실행한다. 설계상 이 경우 가장 나은 가지를 고르는 데 더 많은 시간이 걸릴 것이다. 이는 가지 선택 규칙 때문이다. UCT 식의 Q는 높은 값의 가지가 더 자주 선택되도록 되어 있다. 탐색할 시간이 무한정 있다면 어쨌든 결국 최 선의 수로 수렴하게 되어 있다.

트리 탐색을 충분히 많이 하면 방문수가 신뢰의 원천이라는 것을 깨닫게 될 것이다. 수를 두었 을 때 어떤 일이 일어나는지 이미 확인한 후이므로 이 수가 좋은지 나쁜지 알 수 있는 것이다. 따라서 탐색수는 사전확률 함수 훈련의 목표치가 될 수 있다.

사전 함수는 시간이 충분한 경우 트리 탐색이 어디에서 시간을 많이 소요할지 예측한다. 이전 실행에서 훈련된 함수로 무장한 트리 탐색은 시간을 절약하고 보다 중요한 가지를 바로 찾도록 할 수 있다. 정확한 사전 함수를 사용하면 탐색 알고리즘은 몇 개의 롤아웃만 사용하지만 롤아 웃을 더 많이 사용하는 느린 탐색과 비슷한 결과를 낼 것이다. 어떤 의미에서 신경망은 이전 탐 색에서 무슨 일이 일어났고 건너뛰어도 되는 지식이 무엇인지 '기억한다'고 생각할 수도 있다.

이런 방식으로 훈련하는 경우 각 수 후 탐색수를 저장해야 한다. 이전 장에서 많은 RL 구현에 제너릭 ExperienceCollector를 사용했다. 하지만 여기서 탐색수는 AGZ에 특화되어 있으므 로 여기에 맞는 수집기를 생성할 것이다. 구조는 거의 비슷하다.

예제 14-11 AGZ 방식 학습에 특화된 경험 수집기

```python
class ZeroExperienceCollector:
    def __init__(self):
        self.states = []
        self.visit_counts = []
        self.rewards = []
        self._current_episode_states = []
        self._current_episode_visit_counts = []

    def begin_episode(self):
        self._current_episode_states = []
        self._current_episode_visit_counts = []

    def record_decision(self, state, visit_counts):
        self._current_episode_states.append(state)
        self._current_episode_visit_counts.append(visit_counts)

    def complete_episode(self, reward):
        num_states = len(self._current_episode_states)
        self.states += self._current_episode_states
        self.visit_counts += self._current_episode_visit_counts
        self.rewards += [reward for _ in range(num_states)]

        self._current_episode_states = []
        self._current_episode_visit_counts = []
```

예제 14-12 경험 수집기에 결정 전달

```python
class ZeroAgent(Agent):
...
    def select_move(self, game_state):
...
        if self.collector is not None:
            root_state_tensor = self.encoder.encode(game_state)
            visit_counts = np.array([
                root.visit_count(
                    self.encoder.decode_move_index(idx))
                for idx in range(self.encoder.num_moves())
            ])
            self.collector.record_decision(
                root_state_tensor, visit_counts)
```

신경망의 행동 결과는 소프트맥스 활성화 함수를 사용한다. 소프트맥스 활성화는 값의 합이 1이 된다는 것을 기억하자. 훈련에서는 훈련 목푯값의 합이 1이 된다는 것을 기억하자. 이를 위해 각 방문수 합을 총 방문수로 나누자. 이 작업을 **정규화**라고 한다. [그림 14-5]에 예시가 나와 있다.

그림 14-5 벡터 정규화. 자체 대국 동안 각 수를 방문한 횟수를 기록한다. 훈련에 사용하려면 이 벡터가 합쳐서 1이 되도록 정규화해야 한다.

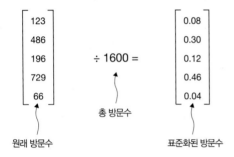

이 훈련 과정은 12장의 행위자–비평가 신경망과 비슷하다. 이를 구현하는 방식은 다음과 같다.

예제 14-13 결합 신경망 훈련

```
class ZeroAgent(Agent):
...
    def train(self, experience, learning_rate, batch_size):
        num_examples = experience.states.shape[0]

        model_input = experience.states

        visit_sums = np.sum(
            experience.visit_counts, axis=1).reshape(
            (num_examples, 1))
        action_target = experience.visit_counts / visit_sums

        value_target = experience.rewards

        self.model.compile(
            SGD(lr=learning_rate),
            loss=['categorical_crossentropy', 'mse'])
        self.model.fit(
            model_input, [action_target, value_target],
            batch_size=batch_size)
```

learning_rate와 batch_size에 대한 내용은 10장을 참조한다.

방문수를 정규화한다. axis = 1로 np.sum을 호출하면 행렬의 각 행의 값을 더한다. reshape를 호출하면 이 합을 각 행에 재배열한다. 그 후 이 합으로 원래의 수를 나눈다.

전체 강화학습 주기는 9~12장에서 배웠던 것과 같다.

1 큰 자체 대국 배치를 생성한다.

2 경험 데이터로 모델을 훈련한다.

3 갱신된 모델과 이전 버전 간의 대국으로 테스트를 한다.

4 새 버전이 더 강한 것으로 측정되면 새 버전으로 변경한다.

5 아니라면 자체 대국을 더 진행한 후 다시 테스트한다.

6 필요한 만큼 이 과정을 반복한다.

[예제 14-14]에 이 과정의 단일 주기 실행 예가 나와 있다. 다만 경고를 하나 하자면 무에서부터 강한 바둑 AI를 얻으려면 **정말 많은** 자체 대국이 필요하다. 알파고 제로는 초인 단계로 바둑을 둘 수 있지만 여기에 이르기까지 자체 대국을 5백만 회 치렀다.

예제 14-14 강화학습 과정의 단일 주기

```
board_size = 9
encoder = zero.ZeroEncoder(board_size)

board_input = Input(shape=encoder.shape(), name='board_input')
pb = board_input
for i in range(4):
    pb = Conv2D(64, (3, 3),            ← 합성곱층 4개로 신경망 생성. 강한 봇을
        padding='same',                  만들려면 훨씬 더 많은 층을 추가해야 한다.
        data_format='channels_first',
        activation='relu')(pb)

policy_conv = \
    Conv2D(2, (1, 1),
        data_format='channels_first',
        activation='relu')(pb)
policy_flat = Flatten()(policy_conv)    ← 행동 출력값을 신경망에 추가한다.
policy_output = \
    Dense(encoder.num_moves(), activation='softmax')(
        policy_flat)

value_conv = \
    Conv2D(1, (1, 1),
        data_format='channels_first',   ← 가치 출력값을 신경망에 추가한다.
        activation='relu')(pb)
```

```
value_flat = Flatten()(value_conv)
value_hidden = Dense(256, activation='relu')(value_flat)          가치 출력값을 신경망에 추가한다.
value_output = Dense(1, activation='tanh')(value_hidden)

model = Model(
    inputs=[board_input],
    outputs=[policy_output, value_output])             여기서는 데모를 빠르게 진행하기 위해
                                                       수별로 10회를 진행하도록 한다.
                                                       실제 훈련에서는 훨씬 더 많이 필요하다.
black_agent = zero.ZeroAgent(                          AGZ는 1,600을 사용했다.
    model, encoder, rounds_per_move=10, c=2.0)
white_agent = zero.ZeroAgent(
    model, encoder, rounds_per_move=10, c=2.0)
c1 = zero.ZeroExperienceCollector()
c2 = zero.ZeroExperienceCollector()
black_agent.set_collector(c1)                          훈련 전에 다섯 경기를 시뮬레이션한다.
white_agent.set_collector(c2)                          실제 훈련에서는 더 큰 배치(수천 회의
                                                       경기)를 훈련할 수도 있다.
for i in range(5):
    simulate_game(board_size, black_agent, c1, white_agent, c2)

exp = zero.combine_experience([c1, c2])
black_agent.train(exp, 0.01, 2048)
```

14.4 디리클레 잡음을 사용한 탐색 향상

자체 대국 강화학습은 본질적으로 임의성을 띈 과정이다. 봇은 쉽게 이상한 방향으로 움직인다. 이는 훈련 초기에 특히 심하다. 봇이 이상한 곳에 갇혀 있는 것을 막으려면 약간의 임의성을 제공해야 한다. 이 경우 봇이 정말 이상한 수에 갇혀 있더라도 좀 더 나은 수를 배울 가능성이 조금 생긴다. 이 절에서는 AGZ가 탐험을 잘하기 위해 사용하는 방법 중 하나를 설명한다.

앞 장에서 봇의 선택에 다양성을 주는 몇 가지 기법을 사용했다. 9장에서는 봇의 정책 결과에서 임의로 샘플링을 했고, 11장에서는 ε-탐욕 알고리즘을 사용했다. 일부 시간 동안 봇은 모델을 완전히 무시하고 완전히 임의의 수를 선택하기도 한다. 양쪽 경우 모두 봇이 임의로 결정할 수 있는 시간을 제공하는 것이다. AGZ는 탐색 과정 중 다른 방식으로 임의성을 사용한다.

매 차례 인공적으로 한 개 혹은 두 개의 수를 임의 선택해서 사전확률을 높인다고 해보자. 탐색 과정 초기에 사전확률은 어떤 가지를 고를지 정하기 때문에 이 수들은 추가로 방문을 받게 된

다. 이 수가 나쁘다고 밝혀지면 탐색 시 빠르게 다른 가지로 이동할 것이기 때문에 문제될 것이 없다. 이 방식은 모든 수가 몇 회씩 방문을 받게 되므로 탐색 시 사각지대가 발생하지 않는다.

AGZ는 잡음(몇 개의 임의의 수)을 탐색 트리 맨 위에 사전확률로 추가하는 방식으로 유사한 효과를 얻는다. **디리클레 분포**에서 잡음을 만들어 앞에서 설명한 효과를 정확히 얻을 수 있다. 몇몇 수는 인공적으로 강화되고, 나머지 수는 그대로다. 이 절에서는 디리클레 분포의 특성을 설명하고 넘파이로 디리클레 잡음을 만들어내는 것을 보여줄 것이다.

이 책 전반에서는 바둑 수에 확률분포를 이용하고 있다. 이런 분포에서의 표본추출을 통해 특정 수를 가져오게 된다. 디리클레 분포는 확률분포의 확률분포다. 디리클레 분포에서 샘플링을 하면 다른 확률분포가 만들어진다. 넘파이 함수 np.random.dirichlet( )는 디리클레 분포의 샘플을 만든다. 이 함수는 벡터 인자를 취한 후 동일한 차원의 벡터를 반환한다. 다음 예제에 몇 가지 예가 나와 있다. 결과는 벡터고, 벡터의 합은 1이다. 즉, 결과 자체도 유효한 확률분포가 된다.

예제 14-15 np.random.dirichlet( )를 사용해서 디리클레 분포 샘플링

```
>>> import numpy as np
>>> np.random.dirichlet([1, 1, 1])
array([0.1146, 0.2526, 0.6328])
>>> np.random.dirichlet([1, 1, 1])
array([0.1671, 0.5378, 0.2951])
>>> np.random.dirichlet([1, 1, 1])
array([0.4098, 0.1587, 0.4315])
```

디리클레 분포 출력은 보통 α로 표기하는 **집중 파라미터**^{concentration parameter}를 사용해서 조절할 수 있다. α가 0에 가까우면 디리클레 분포는 '울퉁불퉁한' 벡터를 만들 것이다. 대부분의 수가 0에 가깝고 몇 개의 큰 수만 남을 것이다. α가 크면 샘플은 '완만할' 것이다. 대부분의 값이 비슷할 것이다. 다음 예제는 집중 파라미터를 바꿨을 때의 효과를 비교한 것이다.

예제 14-16 α가 0에 가까울 때의 디리클레 분포 예

```
>>> import numpy as np

>>> np.random.dirichlet([0.1, 0.1, 0.1, 0.1])
array([0.    , 0.044 , 0.7196, 0.2364])
```
← 디리클레 분포에 작은 집중 파라미터를 취했을 때. 한두 값에 대부분이 집중된 '울퉁불퉁한' 형태를 보인다.

```
>>> np.random.dirichlet([0.1, 0.1, 0.1, 0.1])
array([0.0015, 0.0028, 0.9957, 0.  ])
>>> np.random.dirichlet([0.1, 0.1, 0.1, 0.1])
array([0.    , 0.9236, 0.0002, 0.0763])

>>> np.random.dirichlet([10, 10, 10, 10])    ◁─────  디리클레 분포에 큰 집중 파라미터를
array([0.3479, 0.1569, 0.3109, 0.1842])              취했을 때, 벡터의 모든 원소가 유사한
>>> np.random.dirichlet([10, 10, 10, 10])            값을 가진다.
array([0.3731, 0.2048, 0.0715, 0.3507])
>>> np.random.dirichlet([10, 10, 10, 10])
array([0.2119, 0.2174, 0.3042, 0.2665])
```

이를 사용해서 사전분포를 수정할 수 있다. 작은 α를 사용하면 몇 개의 수에 높은 확률을 주고 나머지는 0에 가깝게 할 수 있다. 그 후 실제 사전확률에 디리클레 잡음을 취해 가중치 평균을 낸 것을 사용하면 된다. AGZ는 0.03의 집중 파라미터를 사용했다.

14.5 더 깊은 신경망을 만드는 현대적 기법

신경망 설계는 주목받는 연구 주제다. 끝나지 않는 문제 한 가지는 신경망이 더욱 더 깊어질 때 훈련을 어떻게 안정적으로 할 것인가에 대한 것이다. 알파고 제로는 빠르게 표준이 된 두 가지 최신 기법을 사용한다. 상세한 내용은 이 책의 범위를 벗어나지만 여기서도 가능하면 높은 수준에서 다루도록 하겠다.

14.5.1 배치 정규화

심층 신경망은 각 계층이 점점 더 높은 수준의 원시 데이터 표현형을 학습할 수 있다는 개념으로 만들어졌다. 이때 표현형이란 정확히 무엇인가? 원시 데이터의 의미 있는 특징은 층의 특정 뉴런이 활성화됨에 따라 특정 숫자로 나타난다. 하지만 실제 숫자 간의 연결은 완전히 제멋대로다. 예를 들어 특정 층의 모든 활성화된 값에 2를 곱해도 정보가 손실되지 않는다. 단지 크기가 달라질 뿐이다. 원칙적으로 이런 변형은 신경망의 학습량에 영향을 미치지 않는다.

하지만 이런 활성화된 값의 절댓값은 실제 훈련 성능에 영향을 미칠 수 있다. **배치 정규화**[batch normalization]란 각 층의 활성화된 값 분포의 중심값을 0으로 하고 분산이 1이 되도록 값을 이동하

는 것이다. 훈련을 시작할 때는 활성화 함수가 어떻게 생겼는지 모른다. 배치 정규화를 사용하면 훈련 중에 바로 데이터를 올바르게 조절할 수 있다. 정규화 변환은 훈련 중에 입력을 바로 변경할 수 있다.

배치 정규화가 어떻게 훈련 성능을 높일 수 있을까? 이는 여전히 연구가 진행 중인 분야다. 기존 연구자들은 **공변량이 변하는 것**을 줄이기 위해 배치 정규화를 만들었다. 어떤 층에서든 훈련 도중 활성화값이 움직이곤 한다. 배치 정규화를 사용하면 이런 움직임을 수정해서 이후 층의 학습 부담을 덜어준다. 하지만 최근의 연구에서는 공변량이 변하는 것은 처음에 생각했던 것만큼 중요하지 않다고 하고 있다. 대신 배치 정규화를 취한 값을 사용하면 손실 함수 값의 변동이 적어진다는 것을 알게 되었다.

왜 배치 정규화가 도움이 되는지에 대해서는 여전히 연구 대상이지만 도움이 된다는 것은 확실하다. 케라스에서는 신경망에 추가할 수 있는 BatchNormalizatoin층을 제공한다. 다음 예제는 케라스의 합성곱층에 배치 정규화층을 추가하는 예다.

예제 14-17 케라스 신경망에 배치 정규화층 추가

축은 합성곱층의 data_format에 맞아야 한다. channels_first에는 axis=1(첫 축)을
사용해야 한다. channel_last에는 axis=-/1(마지막 축)을 사용한다.

```
from keras.models import Sequential
from keras.layers import Activation, BatchNormalization, Conv2D

model = Sequential()
model.add(Conv2D(64, (3, 3), data_format='channels_first'))
model.add(BatchNormalization(axis=1))          합성곱층과 relu 활성화 함수 간에
model.add(Activation('relu'))                  정규화를 적용한다.
```

14.5.2 잔차 신경망

세 개의 은닉층이 가운데에 들어 있는 신경망을 잘 훈련시켰다고 해보자. 여기에 네 번째 층을 더하면 어떻게 될까? 이론적으로는 이로 인해 신경망의 용량이 늘어날 것이다. 하지만 최악의 경우 네 층의 신경망을 훈련할 때 앞의 세 층은 기존 3층 구조 신경망이었을 때 학습했던 것을 그대로 학습하고, 네 번째 층은 입력값에 전혀 손을 대지 않은 채 넘기게 된다. 이렇게 변경했을 때는 학습을 **더**하려는 것이지, **덜**하려는 것은 아니었을 것이다. 결국 더 깊은 신경망은 과적합(훈련 데이터셋을 완벽히 외워서 새 데이터를 해석하지 못함) 상태에 빠질 것이다.

하지만 실제로는 이런 일이 항상 생기는 것은 아니다. 4층 신경망을 훈련할 때는 3층 신경망 때보다 데이터 나열 방법이 더 많다. 가끔 복잡한 손실 함수 평면에서 확률적 경사하강법을 사용하다 골짜기에 빠질 수 있다. 이런 경우 층을 더 더하면 과적합이 발생하지 않을 수 있다. **잔차 신경망**^{residual network}의 개념은 추가 층이 학습해야 할 것을 단순화하는 것이다. 세 개의 층으로 문제를 학습하는 데 무리가 없다면 네 번째 층이 처음 세 층이 학습한 출력값과 목푯값 사이의 차이를 학습하는 데 초점을 맞추도록 할 수 있다(이 차이를 **잔차**^{residual}라고 한다).

이때 [그림 14-6]과 같이 추가 층의 **입력값**과 추가 층의 **출력값**을 더한다. 이전 층에서 합산 층으로의 연결을 **스킵 연결**^{skip connection}이라고 한다. 보통 잔차 신경망은 작은 블록이 유기적으로 연결되어 있다. 한 블록은 2~3개의 층과 각 층 사이의 스킵 연결로 이루어져 있다. 이 블록을 필요한 만큼 쌓을 수 있다.

그림 14-6 잔차 신경망 블록. 내부의 두 층의 출력을 이전 층의 출력값에 더한다. 그러면 내부 층이 이전 층의 학습값과 목푯값 사이의 차이(잔차)를 학습하게 되는 효과가 있다.

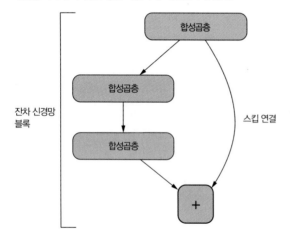

14.6 추가 참고 자료

알파고 제로 유형의 봇을 만드는 데 관심이 있다면 원래의 AGZ 논문에 영향을 받아서 나온 오픈소스 프로젝트가 많이 있다. 대국용이든 소스 코드 학습용이든 초인 단계의 바둑 AI가 필요하다면 참고할 수 있는 것들이 많이 있다.

- **릴라 제로(Leela Zero)[1]**

  AGZ 유형 봇의 오픈소스 버전이다. 자체 대국 과정이 배포되어 있어서 CPU에 여력이 있다면 자체 대국 경기를 생성해서 훈련에 사용할 수 있다. 이 책을 쓰는 동안 오픈소스 커뮤니티에서는 8백만 회 이상의 경기를 공유했고, 프로 바둑기사를 이길 수 있을 정도로 강해졌다.

- **미니고(Minigo)[2]**

  파이썬과 텐서플로로 구현한 다른 오픈소스다. 구글 클라우드 플랫폼에 완전히 통합되어 있어서 구글 퍼블릭 클라우드에서 실행할 수 있다.

- **ELF 오픈고(ELF OpenGo)[3]**

  페이스북 AI 연구센터에서는 ELF 강화학습 플랫폼의 최상단에 AGZ 알고리즘을 구현해두었다. 이를 기반으로 탄생한 강력한 바둑 AI이며 무료로 사용할 수 있다.

- **피닉스고(PhoenixGo)[4]**

  AGZ 유형의 바둑봇을 구현해서 훈련시킨 텐센트가 만든 봇. 팍스 바둑 서버(Fox Go Server)에서 세계 최고의 기사들을 이긴 벤슨다(BensonDarr)라는 이름으로도 알려져 있다.

- **릴라 체스 제로(Leela Chess Zero)[5]**

  바둑에 관심이 없는 사람을 위해 릴라 제로를 체스에 적용한 버전이다. 릴라 체스 제로는 이미 인간 그랜드마스터만큼 강하고, 체스 팬들은 이 봇의 흥미롭고 창의적인 수에 찬사를 보내고 있다.

14.7 정리

지금까지 현대 바둑 AI를 이루는 최신 AI 기법을 소개했다. 여기서 배운 것들을 직접 만들어보기를 바란다. 바둑봇을 만들어서 실험해보거나 여기서 소개한 현대적 기법을 다른 게임에 적용해보자.

또한 게임 이상의 범위를 생각해보자. 머신러닝을 사용한 최신 프로그램들을 보면 그 안에서 무슨 일이 일어나는지 이해할 수 있는 틀이 머릿속에 만들어질 것이다. 다음과 같은 것들을 생각해보자.

---

1 zero.sjeng.org/

2 github.com/tensorflow/minigo

3 facebook.ai/developers/tools/elf

4 github.com/Tencent/PhoenixGo

5 github.com/LeelaChessZero/lczero

- 모델은 무엇이고, 신경망 구조는 무엇일까?

- 손실 함수와 훈련 목표는 무엇일까?

- 훈련 과정은 어떻게 될까?

- 입력값과 출력값은 어떻게 변환될까?

- 기존 알고리즘이나 실제 소프트웨어 구현 단계에서 모델은 어떻게 적합화될까?

우리는 이 책을 통해 여러분이 게임이든 다른 분야든 딥러닝을 사용해서 실제로 무언가를 실험해보고 싶게 되었기를 바란다.

14.8 요약

- 알파고 제로는 두 개의 출력값을 갖는 단일 신경망을 사용한다. 하나의 출력값은 어느 수가 중요한지에 대한 것이고, 다른 출력값은 어느 선수가 앞서고 있는지에 대한 것이다.

- 알파고 제로 트리 탐색 알고리즘은 두 개의 주요한 차이를 제외하면 몬테카를로 트리 탐색과 유사하다. 위치 평가에 임의의 경기 결과를 사용하는 대신 온전히 신경망에 의존한다. 또한 새 가지를 탐색할 때도 신경망을 사용한다.

- 알파고 제로의 신경망은 탐색 과정에서 특정 수가 얼마나 많이 방문되었는지를 사용해서 훈련한다. 이 방식을 사용하면 직접 수를 선택하는 것보다 트리 탐색을 더 강화해서 훈련할 수 있다.

- **디리클레 잡음**은 확률분포의 확률분포다. 집중 파라미터는 결과 확률분포가 밀집된 정도를 조절한다. 알파고 제로는 디리클레 잡음을 사용해서 탐색 과정에 임의성을 조율하여 추가하고, 이를 통해 모든 수가 적당한 빈도로 탐색될 수 있도록 한다.

- 배치 정규화와 잔차 신경망은 매우 큰 심층 신경망을 훈련할 때 도움이 되는 현대적 기법이다.

수학 기초

수학을 사용하지 않고 머신러닝을 할 수는 없다. 특히 선형대수학과 미적분학은 필수다. 부록 A의 목적은 이 책의 코드 샘플을 이해하는 데 도움을 주는 수학적 배경 지식을 제공하는 것이다. 하지만 여기에서 다루는 거대한 주제들을 모두 다루기에는 지면이 부족하다. 대신 언급한 주제들을 더 알아보고 싶은 사람들을 위해 읽을거리를 추천해둘 것이다. 혹시 이미 고급 머신 러닝 기법이 익숙하다면 부록 A는 편한 마음으로 넘어가도 된다.

이후 읽을거리

이 책에서는 머신러닝의 수학적 기초를 조금밖에 다룰 수 없다. 하지만 더 알아보고 싶다면 다음 책들을 참고하기 바란다.

- 선형대수학을 전반적으로 살펴보고 싶다면 쉘든 액슬러Sheldon Axler의 『Linear Algebra Done Right』(Springer, 2015)를 읽어보기 바란다.

- 벡터 미적분을 포함한 미적분 분야에 실질적으로 도움이 되는 제대로 된 가이드가 필요하다면 제임스 스튜어트James Stewart의 『미분적분학』(경문사, 2017)[1]를 읽어보기 바란다.

- 미적분 해석에 대한 수학적 이론에 대해 더 알고 싶다면 월터 루딘Walter Rudin의 『해석학의 원리』((한국맥그로힐, 2013)[2]만한 것이 없다.

---

1 『Calculus: Early Transcendentals』(Cengage Learning, 2015)
2 『Principles of Mathematical Analysis』(McGraw Hill, 1976)

A.1 벡터, 행렬, 텐서 : 선형대수학 기초

선형대수학은 **벡터, 행렬, 텐서**로 알려진 데이터의 배열을 다루는 방법을 알려준다. 이 세 가지
는 파이썬에서 넘파이의 array 유형으로 표현할 수 있다.

선형대수학은 머신러닝의 밑바탕이 된다. 이 절에서는 가장 기본적인 연산을 넘파이에서 어떻
게 구현할 수 있는 지에만 초점을 맞춰서 살펴본다.

벡터 : 1차원 데이터

벡터는 숫자로 이루어진 1차원 배열이다. 행렬 크기는 벡터의 차원이다. 파이썬 코드에서 벡터
를 나타낼 때는 넘파이 배열을 사용하면 된다.

> **NOTE_** 이것이 벡터의 정확한 수학적 정의는 아니지만 이 책의 목적에는 이 정도면 충분하다.

np.array()함수를 사용해서 숫자 리스트를 넘파이 배열로 만들 수 있다. shape 속성으로 차
원을 확인할 수 있다.

```
>>> import numpy as np
>>> x = np.array([1, 2])
>>> x
array([1, 2])
>>> x.shape
(2,)
>>> y = np.array([3, 3.1, 3.2, 3.3])
>>> y
array([3. , 3.1, 3.2, 3.3])
>>> y.shape
(4,)
```

shape값이 항상 튜플인 건 아님을 염두에 두자. 배열은 다차원으로 다음 절에서 이 내용을 확
인할 수 있다.

마치 파이썬 리스트처럼 벡터의 각 원소에 접근할 수 있다.

```
>>> x = np.array([5, 6, 7, 8])
```

```
>>> x[0]
5
>>> x[1]
6
```

벡터는 몇 가지 산술 연산을 지원한다. 동일한 차원의 두 벡터를 더할 수 있다. 결과는 동일한 차원의 세 번째 벡터가 된다. 더한 벡터의 각 원소는 원래 두 벡터의 해당 자리에 있는 원소의 합이다.

```
>>> x = np.array([1, 2, 3, 4])
>>> y = np.array([5, 6, 7, 8])
>>> x + y
array([ 6, 8, 10, 12])
```

비슷한 방식으로 * 연산자를 사용해서 두 벡터의 원소 간 곱을 구할 수 있다(여기서 원소 간이란 말은 따로 떨어져 있는 벡터의 같은 위치에 있는 원소 쌍을 곱한다는 뜻이다).

```
>>> x = np.array([1, 2, 3, 4])
>>> y = np.array([5, 6, 7, 8])
>>> x * y
array([ 5, 12, 21, 32])
```

원소 간 곱은 **아다마르곱**^{Hadamard product}이라고도 부른다.

벡터에 단일 실수(혹은 **스칼라**)를 곱할 수도 있다. 이 경우에는 벡터의 각 값에 스칼라값을 곱해준다.

```
>>> x = np.array([1, 2, 3, 4])
>>> 0.5 * x
array([0.5, 1. , 1.5, 2. ])
```

벡터는 세 번째 종류의 곱인 **내적**(**스칼라곱**이라고도 한다)을 지원한다. 내적을 구할 때는 각각에 해당하는 원소 쌍을 곱하고 그 결과를 더한다. 따라서 두 벡터의 내적은 단일 실수다. 넘파이의 함수 np.dot( )은 내적을 구한다. 파이썬 3.5 이상 버전에서는 @ 연산자도 동일한 기능을 수행한다(이 책에서는 np.dot( )을 사용한다).

```
>>> x = np.array([1, 2, 3, 4])
>>> y = np.array([4, 5, 6, 7])
>>> np.dot(x, y)
60
>>> x @ y
60
```

행렬 : 2차원 데이터

숫자의 2차원 배열을 **행렬**이라고 한다. 행렬 역시 넘파이 배열로 나타낼 수 있다. np.array에 리스트의 리스트를 넣어주면 2차원 행렬로 나타난다.

```
>>> x = np.array([
  [1, 2, 3],
  [4, 5, 6]
  ])
>>> x
array([[1, 2, 3],
       [4, 5, 6]])
>>> x.shape
(2, 3)
```

이때 행렬 모양은 2개 원소를 가진 튜플 형태임을 알 수 있다. 첫 번째는 행의 수, 두 번째는 열의 수다. 단일 원소에 접근할 때는 두 숫자로 표현한다. 첫 번째는 행이고 두 번째는 열이다. 또한 넘파이에서는 [행, 열] 형태의 인덱스도 지원한다. 둘 다 결과는 같다.

```
>>> x = np.array([
  [1, 2, 3],
  [4, 5, 6]
  ])
>>> x[0][1]
2
>>> x[0, 1]
2
>>> x[1][0]
4
>>> x[1, 0]
4
```

행렬의 전체 행을 벡터 형태로 가져올 수도 있다.

```
>>> x = np.array([
  [1, 2, 3],
  [4, 5, 6]
])
>>> y = x[0]
>>> y
array([1, 2, 3])
>>> y.shape
(3,)
```

열을 가져오려면 [:, n]과 같이 기묘하게 생긴 기호를 사용해야 한다. :는 파이썬의 리스트를 자르는 연산이므로 [:, n]은 '모든 행을 가져와서 n열만 남겨라'는 뜻으로도 생각할 수 있다. 다음 예를 보자.

```
>>> x = np.array([
  [1, 2, 3],
  [4, 5, 6]
])
>>> z = x[:, 1]
>>> z
array([2, 5])
```

벡터와 마찬가지로 행렬에서도 원소 간 덧셈, 곱셈, 스칼라곱을 지원한다.

```
>>> x = np.array([
  [1, 2, 3],
  [4, 5, 6]
])
>>> y = np.array([
  [3, 4, 5],
  [6, 7, 8]
])
>>> x + y
array([[ 4,  6,  8],
       [10, 12, 14]])
>>> x * y
array([[ 3,  8, 15],
       [24, 35, 48]])
```

```
>>> 0.5 * x
array([[0.5, 1. , 1.5],
       [2. , 2.5, 3. ]])
```

A.2 3차 텐서

바둑은 체스, 체커, 그 외 여러 고전 보드게임과 마찬가지로 눈금선 위에서 대국을 치른다. 눈금의 어떤 점에든 다양한 경기 말이 올라갈 수 있다. 이 판에 올라가는 말을 수학적 객체로 어떻게 나타낼 수 있을까? 한 가지 방안은 보드를 행렬의 스택으로 나타내는 것이다(각 행렬은 게임보드의 크기다).

스택 내 각 행렬을 **평면** 혹은 **채널**이라고 하자. 각 채널은 게임보드 위의 단일 유형의 말을 나타낸다. 바둑의 경우 흑돌 채널 하나, 백돌 채널 하나가 필요하다. 예시는 [그림 A-1]과 같다. 체스의 경우 폰의 채널, 비숍의 채널, 나이트의 채널 등을 만들 수 있다. 행렬의 전체 스택을 3차원 배열로 나타낼 수 있다. 이를 **3차 텐서**$^{\text{rank 3 tensor}}$라고 한다.

그림 A-1 2차 평면 텐서로 바둑판 나타내기. 여기서는 5×5 바둑판을 사용한다. 채널 하나를 흑돌에 할당하고 다른 채널을 백돌에 할당한다. 그러면 이 바둑판을 나타내기 위해 2×5×5 텐서가 필요하다.

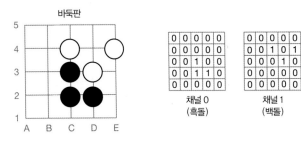

많이 쓰이는 다른 경우는 이미지를 나타낼 때다. 넘파이 배열을 사용해서 128×64 이미지를 나타낸다고 해보자. 이 경우 이미지의 픽셀에 대응하는 그리드에서부터 시작할 것이다. 컴퓨터 그래픽의 경우 보통 색을 빨강, 녹색, 파랑 요소로 구분해서 나타낸다. 그러므로 이미지를 3× 128×64의 텐서로 나타낼 수 있다(빨강 채널, 녹색 채널, 파랑 채널을 사용한다).

np.array를 사용해서 텐서를 만들 수도 있다. 형태는 3개의 요소를 가진 튜플이 될 것이고, 각 채널의 값은 숫자로 지정한다.

```
>>> x = np.array([
  [[1, 2, 3],
   [2, 3, 4]],
  [[3, 4, 5],
   [4, 5, 6]]
 ])
>>> x.shape
(2, 2, 3)
>>> x[0]
array([[1, 2, 3],
       [2, 3, 4]])
>>> x[1]
array([[3, 4, 5],
       [4, 5, 6]])
```

벡터 및 행렬과 마찬가지로 배열에서도 원소 간 덧셈, 곱셈, 스칼라곱을 지원한다.

3개의 채널에 8×8 그리드가 있는 경우 3×8×8 텐서나 8×8×3 텐서로 표현할 수 있다. 두 텐서의 차이는 인덱스를 붙이는 방식의 차이다. 라이브러리 내 함수를 사용해서 텐서를 처리하는 경우 그 함수가 사용하는 인덱스 구조가 어떻게 되어 있는지 확인해야 한다. 신경망 설계에 사용하는 케라스 라이브러리의 경우 두 가지 옵션 channels_first와 channels_last를 호출할 수 있다. 대부분의 경우 뭘 선택하든 상관없다. 그중 하나를 선택하고 여기에 맞추면 된다. 이 책에서는 channels_first 형식을 사용한다.

> **NOTE_** 포맷을 선택할 때 결정하기 어렵다면 엔비디아 GPU에 channels_first 형식에 최적화되어 있다는 걸 고려하자.

4차 텐서

이 책의 많은 부분에서는 바둑판 표현에 3차 텐서를 사용했다. 하지만 많은 바둑판을 한 번에 함수에 넣으면 편할 것 같을 때가 있을 수 있다. 한 가지 방법은 4차원 넘파이 배열에 바둑판 텐서를 묶어서 넣는 것이다. 이를 4차 텐서라고 한다. 이 4차원 배열은 각각 하나의 보드를 나타내는 3차 텐서의 리스트라고 생각할 수 있다.

행렬과 벡터는 텐서의 특별한 유형 중 하나다. 행렬은 2차 텐서고 벡터는 1차 텐서다. 0차 텐서는 일반 숫자다.

4차 텐서는 이 책에서 다루는 가장 고차원 텐서지만 넘파이에서는 어떤 차원의 텐서도 다룰 수 있다. 고차원 텐서를 시각화하는 것은 힘들지만 연산은 동일하다.

A.3 5분 미적분학 : 미분과 최댓값 찾기

미적분학에서 함수의 비율 변화를 **미분**이라고 한다. [표 A-1]에 몇 가지 예시가 나와 있다.

표 A-1 미분 사례

양	미분
얼마나 멀리 왔나	얼마나 빨리 이동했나
욕조에 물이 얼마나 담겨 있나	물이 얼마나 빨리 빠지나
고객이 몇 명이나 되나	늘어난(혹은 줄어든) 고객이 몇 명인가

미분은 특정 값으로 정해져 있지 않다. 이는 시공간에 따라 다양하게 달라지는 함수다. 차로 여행할 때 어떨 때는 빠르게 달리고 어떨 때는 느리게 달린다. 하지만 항상 속도와 이동 거리는 연결되어 있다. 어떤 시간에 어디에 있었는지에 대한 정확한 기록이 있다면 여정의 특정 지점에서 얼마나 빠르게 이동하고 있었는지 구할 수 있을 것이다. 이것이 미분이다.

함숫값이 증가하면 미분값은 양의 수다. 함숫값이 감소하면 미분값은 음의 수다. [그림 A-2]에 이 개념이 잘 나와 있다. 이 지식을 활용하면 미분값으로 지역 최솟값이나 지역 최댓값을 찾을 수 있다. 미분값이 양의 수인 곳에서는 오른쪽으로 좀 더 움직이면 더 큰 값을 얻을 수 있다. 최댓값을 지나가게 되면 함숫값은 감소하게 되므로 미분값은 음의 수가 된다. 이런 경우 왼쪽으로 조금 더 움직인다. **지역 최댓값**에서는 미분값은 정확히 0이 된다. **지역 최솟값**을 찾는 법도 반대로 움직인다는 것만 빼면 동일하다.

머신러닝에서 찾아볼 수 있는 많은 함수는 입력값으로 고차원 벡터를 받고 출력값으로 단일 숫자를 출력한다. 이런 함수의 최댓값이나 최솟값을 찾을 때도 동일한 방식을 적용해볼 수 있다. 이런 함수의 미분은 입력값과 동일한 차원의 벡터로, **기울기**gradient 벡터라고 한다. 기울기 벡터의 각 원소의 부호를 보면서 좌표를 어느 방향으로 움직여야 할지 알아낸다. 함수의 값을 최대로 만들도록 기울기 벡터를 따르는 것을 **경사상승법**gradient ascent이라 하고, 최소로 만드는 경우 **경사하강법**이라고 한다.

그림 A-2 함수와 미분값. 미분값이 양수면 함숫값은 증가한다. 미분값이 음수면 함숫값은 감소한다. 미분값이 정확히 0 이면 함수는 지역 최솟값이나 지역 최댓값에 위치한다. 이 논리를 사용하면 미분값으로 지역 최솟값이나 지역 최댓값을 구할 수 있다.

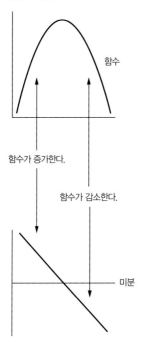

이 경우에는 평면 위에서 움직이는 함수를 상상하면 이해하기 쉬울 것이다. 어떤 점에서든 기울기는 표면에서 가장 가파른 경사를 가리킨다.

경사상승법을 사용하려면 최댓값을 찾고자 하는 함수의 미분식이 있어야 한다. 대부분의 단순한 대수함수는 미분함수가 있다. 이에 대해서는 어떤 미적분학 책에서나 찾아볼 수 있다. 단순한 함수가 얽히고설킨 복잡한 함수를 정의한 경우 **연쇄법칙**이라고 알려진 방식으로 그 복잡한 함수의 미분을 구할 수 있다. 텐서플로와 씨아노 같은 라이브러리를 사용하면 자동으로 연쇄법칙을 사용해서 복잡한 함수의 미분을 구해준다. 케라스에서 복잡한 함수를 정의한 경우 미분식을 직접 구하려 하지 말자. 케라스가 텐서플로나 씨아노를 이용해 해당 작업을 처리할 것이다.

역전파 알고리즘

5장에서는 순차 신경망과 순방향 신경망을 중점적으로 다루었다. 그때 신경망 훈련에 사용한 **역전파 알고리즘**을 간단하게 설명했다. 부록 B에서는 5장에서 간단히 명시한 내용인 기울기와 파라미터 갱신을 좀 더 자세히 설명할 것이다.

우선 순방향 신경망에서의 역전파 알고리즘을 도출하고 이 알고리즘을 더 일반적인 순차 신경망 및 비순차 신경망으로 확장하는 부분을 논의하겠다. 수학적으로 더 심도 있게 들어가기 전에 여기서 사용할 가정 및 기호를 정의하자.

B.1 몇 가지 기호

이 절에서는 l개 층을 가진 순방향 신경망을 사용할 것이다. l개 층 각각에는 시그모이드 활성화 함수가 있다. i번째 층의 가중치를 W^i, 편향치를 b^i이라고 한다. 신경망의 입력 데이터에 대한 크기 k의 미니배치를 x라고 하고, 이때의 출력값을 y라고 한다. 여기서 x와 y는 벡터라고 생각하는 게 편하지만 모든 연산은 미니배치에 적용된다. 그럼 다음 기호를 살펴보자.

- i번째 층에서 활성화 함수를 사용한 출력을 y^{i+1}이라고 한다. $y^{i+1} = \sigma(W^i y^i + b^i)$이 된다. 이때 y^{i+1}은 $i+1$번째 층의 **입력값**이 된다는 것을 염두에 두자.
- 활성화 함수를 사용하지 않는 i번째 밀집층의 출력을 z^i이라고 한다. $z^i = W^i \cdot y^i + b^i$이다.

- $z^i = W^i \cdot y^i + b^i$ 과 $y^{i+1} = \sigma(z^i)$ 을 사용해서 중간 출력을 간단하게 나타낼 수 있다. 이 기호를 응용하면 출력값 $y = y^l$, 입력값 $x = y^0$ 의 식으로도 사용할 수 있지만 여기서는 이렇게 사용하지 않을 것이다.
- 마지막으로 $\sigma(W^i y^i + b^i)$ 을 $f^i(y^i)$ 으로 나타내는 경우도 있을 것이다.

B.2 순방향 신경망의 역전파 알고리즘

앞서 정의한 표기법에 따르면 신경망의 i번째 층에서의 순방향 전달은 다음과 같이 나타낼 수 있다.

$$y^{i+1} = \sigma(W^i y^i + b^i) = f^i \circ y^i$$

이 정의를 각 층에 반복적으로 적용하면 예측값은 다음과 같이 나타날 것이다.

$$y = f^n \circ \cdots \circ y^1(x)$$

예측값 y와 라벨 $\hat{y}$에 대한 손실 함수 Loss를 계산하기 때문에 손실 함수를 다음과 같은 방식으로 분해할 수 있다.

$$\text{Loss}(y, \hat{y}) = \text{Loss} \circ f^n \circ \cdots \circ y^1(x)$$

여기에 표시된 손실 함수의 계산 및 사용은 다변량 미적분의 기본 결과인 함수에 대한 연쇄법칙을 손실 함수에 영리하게 적용해서 풀어낼 수 있다. 앞선 식에 **연쇄법칙**을 직접 적용하면 다음과 같이 나온다.

$$\frac{d\text{Loss}}{dx} = \frac{d\text{Loss}}{df^n} \cdot \frac{df^n}{df^{n-1}} \cdots \frac{df^2}{df^1} \cdot \frac{df^1}{dx}$$

이제 i번째 층의 **변화량**을 다음과 같이 정의할 수 있다.

$$\Delta^i = \frac{d\text{Loss}}{df^n} \cdots \frac{df^{i+1}}{df^i}$$

그럼 동일한 방법으로 앞선 순방향 전달에 변화량을 전달할 수 있다. 이를 **역방향 전달**이라고 한다. 즉, 다음과 같은 관계가 성립한다.

$$\Delta^i = \Delta^{i+1} \frac{df^{i+1}}{df^i}$$

변화량은 계산 시 역방향으로 전달되므로 인덱스값이 줄어들어야 한다는 것을 염두에 두자. 보통 역방향 전달을 구하는 것은 순방향 전달과 구조적으로 동일하다. 이제 실제 사용할 미분값을 명시적으로 구해보자. 입력값에 따른 시그모이드와 아핀 선형 함수의 미분은 손쉽게 도출할 수 있다.

$$\sigma'(x) = \frac{d\sigma}{dx} = \sigma(x)(1 - \sigma(x))$$

$$\frac{d(Wx + b)}{dx} = W$$

이 두 등식을 사용해서 $(i + 1)$번째 층에서 i번째 층으로 오차항 Δ^{i+1} 을 역으로 전달하는 것을 다음과 같이 나타낼 수 있다.

$$\Delta^i = (W^i)^\top \cdot (\Delta^{i+1} \odot \sigma'(z^i))$$

이 식에서 위첨자 T 는 전치행렬을 나타낸다. **아다마르곱** $\odot$은 두 벡터의 원소 간 곱을 나타낸다. 위 계산은 다음과 같이 밀집층과 활성화 함수에 대한 계산으로 나뉜다.

$$\Delta^\sigma = \Delta^{i+1} \odot \sigma'(z^i)$$

$$\Delta^i = (W^i)^\top \cdot \Delta^\sigma$$

마지막 단계는 모든 층에서의 파라미터 W^i 과 b^i 의 경사도를 구하는 것이다. 여기서는 미리 계산한 Δ^i 이 있으므로 바로 파라미터의 경사도를 읽어 들일 수 있다.

$$\Delta W^i = \frac{d\text{Loss}}{dW^i} = \Delta^i \cdot (y^i)^\top$$

$$\Delta b^i = \frac{d\text{Loss}}{db^i} \Delta^i$$

이 오차항을 사용해서 원하는 만큼 최적화기나 규칙을 사용해서 신경망의 파라미터를 갱신할 수 있다.

B.3 순차 신경망의 역전파

일반적으로 순차 신경망은 앞서 논의한 것보다 더 흥미로운 층을 가지고 있다. 예를 들어 6장에서 소개한 합성곱층이나 소프트맥스 활성화 함수 같은 여러 활성화 함수가 있다. 순차 신경망에서의 활성화층을 제외하면 역전파는 동일한 형태를 따른다. g^i이 활성화 함수를 사용하지 않은 순방향 전달이고 Act^i이 이에 따른 활성화 함수라면 i번째 층에 Δ^{i+1}을 전파하려면 다음 변환이 필요하다.

$$\Delta^i = \frac{d\mathrm{Act}^i}{dg^i}(z^i)\frac{dg^i}{dz^i}(y^i)\Delta^{i+1}$$

중간 출력값 z^i과 i번째 층의 입력값에 따른 함수 g^i의 미분값을 사용해서 평가된 활성화 함수의 미분값을 구해야 한다. 모든 변화량을 알고 있다면 순방향 층에서의 가중치와 편향치를 구했던 것과 마찬가지로 이 층에서 사용하는 모든 매개변수의 미분값을 빠르게 추론할 수 있다. 이런 식으로 각 층에서는 주변의 층의 구조에 대한 지식 없이도 데이터를 순방향으로 넘기고 오차항을 역으로 전파할 수 있다.

B.4 일반적인 신경망에서의 역전파

이 책에서는 온전히 순차 신경망만 다루었지만 순차성을 고려하지 않았을 때 어떻게 되는지 살펴보는 것 역시 흥미로울 것이다. 비순차 신경망의 경우 한 층이 여러 출력값이나 여러 입력값을 가지거나 혹은 둘 다 가지기도 한다.

한 층에서 출력값을 m개 가진다고 해보자. 한 가지 예제로 벡터를 m개의 부분으로 나눈다. 이 층 내부에서 순방향 전달은 **k개**의 함수로 나눌 수 있다. 역방향 전달의 경우 이 각 함수의 미분값을 따로 구할 수 있다. 이렇게 구해진 각 미분값은 이전 층으로 전달된 변화량에 동일하게 영향을 미칠 것이다.

입력값 n개와 출력값 하나를 다루는 상황에서는 앞의 내용을 뒤집어서 생각할 수 있다. 순방향 전달은 n개 입력값을 단일 출력값을 가지는 단일 함수에 사용한다. 역방향 전달의 경우 다음 층에서 하나의 변화량을 받아서 이전의 n개 층에 각각 하나씩 전달할 n개 출력값의 변화량을 구해야 한다. 이 미분값은 각각 입력값에 따라 서로 독립적으로 구한다.

n개 입력값과 m개 출력값의 일반적인 경우는 이 두 단계를 결합한다. 각 신경망에서의 역전파의 방식은 이와 같으며, 설정상의 복잡도나 총 층의 개수와는 상관없다.

B.5 역전파의 과제

역전파가 단순히 특정 종류의 머신러닝 알고리즘에서의 연쇄법칙의 응용이라고 생각할 수도 있다. 이론적 난이도로만 보면 그럴 수 있다. 하지만 실제로는 역전파를 구현할 때 고려해야 할 사항이 많다.

각 층에서 변화량과 미분값 갱신치를 구할 때 가장 중요한 것은 순방향 전달에 필요한 입력값의 평가 방안을 마련해두어야 한다는 것이다. 만약 단순히 순방향 전달의 출력값을 버린다면 역방향 전달 시 이 값을 다시 구해야 한다. 따라서 이 값을 효율적으로 저장해야 한다. 5장에서처럼 처음부터 하나하나 구현하는 경우 각 층의 입력값과 출력값 데이터와 변화량은 각각 값을 가지고 있다. 많은 데이터를 처리하는 신경망을 구축하는 경우 계산 효율성을 높이고 메모리 사용량을 낮추도록 구현되었는지 확인해야 한다.

다른 고려해야 할 점은 중간값 재활용 부분이다. 예를 들어 간단한 순방향 신경망에서 아핀 선형 함수와 시그모이드 활성화 함수를 하나의 유닛으로 사용한 경우와 두 층으로 나눈 경우를 고려할 수 있다. 아핀 선형 변환의 출력값은 활성화 함수의 역방향 전달을 구할 때 필요하므로 순방향 전달의 중간 정보를 가지고 있어야 한다. 반면 시그모이드 함수의 경우에는 파라미터가 없으므로 역방향 전달을 한 번에 구할 수 있다.

$$\Delta^i = (W^i)^\top \cdot (\Delta^{i+1} \odot \sigma'(z^i))$$

이것은 두 단계로 하는 것보다 계산상 더 효율적이다. 함께 수행할 수 있는 연산을 자동으로 감지하면 속도 향상을 가져올 수 있다. 더 복잡한 경우(층이 이전 단계의 입력값을 **반복적**으로 계산하는 순환 신경망 등)에는 중간 단계를 잘 관리하는 것이 더 중요할 것이다.

바둑 프로그램 및 서버

부록 C에서는 바둑을 온라인과 오프라인을 가리지 않고 즐길 수 있는 방법을 다룬다. 우선 그누고와 파치 두 가지를 개인 컴퓨터에 설치해서 실행하는 방법을 설명한다. 그리고 몇 가지 유명한 바둑 서버에서 다양한 실력의 사람 및 AI 상대를 찾는 방법을 설명한다.

C.1 바둑 프로그램

일단 컴퓨터에 바둑 프로그램을 설치하자. 여기서는 수년간 널리 알려졌던 두 무료 고전 프로그램을 소개한다. **그누고**$^{GNU\ Go}$와 **파치**^{Pachi}는 4장에서 일부 다루었던 고전 게임 AI 방식을 사용한다. 하지만 여기서 이 둘을 소개하는 이유는 방법론을 설명하려는 것이 아니라 테스트용으로 오프라인 컴퓨터에서 바둑을 둘 수 있는 상대이기 때문이다. 이 두 프로그램으로 바둑을 즐길 수 있다.

대부분의 다른 바둑 프로그램과 마찬가지로 파치와 그누고는 8장에서 언급했던 바둑 텍스트 프로토콜^{GTP}을 사용해서 의사를 전달한다. 하지만 두 프로그램 모두 우리에게 유용한 다른 방식으로 실행 가능하다.

- 커맨드 라인으로 실행해서 GTP 명령어를 넣으면서 대국을 치를 수 있다. 이 모드는 8장에서 그누고와 파치를 상대로 봇이 대국을 치르게 했을 때 쓴 방식이다.
- 두 프로그램 모두 **GTP 프론트엔드**의 그래픽 인터페이스를 사용하도록 설치할 수 있다. 그래픽 인터페이스를 사용하면 바둑 엔진과의 대국이 사람과의 대국처럼 느껴져서 더 즐겁게 경기를 진행할 수 있다.

그누고

그누고는 1989년에 개발되었으며 현존하는 가장 오래된 바둑 엔진이다. 가장 최신 버전은 2009년에 나왔다. 최근에는 거의 개발이 되고 있지 않지만 여전히 그누고는 많은 바둑 서버에서 초보자용 AI 상대로 널리 쓰인다. 또한 개별 규칙을 지정해서 만드는 바둑 엔진 중에서는 여전히 가장 성능 좋은 엔진으로, MCTS 및 딥러닝 바둑봇과 비교하기에도 좋다. 그누고 웹페이지[1]에서 윈도우, 리눅스, 맥OS용 그누고를 다운로드해서 설치하면 된다. 이 웹페이지에는 커맨드 라인 인터페이스[CLI]와 다양한 그래픽 인터페이스를 사용해서 그누고를 설치하는 방법도 나와 있다. CLI 도구를 사용해서 설치할 때는 FTP 서버[2]에서 최신 그누고 바이너리를 다운로드한 후 tar 파일의 압축을 풀고, 다운로드한 압축 파일 내에 들어 있는 INSTALL과 README 파일에서 각자의 플랫폼에 맞는 설명을 따르면 된다. 그래픽 인터페이스의 경우 윈도우와 리눅스에서는 자고클라이언트[JagoClient][3]를, 맥OS에서는 프리고반[FreeGoban][4] 사용을 추천한다. 설치가 잘 되었는지 확인하려면 다음 명령어를 실행하면 된다.

```
gnugo --mode gtp
```

이렇게 하면 GTP 모드에서 그누고가 실행된다. 이 프로그램은 19×19 바둑판에 새 경기를 시작하고, 명령어로 입력을 받는다. 예를 들어 그누고에서 백돌로 새 수를 두고자 하면 genmove white라고 입력하고 엔터를 친다. 그러면 유효한 명령어를 뜻하는 = 표시가 나타나고 = C3처럼 수의 좌표가 나온다. 앞서 8장에서 직접 만든 딥러닝 봇을 상대로 그누고를 GTP 모드에서 사용했다.

그래픽 인터페이스에서 설치한 경우 그누고와 바로 대국을 실행해서 바둑 실력을 시험해볼 수 있다.

파치

파치는 전반적으로 그누고보다 강력하다. 이 프로그램은 파치 웹페이지[5]에서 다운로드할 수

---

1 www.gnu.org/software/gnugo/download.html

2 ftp.gnu.org/gnu/gnugo

3 www.rene-grothmann.de/jago/

4 www.sente.ch/software/goban/

5 pachi.or.cz/

있고, 소스코드 및 상세한 설치 방법은 파치 깃허브[6]에서 확인할 수 있다. 파치를 테스트하려면 명령줄에서 파치를 실행하고 genmove black을 입력한다. 그러면 9×9 바둑판에 흑돌의 수를 생성한다.

C.2 바둑 서버

컴퓨터에 바둑 프로그램을 설치해서 실행하는 것도 재밌고 유용하지만 온라인 바둑 서버에 들어가면 훨씬 더 많고 강력한 사람 및 AI를 상대로 대국을 치를 수 있다. 사람과 봇은 이 플랫폼에 계정을 등록하고 경기를 치르며 레벨을 올리고 궁극적으로는 본인의 등수를 올린다. 사람의 경우 바둑 서버에서 더 흥미진진한 수를 주고받을 수 있고, 봇에는 바둑 서버가 전 세계 선수들에게 자신을 드러내는 궁극적인 시험장이 될 수 있다. 스승님의 도서관$^{\text{Sensei's Library}}$[7]에서 바둑 서버 리스트를 확인할 수 있다. 여기서는 **영어 클라이언트**를 사용하는 서버 3개를 골라보았다. 대부분의 바둑 서버에서는 중국어, 한국어, 일본어를 지원하고 영어를 지원하지 않으므로 이 선택은 다소 편향적일 수 있다.[8]

OGS

온라인 바둑 서버^{OGS}[9]는 잘 만들어진 웹기반 바둑 플랫폼이다. 8장과 부록 E에서 봇을 바둑 서버에 연결하는 것을 설명할 때 OGS를 사용한다. OGS는 기능이 많고, 업데이트가 빠르고, 운영진 활동이 활발하며, 서구에서 가장 유명한 바둑 서버 중 하나다. 일단 우리가 매우 좋아하는 서버다.

IGS

인터넷 바둑 서버^{IGS}[10]는 1992년에 만들어진 서버로, 현존하는 바둑 서버 중 가장 오래됐다. 현

---

6 github.com/pasky/pachi

7 senseis.xmp.net/?GoServers

8 옮긴이_ 한국의 경우 이 책 아래에도 나오는 타이젬이나 IGS, 그 외에 오로 바둑 사이트 및 각 온라인 게임 포털에서 제공하는 바둑 서버 등을 주로 이용한다.

9 online-go.com/

10 pandanet-igs.com/communities/pandanet

재까지 널리 사용되고 있으며 2013년에는 새로운 인터페이스로 모습을 완전히 바꿨다. IGS는 네이티브 맥 클라이언트가 있는 몇 안 되는 서버 중 하나로, 여전히 경쟁력이 있으며 전 세계적으로 사용자가 있다.

타이젬

한국에서 만든 **타이젬**^{Tygem}[11]은 여기서 소개한 서버 중 가장 많은 사용자 기반을 확보한 바둑 서버다. 언제든지 로그인하면 모든 레벨의 수천 명의 사용자가 접속해 있는 것을 볼 수 있다. 게다가 이 서버는 유명하여 전 세계의 고수 기사들이 대전을 치르기도 한다(간혹 무기명으로 치르기도 한다).

---

11 www.tygemgo.com

아마존 웹서비스를 사용한 봇 훈련 및 배포

부록 D에서는 아마존 웹서비스^{AWS} 클라우드 서비스를 사용해서 딥러닝 모델을 구축하고 배포하는 방법을 알아본다. 굳이 바둑봇에 적용하지 않더라도 클라우드 서비스를 사용해서 모델을 호스팅하는 방법을 알아두면 유용할 것이다. 여기서 다루는 내용을 다음과 같다.

- AWS에서 딥러닝 모델을 훈련할 가상 서버 구축
- 클라우드에서 딥러닝 실행
- 웹 인터페이스를 얹은 바둑봇을 서버에 배포해서 여러 사람이 사용할 수 있게 하기

여기서 AWS를 사용한 이유는 AWS는 세계에서 가장 큰 클라우드 업체로서 여러 유용한 기능을 제공하기 때문이며, 부록 D의 내용은 여러 다른 클라우드 서비스에도 적용할 수 있다. 큰 클라우드 업체에서 제공하는 내용은 겹치는 부분이 많으므로 여기서 다루는 내용은 다른 클라우드를 사용할 때도 도움이 될 것이다.

AWS로 시작하기에 앞서 aws.amazon.com에 가서 AWS가 제공하는 넓은 제품 범위를 살펴보자. 아마존 클라우드 서비스는 어마어마하게 많은 제품을 제공하지만, 이 책에서는 아마존 일래스틱 컴퓨팅 클라우드^{Amazon Elastic Compute Cloud, EC2}라는 서비스 하나만 사용한다. EC2는 클라우드에서 가상 서버를 쉽게 쓸 수 있도록 한다. 필요에 따라 다양한 하드웨어의 서버나 인스턴스를 사용할 수 있다. 심층 신경망을 효율적으로 훈련시키려면 강력한 GPU가 필요하다. AWS가 항상 최신 GPU를 제공하지는 않을지도 모르지만 하드웨어에 너무 많은 비용을 투자하지 않고 딥러닝을 시작하기에는 클라우드 GPU 컴퓨팅 시간을 유연하게 구입해 사용하는 것이 좋을 것이다.

D.1 AWS 등록 및 설정

일단 AWS 계정 생성 페이지[1]에서 AWS 계정을 등록하자. [그림 D-1]에 나온 항목을 채운다.

그림 D-1 AWS 계정 생성

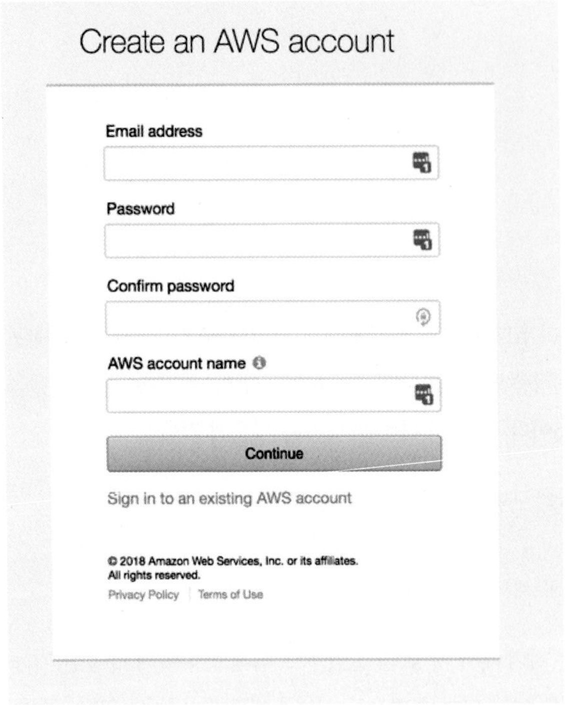

계정을 등록했으면 aws.amazon.com 페이지 우측 상단에서 'Sign in'을 클릭한 후 계정 정보를 입력한다. 그러면 계정의 기본 대시보드로 이동할 것이다. 상단의 메뉴 바에서 'Service'를 클릭하면 AWS 핵심 제품군을 보여주는 패널이 열린다. 'Compute' 카테고리의 'EC2' 옵션을 선택하자.

---

1 portal.aws.amazon.com/billing/signup

그림 D-2 서비스 메뉴에서 엘라스틱 클라우드 컴퓨팅(EC2) 서비스 선택

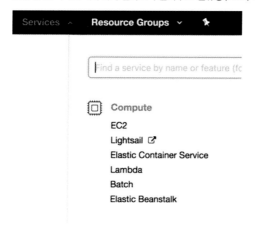

그러면 EC2 대시보드로 이동할 것이다. 여기서 현재 실행 중인 인스턴스와 상태에 대해 개략적으로 확인할 수 있다. 지금 막 계정을 등록했으므로 현재 실행 중인 인스턴스는 0개다. 새 인스턴스를 시작하려면 [그림 D-3]에서처럼 'Launch Instance' 버튼을 클릭하자.

그림 D-3 새 AWS 인스턴스 생성

Create Instance

To start using Amazon EC2 you will want to launch a virtual server, known as an Amazon EC2 instance.

그러면 인스턴스에서 사용 가능한 소프트웨어 템플릿인 아마존 머신 이미지^{Amazon Machine Image,} ^{AMI}를 선택할 수 있다. 빨리 봇을 실행할 것이므로 딥러닝에 특화된 AMI를 선택한다. 왼쪽 사이드바에서 유용한 서드파티 AMI가 많이 들어 있는 AWS 마켓플레이스([그림 D-4] 참조)를 찾아보자.

그림 D-4 AWS 마켓플레이스 선택

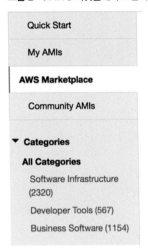

마켓플레이스에서 [그림 D-5]와 같이 'Deep Learning AMI Ubuntu'를 검색하자. 이름에서 알 수 있듯이 이 인스턴스는 우분투 리눅스 위에서 실행되며 미리 설치된 여러 유용한 컴포넌트들이 내장되어 있다. 예를 들어 이 AMI에서는 텐서플로와 케라스를 사용할 수 있으며, 필요한 모든 GPU 드라이버가 미리 설치되어 있다. 그러므로 이 인스턴스를 실행하면 소프트웨어 설치에 시간과 노력을 들일 필요 없이 딥러닝 프로그램을 바로 시작할 수 있다.

이 AMI는 저렴하지만 완전히 무료는 아니다. 무료 인스턴스를 사용하고 싶으면 프리티어 사용 가능free tier eligible 태그가 달린 AMI를 살펴보자. [그림 D-4]의 Quick Start 항목에 있는 대부분의 AMI는 무료로 사용할 수 있다.

그림 D-5 딥러닝에 적합한 AMI 선택

AMI를 선택한 후 'Select'를 클릭하면 인스턴스 유형에 따른 AMI의 가격을 보여주는 탭이 열린다. 이 부분은 [그림 D-6]을 참조하자.

그림 D-6 선택한 인스턴스에 따른 딥러닝 AMI 가격

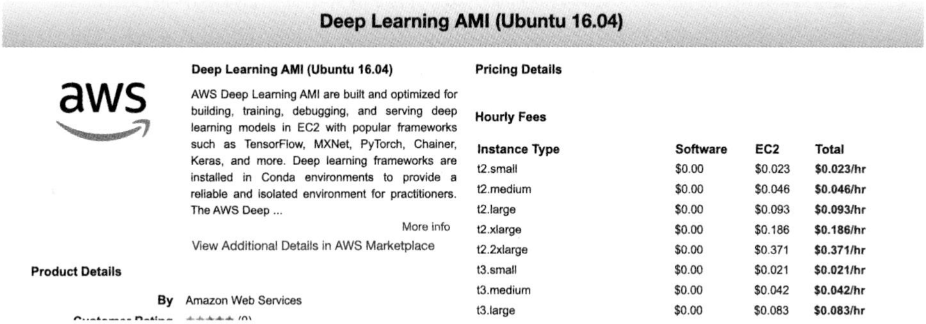

인스턴스 유형을 선택하면 된다. [그림 D-7]에서는 GPU 성능에 최적화된 인스턴스 유형 일부가 나와 있다. 처음 시작할 때는 p2.xlarge를 선택하는 것이 무난하나, 모든 GPU 인스턴스는 상대적으로 비싼 편임을 명심하자. 일단 AWS를 알아보고 여기서 사용하는 기능에 익숙해지고자 한다면 저렴한 t2.small 인스턴스부터 시작하자. 모델 배포 및 호스팅에만 관심이 있다면 t2.small 인스턴스로도 충분하다. 더 비싼 GPU 인스턴스는 모델 훈련에만 사용할 것이다.

그림 D-7 목적에 부합하는 인스턴스 유형 선택

☐	GPU instances	g3.4xlarge	16	122	EBS only
☐	GPU instances	g3.8xlarge	32	244	EBS only
☐	GPU instances	g3.16xlarge	64	488	EBS only
☐	GPU instances	g4dn.xlarge	4	16	1 x 125 (SSD)
☐	GPU instances	g4dn.2xlarge	8	32	1 x 225 (SSD)
☐	GPU instances	g4dn.4xlarge	16	64	1 x 225 (SSD)
☐	GPU instances	g4dn.8xlarge	32	128	1 x 900 (SSD)

인스턴스 유형을 선택했다면 우측 하단의 'Review and Launch' 버튼을 클릭해서 인스턴스를 시작할 수 있다. 하지만 몇 가지 설정을 더 해야 하므로 'Next: Configure Instance Details'를 선택하자. 여기서 3~5단계 대화 상자는 일단 안전하게 건너뛸 수 있지만 6단계(보안 그룹 설정)는 어느 정도 주의가 필요하다. AWS의 보안 그룹은 인스턴스 접근 권한 규칙을 지정한다. 여기서는 다음 접근 권한을 상속할 것이다.

- 기본적으로 SSH를 통해 로그인해서 인스턴스에 접근할 것이다. 인스턴스의 SSH용 22번 포트는 기본적으로 열려 있으나(새 인스턴스에 기본으로 정의되어 있는 유일한 규칙이다) 본인의 컴퓨터에서만 연결할 수 있도록 접근을 제한해두어야 한다. 이는 보안 때문이며, 이런 제약을 걸어야 AWS 인스턴스를 본인만 사용할 수 있다. 본인의 IP에서만 인스턴스에 접근 가능하도록 하자. 'Source' 아래에서 'My IP'를 선택하면 된다.

- 웹 애플리케이션을 배포하고 이후에 봇이 다른 바둑 서버에도 접근해야 하므로 HTTP용 80번 포트도 열어두어야 한다. 'Add Rule'을 클릭한 후 유형으로 'HTTP'를 선택하면 된다. 그러면 자동으로 80번 포트를 선택할 것이다. 사람들이 어디서든 봇에 접속할 수 있도록 할 것이므로 'Source'에서 'Anywhere'를 선택한다.

- 8장에서 만든 HTTP 바둑봇은 5000번 포트에서 실행되므로 이 포트 역시 동일한 방법으로 연다. 보통의 실제 시나리오에서는 (앞서 설정한) 80번 포트에서 동작하는 웹 서버를 배포하고 내부적으로 5000번 포트로 연결되는 방식을 사용한다. 하지만 간단히 하기 위해 보안과 편의성을 맞교환하여 5000번 포트를 직접 열기로 하자. 다른 규칙을 추가한 후 유형을 'Custom TCP Rule'로 선택하고 포트 범위를 5000으로 한다. HTTP 포트와 마찬가지로 'Source'에서 'Anywhere'를 선택한다. 그러면 보안 경고 알림 창이 뜰 것이다. 하지만 민감 정보나 소유권 문제가 발생할 수 있는 데이터나 프로그램을 다루는 것이 아니므로 일단 무시하자.

지금까지 설명한 접근 권한 설정을 모두 했다면 [그림 D-8]과 같이 설정되어 있을 것이다.

그림 D-8 AWS 인스턴스의 보안 그룹 설정

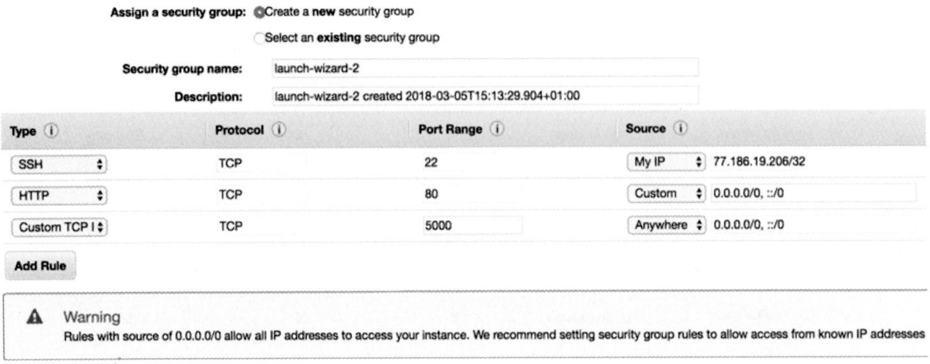

보안 설정을 마치고 'Review and Launch'를 클릭한 후 'Launch'를 클릭하자. 그러면 새로운 키 페어를 생성할지 혹은 기존에 있는 것을 사용할지 물어보는 창이 나타날 것이다. 그러면 드롭다운 메뉴에서 'Create a New Pair'를 선택한다. 여기서 해야 할 일은 **키 페어 이름**을 정하고 'Download Key Pair'를 선택해서 **프라이빗 키**를 다운로드하는 것이다. 다운로드한 키는 .pem의 파일 확장명에 본인이 부여한 이름을 가진 파일일 것이다. 이 프라이빗 키는 안전한 장소에 저장해두어야 한다. 프라이빗 키에 대한 퍼블릭 키는 AWS가 관리하며 새로 시작할 인스턴스에도 올라갈 것이다. 프라이빗 키를 사용해서 이 인스턴스에 접속할 수 있다. 키를 생성하면 나중에 'Choose an Existing Key Pair'를 선택해서 재사용할 수 있다. [그림 D-9]에 maxpumperla_aws.pem 키 페어를 생성하는 과정이 나와 있다.

그림 D-9 AWS 인스턴스 접근용 새 키 조합 생성

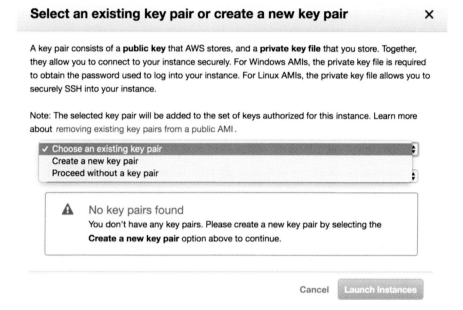

이제 마지막 과정이 끝났다. 'Launch Instances'를 클릭하면 인스턴스가 시작될 것이다. Launch Status 창에 인스턴스 개요가 나타날 것이고, 여기서 우측 하단의 'View Instance'를 선택하면 다음으로 넘어간다. 그러면 다시 처음(Launch Instance를 선택하기 전)의 EC2 메인 대시보드로 돌아갈 것이다. 이젠 여기에 앞서 만든 인스턴스가 나올 것이다. 잠시 기다리면 인스턴스의 상태가 '실행 중'으로 바뀌며 상태 설명 옆에 녹색 점이 찍힌 것을 보게 될 것이다. 이는 인스턴스가 준비되었다는 뜻이니 이제 인스턴스에 접속할 수 있다. 인스턴스 왼쪽의 체크 박스를 선택하면 위의 'Connect' 버튼이 활성화될 것이다. 이 버튼을 클릭하면 [그림 D-10]과 같은 창이 나타난다.

그림 D-10 키 조합을 사용한 인스턴스 연결

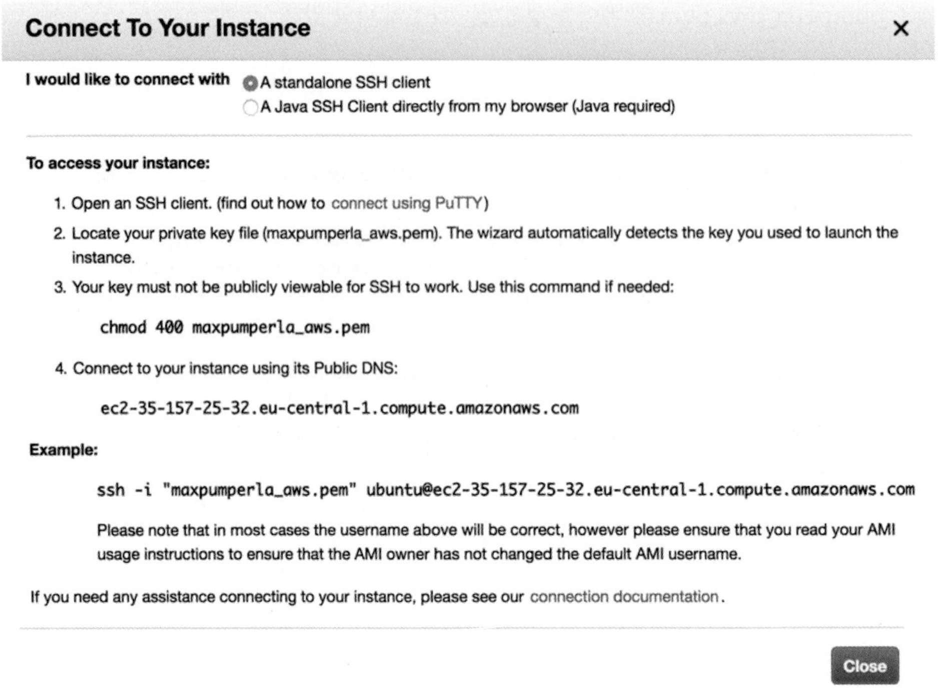

이 창에는 인스턴스 접속에 대한 유용한 정보가 많으니 주의 깊게 읽어두자. 특히 SSH로 인스턴스에 접근하는 방식을 설명해주니 참고하자. 터미널을 열고 Example 옆의 ssh 명령어를 복사해서 붙여넣기하면 AWS 인스턴스에 연결된 것을 확인할 수 있을 것이다. 이 명령어는 다음과 같다.

```
ssh -i "<full-path-to-secret-key-pem>" <username>@<public-dns-of-your-instance>
```

명령어가 길어서 다소 불편할 수 있다. 특히 여러 인스턴스나 SSH 접속이 필요한 경우는 많이 번거로울 수 있다. 이를 쉽게 하려면 SSH 설정 파일을 수정하면 된다. 유닉스 환경에서 설정 파일은 보통 ~/.ssh/config에 들어 있다. 다른 환경의 경우 경로는 다를 수 있다. 없다면 .ssh 폴더에 이 파일을 만들고 다음 내용을 써넣자.

```
Host aws
    HostName <public-dns-of-your-instance>
    User ubuntu
```

```
Port 22
IdentityFile <full-path-to-secret-key-pem>
```

이 파일을 저장하면 터미널에서 ssh aws만 입력하고도 인스턴스에 접속할 수 있다. 처음 접속하면 접속을 원하는지 물어본다. yes를 입력하고 엔터키를 누른다. 기존 키를 (키 쌍의 보안 해시값을 반환하도록 cat ~/.ssh/authorized_keys를 실행하도록 해서) 인스턴스에 영구적으로 등록했으므로 이 질문은 다시 나오지 않을 것이다.

딥러닝 우분투 AMI 인스턴스(이 인스턴스를 사용하는 경우)에 성공적으로 처음 로그인하면 몇 가지 파이썬 환경 중 하나를 선택할 수 있다. 파이썬 3.6 환경에서 케라스와 텐서플로가 완전히 설치된 환경을 사용하려면 source activate tensorflow_p36을 입력하고, 파이썬 2.7을 사용하는 경우는 source activate tensorflow_p27을 입력한다. 이후에는 이 설정에 대한 내용은 넘어가고 이 인스턴스에 이미 기본 파이썬 환경이 설치되어 있다고 가정한다. 인스턴스에서 프로그램을 실행하기 전에 인스턴스를 종료하는 부분을 짧게 설명하도록 하겠다. 비싼 인스턴스를 내리는 것을 잊어버리면 비용이 한 달에 몇 백 달러가 가뿐히 넘어갈 수도 있다. 그래서 인스턴스 종료에 대한 내용은 매우 중요하다. 인스턴스를 종료하려면 (앞에서 했던 것과 마찬가지로 체크박스를 클릭해서) 인스턴스를 선택한 후 페이지 상단의 'Action' 버튼을 누르고 'Instance State'와 'Terminate'를 누른다. 인스턴스를 종료하면 저장했던 것과 인스턴스를 모두 지워버린다. 그러므로 종료하기 전에 반드시 필요한 것(훈련한 모델 등)은 모두 저장해두자. 다른 옵션으로 인스턴스를 멈추는 게 있다. 이 경우 나중에 다시 인스턴스를 시작할 수 있다. 하지만 인스턴스의 저장소 환경에 따라서 데이터 유실이 일어날 수 있다는 점을 기억하자. 이런 상황에서는 경고 문구가 나타날 것이다.

D.2 AWS에서의 모델 훈련

AWS에서 딥러닝 모델을 실행하는 것은 인스턴스 설정과 파일 이동이 완료되었다면 로컬에서 돌리는 것과 동일하다. 일단 필요한 모든 데이터와 코드가 인스턴스에 올라간 것을 확인해두어야 한다. 데이터나 코드를 이동하는 가장 쉬운 방법은 scp를 사용해서 보안 유지 상태에서 파일 복사를 하는 것이다. 로컬 컴퓨터에서 end-to-end 예제를 원격으로 실행하고자 한다면 다음 명령어를 실행하면 된다.

```
git clone https://github.com/maxpumperla/deep_learning_and_the_game_of_go
cd deep_learning_and_the_game_of_go
scp -r ./code aws:~/code        ⟵─┤ 개인 컴퓨터에서 원격 AWS 인스턴스로 코드를 복사한다.
ssh aws                         ⟵─┤ ssh로 인스턴스에 로그인한다.
cd ~/code
python setup.py develop         ⟵─┤ dlgo 파이썬 라이브러리를 설치한다.
cd examples
python end_to_end.py            ⟵─┤ end-to-end 예제를 실행한다.
```

이 예제에서는 깃허브 저장소를 복제하는 것부터 시작한다고 가정했다. 실제로는 이미 복제
는 마쳤고 본인이 직접 만든 실험 내용을 실행하고 싶을 것이다. 훈련할 심층 신경망을 만든 후
원하는 데이터로 이를 테스트할 것이다. 여기서 사용한 end_to_end.py 예제는 ../agents/
deep_bot.h5 아래에 순차적 딥러닝 봇을 만들 것이다. 예제를 실행한 후 모델을 그냥 놔두거
나(이 봇을 호스팅하거나 계속 작동시킬 수 있다) AWS 인스턴스에서 개인 컴퓨터로 복사해
와도 된다. 예를 들어 개인 컴퓨터의 터미널에서 AWS의 deep_bot.h5라는 봇을 개인 컴퓨터
로 다음과 같이 복사해 올 수 있다.

```
cd deep_learning_and_the_game_of_go/code
scp aws:~/code/agents/deep_bot.h5 ./agents
```

이를 활용하면 다음과 같이 요약할 수 있는 상대적으로 유연한 모델 훈련 워크플로를 만들 수
있다.

1 dlgo 프레임워크를 사용해서 딥러닝 실험을 개인 컴퓨터에서 설정하고
2 여기서 만들어진 내용을 AWS 인스턴스에 보안 유지를 한 상태로 복제한다.
3 원격 인스턴스에 로그인해서 훈련을 시작한다.
4 훈련이 끝나고 결과를 평가한 후 해당 내용을 적용하고 1번으로 돌아가 새로운 실험 주기를 시작한다.
5 필요한 경우 훈련한 모델을 개인 컴퓨터에 복사해서 나중에 사용하거나 다른 방법으로 활용할 수 있다.

D.3 AWS에서 HTTP로 봇 호스팅하기

8장에서 HTTP로 봇을 실행해서 간편한 웹 인터페이스로 여러 사람이 봇과 바둑을 둘 수 있
게 만들었다. 그런데 개인 컴퓨터에 간단히 파이썬 웹 서버를 만들었다는 한계가 있다. 그래서

다른 사람이 봇과 대국을 두고 싶으면 그 컴퓨터로 직접 접근해야 했다. 이 웹 애플리케이션을 AWS에 배포해서 필요한 포트를 열면(인스턴스 초기 세팅에서 했던 작업이다) URL만 공유해서 봇을 다른 사람과 공유할 수 있다.

HTTP 프론트엔드를 실행하는 것은 앞서 했던 것과 같다. 다음 코드만 따라하면 된다.

```
ssh aws
cd ~/code
python web_demo.py \
  --bind-address 0.0.0.0 \
  --pg-agent agents/9x9_from_nothing/round_007.hdf5 \
  --predict-agent agents/betago.hdf5
```

그러면 AWS에서 다음 주소에서 접근 가능하도록 봇과의 간단한 대국 데모가 열린다.

```
http://<public-dns-of-your-instance>:5000/static/play_predict_19.html
```

끝났다! 부록 E에서는 한발짝 더 나아가 AWS에서 전체 봇을 배포하고 이 봇을 바둑 텍스트 프로토콜을 사용하는 온라인 바둑 서버에 연결하는 방법을 알아보자.

온라인 바둑 서버에 봇 등록하기

유명한 온라인 바둑 서버에 봇을 배포하는 방법을 알아보자. 아마존 웹서비스^{AWS}에 바둑 텍스트 프로토콜로 통신하는 봇을 배포할 것이다. 이때 1~8장에서 다루었던 봇 프레임워크를 활용할 것이다. 그러므로 이 프레임워크의 기본적인 내용 이해를 하려면 1~8장과 AWS 기본 기능을 알려주는 부록 D를 먼저 읽어야 한다.

E.1 봇을 OGS에 등록해서 활성화하기

온라인 바둑 서버^{OGS}는 사람이나 봇과 바둑 대국을 할 수 있는 플랫폼 중 널리 알려진 곳이다. 부록 C에서 몇 가지 다른 바둑 서버도 소개했지만 여기서는 봇을 배포하는 방법을 설명할 용도로 OGS를 사용할 것이다. OGS는 현대 웹 기반의 플랫폼으로 온라인 바둑 서버[1]에서 확인할 수 있다. OGS에 봇을 등록하기 전에 우선 등록 페이지[2]에서 회원 가입을 해야 한다. 봇을 OGS에 등록하려면 계정을 두 개 만들어야 한다.

1 본인의 계정을 인간 바둑기사용으로 등록한다. 사용자명, 비밀번호, 원하는 경우 이메일 주소를 입력하자. 구글, 페이스북, 트위터 계정으로도 등록할 수 있다. 이 계정을 앞으로 〈사람〉이라고 하자.

2 계정 등록 화면으로 다시 돌아가서 다른 계정을 등록한다. 이는 봇의 계정으로, 적합한 이름을 넣고 봇으로 등록한다. 여기서는 이 계정을 〈봇〉이라고 부를 것이다.

---

1 online-go.com

2 online-go.com/register

두 계정이 생겼다. 이제 **봇이 사용할 두 번째 계정**을 **사람이 사용하는 첫 번째 계정**이 소유 및 관리할 수 있게 하면 된다. 이렇게 하려면 먼저 OGS에 사람 계정으로 로그인해서 봇 계정을 활성화시켜 줄 수 있는 OGS 관리자를 찾는다. 상단 왼쪽의 OGS 로고 옆의 메뉴를 열면 이름으로 사용자를 검색할 수 있다. OGS 관리자 crocrobot과 anoek이 여기서 필요한 등록 과정을 도와줄 수 있을 것이다. 이 이름 중 하나를 검색하고 검색 결과에서 이 계정을 클릭하면 [그림 E-1]과 같은 팝업 화면이 나타난다.

그림 E-1 봇을 활성화시키기 위해 OGS 관리자와 연락하기

이 상자에서 'Message'를 클릭해서 관리자와 연락하자. 메시지 상자는 우측 하단에 열린다. 관리자에게 〈봇〉 계정을 활성화한 후 이 봇이 사람 계정인 〈사람〉(현재 로그인 중인 계정)에게 속한다고 알려줘야 한다. 보통 OGS 관리자는 24시간 이내 응답을 하지만 좀 더 인내를 가지고 기다려야 한다. 상단 'OGS' 메뉴의 'Chat' 옵션을 선택해서 관리자를 찾을 수도 있다. 이름 옆에 망치 마크가 그려진 사용자가 OGS 관리자다. 관리자가 휴가 중이거나 바쁘면 도와줄 다른 관리자를 찾아보자.

혹은 관리자와 직접 연락하는 데 어려움이 있다면 OGS 개발 섹션의 OGS 포럼[3]에 메시지를 남겨보자. OGS의 관리자는 모두 자원봉사로 본인이 남는 시간에 도와주고 있는 것이므로 인내심을 갖자!

관리자와 연결되어 처리되었다면 〈봇〉 계정으로 로그인할 수 있다. OGS 페이지 좌측 상단의

----

3 forums.online-go.com

메뉴 기호를 눌러서 'Profile'을 선택하면 봇의 프로필 페이지를 볼 수 있다. 여기까지 잘 진행이 된다면 〈봇〉 계정이 Artificial Intelligence 리스트에 들어가 있을 것이고, 〈사람〉 계정이 Administrator로 들어가 있을 것이다. 요약하면 봇 프로필은 [그림 E-2]의 막스[4]의 사람 계정인 DoubleGotePanda가 관리하는 BetagoBot 계정 프로필과 비슷하게 나타나야 한다.

그림 **E-2** 봇의 프로필 페이지에서 활성화 여부 확인

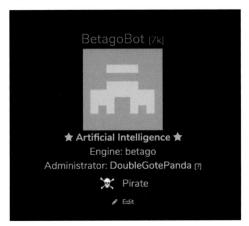

그다음은 〈봇〉 계정에서 로그아웃한 후 〈사람〉 계정으로 돌아온다. 봇의 API 키를 생성해야 하는데, 사람 관리자 계정으로만 가능하다. 〈사람〉으로 로그인했다면 〈봇〉의 프로필 페이지로 들어가자(봇 계정을 검색한 후 〈봇〉을 클릭하자). 스크롤을 조금 내려 보면 'Box Control'이라는 상자가 있고 그 안에 'Generate API Key' 버튼이 있을 것이다. 이 버튼을 눌러서 API 키를 생성한 후 'Save'를 눌러서 저장한다. 이 장의 나머지에서 지금 발급받은 API 키를 〈api-key〉라고 부를 것이다. 이제 봇 이름과 API 키를 사용해서 GTP 봇을 OGS에 연결할 것이다.

E.2 OGS 봇을 로컬 컴퓨터에서 테스트하기

8장에서 GTP 명령어를 이해하고 실행하는 봇을 만들었다. 그리고 이제 OGS에 봇 전용 계정이 있다. 이 둘을 연결하기 위해 필요한 도구는 gtp2ogs로, 봇 이름과 API 키를 받아서 봇이

---

4 옮긴이_ 이 책의 저자 중 한 명인 막스 펌펠라를 뜻한다.

있는 컴퓨터와 OSG 간의 연결을 생성한다. gtp2ogs는 Node.js로 만든 오픈소스 라이브러리로, 공식 OGS 깃허브 저장소[5]에서 다운로드할 수 있다. 여기서는 이미 우리가 만든 깃허브 저장소에 gtp2ogs의 복사본을 넣어두었기 때문에 따로 다운로드하거나 설치할 필요가 없다. mng.bz/gYPe를 로컬에 복제한 것을 찾아보면 gtp2ogs.js라는 파일과 package.json이라는 JSON 파일이 있을 것이다. JSON 파일은 관련 파일 설치용이고, js 파일은 연결 파일이다.

OGS에 봇을 배포하기로 했다면 이 봇을 모든 사람이 오랫동안 사용할 수 있게 하고 싶을 것이다. 이 배포는 그런 **장기적 과정에 사용**하기 위한 것이다. 따라서 봇을 (원격) 서버에서 서빙하는 것이 좋다. 다음 절에서 직접 해보겠지만 로컬 컴퓨터에서 다들 제대로 돌아가는지 일단 간단히 살펴보자. 또한 Node.js와 패키지 관리자(npm)가 시스템에 설치되어 있는지도 확인해 두자. 대부분의 시스템에는 시스템별로 패키지 매니저를 설치할 수 있지만(예를 들어 맥의 경우 brew install node npm를 실행하고, 우분투의 경우 sudo apt-get install npm nodejs-legacy를 실행해서 설치할 수 있다) Node.js 웹페이지[6]에서 다운로드해서 설치할 수도 있다.

설치 후 깃허브 저장소 가장 상위 폴더에 있는 run_gtp.py라는 파이썬 스크립트를 찾아서 **시스템 경로에 추가**한다. 유닉스 환경이라면 명령줄에서 다음 명령어를 실행하면 된다.

```
export PATH=/path/to/deep_learning_and_the_game_of_go/code:$PATH
```

그러면 run_gtp.py를 컴퓨터의 시스템 경로에 추가할 것이므로 이를 위치에 상관없이 명령줄에서 호출할 수 있다. 특히 OGS에서 봇이 새 대국을 치르게 될 때마다 gtp2ogs가 run_gtp.py를 사용해서 새 봇을 호출하기 용이해진다. 이제 남은 것은 필요한 Node.js 패키지를 설치하고 프로그램을 실행하는 것이다. 프로그램이 계속 대기를 하다가 간혹 실패하는 경우 재시작을 할 수 있도록 forever라는 Node.js 패키지를 사용할 것이다.

```
cd deep_learning_and_the_game_of_go/code
npm install

forever start gtp2ogs.js \
  --username <bot> \
  --apikey <api-key> \
```

---

5 github.com/online-go/gtp2ogs

6 nodejs.org/en/download/

```
--hidden \
--persist \
--boardsize 19 \
--debug -- run_gtp.py
```

이 명령어를 하나하나 뜯어보자.

- --username과 --apikey는 서버 연결 방법을 명시한다.
- --hidden은 봇이 공개 봇 리스트에 들어가지 않도록 해준다. 이렇게 설정해두면 다른 기사들이 봇에 도전하기 전에 충분히 테스트를 할 수 있다.
- --persist는 수 사이에도 봇이 계속 실행될 수 있도록 한다(이 옵션을 사용하지 않으면 gtp2ogs는 수를 둘 때마다 봇을 재실행한다).
- --boardsize 19는 봇이 19×19 크기의 바둑판에서만 대국을 치르도록 한다. 만약 봇이 9×9(혹은 다른 크기)에서 훈련했다면 해당 크기를 사용한다.
- --debug는 추가 로그를 출력해서 봇이 현재 어떤 상황인지 볼 수 있도록 한다.

봇이 실행되었으면 OGS로 넘어가서 〈사람〉 계정으로 로그인한 후 왼쪽의 메뉴를 클릭하자. 검색 창에 봇의 이름을 넣은 후 봇의 이름이 나오면 선택하고 'Challenge' 버튼을 누르자. 그러면 봇과 대국을 시작할 수 있다.

봇을 선택했고 별 문제 없이 실행된다면 이제 본인의 창조물과 첫 번째 경기를 시작할 수 있다. 봇과의 연결 테스트가 성공적으로 끝났다면 forever stopall을 입력해서 봇을 실행시키는 Node.js 프로그램을 정지한다.

E.3 AWS에서 OGS 봇 배포하기

이제 봇을 AWS에서 무료로 배포하는 방법을 알아보자. 많은 사람이 우리가 만든 봇과 언제나 (매번 로컬 컴퓨터에서 Node.js 애플리케이션을 시작할 필요 없이) 대국을 둘 수 있게 될 것이다.

다들 부록 D를 읽은 후 SSH 설정을 마쳐서 AWS 인스턴스에 ssh aws로 접근할 수 있는 상태라고 가정하겠다. 이미 훈련된 딥러닝 모델에서 예측값을 만들어내는 데는 그리 많은 컴퓨터 자원이 필요하지 않으므로 그리 크지 않은 인스턴스를 사용해도 괜찮다. 사실 AWS에서 무료로 제공하는 t2.micro 인스턴스를 사용해도 괜찮다. 부록 D를 완전히 읽고 t2.small의 우분투 딥러닝 AMI를 선택했다면 이는 완전 무료는 아니지만 OGS에서 활동하는 봇을 계속 유지하는 경우 한 달에 몇 달러밖에 나가지 않을 것이다.

우리가 사용한 깃허브 저장소를 보면 [예제 E-1]에서 사용하는 run_gtp_aws.py가 있다. 이 코드의 첫 줄은 #!로 시작하는 데, 이는 봇을 실행하는 데 사용할 파이썬이 어디 있는지 Node.js에 알려준다. AWS 인스턴스에 기본 파이썬은 /usr/bin/python이나 비슷한 곳에 있을 것이다. 터미널에서 which python을 입력해서 확인할 수 있다. 이때 첫 번째 줄에 있는 경로는 dlgo를 설치할 때 사용할 파이썬 버전의 경로가 맞는지 확인하자.

예제 E-1 AWS에서 OGS에 접속하는 봇을 실행하는 run_gtp_aws.py

```
#!/usr/bin/python                                    ◁──── 이 경로가 인스턴스에서 'which python'을 입력해서
from dlgo.gtp import GTPFrontend                            나온 결과와 동일한지 반드시 확인해야 한다.
from dlgo.agent.predict import load_prediction_agent
from dlgo.agent import termination
import h5py

model_file = h5py.File("agents/betago.hdf5", "r")
agent = load_prediction_agent(model_file)
strategy = termination.get("opponent_passes")
termination_agent = termination.TerminationAgent(agent, strategy)

frontend = GTPFrontend(termination_agent)
frontend.run()
```

이 스크립트는 파일에서 에이전트를 불러와서 종료 전략을 초기화하고 8장에서 정의한 GTPFrontend 인스턴스를 실행한다. 에이전트와 종료 전략 선택 부분은 설명 목적으로 넣어두었다. 둘 다 원하는 대로 수정해서 따로 훈련한 모델과 전략을 사용해도 된다. 하지만 봇 등록 프로세스를 처음 시작해서 익숙해져 가는 중이라면 스크립트를 지금 그대로 놔둬도 될 것이다.

이제 봇을 돌리는 데 필요한 것이 모두 AWS 인스턴스에 설치되어 있는지 확인해야 한다. 새로 시작하고 깃허브 저장소를 로컬로 복제한 다음 AWS 인스턴스에 복사하여 로그인한 후 dlgo 패키지를 설치하자.

```
git clone https://github.com/maxpumperla/deep_learning_and_the_game_of_go
cd deep_learning_and_the_game_of_go
scp -r ./code aws:~/code
ssh aws
cd ~/code
python setup.py develop
```

이는 부록 D에서 했던 과정과 동일하다. 추가로 forever와 gtp2ogs를 실행하려면 Node.js와 npm도 사용할 수 있어야 한다. apt를 사용해서 이 프로그램을 AWS에 설치한 후 로컬에 설치했던 것과 같은 방법으로 gtp2ogs를 설치한다.

```
sudo apt install npm
sudo apt install nodejs-legacy
npm install
sudo npm install forever -g
```

마지막 단계는 gtp2ogs를 사용해서 GTP 봇을 실행하는 것이다. 현재 작업 중인 디렉터리를 시스템 경로에 추가하고 이번에는 봇 실행 스크립트로 run_gtp_aws.py를 실행하자.

```
PATH=/home/ubuntu/code:$PATH forever start gtp2ogs.js \
  --username <bot> \
  --apikey <api-key> \
  --persist \
  --boardsize 19 \
  --debug -- run_gtp_aws.py > log 2>&1 &
```

여기서는 표준 출력 및 오류 이미지를 log라는 로그 파일로 옮겨서 출력하는데, 백그라운드에서 돌도록 &를 붙여서 실행했다. 이 방식으로 하면 인스턴스 명령줄이 서버 로그로 인해 방해받지 않으므로 지속적으로 컴퓨터를 실행할 수 있다. 이제 OGS 봇을 개인 컴퓨터에서 테스트했을 때처럼 OGS에 연결해서 봇과 경기를 할 수 있다. 뭔가 이상하거나 예상대로 봇이 돌아가지 않을 때는 tail log를 입력해서 봇의 최근 로그를 확인하면 된다.

이게 끝이다. 이 파이프라인(특히 AWS 인스턴스를 생성하고 두 OGS 계정을 설정하는 일)을 설정하는 데 시간이 다소 걸리기는 하지만 기본 설정만 끝나면 봇 배포는 일사천리다. 새 봇을 개인 컴퓨터에서 만들고 이를 배포하는 방법은 다음과 같다.

```
scp -r ./code aws:~/code
ssh aws
cd ~/code
PATH=/home/ubuntu/code:$PATH node gtp2ogs.js \
  --username <bot> \
  --apikey <api-key> \
  --persist \
  --boardsize 19 \
  --debug -- run_gtp_aws.py > log 2>&1 &
```

이제 봇을 --hidden 옵션 없이 실행시켜서 전체 서버에서 여러 사람의 도전을 받을 수 있도록 하자. 봇을 찾고 싶으면 〈사람〉 계정으로 로그인해서 메인 메뉴에서 'Play'를 누르면 된다. 'Quick Match Finder'에서 'Computer'를 누른 후 상대할 봇을 찾는다. 우리가 등록한 〈봇〉이 AI 선수의 드롭다운 메뉴에 나타날 것이다. [그림 E-3]에서 막스와 케빈이 만든 BetagoBot이 있는 것도 확인할 수 있다. 지금은 OGS에 몇 개의 봇만 있다. 여기에 여러분이 만든 근사한 봇을 추가하는 것은 어떨까?

그림 E-3 앞서 만든 봇이 이제 OGS의 상대 탐색기에서 컴퓨터 상대 목록에 나타나는 것을 볼 수 있다.

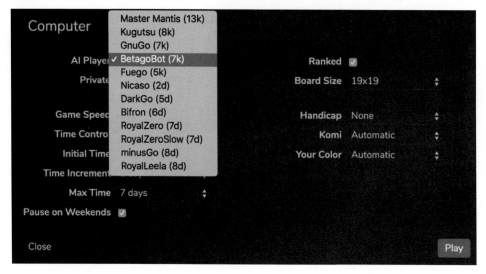

부록은 여기서 끝이다. 이제 여러분도 온라인 바둑 플랫폼에서 대국이 가능한 봇을 머신러닝 전반의 파이프라인을 모두 거쳐 배포까지 이르게 되었다.

INDEX

가벼운 롤아웃 127

가시 유닛 145

가중치 35

가중치 초기화기 236

가지치기 96, 105

가치 신경망 344, 346, 370

강한 정책 신경망 344, 346, 370

강화학습 42, 45, 48, 237, 268, 289, 307, 323,
　　　　　371, 389

강화학습 주기 287

검증셋 40

게임 트리 99

결정론적 게임 96

결합 가치 함수 358

경사상승법 404

경사하강법 149, 150, 166, 404

경험 268

계가 51, 52

계층 간 불균형 141

고전 AI 33

과적합 195, 393

광학 문자 인식 132

교차 엔트로피 손실 함수 225, 296, 306

군집화 41

균등 난수 278

균등분포 난수 290

그누고 59, 414

그래프 37

그래픽 인터페이스 240

기댓값 378

기울기 149, 150

기울기 벡터 404

깊이 가지치기 108, 109, 114, 129

내적 399

넘파이 37, 133, 398

논리 생성 시스템 33

뉴런 131

다층 퍼셉트론 145

단수 228

대각행렬 233

덤 52

덩어리 짓기 41

데이터 생성기 219

데이터 전처리기 210

동형반복 53, 74, 91

드롭아웃 196

드롭아웃층 202

디리클레 잡음 390, 396

딥러닝 29, 42, 46, 146

라벨 31, 40

로지스틱 회귀 139

롤아웃 115, 357

롤아웃 정책 126

릴라 제로 395

릴라 체스 제로 395

마늘모 343

마이크로소프트 코그니티브 툴킷 176

망각 304

매화육궁 184

머신러닝 30, 45

모멘텀 231

모멘텀 항 231

목적 함수 147

몬테카를로 정책 경사 295

몬테카를로 트리 탐색 96, 115, 129

INDEX

무거운 롤아웃 **127**

미니고 **395**

미니맥스 **96, 98, 128**

미니배치 **151**

미분 **404**

미분 가능 함수 **147**

미분값 **148**

밀집층 **145, 159**

바둑 **48**

바둑 텍스트 프로토콜 **239, 249**

반환값 **271**

배치 정규화 **392**

백개먼 **29**

백엔드 **176**

범주형 교차 엔트로피 **202**

벡터 **398**

변환 **169**

변환기 **167, 169**

보상 **271**

보상 감소 **273**

부트스트래핑 **354**

분류형 교차 엔트로피 손실 함수 **194**

붕괴 **230**

붕괴율 **231**

비결정론적 게임 **96**

비순차 신경망 **146**

비지도학습 **41, 45**

비평가 **323**

빠른 정책 신경망 **344, 346, 369**

사이파이 **300**

사전 추정치 **360**

사전확률 **358**

샘플링 **275**

세대 **162**

소벨 커널 **186**

소프트맥스 활성화 함수 **192, 202, 235**

손실 가중치 **334**

손실 함수 **146, 147, 148, 150, 166**

손실값 **147**

순방향 신경망 **143, 166**

순방향 전달 **144, 145, 154**

순차 신경망 **145, 146, 166**

순환 신경망 **411**

숨겨진 정보 **96**

스마트 게임 포맷 **203, 205, 238**

스마트 바둑 포맷 **205**

스승님의 도서관 **54, 415**

스칼라곱 **399**

스크래블 **271**

스킵 연결 **394**

스톡피시 **30**

시그모이드 함수 **138, 143, 145**

신경망 **43, 131**

심층 Q-학습 **308**

심층 신경망 **146**

쌍곡탄젠트 **315**

쌍립 **184**

씨아노 **37, 176**

아

아다마르곱 **399, 409**

아마존 머신 이미지 **419**

아마존 웹 서비스 **239**

아마존 일래스틱 컴퓨팅 클라우드 **417**

아메리칸 바둑 전자 저널 **343**

아타리 **48**

아핀 선형 변환 **143, 145, 154, 411**

알파-베타 가지치기 **107, 111~115, 129**

알파고 제로 **172, 371**

어깨짚기 **343**

어드밴티지　323~327, 340

에이다그래드　230, 232, 233, 236, 238

에이다델타　230, 233, 234, 236, 238, 247

에이전트　287

에피소드　270

역방향 전달　154~156, 188, 408~411

역변환　169

역전파　166, 407

역전파 알고리즘　153, 407

연쇄법칙　153, 405, 408

예측 오차　131

오픈에이아이 짐　286

온도　125

온라인 바둑 서버　54, 239, 415, 429

완전 연결층　145

완전한 정보　96

원-핫 인코딩　134

위치 평가 함수　107, 108, 129

유닛　142

은닉 유닛　145

은닉층　146

이상치 검출　41

이음　65

이음수　66

이항 검정　300

이항 분류　142

이항 특징　350

인공 신경망　131

인공지능　29

인터넷 바둑 서버　415

일본식 셈법　77

입력 이미지　185

자고클라이언트　414

자체 대국　75, 281

자충수　69, 71

잔차　394

잔차 신경망　394

적응 경사법　230, 232, 233, 238

전문가 시스템　33

전역 최솟값　150

점수 할당　324

점수 할당 문제　290

접바둑　54

정책　274

정책 경사 알고리즘　268

정책 경사 학습　289, 295, 306

정책 신경망　344

정책 학습　290

정확도　140

제로패딩　222

제한　241, 277

조브리스트 해싱　82, 91

죽은 ReLU　304

중국식 셈법　77

지도학습　40, 45

지역 최솟값　150

집　50, 76

집중 파라미터　391, 396

채널　223, 402

처치 곤란 병렬　221

청킹　41

체커　29

최댓값 풀링　191

최적화　34

최적화기　152

축 캡처　349

층　131, 145

치석　54

INDEX

ㅋ

커널 185
케라스 37, 175, 189, 202
콜백 225
클러스터링 41
키 페어 422

ㅌ

타이젬 54, 416
탐욕 정책 309
탐험 123
텐서 188, 398
텐서플로 37, 176, 188
트리 신뢰도 상한선 123, 379
트리 탐색 알고리즘 96
특징 39
특징 지도 187
특징 평면 171
틱택토 55

ㅍ

파라미터 35
파치 59, 127, 355, 414
패 53, 73
패턴 인식 135
퍼지 논리 33
편향치 139
평균 풀링 191
평균제곱오차 147, 166
평면 402
평활 함수 147
포석 55
폴라니의 역설 135
표준화 기법 196
표현형 학습 43
푸에고 127
풀링 190

프라이빗 키 422
프론트엔드 176
프리고반 414
프리티어 사용 가능 420
플레이아웃 115
피닉스고 395
필터 185

ㅎ

하이퍼라라미터 164
학습률 151
합성곱 신경망 184, 187, 189, 202, 235
합성곱 커널 185
합성곱층 187, 188, 190
해시 비적용 83
해시 적용 82
행동-가치 모델 311
행동-가치 함수 308, 312, 321, 325
행렬 398, 400
행위자 323
행위자-비평가 학습 323, 325, 329, 333, 340, 386
호구 184
화점 49, 235
확률적 경사하강법 151, 152, 166
확률적 정책 275
환격 74
활로 50, 349
활성화 131
활성화층 158
활용 123
훈련 34, 45
훈련 데이터 31

A

action-value function 308
actor 323
actor-critic learning 323

Adadelta 230

Adagrad 230

advantage 323, 324

AGA 77

AGZ 371, 372, 375, 379, 386, 390, 391, 394

AI 29

AlphaGo Zero 371

Amazon Elastic Compute Cloud 417

Amazon Machine Image 419

AMI 419, 420

ANN 131, 132

array 398

Artificial Intelligence 29

artificial neural networks 131

atari 48, 228

AWS 239, 425, 426

B

Backgammon 29

backpropagation 153

batch normalization 392

bias term 139

binomial test 300

C

Checker 29

chunking 41

clipping 241

clustering 41

CNN 184

CNTK 176

Cognitive Toolkit 176

concentration parameter 391

convolutional layer 187

convolutional network 184

credit assignment 324

credit assignment problem 290

critic 323

D

dead ReLU 304

decay 230

decay rate 231

deep learning 146

depth pruning 108

diagonal approach 343

diagonal matrix 233

dropout 196

E

EC2 417

ELF 오픈고 395

embarrassingly parallel 221

epoch 162

experience 268

exploitation 123

exploration 123

F

feature map 187

feed-forward network 143

forgetting 304

forward pass 144

free tier eligible 420

FreeGoban 414

Fuego 127

G

GNU Go 59

Go Text Protocol 239, 265

GOFAI 33

good old-fashioned AI 33

gradient ascent 404

gradient descent 404

INDEX

greedy **309**

GTP **239, 249, 265**

H

Hadamard product **399**

heavy rollout **127**

hyperbolic tangent **315**

hyperparameter **164**

I

IGS **415**

J

JagoClient **414**

K

Keras **37**

KGS **54, 205**

Kiseido Go Server **205**

L

layer **131**

light rollout **127**

loss function **146**

loss weights **334**

M

max pooling **191**

MCTS **96, 115**

mini-batch **151**

MLP **145**

MNIST **133**

momentum term **231**

Monte Carlo policy gradient **295**

Monte Carlo tree search **115**

MSE **147**

multilayer perceptron **145**

N

neural network **43**

NumPy **37**

O

OCR **132, 141**

OGS **239, 415, 429**

one-hot encoding **134**

optimizer **152**

overfitting **195**

P

p-값 **301**

Pachi **59, 127**

playout **115**

Polanyi's paradox **135**

policy **274**

policy gradient algorithm **268**

policy gradient learning **289, 295**

policy network **344**

prior estimation **360**

prior probability **358**

pruning **105**

Q

Q-학습 **308, 320**

R

REINFORCE **295, 296**

reinforcement learning **42, 237**

ReLU 활성화 함수 **197, 202**

representation learning **43**

residual **394**

residual network **394**

return **271**

rollout **115**

S

Scipy 300

Scrabble 271

self-capture 71

Sensei's Library 54, 415

SGD 151, 152, 230, 232, 236, 301

SGF 203, 205, 208, 238

shoulder hit 343

sigmoid function 138

situational superko 74

skip connection 394

Smart Game Format 203, 205

Smart Go Format 205

smooth function 147

snapback 74

Sobel kernel 186

stochastic gradient descent 151

Stockfish 30

supervised learning 40

T

TensorFlow 37, 188

 Theano 37

Tygem 54, 416

 U

UCT 123, 379

uniform random 278

unsupervised learning 41

 V

value network 344

Z

zero padding 222

숫자/기호

3차 텐서 402

4차 텐서 403

ε-탐욕 정책 310, 318, 322